检察机关检察权制度研究

李 震 马建华 等著

中国人民公安大学出版社
·北 京·

图书在版编目（CIP）数据

检察机关检察权制度研究/李震，马建华等著．—北京：中国人民公安大学出版社，2019.11

ISBN 978-7-5653-3692-8

Ⅰ.①检… Ⅱ.①李…②马… Ⅲ.①检察机关—权力—研究—中国 Ⅳ.①D926.3

中国版本图书馆 CIP 数据核字（2019）第 154962 号

检察机关检察权制度研究

李 震 马建华 等著

出版发行：中国人民公安大学出版社
地　　址：北京市西城区木樨地南里
邮政编码：100038
印　　刷：涿州市新华印刷有限公司

版　　次：2019 年 11 月第 1 版
印　　次：2019 年 11 月第 1 次
印　　张：18.25
开　　本：787 毫米×1092 毫米 1/16
字　　数：350 千字

书　　号：ISBN 978-7-5653-3692-8
定　　价：65.00 元

网　　址：www.cppsup.com.cn www.porclub.com.cn
电子邮箱：zbs@cppsup.com zbs@cppsu.edu.cn

营销中心电话：010-83903254
读者服务部电话（门市）：010-83903257
警官读者俱乐部电话（网购、邮购）：010-83903253
综合分社电话：010-83901670

序　言

随着我国司法体制改革的深入推进，监察制度改革的初步完成，我国的检察制度和检察体制发生了重大变化。检察机关原来享有的职务犯罪案件侦查权被整体转移到监察委员会，但保留了对司法人员涉嫌实施的部分职务犯罪案件的侦查权；检察机关对公安机关、法院、执行机关诉讼活动的监督得到了显著的加强；检察机关拥有了提起公益诉讼的权力，通过行使诉权的方式来纠正那些涉及国家和社会利益的重大侵权行为，纠正行政机关的违法行政行为和行政不作为；检察机关通过调整公诉与逮捕职能的关系，对内部职能部门的设置进行了规模宏大的改革……这些检察制度改革方案的推出，对传统的检察理论乃至法律理论都提出了挑战，也提供了一系列亟待加强研究的理论课题。

由李震博士和马建华检察长主持编著的《检察机关检察权制度研究》一书，就是一部专门研究检察权问题的学术专著。该书紧密结合我国检察制度改革的最新发展情况，针对检察机关面临的理论和实践难题，运用科学的研究方法，对检察权的性质、功能定位、行使方式、存在问题、今后走向等作出了全方位的讨论。该书从理论上对检察权的属性和定位作出了界定，对检察机关的侦查权、起诉权、监督权、公益诉讼权以及特别程序中的申请权等进行了理论阐释，还对“以审判为中心的诉讼制度改革对公诉权的影响”展开了深入的讨论。该书回答了我国检察制度改革所面临的主要理论问题，全面系统，言之成理，并有系统深入的论证，可以说是一部很有学术分量的检察理论著作。

该书具有鲜明的时代特色，讨论了法学界和法律实务界所关注的一些重大检察改革课题。例如，结合监察体制改革后引发的学术争论，该书分析了检察机关侦查权的性质，认为这种侦查的对象包含了那些行使监察调查权的监察官员；对于监察委员会移送审查起诉的案件，检察机关在行使退回补充调查权时，应遵循与退回公安机关补充侦查完全相同的证据要求和证据标准；检察机关不仅要建立并完善“检察引导侦查”的机制，还要逐步推行“检察引导（监察委员会）调查”的工作方式；对于监察委员会的调查活动，检察机关要大胆展开法律监督，并探索出切实有效的监督方式。这些分析和评论可谓切中要害，回答了近年来引发较大争议的理论问题，参与到与法学界和法律实务界的学术对话之中，发出了有理有据的声音，具有较大的学术价值和立法参考价值。

又如，结合近年来由司法体制改革所引发的一些法律适用方面的争论，该书采取坦诚面对的态度，逐一发表了自己的学术见解。对于普通程序和简易程序中公诉权行使的区别，该书作出了较为细致的分析；对于缺席审判中公诉权的行使方式，该书提出了较为新颖的见解；对于检察官在民事公益诉讼和行政公益诉讼中的地位，该书在支持“公益诉讼人”观点的同时，还对检察官提起公益诉讼的方式、参与诉前程序以及参与诉讼程序等问题，发表了自己独到的观点；对于违法所得没收程序和强制医疗程序中的申请权的行使问题，该书结合法律条文和司法实践的发展进行了有针对性的讨论；对于庭审实质化改革推行后检察机关行使公诉权的方式问题，该书也进行了细致入微的分析。

特别值得指出的是，该书的编写人员既有专门从事法律研究的人员，也有一些具有丰富实务经验的检察官。这种由理论界和实务界结合起来研究检察理论问题的研究方式，使得该书对每个问题的讨论既可以发挥理论分析的长处，又可以展现实践讨论的优势，真正做到了理论与实践兼顾、学术导向与问题意识并重、理论观点提出与实际问题解决相结合。可以说，这是一部具有实践关怀的理论著作，在参与到一些重大检察理论讨论的同时，也将检察机关多年来总结和积累的实践经验进行了全面的总结，提炼出了不少具有可操作性的真知灼见。

我相信，《检察机关检察权制度研究》一书的出版，既会对我国检察理论的深入研究产生推动作用，又可以对解决检察制度改革中出现的一些实践难题具有参考价值。该书可以成为法学研究者的学术读物，也可以成为检察官、法官、侦查人员、律师研究我国检察问题的参考书，还可以成为高等学校法学本科生和研究生学习研究检察制度的教科书。

陈瑞华

2019 年 9 月 27 日

目　　录

引　言

检察机关的性质和定位决定了检察权的性质和定位。作为法律事实，检察机关是国家的法律监督机关，1979 年颁布的《中华人民共和国人民检察院组织法》（以下简称《人民检察院组织法》）首次将检察机关以专条的形式确定为国家的法律监督机关，此后 1982 年颁布的《中华人民共和国宪法》（以下简称《宪法》）第一次以国家根本大法的形式明确规定“中华人民共和国人民检察院是国家的法律监督机关”，宪法虽经 1988 年、1993 年、1999 年、2004 年四次修正，但对检察机关的性质和定位从未变更，一如既往地、稳定地维持检察机关是“国家的法律监督机关”这一表述。作为法学问题，法学界对检察机关的性质和定位及检察权的性质和定位一直存在分歧与争议。2014 年开始的司法体制改革，推行国家监察体制，原属检察机关的职务犯罪预防和刑事侦查职能由新成立的监察委承接，从而将检察机关和检察权的性质与定位的争议推至高峰。2018 年 3 月 11 日，第五次宪法修正案于第十三届全国人民代表大会第二次会议通过，仍坚定地维持检察机关是“国家的法律监督机关”；2018 年 10 月 26 日，《人民检察院组织法》于第十三届全国人民代表大会常务委员会第六次会议修订通过，第 2 条第 1 款专条明确规定：“人民检察院是国家的法律监督机关。”《宪法》《人民检察院组织法》的明确规定，仍不能平息因第十三届全国人民代表大会第一次会议于 2018 年 3 月 20 日审议通过的《中华人民共和国监察法》（以下简称《监察法》）所带来的争议。《中华人民共和国民事诉讼法》（以下简称《民事诉讼法》）于 2012 年 8 月第二次修订，2017 年 6 月第三次修订；《中华人民共和国行政诉讼法》（以下简称《行政诉讼法》）于 2014 年 11 月第一次修订，2017 年 6 月第二次修订，这两部法律皆涉及检察机关的检察权能问题。1979 年 7 月 1 日颁布的《中华人民共和国刑事诉讼法》（以下简称《刑事诉讼法》），于 2012 年 3 月 14 日第二次修订，2018 年 10 月 26 日第三次修订。涉及检察机关的各个基本法律的相继修订，使检察机关的权能和职责发生了变化。

始于 2014 年的新轮次的司法体制改革，通过“顶层设计”使得各项法律制度从试行、推广到尘埃落定，涉及检察机关的改革主要体现在三个方面：一是国家监察体制布局及完成；二是以审判为中心的诉讼制度改革；三是全面实施民事公益诉讼和行政公益诉讼制度。为了深化监察体制改革和司法体制改革、加强反腐国际追逃追赃，新修订的《刑事诉讼法》做出了一些新的职权变化、程序调整、制度安排，有必要对之进行解读和研究。

随着国家监察体制的布局及完成，原属检察机关的反贪、反渎、预防的机构、职能和人员转隶后，围绕检察机关的定位和检察权的属性，出现具有代表性研究的主题和观点：加强检察机关法律监督职能刚性化，① 展开对检察机关法律监督职能之比较研究。② 检察机关内部机构及功能设置研究质疑“国家的法律监督机关”③ 这一宪法定位的观点一直都有，在检察制度面临严峻挑战的当下，这种观点不会消失。检察机关应定位为公诉机关和诉讼监督机关；国家监察体制改革后，我国权力架构中有两个监督权，这在世界上是少有的，即使本次宪法修正不对检察机关的定位作修改，也不等于以后就不会改。④ 质疑检察机关对法院的民事审判和行政审判进行诉讼监督的合理性，担心检察机关对提起行政公益诉讼积极性的不断提高，检察机关对行政机关的“行政监督权”，成为一种独立于诉讼监督之外的“行政监督”，进而提出诉讼监督具有“行政监督”与“诉讼监督”两种形式⑤对此，最高检察机关的权威人士认为，应注重从我国的国体和政体上，对检察机关的法律监督地位的正当性作出解读，并从政治的角度进行论证。

总之，检察机关以及检察权的法律监督属性和地位等问题的争论一直存在，虽然在宪法和法律中作了明确规定，但在理论上尚有待解决。对于检察机关检察权制度的研究，不应固守传统理论，实践是检验真理的唯一标准。作为宪法和法律制定的依据之一就是中国特色社会主义的实践，宪法和法律是实践的智慧结晶，必须得到尊崇和维护，法律不是批评的对

---

① 朱孝清：《国家监察体制改革后检察制度的巩固与发展》，载《法学研究》2018年第4期，第5页。

② 龙宗智：《检察机关法律监督职能之比较》，载《海峡法学》2018年第4期，第3页。

③ 龙宗智：《检察机关内部机构及功能设置研究》，载《法学家》2018年第1期，第141页。

④ 朱孝清：《国家监察体制改革后检察制度的巩固与发展》，载《法学研究》2018年第4期，第5页。

⑤ 陈瑞华：《论检察机关的法律职能》，载《政法论坛》2018年第1期，第16页。

象。所以，本书从法教义的角度来研究：基于对现行法秩序合理性的确信，将宪法和法律规定的检察机关及其享有的检察权作为研究对象。德国罗伯特·阿列可西教授认为，法教义学包括三个方面的内涵：一是对现行有效法律的描述，即经验的维度；二是对法律之概念—体系的研究，即逻辑的维度；三是提出解决建议，即规范实践的角度。①

① ［德］罗伯特·阿列克西著：《法律论证理论》，舒国滢译，中国法制出版社2002年版，第311页。

第一章　检察机关和检察权的属性与定位

第一节　检察机关的属性与定位

一、检察机关设立的价值基础

《人民检察院组织法》第2条第2款规定："人民检察院通过行使检察权，追诉犯罪，维护国家安全和社会秩序，维护个人和组织的合法权益，维护国家利益和社会公共利益，保障法律正确实施，维护社会公平正义，维护国家法制统一、尊严和权威，保障中国特色社会主义建设的顺利进行。"此条表明了设立人民检察院的宗旨、使命或任务。

邓小平同志曾强调："要加强检察机关和司法机关，做到有法可依、有法必依、执法必严、违法必究。"2014年党的十八届四中全会作出全面推进依法治国若干重大问题的决定，以主题的形式作出，尚属首次，显示了我党依法治国的决心，并把依法治国作为治国理政的基本方略。决定明确提出："完善检察机关行使监督权的法律制度，加强对刑事诉讼、民事诉讼、行政诉讼的法律监督。"随后全国人大相继修法：《刑事诉讼法》《民事诉讼法》《行政诉讼法》都明确规定了检察机关的法律监督权。而要在新时代实现这一宗旨和任务必须厘清设立检察机关的价值基础。

关于检察机关设立的价值基础，比较有代表性的观点包括社会公平说、法律监督说、整体效益说、价值分析说。①

上述学说采用的均是单一说，其中法律监督说并不是检察机关设立的价值基础，而是其定位和职能。我们要探讨的是法律监督本身的价值基础，检察机关设立的价值基础是多元的。价值基础的确定是实现其任务的前提，是保障法律监督运转的基础。应立足于公正与功利，"公正和功利是人类的社会活动一

① 张曦：《论检察机关的基本价值取向》，载《陕西行政学院学报》2010年第1期，第93页。

直所追求的两种价值，两者的结合是终极目标"①；还应同时立足于人道的考虑。

（一）公正的价值

公正即公平正义，是依法治国所追求的永恒主题。"公正是法的本性，法是公正的象征"②，公正性也就是我们所追求的法律效果。法律的公正可以分为立法公正、审判公正、行刑公正、执法公正。而其中立法公正是基础，没有立法公正，其他便成了无源之水、无本之木。"如果认为在立法者偏私的情况下可以有公正的法官，那简直是愚蠢而不切实际的幻想！既然法律是自私自利的，那么大公无私的判决还能有什么意义呢？法官只能够丝毫不苟地表达法律的自私自利，只能够无条件地执行它。在这种情形下，公正是判决的形式，但不是它的内容。内容早被法律所规定"。立法公正表现在禁止性规范的合理性，合理兼顾国家、社会和个人的利益。检察机关的设立正是为了保证立法公正、审判公正、行刑公正、执法公正，对立法、审判、行刑、执法进行监督，以保证其公正性。对立法公正的监督，如对立法的合宪性提起审查建议等。

（二）功利的价值

法律是国家意志的集中体现，国家意志在本质上是功利性的，也就是我们所说的政治效果和社会效果。从《人民检察院组织法》第2条就可以看出检察机关设立的功利性：维护国家安全、维护社会秩序等，保障中国特色社会主义建设的顺利进行。

如何看待和处理公正性与功利性的关系，是我们关注的焦点。公正性与功利性是一对矛盾，既对立又统一，公正是功利的公正，功利是公正的功利。没有功利不能谈公正，同样没有公正不能谈功利。保持其不偏不倚是很难做到的，需要在动态中保持其平衡。首先应该保障公正，公正是维护法律权威性和统一性的前提与基础，公正自然会体现出良好的社会效果，实现功利的要求。公正应该以功利为边界，受制于功利的制约，必须考虑法律监督的社会效果，进而由公正性和功利性最终体现完美的政治效果。

（三）人道的价值

我国宪法明确规定"尊重和保障人权"这一重要原则，"也是现代刑事司法理念的核心价值"③。尊重和保障人权是对人道性的法律凝练，人道即人性，

---

① 储槐植、江溯著：《美国刑法》，北京大学出版社2012年版，第7页。

② 陈兴良著：《刑法哲学》，中国政法大学出版社2004年版，导论第4页。

③ 孙谦：《新时代检察机关法律监督的理念、原则与职能孙谦》，载《人民检察》2018年第21期，第8页。

法律的立法、执法、司法应当符合人本性的要求。人道在不同的历史时期、不同的国家由于植根的物质条件不同，人道的标准也不同。人道的核心要求，即“把任何一个人都作为人来看待”①。由于法律出于某种违法甚至犯罪的原因会对公民的某些人身权和财产权进行限制或者剥夺，但必须依法，即依照已定的实体法和程序法。完全依法只是理想的追求，现实是不完美的，被追究的个人面对国家强大的机器，特别是违法甚至非法追究之时，检察机关的法律监督成为必要。“检察机关的法律监督就是人权保障机制和权利救济机制的组成部分”②，公正、功利和人道是检察机关设立的支点与价值基础。

二、检察机关的属性

事物的属性是指事物的性质与关系，按照一般理论，事物是体系中的事物，事物与属性密不可分，事物属性有异同，同类的事物有相同的属性，异类的事物属性不同。检察机关的属性不同于一般自然事物的自然性，按照马克思主义的基本原理，检察机关属于上层建筑，决定于经济基础，并非自然性，其属性是宪法和法律从外部赋予的属性。既然是从外部赋予的，确切地说是国家所赋予的，必然体现的是国家的意志，国家可以根据实践需要赋予或不赋予那些属性，以解决现实问题，也可以根据实践需要变化调整，并非一成不变，也不存在固有的监督正当性。在我国，监督正当性来自于全国人大的授权，以此满足国家和人民的需要。检察机关的属性是指检察机关在宪法所规定的国家机构体系中国家所赋予的、有别于其他国家机关的职能属性，并由这种属性所决定的职责定位。《宪法》和《人民检察院组织法》都明确或重申了检察机关是国家法律监督机关的宪法定位，《刑事诉讼法》《民事诉讼法》《行政诉讼法》赋予了检察机关对刑事诉讼监督、民事诉讼监督、行政诉讼监督的职权、范围及程序。检察机关的属性也即职能，是行使法律监督权。基于对法律的确信，我们应当坚持“人民检察院是国家的法律监督机关”这一中国特色的宪法定位。其根本原因是这一定位植根于我国的实际情况，与国体、政体相契合，也契合了社会主义法治发展的需要。

在此，我们首先应当明确一个事实、一个概念即法律监督。法律监督是我国独有的概念和特色的制度，所以必须从我国的国情、国体、政体、法治发展、变化的脉络中把握，以往很多关于检察机关以及检察权的属性争议是在没有将法律监督放在一个特定的、同一平台上而展开的。田夫从法教义学的角度

---

① 赵秉志等著：《中国刑法的运用与完善》，法律出版社 1989 年版，第 334 页。

② 孙谦：《新时代检察机关法律监督的理念、原则与职能》，载《人民检察》2018 年第 21 期，第 8 页。

运用历史解释、比较解释的方法得出一个结论：法律监督是检察院依照宪法和法律对其他国家机关所实行的监督，具体内容包括侦查监督、监所监督、审判监督、执行监督、民事调解监督和行政公益诉讼监督等，其本质体现了检察权对其他国家权力的制约。并从两个维度进行了解读：法律监督机关概念获得了新的结构：从理念维度上讲，法制具有统一性，检察权不是行政权，并且要监督行政权；从制度维度上讲，要实行侦查监督、监所监督、审判监督、执行监督、民事调解监督和行政公益诉讼监督。①

对此，我们部分认同田夫的观点，除了上述两个维度之外，还应该增加一个维度——法治过程的维度。依法治国是从立法到实施，它是一个动态的过程。党的十八大明确提出要“科学立法、严格执法、公正司法、全民守法”，法律得不到遵守和执行，立法的目的不能实现，法律的尊严和权威将荡然无存。维护法律的统一和尊严还有一个非常重要而容易被人们遗忘的重要环节，那就是守法，检察机关的监督理应不能缺席——守法监督，当然法律的规定并没有遗忘也没有缺位。《宪法》第1条规定：“禁止任何组织或者个人破坏社会主义制度。”《人民检察院组织法》第2条规定：“人民检察院通过行使检察权，追诉犯罪。”由此可以看出，检察机关的监督包括守法监督，对于单个组织、个人犯罪违法，有权行使监督权，只是这种监督大部分是一种间接监督。单个组织和个人犯罪，从本质上讲也是滥用所享有的权利。所以，我们可以给现阶段现行的法律监督一个教义学的界定：法律监督是检察机关依照宪法和法律对其他国家机关及犯罪个体在执法、司法、守法过程中所实行的监督，具体内容包括公诉、侦查监督，诉讼监督，执行监督，民事、行政公益诉讼监督，行政监督，监所（包括社区矫正）监督等，其本质体现了检察权对其他国家权力的制约。从长远和发展的角度来看还应加强立法监督。

（一）我国的国体决定了检察机关的法律监督属性

《宪法》第1条规定：“中华人民共和国是工人阶级领导的、以工农联盟为基础的人民民主专政的社会主义国家。社会主义制度是中华人民共和国的根本制度。”禁止任何组织或者个人破坏社会主义制度。检察机关的法律监督是中国的特色监督，是社会主义的法律监督，是中国共产党领导之下的法律监督，所以法律监督应该讲政治效果，追求法律监督的政治效果、法律效果和社会效果统一，政治效果由法律效果和社会效果具体体现和反映；法律效果和社会效果不是截然对立的，而是法律效果中蕴含社会效果，社会效果中蕴含法律效果，法律效果与社会效果互相依存、相互转换，任何一方都不能缺少，是动

① 田夫：《检察院性质新解》，载《法制与社会发展》2018年第6期，第90页。

态立体的统一。从具体职权上看，检察机关法律监督的主要职权是诉讼监督，有别于大陆法系和英美法系的法律监督，而检察机关的其他职能诸如公诉职能虽然具有监督属性，但其他国家同样具备，因而公诉职能不具有中国特色，但仍属于检察机关的具体职能，并不违背或妨害检察机关是法律监督机关这一定位。

（二）我国的政体决定了检察机关的法律监督属性

我国实行的是共产党领导下的人民代表大会制度。《宪法》第 3 条的规定："中华人民共和国的国家机构实行民主集中制的原则。全国人民代表大会和地方各级人民代表大会都由民主选举产生，对人民负责，受人民监督。国家行政机关、监察机关、审判机关、检察机关都由人民代表大会产生，对它负责，受它监督。中央和地方的国家机构职权的划分，遵循在中央的统一领导下，充分发挥地方的主动性、积极性的原则。"

根据《宪法》的规定，我国的政治体制发生了改变，国家机关体制由"一府两院"变成了人民代表大会之下的"一府一委两院"。即我国的国家机关分别由行政机关、监察委员会、人民法院和人民检察院组成。其中，人民政府是国家的行政机关、监察委员会是国家的监察机关、人民法院是国家的审判机关、人民检察院是国家的法律监督机关。由此可见，在新的政治体制下，检察机关的定位依然是法律监督机关。检察机关的地位定位在人民代表大会之下，与行政机关、监察机关、审判机关是平行并列的关系。我们应该在这一定位体系中确定检察机关的属性及定位，检察机关的属性是与行政机关、监察机关、人民法院作为参照物而形成的属性，而非检察机关体系内部制度设计形成的上下级领导关系，所以检察机关不具有行政属性，检察机关的属性即其职能属性是法律监督。

（三）检察机关的各项权力均具有法律监督的性质

《人民检察院组织法》第 21 条规定："人民检察院行使本法第二十条规定的法律监督职权"，明确了检察院行使的八种权力，都属于法律监督权。在检察权的诸多权力中，最核心的是公诉权，检察官遵守法律义务是客观、公正的，检察机关对犯罪提起公诉的宗旨是维护法律的统一正确行使，促进司法公正，并非以对犯罪嫌疑人的定罪量刑为根本追求，公诉权的内涵本身具有法律监督之意。检察机关的其他权力，如刑事立案监督、侦查监督、审判监督、刑罚执行和监管活动监督等，这些职责都具有明显的法律监督性质。检察机关的侦查权是针对履行诉讼监督职能过程中发现的司法工作人员侵犯公民权利、损害司法公正的犯罪，同样服从和服务于法律监督职能，是对执法机关正确执法与否的监督。

随着依法治国的深度进行，党和国家在民事诉讼、行政诉讼领域赋予了检察机关更多的监督职责。《民事诉讼法》经2007年、2012年、2017年三次修改后，检察机关的监督客体由原先的“审判活动”扩展为“民事诉讼”，监督内容除了对民事判决裁定、民事执行活动、审判人员违法行为的监督，还增加了提起民事公益诉讼的职能。《行政诉讼法》经2014年、2017年两次修改，不仅规定了检察机关有对生效行政裁判提出抗诉、纠正审判人员违法行为等职能，还赋予了检察机关提起行政公益诉讼的权力。

三、检察机关的定位

（一）检察机关是法律监督机关

检察机关是“国家法律监督机关”的定位，是我国宪法明确规定的。1982年宪法第一次对检察机关的性质和定位予以阐述，即“中华人民共和国人民检察院是国家的法律监督机关”。此后，宪法经历了1988年、1993年、1999年、2004年、2018年五次修正，而关于检察机关性质和定位的规定一直保持不变。尤其是2018年的修正，是在党的十九大把习近平新时代中国特色社会主义思想确立为党必须长期坚持的指导思想的背景下进行的，全面体现了近年来党和人民在中国特色社会主义道路、理论、制度、文化建设上取得的成果，也再次确认了检察机关作为“国家法律监督机关”的宪法定位，澄清了理论上的一些争议。

（二）检察机关是司法机关

检察机关经常在部分中央文件和学理论述中，被表述为司法机关。对此问题我们首先应该明确：检察机关的属性和定位应该依据国家的根本大法——《宪法》来确定，我国《宪法》中并无司法机关和司法权的明确规定。那么是否就可以否认检察机关是司法机关并享有司法权，得出检察机关不是司法机关这一命题呢？显然不可以。2006年15号文件《中共中央关于进一步加强人民法院人民检察院工作的决定》明确规定，人民检察院、人民法院均是国家的司法机关；2007年10月15日中国共产党第十七次全国代表大会报告指出，要深化司法体制改革，优化司法职权配置，规范司法行为，建设公正高效权威的社会主义司法制度，保证审判机关、检察机关依法独立公正地行使审判权、检察权。习近平同志在党的十九大报告中指出，要构建党统一指挥、全面覆盖、权威高效的监督体系，把党内监督同国家机关监督、民主监督、司法监督、群众监督、舆论监督贯通起来，增强监督合力。显然，中央文件和党的重要会议都明确检察机关是司法机关，这是不容置疑的。至于著作、论文中将检察机关称为司法机关的更是不胜枚举。检察机关和审判机关是我国的两大司法机关，但有各自的独立地位，检察机关与审判机关是平行设置的，只是分工不同而已。检察机关履行法律监督职责，不是抽象的行为而是通过具体的案件，即通过办案来实现法律监督，办案即在司法活动中利用司法手段，依法行使职权，包括实体法和程序法所赋予的。具有明显的司法特征即法定性、程序性和法律适用性；检察机关在履行职务的保障原则方面与人民法院并无区别，具有厚重的司法色彩，所以可以将我国检察机关称为司法机关。对检察机关的法律监督机关的定位，应坚持体系中的定位，相互关系中的定位，检察机关所具有的行政特点是内部机构运行的关系，而不是与行政机关、监委会、法院之间的相互关系。故我们的观点是：检察机关是实行法律监督的司法机关。

（三）坚持检察机关是法律监督机关的宪法定位

2018年，国家监察体制改革对检察机关带来前所未有的冲击，人们对检察机关法律监督的地位产生怀疑和动摇。宪法对检察机关和监察委员会设置同样是平行设置，只是在设立的目的、监督对象、监督内容、监督方式等方面的规定不同，相同的是“监察机关的监察和检察机关的监督一样，都属于国家专门监督体系的组成部分，要服从并从属于人民代表大会的宪法监督”[①]。对此，朱孝清从三个方面给予分析：首先，从国家监察体制改革的目标来看，其目标是“整合反腐败资源力量，加强党对反腐败工作的集中统一领导，构建集中统一、权威高效的中国特色国家监察体制，实现对所有行使公权力的公职人员监察全覆盖”。直接影响检察机关的仅是监督对象的减少（剥离了对公职人员职务犯罪的监督）和监督方式的变化（取消了侦查这种监督方式），无意改变检察机关作为法律监督机关的宪法定位。其次，监督对象不同，监察机关的监督对象主要是公职人员的职务违法和职务犯罪；检察机关除了对涉嫌犯罪提起公诉外，监督的主要是诉讼所涉侦查机关、审判机关、执行机关以及行政机关的违法行为和错误决定。简言之，国家监察机关监督的是行使公权力的“人”，检察机关监督的是行使国家权力的部分“机关”。同时，检察机关是通过监督这些机关行使国家权力的“事”来实现对这些机关的监督，因此，检察机关监督的又是诉讼所涉有关机关的“事”。最后，监督内容和目的不同，监察机关监督的主要是公职人员履行职责的廉洁性和勤勉性，监督的目的是保证公职人员的廉洁和勤勉；检察机关监督的是有关机关行使国家权力的合法性，监督的目的是维护国家法治的统一和法律的正确实施。国家监察机关不能代替检察机关在维护法治统一方面的作用，也不会改变检察机关作为法律监督机关的宪法定位，所改变的仅是法律监督的对象、范围和方式。又由于检察机

① 陈瑞华：《论国家监察权的性质》，载《比较法研究》2019年第1期，第4页。

关本就“不是全面监督法律实施的机关，也没有去‘统揽法律监督权’”，而只是对法律授权范围内的法律实施情况进行监督，故法律监督对象、范围和方式的改变并不会从根本上改变检察机关作为法律监督机关的宪法定位。[①] 总之，将检察机关定位为国家的法律监督机关，是宪法和法律的规定，也是国情的需要，符合新时代的要求。

第二节 检察机关检察权的属性和定位

一、检察机关检察权的属性

根据《人民检察院组织法》的规定，检察权是检察机关行使法律监督职能的具体权力。法律监督职能是抽象的，是相对检察机关的定位和性质而言的。检察权是法律监督职能的具体化，法律监督职能与检察权是上位和下位位阶的关系。法律监督职能属于上位而检察权属于下位；法律监督职能是体，检察权是用，是一种体用关系。很多学者将检察权作为上位概念，法律监督作为下位概念。也有学者将《宪法》第129条“法律监督机关”的表述解释为对检察机关职能上的特别授予，即法律监督是检察权的特别权能，[②] 我们不能苟同，特别是授权在原属性之外的特别增加，此种解释直接否定了检察机关的本质属性法律监督。检察机关的各项权能都应当统一于法律监督或法律监督权。[③]《人民检察院组织法》第21条规定“人民检察院行使本法第二十条规定的法律监督职权”，由此可见，检察院所行使的权力全部是法律监督职能。检察机关的法律监督是通过行使具体的检察权“对破坏法律实施的行为进行查究、追责、纠正，来维护国家法制统一、尊严和权威”[④]。法律监督不仅是做“法律的守护人”，而且要做国家利益、公共利益、个人的代言人。

关于检察权的属性，学界存在诸多观点：行政权说、司法权说、法律监督

① 朱孝清：《国家监察体制改革后检察制度的巩固与发展》，载《法学研究》2018年第4期，第8页。

② 巩寒冰：《检察权的双层权能与效力实现》，载《时代法学》2018年第6期，第39页。

③ 石少侠：《我国检察机关的法律监督一元论——对检察权权能的法律监督权解析》，载《法制与社会发展》2006年第5期，第23页。

④ 孙谦：《新时代检察机关法律监督的理念、原则与职能》，载《人民检察》2018年第21期，第9页。

权说、双重性说、双层属性说、多元属性说等。[①] 我们认为，仍然应该从法教义学的角度，从宪法和相关法律规定的国家机关的体系中寻找参照物，即与公安机关的侦查权、监察机关的监察权、法院的审判权、行政机关的行政权中把握其性质与关系。检察机关按照我国国家机关的设置，与全国人民代表大会之下的公安机关、法院、监察委、国家行政机关等部门是平等的关系，监督与被监督仅是制度设计的安排，并无地位高低上下之分，检察机关并不是行政机关，它对行政机关进行监督。

检察机关、公安机关、法院、监察委、国家行政机关都属于行使公权力的机关，因而从宏观上讲有其共有的属性，如法定性、专门性、边界性，也有其特有的属性。下面所讲的特点是从微观上即从检察权的内在来看的。

(一) 法律监督的独立性

《宪法》第131条规定："人民检察院依照法律规定独立行使审判权，不受行政机关、社会团体和个人的干涉。"监督最根本的特点在于监督权独立于被监督的权力，体现在三个方面：其一，监督权是一种独立的权力，从权力性质上不同于被监督的权力；其二，行使监督权的主体独立于被监督的对象；其三，监督权的运行独立于被监督的权力，即监督权的行使遵循自己的程序，不参与被监督的权力运行过程。[②] 检察机关独立行使检察权是由以下三个要素所决定的，即人民代表大会制度的政治体制、单一制的国家结构和维护国家法制统一的需要。检察机关是国家的法律监督机关必须保持其高度的独立性才能保证法制的统一和法律的正确实施，不受行政机关、社会团体和个人的干涉，是指检察机关独立于行政机关、社会团体和个人行使检察权，不受任何一级即使是最高行政机关也不能干涉。同时，我们不但应看到检察机关的独立性是相对的，只独立于行政机关、社会团体和个人之外，而并不独立于中国共产党的领导、人民代表大会、上级人民检察院领导、监委会和人民监督员的监督，而且这种独立性是检察机关整体的独立性而非检察官的独立性，《人民检察院组织法》第29条规定："检察官在检察长领导下开展工作，重大办案事项由检察长决定。检察长可以将部分职权委托检察官行使，可以授权检察官签发法律文书。"第33条规定："检察官可以就重大案件和其他重大问题，提请检察长决定。检察长可以根据案件情况，提交检察委员会讨论决定。检察委员会的决定，检察官应当执行。"由此可以看出，检察官在内部缺少真正的独立，仅是

---

① 陈卫东：《我国检察权的反思与重构——以公诉权为核心的分析》，载《法学研究》2002年第2期，第4页。

② 夏金莱：《论监察体制改革背景下的监察权与检察权》，载《政治与法律》2017年第8期，第68页。

相对独立，在一定程度上会影响司法责任制的落实，“承办案件的人员对案件的处理完全没有决定权，影响其严肃认真查办案件的积极性”[①]。独立行使检察权是检察机关行使检察权的运行原则，在以后的改革中应当加强检察官的独立性。

（二）法律监督的法定性

《宪法》第131条规定：“检察机关依照法律规定行使审判权。”即法律监督必须由法律专门授权，在法律规定的范围内，运用法律规定的手段，依照法定程序，对法定的对象进行监督。法定性有以下几个含义：一是宪法和法律为行使检察权提供法律保障，为了行使检察权除宪法外还有人民检察院组织法、刑事诉讼法、民事诉讼法、行政诉讼法等，上述法律一般从两个方面规定，一方面重申和强调宪法关于独立行使检察权的规定并进一步规定等；《刑事诉讼法》第5条规定：“人民法院依照法律规定独立行使审判权，人民检察院依照法律规定独立行使检察权，不受行政机关、社会团体和个人的干涉。”另一方面明确规定行使检察权的组织和程序，从组织和程序上保证依法独立行使。二是行使检察权必须在法律授权的范围，不能超越边界，依照实体法和程序法的规定对法定对象依照法定程序与法定手段进行监督。

（三）法律监督的程序性和柔性化

根据《人民检察院组织法》第21条规定：“人民检察院行使本法第二十条规定的法律监督职权，可以进行调查核实，并依法提出抗诉、纠正意见、检察建议。有关单位应当予以配合，并及时将采纳纠正意见、检察建议的情况书面回复人民检察院。抗诉、纠正意见、检察建议的适用范围及其程序，依照法律有关规定。”检察机关的法律监督是程序性的监督，不具有实体性的行政处分权或司法裁决权，不具有终局或实体意义。[②] 检察机关行使监督权的手段是在核实的基础上提出抗诉、纠正意见、检察建议。检察机关和其他机关是平等关系，没有上下之分，对监督对象不能直接作出实体上的处理。同时缺少具体保证核实的刚性措施，而是监督的相对人可能存在不配合的情况，对此朱孝清提出：必须增强法律监督的刚性，一要给检察机关保留在履行职责中发现的职务犯罪的侦查权；二要赋予检察监督以硬的约束力，立法上要规范检察监督方式，规定“一案双查”，规定有关机关落实检察监督的义务、反馈期限、提出异议的程序以及拒不纠正违法行为、错误决定所应承担的责任；三要赋予检察

---

① 张智辉主编：《检察权优化配置研究》，中国检察出版社2013年版，第97页。

② 韩大元、刘松山：《论我国检察机关的宪法地位》，载《中国人民大学学报》2002年第5期，第75页。

监督调查核实权以及必要的措施，以保障检察监督顺利进行和正确实施。[①]

（四）法律监督的事后救济性

法律监督权的行使并不在其他权力和公民权利的行使之前或行使之中介入，只有出现了法律规定的情形，才启动法律监督程序，实行监督权力。“在保护公民基本权利方面，现有的司法保障制度负有第一位的责任，只有在保护公民基本权利的司法机制缺位的情形下，检察机关的法律监督才是必要和迫切的。[②] 即只有法律规定的属于法律监督的情形出现以后，才能启动法律监督程序。除此之外，法律监督应当发挥的作用是拾遗补阙。这样处理，既可以尊重和激发特定法律主体依法维护自身权利的主动性和积极性，又可以合理配置司法资源，集中精力解决好司法救济缺位、失灵情况下的法律监督问题”[③]。法律监督不仅是事后而且要求违法达到一定程度并符合监督范围才可以启动。

（五）法律监督的专门性

在国家监督体系中，“包括以下几种组成部分：（1）国家权力机关的监督，尤其是最高国家权力机关的监督；（2）行政机关的监督；（3）司法机关的监督（包括审判机关的监督和检察机关的监督）；（4）社会监督（包括社会组织的监督、社会舆论的监督、人民群众的监督）；（5）党的监督”[④] 以及监委会的监督。党的十九大报告指出：要“把党内监督同国家机关监督、民主监督、司法监督、群众监督、舆论监督贯通起来，增强监督合力”。这里涉及的监督有党内监督、国家机关监督、民主监督、司法角度、群众监督、舆论监督，贯通起来的就是监委会监督。检察机关的法律监督仅是监督体系中的一部分。根据法律的规定，检察机关的监督限定在执法、司法机关在诉讼中发生的违法情形，而对社会生活中的一般违法，不是由检察机关监督，而是由行政执法机关包括一些社会组织来进行。[⑤]

① 朱孝清：《监察体制改革后检察制度的巩固与发展》，载《法学研究》2018 年第 4 期，第 9-14 页。

② 魏晓娜：《依法治国语境下检察机关的性质与职权》，载《中国法学》2018 年第 1 期，第 284 页。

③ 孙谦：《新时代检察机关法律监督的理念、原则与职能》，载《人民检察》2018 年第 21 期，第 10 页。

④ 邹瑜主编：《法学大词典》，中国政法大学出版社 1991 年版，第 12 页。

⑤ 孙谦：《新时代检察机关法律监督的理念、原则与职能》，载《人民检察》2018 年第 21 期，第 10 页。

二、检察机关检察权的权能

权能，一般在民法中使用，如所有权权能是一种民事法律关系，学界一般有两种观点：权利作用说和权利集合说。相比之下，权利集合说的理论基点显得较为科学。[①] 学者方世荣撰文认为，“权能旨在揭示权利的具体内容，但在认知角度上不是着眼权利的外在形式，而是强调权利内容不可或缺、能对实现权利的目的发挥特定功能的各种构成关系”[②]，显然方世荣的观点区别于上面的一元论，属于二元论。我们尝试套用改造这个二元论，以期运用于检察权。检察权能属于法律监督，不同于民事法律关系，检察权是一种权力，而非权利。从基本法学理论出发尝试研究检察权运行的可能性。可以给检察权能做个法教义学的定义：检察权能是法律规定的、检察机关为实现法律监督目的所享有的各项权力的集合，包括侦查权、审查逮捕权、公诉权、提起公益诉讼权、诉讼活动监督权、监所执行监督权等。检察机关是行使权力的主体，具有不可转移性。义务的主体即被法律监督的对象，内容则是检察机关所享有的各项权力和被监督对象所负有的相对应的义务。

检察机关检察权能大致可以从结构上分为两类：对外的权力和对内的权力。

（一）对外的权力

检察机关的对外权力是指检察机关在国家各机关的相互关系中所享有的为实现法律监督目的的检察权。对外的权力有 4 项权能。

1. 检察机关的基本权能，《组织法》第 20 条列举的 8 种权力：有关刑事案件的侦查权、刑事案件的审查权（包括批准或决定逮捕权、决定是否公诉权及支持公诉权）、提起公益诉讼权（包括民事公益诉讼与行政公益诉讼）、诉讼监督权、执行监督、狱所监督权及概括性的法律规定的其他职权。

2. 为实现基本权能而设置的具体权力或措施，如调查核实权、抗诉权、提出纠正意见权、建议权。

3. 专属检察长的权能，《组织法》第 26 条规定：“人民检察院检察长或者检察长委托的副检察长，可以列席同级人民法院审判委员会会议。”

4. 最高人民检察院的专有权能，除各级检察机关普遍具有的职权外，组织法第 22 条、第 23 条规定了最高人民检察院的四项专有职权：对最高人民法院的死刑复核活动实行监督；对报请核准追诉的案件进行审查，决定是否追

---

① 欧锦雄：《所有权权能结构理论研究》，载《河北法学》2000 年第 6 期，第 33 页。

② 方世荣：《论行政立法参与权的权能》，载《中国法学》2014 年第 3 期，第 113 页。

诉；对属于检察工作中具体法律应用的问题作出司法解释；发布指导性案例的权力。

（二）对内的权力

检察机关对内权力，是指检察机关系统上级检察院对下级检察院、同级检察院内部检察委员会、检察长、检察官之间所运用的具有行政属性的检察权。

1. 上下级检察院之间

《人民检察院组织法》第 24 条规定："上级人民检察院对下级人民检察院行使下列职权：

（1）认为下级人民检察院的决定错误的，指令下级人民检察院纠正，或者依法撤销、变更；

（2）可以对下级人民检察院管辖的案件指定管辖；

（3）可以办理下级人民检察院管辖的案件；

（4）可以统一调用辖区的检察人员办理案件。"

2. 检察委员会、检察长与检察官之间

为了保障检察权的行使，同级检察院内部可以由一名检察官独任办理案件，也可以由两名以上检察官组成办案组办理，如果组成办案组办理，检察长应当指定一名检察官担任主办检察官，负责组织、指挥；检察长负责领导检察官开展工作，并决定重大办案事项，或者决定提交检察委员会；检察委员会负责总结检察工作经验、讨论决定重大疑难复杂案件及有关检察工作的其他重大问题。

对内的权力服务于对外的权力，是为了更好地实现对外的法律监督，内部运行的行政性，不会妨碍对外权力的实现，恰恰相反是可以促进法律监督取得良好的效果。

第二章　检察机关的侦查权

侦查权是检察机关的一项重要职能，随着国家监察体制改革和新的监察制度的确立，检察机关的侦查权进行了一些调整。2018 年修订的《宪法》和《刑事诉讼法》以及新制定的《监察法》将原来隶属于检察机关的贪污贿赂犯罪、渎职侵权犯罪的侦查权剥离，转由监察机关或公安机关行使，只为检察机关保留了少部分案件的刑事侦查权。[①] 较之前检察机关享有的侦查权发生了很大的变化，检察机关的侦查权弱化，而其拥有的监督权得到了进一步强化。检察机关如何应对这种变化，如何在诉讼监督过程中更好地发挥对司法工作人员职务犯罪的监督职能，需要进行系统地研究。

第一节　检察机关的自行侦查权

一、检察机关自行侦查权的变化

《监察法》的出台以及《刑事诉讼法》的修订，对检察机关的自行侦查权影响较大。

（一）侦查的定义发生了变化

2012 年《刑事诉讼法》第 106 条规定："侦查是指公安机关、人民检察院在办理案件过程中，依照法律进行的专门调查工作和有关的强制性措施。"2018 年修订后的《刑事诉讼法》将侦查定义为："公安机关、人民检察院等机关对于刑事案件，依照法律进行的收集证据、查明案情的工作和有关的强制性措施。"侦查的定义有三点变化：一是在原有的侦查主体后加了一个"等"字，用语更加准确。侦查机关除了公安机关、人民检察院之外，还包括国家安全机关、军队保卫部门、海警部门和监狱等。二是明确了侦查对象是刑事案件，代替了含义模糊不清的"办案"两个字。三是用"收集证据、查明案情"的表述来代替"专门调查工作"。"侦查"中的"专门调查工作"是指侦查机

① 检察机关的侦查权包括三部分：自行侦查权、补充侦查权和退回补充侦查（调查）的引导权。

关为收集证据，查明案件事实而采取的各种调查措施，如讯问犯罪嫌疑人、询问证人、勘验、检查、鉴定等活动。[①] 这与《刑事诉讼法》第3条的思想是一致的。《刑事诉讼法》第3条在法理上将其概括为“侦查权、检察权、审判权由专门机关依法行使原则”。[②] 对侦查定义的修改主要是为了区分《监察法》中监察机关对于职务犯罪的调查。侦查的对象是“刑事案件”，因此就把“监察案件”排除在侦查的范围之外，进而可以将监察中的“调查”与侦查区分开来。

（二）检察机关保留了部分职务犯罪案件的侦查权

2018年国家进行了监察制度改革，修订了《宪法》，制定了《监察法》，成立了监察机关，赋予监察机关对于所有行使公权力的公职人员的职务违法行为和职务犯罪行为调查的权力。检察机关对于贪污贿赂犯罪、渎职侵权等职务犯罪案件不再享有立案管辖权，交予监察机关行使；检察机关内设的反贪污贿赂部门、反渎职侵权部门和职务犯罪预防部门的人员整体转移到监察机关，检察机关的职务犯罪侦查职能大为弱化。与《宪法》和《监察法》相对应，2018年《刑事诉讼法》删除了人民检察院对贪污贿赂等职务犯罪行使侦查权的规定，但同时考虑到人民检察院是专门的法律监督机关，为保证检察院有效监督诉讼活动中司法工作人员的违法行为，2018年《刑事诉讼法》保留了人民检察院的部分侦查权：[③] 对于在诉讼监督中发现司法工作人员有职务犯罪行为的，可以立案侦查。

二、检察机关自行侦查权的内容

立案侦查的案件来源于检察机关对诉讼活动实行法律监督过程中。检察机关对诉讼活动的监督包括对刑事诉讼活动、民事诉讼活动和行政诉讼活动的监督。因此，检察机关对“诉讼活动”的法律监督范围，不仅包含对刑事诉讼活动的监督，也包括对民事、行政两类诉讼活动的监督。

（一）自行侦查权的案件范围

检察机关对于哪些案件可以直接立案侦查，最高人民检察院于2018年11月24日出台了《关于人民检察院立案侦查司法工作人员相关职务犯罪案件若

① 朗胜主编：《中华人民共和国刑事诉讼法修改与适用》，新华出版社2012年版，第219页。

② 刑事诉讼法学编写组编：《刑事诉讼法学》，北京大学出版社2017年版，第79页。

③ 《刑事诉讼法》第19条规定：“人民检察院在对诉讼活动实行法律监督中发现的司法工作人员利用职权实施的非法拘禁、刑讯逼供、非法搜查等侵犯公民权利、损害司法公正的犯罪，可以由人民检察院立案侦查。”

干问题的规定》（以下简称《立案侦查规定》），该规定第一条明确了检察机关对 14 种罪名有立案管辖权：人民检察院在对诉讼活动实行法律监督中，发现司法工作人员涉嫌利用职权实施的下列侵犯公民权利、损害司法公正的犯罪案件，可以立案侦查：(1) 非法拘禁罪（刑法第 238 条）（非司法工作人员除外）；(2) 非法搜查罪（刑法第 245 条）（非司法工作人员除外）；(3) 刑讯逼供罪（刑法第 247 条）；(4) 暴力取证罪（刑法第 247 条）；(5) 虐待被监管人罪（刑法第 248 条）；(6) 滥用职权罪（刑法第 397 条）（非司法工作人员滥用职权侵犯公民权利、损害司法公正的情形除外）；(7) 玩忽职守罪（刑法第 397 条）（非司法工作人员玩忽职守侵犯公民权利、损害司法公正的情形除外）；(8) 徇私枉法罪（刑法第 399 条第 1 款）；(9) 民事、行政枉法裁判罪（刑法第 399 条第 2 款）；(10) 执行判决、裁定失职罪（刑法第 399 条第 3 款）；(11) 执行判决、裁定滥用职权罪（刑法第 399 条第 3 款）；(12) 私放在押人员罪（刑法第 400 条第 1 款）；(13) 失职致使在押人员脱逃罪（刑法第 400 条第 2 款）；(14) 徇私舞弊减刑、假释、暂予监外执行罪（刑法第 401 条）。

《刑事诉讼法》第 19 条第 2 款对检察机关立案侦查的犯罪主体作了限定：司法工作人员。根据 1997 年《刑法》第 94 条之规定，司法工作人员是指具有“监管”“侦查”“审判”“检察”职责的工作人员。此条规定至今尚未修改过，因而，对于很多人关注的监察机关工作人员是否在“司法工作人员”之列，答案是否定的。中纪委明确表示监察委是政治机关，不是司法机关，也不是行政机关，所行使的不是侦查权，而是调查权。而侦查权行使的主体由法定授予，目前仅有公安系统和检察系统相关工作人员可以行使，属于司法工作人员范畴。调查权的主体则更广泛，政府部门工作人员以及律师也享有调查权。① 所以从目前来看，司法工作人员的定义并不包括监察委工作人员。监察机关的工作人员，若存在利用职权实施非法拘禁、暴力取证等上述十四项犯罪行为时，只能由监察委自行调查。

但对于监察机关的监察人员是否属于司法工作人员，学界争议比较大。检察机关保留的侦查权对象是否要包括监察委工作人员，一直是法律界比较关注的话题，许多学者建议将其包含在内。诉讼法领域的陈光中先生就表示，“各级监察委的监察人员，若存在利用职权实施非法拘禁、刑讯逼供、非法搜查等

① 《中华人民共和国律师法》第 35 条：“受委托的律师根据案情的需要，可以申请人民检察院、人民法院收集、调取证据或者申请人民法院通知证人出庭作证。律师自行调查取证的，凭律师执业证书和律师事务所证明，可以向有关单位或者个人调查与承办法律事务有关的情况。”

侵犯公民权利、损害司法公正的犯罪，对此类犯罪的侦查权建议由检察院行使"[1]。此条建议受到很多学者的认同，总体理由可以归纳如下：第一，监察委行使的调查权本质上是一种公权力，既然是公权力，那么就存在侵犯被调查人权利的可能。第二，前述司法工作人员的定义是 1997 年刑法作出的规定，至今尚未进行修正，如今法院、检察院司法体制改革已完成，国家监察体制已建立，有必要与时俱进，重新对"司法工作人员"进行定义，表述为"司法、监察工作人员"，并列举式表述具体工作人员。第三，由检察机关对监察机关工作人员行使诉讼活动中的部分职务犯罪侦查权，既符合检察机关的法律监督职能，也可以达到权力的互相制约。

笔者也比较赞同这一建议。首先，监察机关工作人员行使的调查权从内容上来说，包含了原先检察机关对职务犯罪行使的侦查工作。从本质上而言，其工作性质与公安机关与检察机关工作人员类似，则其接受检察机关的"侦查"也顺理成章。其次，将监察职能纳入司法工作人员范围，可以由检察机关从外部对监察工作人员实施监督，能更有效地防止权力"失控"与保障人权。如果单纯由监察委内部自我监督，则难免会被诟病，且不具有强有力的说服力。最后，从效率与效果来看，由检察机关一并"侦查"更能节约程序资源，也更能发挥好"法律监督"的职能。

（二）级别管辖和侦查部门

2018 年 12 月 4 日，中央正式印发了《最高人民检察院职能配置、内设机构和人员编制规定》。2018 年 12 月 24 日，最高人民检察院第一至第十检察厅按照新的职能和办案机制正式运行，最高人民检察院内设机构的改革做了系统性、整体性、重构性的改革。对照过去的内设机构设置，此次内设机构改革，最高人民检察院撤销了侦监厅和公诉厅，开始实行捕诉一体的办案机制。根据改革方案，最高人民检察院内设 10 个业务检察厅，按数序统一设置专业机构名称，分管各项检察工作。改革坚持优化效能，整合职能相近的机构，突出专业化建设，强化民事、行政、公益诉讼职能建设，做实未成年人检察工作。

检察机关检察权的职能包括侦查权、公诉权和诉讼监督权，职能上的多样性决定了检察机关业务部门的设置也具有多样性。其中第五检察厅负责对监狱、看守所和社区矫正机构等执法活动及相关系列活动的监督工作，办理罪犯又犯罪案件包括司法工作人员利用职权实施的非法拘禁、刑讯逼供、非法搜查等侵犯公民权利、损害司法公正犯罪，以及按照刑事诉讼法规定需要由人民检

---

① 陈光中、肖沛权：《刑事诉讼法修正草案：完善刑事诉讼制度的新成就和新期待》，载《中国刑事法杂志》2018 年第 3 期，第 9 页。

察院直接受理的其他重大犯罪案件的侦查。

检察体制上有必要设立若干承载不同业务类型的内设机构，并将相同业务类型的案件归由同一个机构负责，以提高各个业务办理的专业化程度，提升业务办理的效率与质量。实现职务犯罪侦查的专业化是提高职务犯罪侦查能力和效率的需要，职务犯罪侦查的专业化包括侦查部门专业化和侦查人员专业化。检察机关内部应当设有专门的侦查部门，负责职务犯罪或某些特殊种类犯罪的侦查工作。

侦查权作为一种行政性权力，具有主动性、效率性、强制性、秘密性等特点。检察机关侦查权的犯罪主体为司法工作人员，在具有一般侦查权特点的同时还具有特殊性。该类犯罪主体文化层次和专业水平相对较高，作案手段的智能性和隐蔽性强，具有较强的反侦查能力，在作案前后往往凭借职务行为加以掩盖，在案发后还会利用职权为侦查工作设置障碍。因此，职务犯罪的发现和查处难度大，对检察机关排除干扰阻力、侦破案件能力的要求比较高。检察机关直接立案的犯罪案件中，证实犯罪的直接证据、原始证据较少；间接证据、传闻证据较多，时过境迁，证据很难被取得和固定。因此，侦查此类犯罪，需要设立专门的部门，集中精力进行侦查，设立专门的侦查部门，既符合检察机关的自身优势又有利于案件的侦破。

根据优化、协同、高效的原则，刑事执行检察厅主要职责是对看守所和监狱的执法活动进行监督。这一类司法工作人员犯罪很多都与看守所和监狱相关联，如刑讯逼供罪，就可能发生在看守所，虐待被监管人罪、私放在押人员罪都与看守所和监狱有关联。设立侦查部门，具有侦查的便利性。检察机关的侦查职能可以对严重滥用权力的行为进行追诉，追究违法者个人的实体法律责任，遏制权力滥用、消除造成执法不严司法不公的情况，同时对执法不严、司法不公背后可能存在的职务犯罪进行调查和追诉，可以促使监督对象重视和落实检察机关的违法纠正意见，为诉讼监督等其他检察职能的实现提供支持和保障。

对于检察机关办理的直接受理的案件，同样需要专门的人员负责，这有利于提高侦查工作的效率，特别是重大、复杂、疑难犯罪案件。随着社会的进步和科学技术的发展，犯罪人员的反侦查能力越来越强，案件也呈现出复杂化、多样化的特点，增加了侦查工作的难度，只有专业人员才能保证办案质量，才能更好地完成各项职务犯罪的侦查工作。职务犯罪侦查人员的专业化是工作的需要，是社会发展的需要。实现职务犯罪侦查人员的专业化，必须要求从事职务犯罪侦查工作的人员具备相关的专业知识、专业技能、专业素质和专业经验。①

首先，职务犯罪侦查人员应该掌握相关的专业知识，包括法律知识、侦查知识和行业知识。正规学习是获取法律等专业知识的主要途径，因此职务犯罪侦查人员应该具有法学的专业教育背景，或有相关的专业学习经历。其次，职务犯罪侦查人员应该掌握相关的专业技能，如询问证人和讯问犯罪嫌疑人的技能、观察事件和勘查场所的技能、发现和提取物证的技能等。专业技能需要通过专门的培训才能获得。再次，职务犯罪侦查人员应该具有良好的专业素质，既包括先天形成的生理素质和心理素质，也包括后天养成的专业思维能力和专业行为习惯。由于专业素质同时具有先天和后天的属性，所以要保证职务犯罪侦查人员具有良好的专业素质，一方面要重视合格人才的遴选和引进，另一方面要加强在职人员的培育和养成。最后，职务犯罪侦查人员还应该具备相应的专业工作经验。职务犯罪侦查是一种实务性工作，要胜任这项工作必须具备丰富的实践经验。职务犯罪侦查的专业经验既包括个体的经验也包括群体的经验，既包括直接的经验也包括间接的经验，因此，职务犯罪侦查人员既要注意积累个人的经验，也要注意学习他人的经验；职务犯罪侦查机关也要加强群体专业经验的总结和交流。

《关于人民检察院立案侦查司法工作人员相关职务犯罪若干问题的规定》(下文简称《规定》）明确了“本规定所列犯罪案件，由设区的市级人民检察院立案侦查。基层人民检察院发现犯罪线索的，应当报设区的市级人民检察院决定立案侦查”。由于这类案件的主体都是司法工作人员，由市级人民检察院立案侦查，能够确保立案的慎重性。而且此类案件数量不大，市级人民检察院立案侦查，在办案力量上能够适应。同时，这样也有利于在自侦队伍已整体转隶监察委的情况下，集中有限的资源，提高办案质量和效率。因此，基层检察院开展诉讼监督中发现这类犯罪线索的，应报请市级人民检察院审查，由市级人民检察院决定是否立案侦查。如果案件由基层检察院结合诉讼监督开展侦查更便于掌握情况、及时收集、固定证据，而且该基层检察院也是有侦查力量的，《规定》明确“设区的市级人民检察院也可以将案件交由基层人民检察院立案侦查，或者由基层人民检察院协助侦查”。总之，立案侦查决定权上提至市级检察院，并不是取消基层检察院的立案侦查权，而是要严格把握立案条件。此外，《规定》还明确：“最高人民检察院、省级人民检察院发现犯罪线索的，可以自行决定立案侦查，也可以将案件线索交由指定的省级人民检察

① 龙宗智：《检察机关内部机构及功能设置研究》，载《法学家》2018年第1期，第6页。

院、设区的市级人民检察院立案侦查。”

（三）案件线索的移送和互涉案件的处理

检察机关在侦查司法工作人员利用职权实施侵犯公民权利、损害司法公正的犯罪时，有可能发现犯罪嫌疑人其他职务犯罪线索。对于这种情况，《监察法》第34条第1款规定：“人民法院、人民检察院、公安机关、审计机关等国家机关在工作中发现公职人员涉嫌贪污贿赂、失职渎职等职务违法或者职务犯罪的问题线索，应当移送监察机关，由监察机关依法调查处置。”明确了有关国家机关在工作中发现职务违法或者职务犯罪问题线索的移送义务。该条第2款规定：“被调查人既涉嫌严重职务违法或者职务犯罪，又涉嫌其他违法犯罪的，一般应当由监察机关为主调查，其他机关予以协助。”确立了互涉案件一般由监察机关为主调查的原则。

实践中，司法工作人员犯数罪，分别由监察委员会和检察机关管辖的情形主要有两种：一种情形是数罪之间没有牵连关系，如司法工作人员涉嫌非法拘禁、刑讯逼供、虐待被监管人等犯罪，同时又涉嫌贪污贿赂犯罪的，这种情形可以由监察委员会和检察机关分别管辖；另一种情形是数罪之间存在关联，构成牵连犯罪，依照刑法的规定应当从一重罪定罪处罚或者数罪并罚。例如，司法工作人员有徇私枉法行为的，按照刑法第399条第4款的规定：“司法工作人员收受贿赂，有前三款行为（徇私枉法罪，民事、行政枉法裁判罪，执行判决、裁定失职罪，执行判决、裁定滥用职权罪）的，同时又构成本法第三百八十五条规定之罪（受贿罪）的，依照处罚较重的规定定罪处罚。”根据监察法的规定，《规定》明确了检察机关立案侦查本规定所列犯罪时，发现犯罪嫌疑人同时涉嫌监察委员会管辖的职务犯罪线索的，应当及时与同级监察委员会沟通，一般应当由监察委员会为主调查，检察机关予以协助。经过沟通，有两种处理方式：一种处理方式是认为全案由监察委员会管辖更为适宜的，检察机关应当撤销案件，将案件和相应职务犯罪线索一并移送监察委员会。由监察委员会并案调查的情形主要是存在数罪牵连关系的情形……修改后刑事诉讼法第19条第2款规定，对司法工作人员利用职权实施的侵犯公民权利、损害司法公正的犯罪，可以由检察机关立案侦查，意味着也可以由监察委员会依法调查处置。因此，由监察委员会对相关案件并案调查是有法律依据的。另一种处理方式是认为由监察委员会和检察机关分别管辖更为适宜的，检察机关应当将监察委员会管辖的相应职务犯罪线索移送监察委员会，对依法由检察机关管辖的犯罪案件继续侦查。对于分别管辖的案件，一般应当由监察委员会为主调查，检察机关予以协助。调查（侦查）终结前，检察机关应当就移送审查起诉有关事宜与监察委员会加强沟通，协调一致，由检察机关依法对全案审查起诉。《规定》还要求，检察机关应当及时将沟通情况报告上一级检察院。沟通期间，检察机关不得停止对案件的侦查。此外，检察机关立案侦查司法工作人员相关职务犯罪时，也可能涉及公安机关管辖的刑事案件，对此，可以依照现行有关法律和司法解释的规定，如最高人民法院、最高人民检察院、公安部、国家安全部、司法部、全国人大常委会法工委《关于实施刑事诉讼法若干问题的规定》《人民检察院刑事诉讼规则（试行）》等的规定办理。

（四）办案程序

《规定》对于检察机关办理司法工作人员相关职务犯罪案件的主要程序作出了明确：首先，明确检察机关办理本规定所列犯罪案件，不再适用对直接受理立案侦查案件决定立案报上一级检察院备案，逮捕犯罪嫌疑人报上一级检察院审查决定的规定。其次，明确检察机关对本规定所列犯罪案件拟作撤销案件、不起诉决定的，仍应报上一级检察院审查批准。2005 年最高人民检察院《关于省级以下人民检察院对直接受理侦查案件作撤销案件、不起诉决定报上一级人民检察院批准的规定（试行）》（已失效）第 2 条规定：“省级以下（含省级）人民检察院办理直接受理侦查的案件，拟作撤销案件、不起诉决定的，应当报请上一级人民检察院批准。”《人民检察院刑事诉讼规则》延续了这一规定。上述规定旨在严格把握撤销案件、不起诉条件，这与《监察法》规定检察机关对职务犯罪案件不起诉须报上级检察院批准的精神是一致的，有利于防止轻纵犯罪现象的发生。因此，《规定》保留了对拟作撤销案件、不起诉决定应当报上一级检察院审查批准的规定。再次，明确侦查部门办理本规定所列犯罪案件，认为需要逮捕犯罪嫌疑人的，应当由相应刑事检察部门审查，报检察长或者检察委员会决定。强化内部监督制约，实行侦查权与审查逮捕权由不同部门行使，明确逮捕由检察长或者检察委员会作出决定，充分保障犯罪嫌疑人的合法权利。最后，人民检察院办理本规定所列犯罪案件，应当依法接受人民监督员的监督。落实修订后《人民检察院组织法》关于“人民监督员依照规定对人民检察院的办案活动实行监督”的规定，继续发挥人民监督员的外部监督制约作用，确保检察机关依法公正行使侦查权。

三、检察机关代行的公安机关的侦查权

《刑事诉讼法》规定：“对于公安机关管辖的国家机关工作人员利用职权实施的重大犯罪案件，需要由人民检察院直接受理的时候，经省级以上人民检察院决定，可以由人民检察院立案侦查。”

对该条进行解读，该条主要包括三项内容：第一，此类案件本来属于公安机关立案管辖的范围；第二，此类案件的犯罪主体是国家机关工作人员，包括各级党委、人大、政协、政府及其组成部门、司法机关等国家机关工作人员；第三，此类犯罪是国家机关工作人员利用职务实施的重大犯罪案件。目前还没

有司法解释专门对条款中的“重大犯罪案件”作出规定。2017 年 1 月 5 日施行的最高人民法院、最高人民检察院《关于适用犯罪嫌疑人、被告人逃匿、死亡案件违法所得没收程序若干问题的规定》规定，在省、自治区、直辖市或者全国范围内具有较大影响，或者犯罪嫌疑人、被告人逃匿境外的，应当认定为刑事诉讼法第 280 条第 1 款规定的“重大”；公安部 2013 年 1 月 1 日施行的《公安机关办理刑事案件规定（试行）》第 203 条规定，“其他重大犯罪案件”是指致人重伤、死亡的严重危害公共安全犯罪、严重侵犯公民人身权利犯罪，以及黑社会性质组织犯罪、严重毒品犯罪等重大故意犯罪案件。在不同情况下，“重大犯罪案件”的标准不同。综合上述司法解释等规范性文件，笔者认为，界定“重大犯罪案件”的标准，首先应当是从案件的关注度、影响力判断，即在省、自治区、直辖市或者全国范围内有较大影响的案件，这个标准应当成为重大犯罪案件首要的且独立的标准。至于案件类型和刑罚幅度，则应当作为综合性的权衡标准，辅助判断。

符合以上三个条件的案件，经省级以上人民检察院决定，可以由检察机关立案侦查。为何此类本应由公安机关刑事立案管辖权的案件经省级以上人民检察院审查决定后，可以由检察机关立案管辖呢？原因在于此类案件的犯罪主体较普通犯罪人员具有特殊性，他们是国家机关工作人员，享有一定的身份和职权。会利用其身份地位和享有的职权阻碍侦查，甚至有些地方出于地方保护，政府会出面干预，作为政府组成部门的公安机关，其侦查工作阻力较大、难以进行。在此情况下，如果交由检察机关侦查，则可以解决上述问题，原因有两方面，一是检察机关是由人民代表大会及其常委会产生并对其负责，不受地方政府的领导；二是检察机关的上下级之间是领导与被领导的关系，下级检察院在侦查中遇到问题或障碍时，可以请求上级检察院提供支持。

法条中规定了“可以”由人民检察院立案侦查的用语。即“对于公安机关管辖的国家机关工作人民利用职权实施的重大犯罪案件”，既可以由人民检察院立案侦查，也可以由公安机关立案侦查。《刑事诉讼法》关于公安机关、人民检察院和人民法院案件各自管辖范围的规定，是刑事诉讼中三机关管辖分工的基本原则，因此在检察机关代行公安机关的侦查权中，适用情形只能针对个别案件。笔者认为，适用情形为：首先，公安机关对于国家机关工作人员利用职权实施的其他重大犯罪案件有案不立、有罪不究，经人民检察院通知立案仍未依法追究的案件；其次，公安机关、人民检察院对于国家机关工作人员的行为是否构成犯罪，认识不一致，而人民检察院认为应当依法追究刑事责任的案件；再次，对案件管辖发生争议，而有管辖权的公安机关拒不侦查或者长期拖延不予立案侦查的案件；最后，案件具有某种特殊情况，公安机关不宜侦查的案件。此类案件的犯罪嫌疑人大多是在当地有一定影响的政府官员，当地公安机关与案件本身存在一定的利害关系，或公安机关工作人员与地方黑恶势力勾结犯罪，如果由其直接立案侦查可能会受到地方政府的干扰或多种案外因素的影响，容易引发民众对司法公正的质疑，不能更好地维护司法的公信力。

第二节　检察机关的补充侦查权

补充侦查是指侦查机关的原侦查活动已经结束，在审查起诉阶段、审判阶段，公诉机关、审判机关发现该案存在事实不清或者证据不足，或者遗漏重要罪行、重要证据、重要犯罪嫌疑人的情形时，退回侦查机关再行侦查或者由公诉机关自行侦查的活动。补充侦查是《刑事诉讼法》规定的为了弥补侦查活动的不足而设立的。该项制度的设立并不是针对所有案件，换言之并非刑事诉讼的必经程序，而是为了防止因为遗漏证据或案情模糊而导致非公正裁判而设立的特殊程序。根据《刑事诉讼法》的规定，补充侦查可以发生在审查起诉阶段与审判阶段。

一、审查起诉阶段的补充侦查权

侦查与起诉的关系十分密切，侦查是提起公诉的准备阶段，也是必经阶段。提高侦查机关办案质量、防止冤假错案发生，是检察机关发挥检察职能的重要体现。公诉环节的自行补充侦查是指由检察机关主动承担侦查任务，采取自行侦查的方式收集案件证据材料。《刑事诉讼法》规定了检察机关的自行补充侦查权：对于公安机关等侦查机关移送审查起诉的案件，需要补充侦查的，原则上退回补充侦查，必要时自行补充侦查；对于监察机关移送审查起诉的案件，需要补充侦查的，应当退回监察机关补充调查，必要时可以自行补充侦查。①

（一）检察机关自行补充侦查权的意义

充分运用自行补充侦查权，发挥对于公安机关等侦查机关的侦查权和监察机关的调查取证权的监督制约作用具有非常重要的意义：

第一，有利于缩短办案周期，提高办案效率。对于需要补充侦查的案件，退回补充侦查（调查）和自行补充侦查的办案期限是不同的，如果是退回补充侦查（调查），审查起诉的时间需要重新计算，即如果以两次退补计算的话，案件在审查起诉期间的最长时间是2+4.5=6.5个月；而自行补充侦查的

---

① 最高检《人民检察院刑事诉讼规则（试行）》对检察机关的补充侦查权也作了相应的规定：对于公安机关等侦查机关移送审查起诉的案件，需要补充侦查的，优先选择退回补充侦查，必要时，可自行补充侦查。

时间不需要重新计算，是计算在审查起诉时间内的，所以自行补充侦查的，审查起诉的期间是1.5个月，二者相差了5个月的时间。加之我国的犯罪嫌疑人在审前阶段大部分是被关押在看守所的，所以上述5个月的时间差距，也就意味着犯罪嫌疑人要被多关押5个月。案件有繁有简，如果不分青红皂白，为减少自己的工作量，全部都退回补充侦查（调查），一是延长了办案期限，二是造成犯罪嫌疑人的审前羁押时间过长，影响诉讼效率。因此在案情简单或者需要补充侦查的证据数量不多、不复杂的情况下，适应优先选择自行补充侦查，有利于提高诉讼效率，减少犯罪嫌疑人审前的羁押时间。

第二，有利于确保个案的公正，维护当事人的合法权益。长期以来，因绩效考核设置不合理及其带来的压力，侦查人员对退回补充侦查的案件心存抵触，再加上公诉人和侦查人员对补充侦查事项认识上的分歧沟通交流不到位、不及时等原因，侦查工作出现怠于侦查、敷衍了事，以至于退而不查、查而不清、以说明代替侦查的现象时有发生，甚至出现重复退查、越查越不清的情况，严重侵害了诉讼当事人的合法权益，降低了诉讼效率。在这种情况下，公诉人以高度的职业责任感主动运用自行侦查权，查明对案件的定性、量刑有实质影响的主要证据，还原案件事实的本来面貌。不但防止了对侦查机关的过度依赖，正确履行了审查起诉权，确保了办案质量，而且使个案的处理客观公正，也使当事人的正当合法权益得以维护。

第三，有利于排除非法证据，对侦查活动实行有效监督。法律监督是法律赋予检察机关的职权。检察机关的自行侦查权、公诉权、审查起诉中的自行补充侦查权从性质上来讲均属于法律监督权，它们都是法律监督权的具体运用。当检察机关发现或者嫌疑人反映公安机关采取了刑讯逼供、暴力取证等违法侦查手段时，仍然采取退回公安机关补充侦查的方式，已失去法律监督的意义。此种情况下，最好的监督方式是自行补充侦查。检察机关可以针对案件疑点进行细致侦查，对可能存在的非法证据进行排除，既避免冤假错案的发生又达到侦查监督的目的，充分发挥了检察机关诉前主导、审前过滤的功能，有利于推进以审判为中心的刑事诉讼制度改革。

（二）检察机关对公安机关移送审查起诉案件的自行补充侦查权

《刑事诉讼法》第175条第2款规定了自行补充侦查权，但该项规定比较宽泛模糊，《刑事诉讼规则》（以下简称《规则》）的相关规定也比较笼统。对于自行补充侦查的案件范围，针对该范围应补充侦查的内容，以及通过自行侦查应如何开展侦查活动这些实践中需要明确的内容均无细则。司法实践中，检察机关审查起诉中对需要补充侦查的案件，采取自行补侦的较少，特别是在需要补充证据的情况下，检察机关更倾向于退回补充侦查而不是自行侦查。究其原因，主要有以下几个方面：

自行补充侦查的时限较短。根据《刑事诉讼法》的规定，公诉人在审查起诉阶段自行补充侦查的，时限即是审查起诉时间，最长为 1.5 个月。这就造成公诉人在同样的时间内，需要同时完成自行补充侦查和审查起诉，工作量增大、任务加重。反观退回补充侦查，补侦的工作由公安机关等侦查机关完成，补侦结束回到检察院后，检察机关重新计算审查起诉时间，这对于公诉人来说，不失为是一个明智的选择，既没有增加工作量，审查起诉的时间还延长了。这也就造成司法实践中，公诉人几乎全部选择退回补充侦查，而非自行补充侦查。

决定自行补充侦查权启动的标准较为模糊。《刑事诉讼法》第 171 条对何种案件应当启动补充侦查并未详细规定，使得检察机关在选择补充侦查的方式上随意性较大。《规则》中将需要补充侦查的案件细化为“犯罪事实不清、证据不足，或者遗漏罪行，遗漏同案犯罪嫌疑人”等情形，“事实清楚、证据确实充分”作为一种主观性较强的概念，没有统一的认识标准，因此很多案件的处理都存在模糊性。检察官对于案件的认识标准直接影响了案件的处理结果，此其一。其二，不管是《刑事诉讼法》，还是《规则》并未明确区分退回补充侦查和自行补充侦查的适用条件，这也就导致了检察官可以任意选择补充侦查的方式。

自行补充侦查还存在着侦查人员短缺、侦查水平不高等问题。在自行补充侦查的情况下，检察官既是公诉人，又是侦查员，担负着双重职责。在员额制司法体制改革前，检察机关公诉部门就面临案多人少的压力，改革后，员额检察官的数量仅为原有的 1/3，案件还在逐年增加，案多人少的矛盾更加突出。同时，检察官作为公诉人，其擅长对案件性质和证据标准的把握，对于侦查方法、侦查手段等并不熟知。而且还缺乏必要的侦查装备，与专司侦查工作的侦查员相比，其经验不足较为明显。

综上可知，自行补充侦查在司法实践中适用率不高，如何发挥检察机关自行侦查的效力，提高诉讼效率呢?

一是明确自行补充侦查的条件和范围。对于符合下列情形之一的，检察机关应当自行补充侦查，经过一次退补重新移送审查，仍然没有达到起诉标准的案件；有证据表明，在原侦查过程中存在侦查人员刑讯逼供、诱供等非法行为的案件；对案件的定性和证据的认识，侦查机关和检察机关存在较大分歧的案件；非主要犯罪事实未查清或者量刑事实不清、证据不足的案件。

二是严格规范自行补充侦查权的行使。补充侦查存在的目的便是监督侦查活动，保障诉讼的顺利进行，维护当事人的合法权益。首先，补充侦查的要求和侦查的要求相同，必须依法、依规进行。不能采取非法的侦查方法、侦查手段。其次，补充侦查的主体应当是公诉部门的员额检察官，不能是检察官助理或其他人员，检察官助理只能做一些辅助性工作，如按照员额检察官的指示，起草补查提纲等。最后，补充侦查取证的方式、方法要符合法定的要求，对于某些需要运用特殊技术手段提取、存储的证据，必要时可请专业人员协助。

三是要建立内部监督评价机制，为自行侦查案件设立相应的质量评价体系。其一，员额检察官联席会议应定期对本院一定时期内自行补充侦查的案件质量进行总结、分析，并进行互评。其二，上级检察机关对下级的考核体系中，应增加自行补侦案件质量的考核指标。其三，上级检察机关也可以通过案件评查、专项检查等措施监督下级检察院自行补充侦查案件的质量。

四是建立专业化人才培养途径。公诉人才队伍建设存在短板，检察机关往往侧重于培养公诉人对证据的审查能力和庭审能力，对于证据的侦查获取往往存在短板。决定自行侦查活动结果的重要因素之一，便是实行补充侦查权力的侦查人员的侦查取证的能力。为了保障补充侦查活动能够切实有效的成为保障案件实体公平的程序，必须建立一支具有高超侦查意识、灵活运用取证技巧的侦查队伍。要适时安排检察人员参与退回补充侦查案件的侦查活动，不断提高自行侦查工作水平，坚持检察人员职业化和专业化方向，进一步提高检察业务能力，提升检察人员法律素养和专业水平。检察队伍专业化和职业化是实现公平正义的重要保障。一旦建立起了专业化的高效队伍，检察人员应当在《刑事诉讼法》的指导下，善于从案件中寻找思路，合理合法的运用手中的自行侦查权，减少存在质量瑕疵的案件。加大资金投入促使检察机关侦查设备的更新换代，组织人员学习使用侦查设备，为检察机关自行补充侦查创造良好的软硬件环境。

（三）检察机关对监察机关移送审查起诉案件的自行补充侦查权

根据《监察法》第 4 条规定，监察机关在处理案件时，应当与其他司法机关互相配合，互相制约。《刑事诉讼法》第 170 条规定：“人民检察院对于监察机关移送起诉的案件，依照本法和监察法的有关规定进行审查。人民检察院经审查，认为需要补充核实的，应当退回监察机关补充调查，必要时可以自行补充侦查。应充分考虑监察机关移送的案件政治性强、比较敏感等特点，坚持退回补充调查为主，检察机关自行补充调查为辅的原则。”即检察机关经审查后认为需要补充证据的，一般应当先退回监察机关进行补充调查；必要时，才由检察机关自行补充侦查，但对于何谓“必要时”，《刑事诉讼法》没有明确。要合理界定自行补充侦查“必要性”的范围，笔者认为，自行补充侦查的“必要时”应在检察机关经过审查，认为本案定罪和量刑的基本犯罪事实已经查清的基础上，重点考虑以情形[①]：证人证言、犯罪嫌疑人的供述和辩解、被害人陈述的内容中主要情节一致的，个别情况不一致且不影响定罪量刑的；书证、物证等证据需要补充鉴定的；犯罪嫌疑人、律师或者检察机关发现调查机关存在非法取证、暴力取证的；调查机关对检察机关退回补充调查和案件，消极履行职责，导致补充侦查难以达到预期效果的；犯罪嫌疑人、辩护人提出无罪辩解，以及在定罪、量刑等方面存在较大分歧的。检察机关自行补充侦查的，可以商请监察机关提供协助，监察机关应给予支持。[②]

二、审判阶段的补充侦查权

根据《刑事诉讼法》第 204 条、第 205 条规定，案件进入审判阶段，检察官发现提起公诉的案件需要补充侦查，并提出补充侦查建议的，人民法院可以延期审理。法院审判阶段需要补充侦查的，一般由人民检察院自行补充侦查，必要时可以要求公安机关协助。其最终目的在于实现实体真实，保证公平公正。我国现阶段刑事案件整体侦查水平不高，检察机关作为公诉部门，更应保持客观中立的立场，针对审判阶段设立补充侦查即是为了保证检察机关客观中立的地位：检察机关派员出席法庭，既要代表国家指控犯罪，又要提出对被告人有利的事实、证据。对于有利于被告人的证据没有提交，或者没有侦查的，检察机关应当对其进行补充侦查，补侦结束后，应当将补侦的材料、证据移送法院，由法院举行示证、质证，以此来实现追诉犯罪、保证人权的目的。

（一）审判阶段补充侦查的特点

1. 程序的回流性

刑事诉讼程序一般都是遵循立案→侦查→起诉→审判→执行的单向流程，但并非全部如此。在这个流程过程中，如果出现了某些法定事由，程序可能还会倒流，比如在审查起诉阶段，公诉机关审查时，认为案件事实不清或者证据不足，需要补充侦查的，可退回公安机关补充侦查，此时程序从审查起诉阶段回流到侦查阶段；被告人、公诉机关对于一审作出的未生效的裁判不服，可提起上诉、抗诉，二审法院经审理后，认为一审裁判事实不清、证据不足，或者一审程序严重违法，可能影响案件公正审理的，可撤销原判，发回重审，此时程序从二审程序又回流至一审程序等。审判阶段的补充侦查也是如此。在法院审判阶段，当检察人员发现案件需要补充侦查时，如案件事实不清、证据不足

① 江伟：《检察机关自行补充侦查实务难点》，载《人民检察》2017 年第 24 期，第 32 页。

② 叶青、程衍：《关于独立监察程序的若干问题思考》，载《法学论坛》2019 年第 1 期，第 16-17 页。

或遗漏罪行、遗漏同案犯等情况，为了确保起诉指控的准确性，可向法院申请延期审理，对案件进行补充侦查，此时，程序又从审判阶段回流至审查起诉阶段。

2. 启动主体的单向性

审判阶段补充侦查权设置在法院主导下的法庭审理过程中，在此阶段存在控、辩、审三方，法院居中裁判，根据我国《刑事诉讼法》第204条、第205条规定，在法庭审理过程中，只有检察院具有提出补充侦查的建议权。法院根据案件审理的实际情况，作出是否同意的决定，同意补充侦查则意味着案件进入延期审理，检察院作为控诉方独享补充侦查权；而辩护方却无对应权力，甚至无权表达异议。① 且根据我国的《高法解释》的相关规定，合议庭对于人民检察院的补充侦查申请是应当同意。不难判断出，在审判阶段中，能提出补充侦查的主体只能是人民检察院，法院对此申请采取自动认可的态度，人民检察院的补充侦查申请对于审判阶段补充侦查启动具有实质性的决定效力。从控辩平等的角度看，辩护方处于不利的地位。

3. 启动事由的宽泛性

根据《刑事诉讼法》第204条规定，公诉人员在庭审过程中，发现案件需要进行补充侦查，可以向法院提出申请，《人民检察院刑事诉讼规则（试行）》（下文简称《高检规则》）对于启动补充侦查的事由只是对“需要”事由进行列举式规范，并非完全排他性的周延式规范。因此，在审判阶段中，只要公诉人认为有需要补充侦查的，但又不属于《高检规则》所列举的那三类的，同样可以提出申请，法院对此没有裁量否决权。再者，法律对事实不清、证据不足没有明确的界定标准。当公诉人认为有对案件定罪量刑有影响的情形出现时，都可以成为其提出补充侦查申请的事由。

（二）审判阶段补充侦查存在的问题

1. 违反了疑罪从无原则

疑罪从无原则，要求司法机关认定任何一个案件都应当有确实充分的证据证明。根据《刑事诉讼法》第200条第3款规定：“证据不足，不能认定被告人有罪的，应当作出证据不足、指控的犯罪不能成立的无罪判决。”在审判阶段，法院若认为控方证据尚未达到可以认定被告人有罪的证明标准时，则应作无罪处理，依法作出证据不足的无罪判决。而我国的司法实践却常常遵照“疑罪从有从轻”的方式来处理，案件进入审判阶段，当罪与非罪尚无定论之时，无罪推定和疑罪从无的原则理应得到贯彻，但是法官却依旧可以放任检察

① 杨亮、周军：《审判引导侦查实证研究与改进路径》，载《法律适用》2016年第8期，第34页。

机关进行补充侦查，既未将被告人视为无罪的人来审理，更未在案件真伪不明的情况下遵循疑罪从无原则作出无罪判决。因此，补充侦查程序实际上成为了一种规避疑罪从无原则的“捷径”。

2. 破坏了控辩平衡的诉讼构造

根据《刑事诉讼法》第204条规定，在审判阶段，检察机关认为案件事实不清、或者证据不足，需要补充侦查的，可向法院申请延期审理，法院应当裁定准许，补充侦查最多两次，一次不超过一个月。在补充侦查程序中，检察机关可以自行补充侦查，必要时可以要求公安机关予以配合。由此可见，检察机关是补充侦查唯一的启动主体，排除了其他主体的启动权。但这种规定显然违反了控辩平衡的原则，即在庭审阶段，控辩双方应处于相对平等的地位，要实现实质上的平等，就要对控辩双方进行“平等武装”①。但对于补充侦查，辩护人没有建议的权利，且检察机关在侦查取证时有国家公权力予以支持，而辩护人则要依靠个人的力量，双方在启动、取证上处于一种不平等的状态。

3. 缺乏外部的约束

补充侦查作为一种监督程序，其本身也需要制约和监督。庭审中的补充侦查涉及三个主体：法院、检察院、被告方。但在司法实践中，审判阶段的补充侦查已经异化为检察院的一种权力，检察院可以毫无顾忌地随意启动。法院能做的只是同意检察院的建议，法律没有规定法院要通过何种方式对检察院的建议进行实质审查。我国《刑事诉讼法》第192条规定，通知新证人到场，调取新物证必须经法庭的实质审查并得到法庭的同意，除此之外，《刑事诉讼法司法解释》第222条进一步规定了法院实质审查的具体条件。对于庭审阶段的补充侦查，则缺乏这种规定。补充侦查得不到监督，并被随意启用，最终出现补充侦查率居高不下的情况。在审判阶段，人民检察院一旦申请延期审理补充侦查的，法院应当允许，诉讼程序就会由审判阶段回流至审查起诉阶段。检察机关的补充侦查是封闭的，完全由检察机关一方自行开展，公安机关可以予以配合，但辩护方是不允许参与的，当然也排除了法院的参与。所以，补充侦查完全是检察机关一方的事情，除了检察机关内部的监督机制之外，无任何外部的约束。

（三）审判阶段补充侦查权的完善

2016年10月10日，最高人民法院、最高人民检察院、公安部、国家安全部、司法部五个部门联合印发《关于推进以审判为中心的刑事诉讼制度改革的意见》（以下简称《意见》），其第7条规定，完善补充侦查制度。要建

---

① 顾永忠、苑宁宁：《关于控辩平等若干问题的思考》，载《河南社会科学》2012年第2期，第33-38页。

立以人民检察院为引导的退回补充侦查制度，加强人民检察院的说理机制，明确退回检察院补充侦查案件的类型，对补充侦查的案件要明确其方向、要求和标准。《意见》进一步规范补充侦查，表明当前的补充侦查制度仍存在较大的改革与完善的空间。[①] 作为一项重要事实查明和证据复核的机制，补充侦查制度存在于刑事诉讼的审查批捕、审查起诉与审判等诉讼阶段。其中，审判阶段的补充侦查相较于审前单方事实查明阶段中的补充侦查，在正当性和对抗性等方面都具有一定的特殊性。在当前以审判为中心的刑事诉讼制度改革的背景下，对审判阶段的补充侦查制度进行完善非常有必要。

1. 赋予辩护方对于补充侦查提出异议的权利

现代刑事诉讼实行控辩审三方的诉讼结构，必须实现法院中立，控辩双方平等，这样三角形结构才能实现诉讼格局的稳定与协调。审判阶段的补充侦查是在审判阶段发生，在以审判为中心的制度改革中，庭审是诉讼的中心，法院作为裁判者，检察机关或辩护人建议补充侦查的，不论是检察院还是被告方申请补充侦查，法院可以举行听证程序，组织控辩双方进行辩论。对申请补充侦查的事由进行质证，听取对方的意见，再裁定是否同意检方补充侦查，由法院行使补充侦查启动的最终决定权。检察机关与辩护人都享有启动审判阶段补充侦查的权利，但能否成功启动由法院来决定，法院可以根据提出的理由和案件的具体情况作出是否启动补充侦查权的决定。

2. 细化审判阶段补充侦查案件的适用范围

我国《刑事诉讼法》并没有对审判阶段补充侦查的事由进行具体的规定，检察机关认为只要是对案件诉讼有影响的都可以成为补充侦查的事由，但在《人民检察院刑事诉讼规则》（以下简称《高检规则》）中有比较具体的规定。《高检规则》将启动理由分为三种：案件事实不清、证据不足；遗漏罪行、遗漏同案犯罪嫌疑人以及被告人揭发他人犯罪行为或者提供重要线索的。为了统一对审判阶段补充侦查启动理由的规定，规范补充侦查，应当对其启动事由予以进一步明确和限制，尤其是对事实不清、证据不足的认定，由于规范过于原则化，导致实践中存在解释随意，认定标准宽泛，这就需要进一步加以明确规范。在《刑事诉讼法》中对审判阶段补充侦查理由进行相关规定，主要是要对认定界限不明确的“事实不清、证据不足”进行规范认定，根据我国的刑法犯罪构成理论，可以将事实不清认定为以下几种情况：第一，有疑问或矛盾存在于犯罪构成与事实之中；第二，矛盾存在于定案事实和待证事实之间；第三，根据已有证据的情况下，得出的案件结论不是唯一的。对于事实不

---

① 熊秋红：《刑事庭审实质化与审判方式改革》，载《比较法研究》2016 年第 5 期，第 33-34 页。

清、证据不充分的案件进行补充侦查，为了体现有利于被告人的原则，对有利于被告人的补充侦查，以两次为限，不利于被告人的，以一次为限，以保证控辩的平衡。

3. 赋予辩护方参与补充侦查的权利

从权利平等的角度看，首先，要赋予被告人及其辩护人类似的权利，即被告人及其辩护人在庭审期间也可以提出补充侦查的申请，申请补充侦查以两次为限，每次不超过一个月。但为了避免诉讼程序过于拖沓，如上文所述，不论是检察院还是被告人及其辩护人提出启动审判阶段补充侦查权，要提供书面申请书，并详细说明补充侦查的理由、事项以及补充侦查能达到的效果。法院组织辩方参与对补充侦查理由的审查，听取控辩双方的意见，再根据实际情况，作出是否补充侦查的决定。由法院最终决定是否启动，这样控辩双方在地位上实现了平等。其次，要赋予控辩双方对启动审判阶段补充侦查权的知情权、异议权。无论哪一方提出申请，均要将申请的理由和目的告知对方，对方有权表达异议。这种异议不仅是对程序上的异议，更重要的是对实体上的异议，由法院来审查异议能否成立，一旦异议成立则不能启动补充侦查。对于被告人来说，由于我国刑事诉讼辩护率不高，不是所有被告人都有专门的律师来进行辩护，导致被告人的法律意识不高，对补充侦查的申请，应该允许口头形式和书面形式二者皆可，这样更加有利于对被告人权利的保障。再者，为了防止检察院和被告方盲目以同一种理由申请补充侦查，法院要对检察院和被告方申请补充侦查权有所限制。对于以同一理由申请再次补充侦查的，人民法院不予同意。

4. 建立健全考核惩处机制

杜绝权力滥用的最好方法便是监督，监督行之有效的其中一种方式是考核惩处机制。对于滥用补充侦查权的、以补充侦查为名而实为借用时间拖延审判的以及补充侦查质量较低的，应依法予以惩处。建立审判权的运行保障机制，对于法院来说，要将对审判权的保障作为审判权运行的考核评查标准。上级检察院对下级检察院的考核体系中，应设立审判阶段补充侦查的考核指标，包括补充侦查的次数、补充侦查的理由以及补充侦查的效果等。同时，检察机关案件管理部门应定期统计分析本院一定时间内的补充侦查的情况，进行考评，以减少审判阶段的补充侦查，并提高补充侦查的质量和效果。要对案件的质量进行评查，而不是单纯的注重对案件的有罪判决，要废除以案件的有罪判决作为考核升迁的标准，建立合理、公平的案件评查机制。对案件的质量评查，要从案件结果是否公正、程序运用是否合法、被告人权利是否得到保障三个方面进行考察。对于案件发回重审、无罪判决等情况，并不意味着案件的结果就不公正，相反有时恰恰是发回重审、无罪判决才是对被告人权利的保障，才是结果公正的体现。正确的考核标准不应该注重于表面，而要注重对案件质量的考核，要与当前诉讼制度的改革方向一致，要以保障被告人的权利为目的。

第三节　检察机关对于侦查、调查[①]的引导权

检察机关对侦查、调查活动进行引导，其含义为检察机关对侦查机关、监察机关的侦查、调查活动进行宏观把控，向侦查机关、监察机关提出侦查、调查的建议及方向，提高侦查和调查的质量和效率。2015 年 7 月《最高人民检察院关于加强出庭公诉工作的意见》中提出“介入侦查引导取证”，对于检察机关运用引导权作出了相关的规定，中央政法委发布的《关于切实防止冤假错案的规定》及最高人民检察院在《关于切实履行检察职能、防止和纠正冤假错案的若干意见》中指出检察机关对退回侦查进行引导具有正当性，其符合以审判为中心的诉讼制度改革的要求。

一、检察院行使侦查（调查）引导权的必要性及基本原则

（一）检察机关行使侦查（调查）引导权的必要性

首先，有利于实现检察机关对侦查（调查）活动的监督。公安机关作为主要的刑事犯罪侦查机关，监察机关作为职务犯罪的调查机关，均享有较大的侦查权（调查权），为保证诉讼的顺利进行，公安机关及监察机关可以采取一系列强制性措施。检察机关作为法定的监督机关，理应有权力监督公安机关的侦查、监察机关的调查，检察引导侦查、调查赋予了检察机关介入补充侦查、调查活动的权力，拓宽了对侦查、调查进行监督的有效途径，检察机关在立案之初就对公安（监察）机关的侦查（调查）活动严格把关，所有程序都需严格依照法律法规进行，通过旁听对犯罪嫌疑人的讯问，有效防止刑讯逼供现象的发生；[②] 通过严格把控逮捕的条件，将乱捕、错捕、漏补的现象降至最少，有利于规范公安（监察）机关的立案和侦查（调查）行为，切实保障相关人员的合法权益。检察机关通过对重大疑难案件的侦查、调查进行引导，将侦查（调查）行为置于检察机关的监督下，严格规范侦查（调查）取证的过程，及时纠正侦查（监察）的违法行为，保障当事人合法的权利。

其次，有利于依法依规、及时有效收集重要证据。对于重大疑难案件，检

---

① 此节探讨的检察机关对侦查机关的侦查活动和监察机关的调查活动的引导包括对于退回补充侦查和退回补充调查的引导。

② 汪海燕：《论刑事庭审实质化》，载《中国社会科学》2015 年第 2 期，第 18-20 页。

察机关事先引导侦查（调查），对案件相关证据如何更加规范地收集提出建议和措施，使公安（监察）机关在证据的收集过程中，可以更规范的符合审查起诉和庭审的证据标准，将侦查（调查）活动与起诉审查相统一，提高了提起公诉案件的质量，可以更好地发挥侦查在审判中的前置性作用，推动以审判为中心的诉讼制度改革，保障在侦查（调查）的过程中程序公平与实体公平的有效统一。

最后，有利于提高案件的诉讼效率，避免程序反复。司法实践中，刑事案件两次退回补充侦查的比例比较高，主要原因是公安（监察）机关对于侦查（调查）方向把握不准，遗漏重要证据；或者在侦查（调查）取证过程中存在违法的情形。检察机关引导侦查的活动始于河南省周口市人民检察院，自设立该制度以来刑事案件退回补充侦查的比率明显下降，且在2004年江苏省无锡市开发区检察院实施侦查引导权以来，审查批捕、起诉案件的周期明显缩短且提高了准确率。由检察机关对退回补充侦查（调查）的案件进行引导，有助于帮助公安（监察）机关提高侦查的质量，减少在起诉阶段退回补充侦查以及审判阶段发回重审等程序反复的情况。

（二）检察机关行使侦查（调查）引导权的基本原则

第一，依法引导原则。这是检察引导侦查（调查）的前提，能保证引导工作的合法性。现行的检察引导侦查（调查）机制缺乏统一、明确的规定，存在着随机性和随意性的弊端，必须运用法治思维和法治方式进行重构和优化，进行程序化规范。检察机关对侦查（调查）的引导权需遵守《刑事诉讼法》等相关法律的规定，引导的主体、程序、方式等要规范、合法，既要符合诉讼规律，由又不能突破现行的法律法规。有关检察引导侦查（调查）的系列规定应当符合标准化要求，做到系统全面、上下联动、整体配套，使各种引导方式内在协调、稳妥运行。检察机关依法引导侦查（调查），能更好地保证侦查（调查）活动的合法进行，既能提高侦查（监察）机关的办案效率，又能适应以审判为中心的司法体制改革的要求。

第二，法律监督原则。这是检察引导侦查（调查）的主要目的。无论采取何种引导方式，最基本的立足点都应放在监督上，使监督职能与控诉职能有机地融为一体。检察机关作为法律监督的主体，履行法律监督职责是宪法确立的基本原则，对公安（监察）机关的侦查（调查）行为进行监督，纠正法律适用中的违法行为，及时对其行为进行引导，从而保证当事人的合法权益。检察机关具有审查侦查（监察）机关收集的证据的职责，也具有规范、指导侦查（调查）活动，防止侦查（调查）权力滥用的职能。检察机关的性质和地位决定了其引导侦查（调查）主要是运用检察职能对侦查（调查）活动是否合法进行监督。检察机关与侦查机关在刑事诉讼中的架构模式，应当是在分立的基础上分工，在监督的前提下配合。

第三，保持“均衡”原则。这一原则是“要有利于提高办案质量和效率原则”的具体化，即保持公正与效率。当公正与效率发生价值冲突时，应根据具体情况，作出权衡与选择。通过检察机关的引导，使公安（监察）机关在侦查（调查）时可以更加全面深入，案件能够更充分的展开，有利于案件的及时侦破，同时也有利于保障当事人的合法权益，正是这一诉讼价值理念的体现，公正与效率的统一构成了此项制度。

第四，适度引导原则。这是检察引导侦查（调查）的关键。检察机关引导侦查（监察）机关进行侦查（调查），不是所有的案件都要引导，也并非事无巨细的每一个侦查（调查）环节都要引导，引导要有合理的限度。引导侦查（调查），不是指挥侦查（调查），也不是代替侦查（监察）机关亲自侦查（调查）。否则，既超越了职权，又打乱了侦诉的平衡。在具体引导过程中不能领导侦查（调查），更不能借引导侦查（调查）之名行干扰或妨碍侦查（调查）之实。要做到分工负责，各司其职，坚持“参与而不干预，引导而不领导，讨论而不定论”的基本原则。引导侦查（调查）机制本身具有功能上的从属性，在强化引导内容权威性、突出引导结果刚性的同时，也须注意防止侵犯和限制侦查权力。

二、英美法系国家的检察引导侦查制度评析及我国的借鉴

（一）英美法系国家检察引导侦查制度及评析

英美法系国家诉侦关系多倾向于实行分立模式，即赋予检察机关和侦查机关相对独立的刑事诉讼地位，分工明确，调查案件事实的任务由侦查机关负责，检察机关负责提起公诉事宜。

在美国，除警察机关享有侦查权外，检察机关也具有对刑事案件进行专门调查及采取有关措施的权力。《美国律师协会刑事司法准则》之《检察侦查》第1.2（c）条规定了检察机关有权对刑事案件展开专门调查，其原因基于以下几个方面：一是在于获取充分的事实证据，二是在于获取法律上可以准入的充足证据。另就组织机构而言，美国诸多检察机关特别是联邦司法部、州及身处都市的地区检察机关都设立了专门刑事调查机构，如烟草火器局、麻醉品管制局等。《美国律师协会刑事司法准则》之《检察侦查》第1.3条对检察官与警察在处理诉侦关系方面提出了具体规范，概括而言，检察官应尊重警察及其他执法者的执法地位且熟知他们的工作能力，协助警察及其他执法者开展实务培训并就合法侦查技术提供法律建议，在疑难复杂或非常规案件中各方应合作研究侦查计划。《全美检察准则》第22.1条则建议检察机关应向当地执法部

门提供法律建议。正如学者[1]所言，“检察官享有对警方侦查活动的建议及督导权，即对其他执法部门（警方）调查的刑事案件提供建议及引导的职责与权力，甚至在某些建议上享有一定强制力的引导权，而非指挥权或命令权”。

综上可知，检察机关与侦查机关地位相对独立，但检察官在侦查活动中与侦查人员存在着千丝万缕的联系，即检察官实际上扮演着“法律建议者”的角色，旨在引导侦查行为自始至终不脱离法治运行的轨迹，为顺利提起公诉服务。美国检察官的法律建议权不同于大陆法系国家如德国、日本检察官对侦查人员的指示权、指挥权或命令权，不过司法实践证明，检察官的某些建议确实具有一定的引导性和强制力。

（二）我国的借鉴

通过对国外检警关系模式的分析，可以看出检警关系的运行机制直接受国家的政治制度、司法制度的影响，虽然我国的政治制度与司法制度和国外有较大差异，但可以借鉴国外不同检警模式中成熟的司法经验，结合我国的国情加以吸收和改进，发展和完善我国的检警关系。

诉侦一体模式下，检察机关对侦查机关的指示权、指挥权或命令权本已包含引导之意，只不过是在引导之上再赋予强制约束的权力，使侦查机关必须服从侦查指令，否则会受到不利评价或影响。诉侦分立模式虽然强调检察机关和侦查机关的独立性，但从美国《美国律师协会刑事司法准则》《全美检察准则》等法律文本及实践经验可以获知检察机关与侦查机关相辅相成，检察机关通过与侦查机关密切配合以确定侦查策略、提供法律建议等方式为侦查机关实现侦查目的，侦查机关则通过对侦查策略或法律建议的落实完成侦查任务并为后续的起诉工作做好铺垫。

种松志在《检警关系论》中将我国理论界对检警关系的学说总结为四种：一是检警一体说，以陈卫东教授为代表，该学说认为检察官主导侦查活动，检察官有侦查权，可以自己侦查犯罪，也可以领导和指挥警察侦查犯罪，检察官和警察不是平等、独立的关系，而是领导和指挥的关系；[2] 二是强化监督说，该学说认为检察机关和侦查机关是平等、独立的关系，但更关键的是检察机关在刑事侦查活动中要加强对侦查机关的监督，也就是说在刑事诉讼活动中侦查

---

① 张鸿巍：《美国检察机关立案侦查阶段之职权探析》，载《中国刑事法杂志》2012年第4期，第3页。

② 陈卫东：《侦检一体化与刑事中判前程序的重构》，载《国家检察官学院学报》2002年第1期，第90页。

机关除了要接受其上级机关的领导，同时还要服从检察机关对其的监督；[①] 三是检察引导侦查说，该学说的支持者多为司法实务人员，该学说的观点同样认为检察机关与侦查机关独立行使职权，但主张通过检察机关与侦查机关的沟通，引导侦查机关侦查，提高侦查机关收集、固定证据的效率和质量；四是检察指导侦查说，该学说主张检察官参与到重大、疑难案件的侦查活动中来，对侦查、收集证据的方向提出建议，并对侦查活动的过程是否违法进行监督。

检察引导侦查已然成为诉侦关系发展的趋势。检察机关在侦查机关侦查取证活动中发挥的引导作用不容置疑。首先，国外检警关系模式存在的基础都是以审判为中心，这是值得我们肯定和吸收的。追究犯罪嫌疑人、被告人刑事责任本身就是围绕着审判展开的，侦诉阶段只是为审判作准备，法院对侦查、起诉有权实行司法审查，审判前权力主体的诉讼行为对审判阶段没有预决的法律效力，审判在刑事立法和司法现实中是毫无争议的核心阶段。以审判为中心符合司法规律，更能体现司法权“裁判”的本质功能。其次，检警须相互配合形成控诉合力，但警察仍承担绝大部分的侦查工作。无论是在检警分离、检警一体还是在检警结合模式中，检察机关与侦查机关都共同承担追诉犯罪嫌疑人的职能。虽然在检警一体和检警结合模式中，检察机关有侦查权和侦查指挥权，但在实际中，侦查机关仍承担大部分侦查工作，这是因为警察在侦查中有检察机关不可比拟的优势，因此侦查机关承担绝大部分侦查任务是大势所趋。

三、我国检察机关引导侦查（调查）的问题分析

任何一项制度设计，都不是尽善尽美的，会存在一些这样那样的问题。总体而言，在检察机关引导退回补充侦查（调查）制度的探索过程中，发现以下几方面问题，亟待解决。

（一）检察机关的引导权缺乏强制性

在司法实践中，检察机关对侦查（调查）活动引导得成功与否，在很大程度上取决于侦查（监察）机关是否配合，由于法律并未规定侦查（监察）机关有配合检察机关引导的义务，引导失去了强制力和约束力，因此检察引导侦查（调查）变成了一种单向行为，侦查（监察）机关往往不愿意接受检察机关的引导并带有抵触情绪，对检察机关提出的侦查（调查）活动意见和建议不予采纳，消极对待。

如何引导？对于具体案件中涉及证据的认定、采信等问题，由于缺乏具体

① 龙宗智：《评检皆一体化——兼论我国的检警关系》，载《法学研究》2000 年第 2 期，第 61 页。

的操作性法律条款、规则，没有统一的标准，引导往往不规范，有时仅仅依靠主观判断，随意性较大。对于退回补充侦查（调查）的案件提前介入引导的数量比重仍然较小，部分地区甚至流于形式。根据统计得出，大多数检察机关引导侦查（调查）案件数量比重不足10%。由于信息不对称以及人力有限，检察机关对于绝大部分处于侦查（调查）阶段的案件不能及时掌握情况，目前对于侦查（调查）活动的监督仍以事后监督为主，检察机关引导侦查（调查）案件数量占比不高，部分案件在移送审查起诉时由于错过最佳取证时机，导致重要客观性证据无法调取。

何时引导？检察机关能否及时介入是检察引导侦查（调查）是否能够顺利实施的首要问题。在实践中检察引导侦查（调查）难以保障适时介入，而检察机关的适时介入也是取得最佳引导效果的关键，因为证据具有不可回复性，适时介入可以避免关键证据在侦查（调查）活动中被忽略而导致灭失，并且案件的侦破需要讲究时机，检察机关及时地为公安（监察）机关确立侦查（调查）的方向可以避免其做大量的无用功而浪费司法资源，这样才能为后来的公诉打下良好的基础。根据法律规定，检察机关在必要的时候可以派人参加公安（监察）机关对于重大案件的讨论。《刑事诉讼法》第87条①、第134条②分别对检察机关派员参与公安机关重大案件的讨论、勘验检查作了规定。最高人民检察院《人民检察院刑事诉讼规则（试行）》第361条对检察机关派员介入重大、疑难、复杂案件的侦查活动作了规定。但至今尚无法律和司法解释对引导侦查作出全面的一般性规定和具体的程序规定。当前的法律并没有对检察机关引导公安机关的侦查活动作出较为明确的规定，操作性不强，何谓“必要的时候”，何为“重大案件”，法律均没有做出相应的解释，这就导致了引导时机的不确定性和可随意性。实践中，对于需要引导侦查（调查）的案件，多数情况下是由公安（监察）机关主动邀请，若遇到应该引导而监察机关未引导的案件，则有可能导致关键证据的灭失，无法形成完整的证据链条，从而增加了公诉的难度。且检察机关内部缺乏沟通，引导标准不统一。检察机关引导退回补充侦查侦查（调查）案件时，由侦查监督部门和公诉部门具体实施，侦查监督部门的职责是审查逮捕和侦查监督，在批捕前引导；公诉

① 《刑事诉讼法》第八十七条：“公安机关要求逮捕犯罪嫌疑人的时候，应当写出提请批准逮捕书，连同案卷材料、证据，一并移送同级人民检察院审查批准。必要的时候，人民检察院可以派人参加公安机关对于重大案件的讨论。”

② 《刑事诉讼法》第八十七条：“人民检察院审查案件的时候，对公安机关的勘验、检查，认为需要复检、复查时，可以要求公安机关复验、复查，并且可以派检察人员参加。”

部门的职责是起诉，在批捕后起诉前引导。两个部门由于各自的职责范围，对于引导的侧重面不尽相同，引导的标准不统一，这就容易造成检察资源的浪费和工作效率的降低，甚至产生不必要的矛盾，工作无动力，导致引导侦查效果并不明显。

（二）检察引导侦查（调查）案件类案少

个案引导顾名思义是对个别案件的引导侦查（调查），类案引导则是对性质相同案件或是多数案件中存在的普遍性问题进行的引导。相对个案引导而言，类案引导具有普遍性、宏观性的特点。在实践中，多数疑难复杂或是社会影响力大的个案均有相似之处，而检察机关对提前介入和退回补充引导侦查（调查）的案件往往是重视个案引导，轻视类案引导，这在很大程度上造成了司法资源的浪费，而且只针对个案引导，不举一而反三，对类似案件不能起到一个好的示范作用。个案引导的方式主要是检察机关通过向公安机关制发《逮捕案件继续侦查取证意见书》和《不批准逮捕案件补充侦查提纲》等文书，对案件的进一步侦查方向进行引导。另外检察机关还通过向公安机关制发《纠正违法通知书》对侦查中的违法情形提出纠正意见。类案引导的方式是检察机关在对同类侦查问题进行梳理的基础上，向公安机关制发类案《检察建议书》或《问题通报》。从全国检察引导退回补充侦查（调查）的实践来看，目前主要侧重于个案引导，较少采用类案监督，这样不利于提升检察引导侦查（调查）的效果和影响力。

（三）检察机关介入效果不明显，监督缺乏即时性

检察机关派员介入侦查（调查）案件的方式，通常是听取侦查（调查）人员汇报、阅卷，对案件证据的发现、收集、固定、保全及侦查（调查）方向提出意见和建议。但侦查（监察）机关与检察机关在对侦查（调查）手段、方向、证据收集等问题上存在观念差异，对于检察机关提出的意见和建议，侦查（调查）机关往往不予理睬，甚至提出异议，有时难以调和，影响案件办理。由于检察机关提出的引导侦查、调查的意见不具有强制力，对于侦查机关、监察机关消极对待引导意见的，检察机关也并无制裁的权力，导致引导效果不明显。

目前检察机关对于侦查合法性的监督主要采用事后监督的方式，以发送《检察建议书》和《纠正违法行为通知书》为主，但这些方法不具有即时性，监督效果不理想。即时动态的侦查监督能够对不当侦查行为适时阻止，制止对犯罪嫌疑人诉讼权利的损害，也防止之后进行的侦查活动重蹈覆辙，但介入方式的固定化、机械化限制了即时监督工作的开展。一方面，《纠正违法行为通知书》或《检察建议》往往需要掌握一定的证据，且经过层层审批才可发出，

对已经发生的不当侦查行为实际上已无法阻止，没有实现法律监督在侦查环节的时效价值；另一方面，虽然侦查机关多数情况下会书面回复法律监督文书，但法律监督文书的约束力是有限的，因此检察机关对引导侦查（调查）的监督缺少即时性。

四、我国检察机关引导侦查（调查）制度构建

（一）检察引导侦查（调查）的主体设置

检察机关引导退回侦查（调查）取证机制的健全，应包括检察机关引导侦查（调查）取证的主体明确、权责清晰、范围一定，以及方式或途径的有效。在检察机关引导补充侦查（调查）取证的主体方面，首先应选定主诉、主办检察官。① 一般而言，这些人都是从检察人员中选拔出来的优秀检察官，他们有能力在引导补充侦查（调查）取证活动中有效地发挥检察机关的监督功能，有利于诉讼效率和诉讼价值的实现。但检察机关引导补充侦查（调查）取证这项机制在目前来说，还处于探索阶段，稍有不慎就有可能超越自身职权而造成违法监督，造成检察机关和公安（监察）机关之间不必要的矛盾，把好事办成坏事。所以笔者认为，在选择检察机关引导补充侦查（调查）取证的主体方面尤其需要慎重，应在主办、主诉检察官中间进行选择。其次应当注意提升介入效果，选派理论扎实、工作经验丰富的检察官介入侦查，对证据收集进行有效指导，对证据材料进行细致分析，并对侦查活动提出适当建议。同时，对同类型疑难案件进行集中分析和梳理，实现有效的类案引导。

（二）检察引导侦查（调查）内容的完善

检察机关对于侦查（监察）机关的引导，首先是侦查（调查）方向的引导，对于犯罪行为可能构成的罪名，由于检察机关从事公诉环节的程序，因而对于追诉罪名的把握相较其他机关更为专业，通过罪名的追诉，也为补充侦查的方向提供了一系列线索，通过此种方式，使得侦查人员能够准确、快速地发现案情的真实性质，了解是否存在犯罪。其次是调取证据的引导。对于证据的把握，是检察机关的强项，可引导侦查（监察）机关在收集、固定、审查证据时重点把握证据的三性，② 要与审判的标准和要求保持一致，符合审判中心主义的要求。即通过规范性文件明确侦查机关在检察机关引导侦查过程中应该

---

① 沈德咏著：《严格司法与诉讼制度改革》，法律出版社 2017 年版，第 176-178 页。

② 万诗雄、熊玉桥：《对重大疑难案件公安机关听取检察机关意见和建议制度的思考——以武汉市硚口区检察院审查批捕环节为调研样本》，载《中国检察官》2016 年第 19 期，第 19 页。

配合的义务，对检察机关在案件范围、何时介入、介入程度等问题进行阐述。

第一，对于检察引导侦查（调查）的范围。检察引导侦查（调查）的案件范围划定非常重要，范围过宽会使检察机关与公安（监察）机关的人员精力投入过大，降低办案效率；范围过窄不利于检察机关对侦查（调查）活动的监督，影响办案效果。哪些案件属于重大疑难案件？应当综合考虑案件的涉案财物数额、犯罪人数、犯罪性质、手段、造成的社会影响、社会关注度、侦办难易程度等因素来予以界定。大致包括以下三种：一是重特大、疑难、复杂案件，主要以可能判处死刑的案件为主，检察引导侦查（调查）有利于加强人权保障及提高办案质量，是对重大疑难的案件建立侦查（监察）机关听取检察机关意见和建议制度，而不是对侦查（监察）机关侦查、调查的全部案件都提前介入侦查程序。如果犯罪情节比较轻微，事实比较清楚，完全可以由侦查（监察）机关独立进行侦查，不需要检察机关提前介入；二是指定管辖的案件，此类案件通常表现为社会影响大、群众关注度高的案件，检察引导侦查（调查）有利于提升司法权威性；三是关乎民生和社会稳定的案件，如生产、销售有毒有害食品犯罪、非法集资犯罪等，此类案件侦查工作量大，且社会敏感度较高，检察引导侦查（调查）有利于依法准确侦查案件。当然，除了这种从微观角度对具体案件的侦查（调查）取证提出意见和建议的检察引导侦查模式，检察机关还可以对侦查（监察）机关的侦查行为进行宏观性指导，并不要求限定案件范围。

第二，对于检察引导侦查（调查）的方式。从理论上讲，检察引导侦查（调查）主要包括两种方式：一是侦查（监察）机关请求检察机关介入侦查；二是检察机关主动介入侦查（调查）。在确定检察引导侦查（调查）的方式时，应当充分考虑和协调以下关系，既要保持侦查（监察）机关侦查行为的相对独立性，又要促进检察机关对补充侦查（调查）行为的合理引导；既要防止检察机关利用引导过度干预侦查（监察）机关侦查行为，成为新的权力中心，又要确保侦查（调查）行为能够有效支持公诉；既要避免检察机关因指导侦查（调查）导致检察机关弱化审查起诉的过滤功能，又要确保检察引导监督工作能够提高侦查的质量。

因此，应当以侦查（监察）机关请求检察机关介入侦查的方式为主，以检察机关主动介入侦查为辅。对于其他案件，除非有公安（监察）机关的邀请，检察机关一般不得介入引导，应当采用引导提纲的方式，列明公安（监察）机关侦查、调查的方向、需要调取的证据等，由公安（监察）机关自行负责侦查、调查；如果公安（监察）机关仍存有疑问，可再次与检察机关沟通，检察机关予以适当的指引。对于重大、复杂、疑难案件，或者对社会影响较大的案件，侦查（监察）机关认为独立侦查有一定难度而需要听取检察机关意见和建议的，检察机关可以介入，派员介入侦查（调查）程序，提前了解案情，参与案件讨论，就侦查（调查）重点、证据收集范围、程序规范、法律适用等问题提出建议，从而引导侦查（调查）；对于检察机关主动介入侦查（调查）的案件，针对某些问题提出意见和建议的，侦查（监察）机关应当积极配合，对于检察机关提出的纠正违法收集证据的意见，侦查（监察）机关应当及时进行审查并书面向检察机关反馈处理结果，发现确实属于非法证据的，应当在侦查（调查）阶段予以排除，不得作为起诉的依据。

（三）建立案件引导跟踪监督制度

检察机关应当建立侦查（调查）案件跟踪监督制度。首先，对内强化案件动态监控。文书制发时严格审批程序，由办案组主任检察官把关，制发后由承办人加强跟进，同时统一汇总文书，跟进起诉、判决情况，并及时向承办人反馈；其次，与侦查（监察）机关加强沟通，在提出引导侦查、调查方案后，检察官应当及时与侦查（调查）人员沟通，了解补证进展，帮助分析指明下一步工作方向。对在侦查（调查）活动中消极怠慢、延缓取证以及故意拖延导致侦查（调查）活动无法进行的侦查人员检察机关可要求侦查机关（监察机关）更换人员，严重的，要给予相应的处分。[①] 同时，检察机关应与侦查机关（监察机关）加强沟通联系，增加交流。对于退回侦查的案件，可以作为典型范例，采取交流会、座谈会的形式进行经验总结，针对其中的具体问题进行系统分析，通过此种方式使已经办结的案件发挥其应有价值，为之后进行补充侦查（调查）积累经验和范例，以此提高办案水平。建立侦查（调查）说理机制，既可以起到引导取证的作用，又能充分发挥法律监督的职能；再次，对引导取证进行反馈。对于介入侦查引导取证的案件，检察机关承办人员应及时填写《介入侦查引导取证情况意见表》。经检察机关介入侦查引导取证的案件，侦查机关在提请批捕、移送审查起诉的材料中应予以反映。同时对于经介入侦查引导取证，但最终未报捕，作出其他处理决定的案件，侦查机关也应及时将情况反馈给检察机关，以便检察机关认真审查其处理是否得当；最后，加强捕诉衔接。诉讼制度改革后，审前程序在保持捕诉分立、内部制约的基础上对强化捕诉衔接、共同推动落实证据裁判规则带来了新的要求。对于重点案件，运用主任检察官联席会议等载体，及时通报情况，其中重大或疑难复杂案件，明确侦查监督部门在作出决定的10个工作日内将补侦建议等情况向公诉部门通报，通知公诉部门会商案件是否符合侦查终结条件，对于公诉部门同意侦查终结的，及时移送审查起诉；对于公诉部门认为不符合侦查终结条件的，

---

① 龙宗智：《以“审判为中心”的改革及其限度》，载《中外法学》2015年第4期，第44页。

及时补充完善证据。这样便于侦查监督部门及时掌握批捕环节对案件的处理，重点审查捕后证据补充情况，防止捕后不侦情况的发生。

（四）建立配套保障性措施

应当建立的保障性措施包括：健全公检信息通报制度、联席会议会商制度和赋予检察机关惩戒建议权等。案件信息来源缺乏是制约检察机关引导退回补充侦查（调查）的突出问题，侦查（监察）机关应定期向检察机关报送刑事案件受理、立案等情况，检察机关应着重对重大疑难复杂案件进行引导。检察机关与侦查（监察）机关应定期召开联席会议，就办案中遇到的证据问题、法律适用标准等进行会商，制定相关解决方案，对于重要问题达成共识并制作可会签的制度文件，以促进侦查的合法性和科学性。检察机关对于违法侦查（调查）活动可开展调查核实，经调查确实存在违法行为的，检察机关可以根据具体情节向侦查（监察）机关发出更换或惩戒侦查人员的建议书。

（五）依法开展侦查（调查）监督

通过立法细化法律监督职能，强化法律监督刚性。

首先，在立法中明确侦查机关（监察机关）对有关侦查（调查）犯罪信息、立案侦查和撤案的决定应向同级人民检察院备案，如果同级人民检察院认为侦查机关（监察机关）以上决定缺乏法律依据则可要求其予以纠正，并明确法律责任和后果。鉴于检察建议在规范侦查（调查）行为及预防犯罪等方面发挥着不可忽视的作用，建议在立法中增加检察建议作为法律监督手段，界定刑事诉讼中检察建议的概念，明确该权力的适用程序和方式、落实保障及救济措施等相关事项。对于检察建议或纠正违法通知书拒不落实或落实不到位、不及时的情况，检察机关应当通报被建议的侦查机关（监察机关）的上一级侦查机关（监察机关），还可以向党委、人大报告，借助权力机关的力量督促其落实。若被建议的侦查机关（监察机关）负责人存在违纪违法事项，检察机关也可以将相关线索移送至监察委员会的上一级监察委员会。在侦查机关考核中增设程序违法项目和不起诉、无罪判决案件质量的项目，考核项目对侦查人员（监察人员）的晋升评级、工资奖金产生重要影响，如侦查机关（监察机关）案件承办人收到纠正违法通知书的份数相对应扣掉其考核分数，同时该承办人也应该对不起诉、无罪判决案件负责等。通过立法细化凸显检察机关法律监督职能的刚性，倒逼侦查机关（监察机关）严格按照实体法与程序法的要求及检察机关的引导内容开展侦查活动，将检察机关法律监督职能落到实处。

其次，对于侦查机关的所外提讯，应建立事前通报制度。对于侦查机关拘留、逮捕犯罪嫌疑人送看守所关押后 24 小时内需要提押出所的，侦查机关要事前通报检察机关，由检察机关对不能送押或所外提讯事由进行审查、监督，并要求所外提讯一律制作同步录音录像，既严防非法审讯，又有效防止犯罪嫌疑人把所外提讯作为被刑讯逼供、指供或者诱供的借口而随意翻供，做实非法证据排除和证据合法性证明。坚持在审查案件证据的同时，注重发现并积累侦查监督线索。一是对非法证据排除或瑕疵证据补强的，逐一要求书面或口头向侦查人员提出纠正意见，并在《审查逮捕意见书》中列明监督情形及处理情况；二是充分利用违法信息库、部门工作例会等平台，对相关问题分类、汇总，加强分析梳理，研究一类问题或阶段性执法的突出问题；三是注重监督成效。根据具体情形和违法程度的不同，综合运用书面纠违、情况通报以及检察建议等不同载体，提出纠正意见，使监督落到实处。

第三章　检察机关的起诉权

公诉权即刑事追诉权，是检察机关代表国家要求人民法院审理被指控的被告人的行为，以确定被告人的刑事责任并予以刑事制裁的诉讼职能。公诉权在世界各国几乎都是检察机关独享的一种国家权力，是检察权的一种标志性的权力。对刑事公诉的相关理论和实践问题进行深入探索，是适应全面依法治国和诉讼制度改革的需要，是推进刑事公诉工作健康、科学发展的需要。刑事公诉制度是检察制度的重要组成部分，是国家实现法治目标的重要手段。深入研究公诉权理论，对于保障刑事法律的正确实施，完善诉讼程序和检察制度，都具有十分重要的意义。

第一节　检察机关的公诉权

一、检察机关公诉权的价值本质

（一）法律监督权的体现

从公诉权的诉讼功能看，公诉权的本质就是法律监督权。检察机关通过行使公诉权，全面履行法律监督职责，以确保法律全面、正确实施。检察机关行使公诉权，一方面，可以对违法行为进行法律监督；另一方面，可以追究犯罪人的刑事责任。同时，公诉权在程序上对公安机关的侦查行为和法院的审判行为也起着制约和监督功能。对于前者，公诉权可以控制侦查程序和审查侦查的结果，约束和监督侦查权的行使；对于后者，公诉权则可以启动刑事审判程序和限定刑事审判范围，制约和监督审判权的行使。从公诉权的内容看，公诉权具有法律监督的性质。在我国，公诉权包括审查起诉权、公诉变更权、出庭支持公诉、参与法庭调查及法庭辩论、举证、质证以及抗诉权。可见，公诉权作为法律监督权，不仅起着对权力制约，防止权力的恣意滥用的功能，而且还通过公诉权的行使保障权力和打击犯罪，维护社会秩序，维护法律统一正确的实施，维护公平正义的作用。

（二）国家起诉原则的具体落实

从公诉权由自诉、公共起诉演变到国家起诉的过程，可以看出公诉权本质上是一种诉讼请求权，公诉权是国家法定的专门机关代表国家主动追诉犯罪，请求审判机关对犯罪嫌疑人予以定罪并处以刑罚的一种诉讼权力。公诉权是国家对犯罪行为的追诉权，国家通过刑罚权以实现对犯罪进行惩罚的目的，而刑罚权的实现是法院审判活动的结果。[①] 公诉权作为一种国家诉权，其程序性体现在启动审判程序，推动诉讼程序的进行。公诉权对犯罪的追诉具有积极性、主动性的特点，公诉权是实现刑罚权的必要手段和必经程序，追诉犯罪的功能是公诉权的基本功能。综上所述，公诉权作为一种刑罚请求权，充分体现了国家意志，是国家起诉权的基本表达。

（三）保障国家社会公益的直接需求

从公诉权的起源和价值取向看，公诉权是为维护国家利益和公共利益的需要而产生的，最终目的在于确保法律的正确统一实施，这与法律监督的实质是一致的。与私诉权不同，公诉权作为追诉犯罪的权力，不是代表被害者要求惩罚犯罪，而是代表国家追诉犯罪，因为这种犯罪行为不仅侵犯了被害人的合法权益，更重要的是侵犯了国家利益和社会利益，因此从公诉权的产生来看，公诉权本质上是公共利益代表权。从公诉权的发展历史来看，公诉权是为了实现国家刑罚权，维护公共利益的需要而产生的。在我国，国家是公诉权唯一的权力主体，只有国家才有权进行公诉或放弃公诉，而检察机关是公诉权的执行主体，代表国家行使公诉权。公诉权作为一种国家权力，它的行使和发展必须体现国家的意志。在刑事诉讼中，公诉权是作为国家和社会的利益代表人行使的。所以，公诉权在犯罪发生以后，决定是否追诉或以什么方式追诉，是以国家利益和社会公共利益为首要考虑标准的。[②] 公诉权除了要考虑已经被犯罪行为侵犯的国家利益和社会公益要通过追诉得到弥补之外，还要权衡追诉行为本身所带来的利益的损害，以此决定对犯罪是否追诉以及追诉的方式和限度。

二、普通程序中的公诉权

（一）普通程序中公诉权的现行法律规定

刑事公诉职能作为我国检察机关的基本职能，规定于《宪法》《人民检察院组织法》《刑事诉讼法》以及《人民检察院刑事诉讼规则》等司法规则中。根据上述法律及司法解释的规定，我国检察机关拥有的刑事公诉职能包括以下几方面的内容：（1）审查起诉。审查起诉是指检察机关对侦查终结的案件进行审查，以作出起诉或者不起诉决定的诉讼活动。（2）提起公诉或不起诉。

① 周长军：《公诉权滥用论》，载《法学家》2011 年第 3 期，第 20 页。
② 胡岩：《公诉权的司法民主制度》，载《法律适用》2016 年第 6 期，第 10 页。

提起公诉指检察机关将犯罪嫌疑人提交法院审判的活动。根据《刑事诉讼法》第 172 条的规定，提起公诉的条件即有充分、足够的证据证明犯罪嫌疑人的犯罪事实和情节，而且证明达到了可以排除合理怀疑的程度。（3）出庭支持公诉。出庭支持公诉是指检察机关在法院开庭审判公诉案件时，派员出席法庭支持公诉，并要求法院依法对被告人予以定罪判刑的诉讼活动。（4）变更起诉。变更起诉是指检察机关对于已经提起公诉的案件，在法院审判结束以前，如果发现案件事实、犯罪性质、指控的被告人等内容发生变化或有遗漏时，享有改变、撤回或追加控诉的权能。（5）对法院的判决提出量刑建议。所谓量刑建议，即求刑，具体是指一种为检察机关享有的职能，检察机关建议法官对被告人处以某一特定的刑罚，对刑种、刑期、罚金数额、执行方法等方面提出尽量具体的意见，法院应当对检察机关的意见在评议时予以充分考虑。[①]（6）对法院的判决提出抗诉。地方检察机关认为本级法院一审判决、裁定确有错误时，应当向上一级法院提出抗诉。被害人及其法定代理人不服地方法院一审判决的，法定期限内有权请求检察机关提出抗诉。（7）主持刑事和解。我国《刑事诉讼法》明确赋予检察机关主持刑事和解的职能。[②]

（二）普通程序中公诉权的不足

“公诉权是我国检察机关核心的、标志性的职能。”这一重要论述对公诉职能的定位更加准确、科学，公诉权是一项重要的检察权，其配置与运行是否合理直接关系到检察职能能否充分有效地发挥。在现行体制下，公诉权运行主要存在以下几个方面的问题：

1. 公诉人保障制度不足

公诉工作是检察机关的核心工作，在整个检察权运行过程中起着举足轻重的作用。因此，检察机关在人员配备上往往会对公诉人的条件提出更高的要求，一批学历高、专业强、年轻的检察官自然就会被充实到公诉队伍中。很显然，公诉人的综合素质和能力大多高于其他业务部门，但对于公诉人的保障和激励机制尚不健全。其一是员额检察官制度实施以来，检察官数量是原有检察官数量的三分之一，而需要办理的案件数量仍然逐年增加，案多人少的矛盾越来越突出；其二是为员额检察官配备的检察官助理和书记员远不能满足工作的需要，很多地方，特别是基层检察院，连1：1：1的标配都未达到，员额检察

① 《刑事诉讼法》第 193 条规定：“经审判长许可，公诉人、当事人和辩护人、诉讼代理人可以对证据和案件情况发表意见并且互相辩论。”

② 《刑事诉讼法》第 278 条规定：“双方当事人和解的，公安机关、人民检察院、人民法院应当听取当事人和其他有关人员的意见，对和解的自愿性、合法性进行审查，并主持制作和解协议书。”

官办案压力大、工作量大。

2. 现行考评机制不符合诉讼规律

为迎合维护社会稳定、高压反腐的需要，目前各级检察机关的绩效考评机制侧重于打击犯罪数量，而轻视人权保障的需要。一是一些考评指标的设计本身就不合理；二是对于撤回起诉案件数量、定罪免刑的案件数量的考核都是扣分项，如果出现了被判无罪的情况，不仅考评结果很差，甚至还要被追责，这严重违背了公诉机关的客观公正的义务以及人的认识能力有限的辩证唯物主义理论。绩效考评机制有好的方面：可以监督案件办理，提高办案质量，但绩效考核指标和方式的确定既要实事求是、合理可行，又要有利于检察机关和检察官履行客观义务，而不应损害这种客观义务，更不应出现扭曲检察行为甚至弄虚作假的现象。

关于公诉权变更的问题在我国现行法律中并没有相关的明确规定，检察机关公诉权变更主要是根据最高人民法院以及最高人民检察院对刑事诉讼的司法解释。人民法院在进行判决宣告前，对于人民检察院提出的要求撤回起诉的，应当对撤回起诉的理由进行审查，并且需要作出是否准许检察机关撤回的裁定。《人民检察院刑事诉讼规则》规定，在人民法院对公诉案件进行宣告判决前，如果发现被告人的真实身份与起诉书中叙述的身份并不相符或者所实施的犯罪事实与指控犯罪事实不一致的，人民检察院可以要求变更起诉；对于发现遗漏了案件犯罪嫌疑人或者遗漏了罪行的可以一并进行起诉和审理的，人民检察院也可以要求追加起诉；而对于发现被告人并没有实施犯罪行为或者犯罪的事实并不是被告人所做的或者并不应该追究被告人刑事责任的，人民检察院可以撤回起诉。法律规定的缺失以及公诉权变更规定司法解释的分散及不足，使得在实践中各检察机关对撤回起诉的时间、程序、后果等问题存在不同的认识，不利于公诉变更制度的统一，也对犯罪嫌疑人以及被告人权利的维护产生不利影响。

（三）普通程序中的公诉权完善路径

公诉权是一项重要的检察权，其配置与运行是否合理直接关系到检察职能能否充分有效地发挥。在现行司法体制下，公诉权的运行存在诸多问题与不足。公诉工作无论从理念上还是工作机制上都应该进行全面的革新。

1. 强化公诉人的知识更新及职业素能培养

司法体制改革确立了检察官办案的主体地位，赋予了检察官更大的办案决定权，对检察官本人的职业素养及履职能力，也提出了更高的要求。[①] 在对公

---

① 龙宗智：《理性对待检察改革》，载《人民检察》2012 年第 5 期，第 10 页。

诉人进行高标准选拔的同时，不能忽视公诉人知识的更新及职业素能的培养。知识的更新不仅包括法律知识，还应包括与公诉业务相关的其他知识的更新；职业素能包括公诉理念、逻辑思维能力、讯问技巧、应变能力、沟通能力等。在进行知识更新和职业素能培养方面，应反思现有的培训理念，加强分级分类培训，加强岗位专业培训，努力形成公诉专门人才群体，并通过多种措施稳定公诉队伍，实现公诉工作的良性可持续发展。既要培养能办理各类案件的全才，又要注重培养办理某一类案件的专业人才，实现办案的专业化分工，以适应司法体制改革的需要。

2. 建立检察官权力清单制度

只有尽快建立健全配套的制度和机制，形成案件管理责任到个人、考评绩效机制明晰、统一业务应用系统和检察官监督制约机制四方面制度的有效配合，才能为落实权力清单、推进司法责任制创造良好的环境和氛围。检察机关权力清单制度是与检察机关办案责任制相辅相成、不可分割的制度，更有利于检察权的实现、有利于更好地惩罚犯罪和保护人民。权力清单运行之后，诉累逐渐降低，不必要的程序大量缩减。检察官权力清单的建立，并不是一个孤立的程序，而是必须同时完善和加强对配套设施的建设。首先，必须在保障检察官工作任务顺利完成的基础上，逐步设立完善信息化建设平台、证据开示等相关配套制度建设。其次，完善与检察业务、检察机关有联系的法律法规，如权力清单和考评机制等。最后，要加强权力的监督。上级对下级、内外监督都要形成系统，保证公开审查、公开听证、人民监督员等措施有效地发挥作用。

3. 建立科学合理的考评机制

公诉部门在推行检察官办案责任制的同时，为了客观公正地评价公诉人的工作业绩，上级部门应对现行考评机制的弊端进行理性反思，果断剔除考评机制中不合理的因素，尽快制定出既能激发检察官工作热情又能解除后顾之忧的考评办法。[①] 考评指标要科学、客观，特别是一些减分项，更应慎重确定评价标准，要考虑公诉人的专业知识水平、对证据的把握和判断的能力等主观因素，还要考虑一些客观因素，比如：证据的变化、法律的变化、被告人作出了合理的辩解等，以决定是否作出否定性评价。对于无罪判决的案件，要分清原因，确定是因公诉人的主观原因所致，还是因人的认识能力有限而造成的，不能简单认为只要出现了无罪判决都是公诉人的个人原因，便对其进行否定性评价和追责。

---

① 鲜铁可、高锋志：《刑事申诉检察视角下强化错案防范的若干思考》，载《刑事申诉检察工作指导》2016 年第 2 辑，第 26 页。

4. 加强对公诉权的监督

刑事公诉权作为国家公权力的一种，同样应该接受监督制约。“不受监督的权力必然产生腐败”，刑事公诉权也不例外，刑事公诉应当主动接受来自各个方面的监督制约。随着司法改革对公诉裁量权的不断扩大，公诉人更要增强接受监督制约的理念，推动不起诉听证、不起诉说理制度的实施。不起诉听证制度的建立具有重要意义，不仅有利于检务公开，防止司法腐败，而且有利于对当事人的法律权利进行保障，推动检察机关诚信办案。这也是刑事司法民主和程序正义的必然要求。对可以进行不起诉听证的案件范围、听证程序、听证效力和听证后的救济问题以法律的形式加以明确规定，一定程度上有利于不起诉听证的规范，有利于明确不起诉听证的效力，同时也有利于相关权利人对检察机关的听证行为进行监督，促使不起诉听证制度发挥其缓解诉讼压力，维护权利的作用。实施不起诉听证制度，在一定意义上实现了公安等机关对检察机关的制约，一定程度上抑制了检察机关权力的滥用，有利于对公诉制度存在问题的解决。对于案件事实非常清楚、证据收集确实充分的简易程序的案件，或检察机关决定不起诉的案件，犯罪嫌疑人并不需要接受法院的审判，使得这类案件没有经过法院的判决形成权威的审判结果，那么检察机关应当将不起诉的决定向当事人说明理由。除了涉及重大秘密、个人隐私等案件，其他案件的应当说明决定不起诉的原因和事由。虽然并没有举行听证，但是公诉机关的理由说明，不但有利于当事人了解情况，而且也体现了对当事人的尊重。如果当事人对检察机关作出不起诉的原因和事由不服的，可以申请检察机关举行听证，检察机关应当进行听证。

三、简易程序[①]中的公诉权

（一）简易程序中公诉权的现行法律规定

1. 适用范围

基层人民法院管辖的案件，符合下列条件的，可以适用简易程序审判：案件事实清楚、证据充分的；被告人承认自己所犯罪行，对指控的犯罪事实没有异议的；被告人对适用简易程序没有异议的。人民检察院在提起公诉时，可以建议人民法院适用简易程序。在适用范围方面，大部分诉讼案件适用于简易程序，只有那些严重危害了国家安全或者是某些恐怖活动事件，才不适用简易程序，这也体现了我国刑法对该种案件的严厉态度。

---

① 此处所指称的“简易程序”是相对于普通程序而言的，包括了刑事诉讼法中的简易程序、速裁程序和认罪认罚从宽程序。

2. 限制适用简易程序的案件范围

有下列情形之一的，不适用简易程序：被告人是盲、聋、哑人，或者是尚未完全丧失辨认或者控制自己行为能力的精神病人的；有重大社会影响的；共同犯罪案件中部分被告人不认罪或者对适用简易程序有异议的；其他不宜适用简易程序审理的。

3. 审判方式及出庭模式

审判方式及出庭模式也有较大的变革，根据《刑事诉讼法》第 210 条的规定，具体是通过审判组织以及出庭模式两方面来体现的。从审判组织方面来说，如果案件证据充分且案情相对简单，对社会的不良影响相对较小，那么人民法院可以组建一个合议庭进行审判，或者通过独任审判进行审判，这两种审判方式对审判质量的影响极小；[①] 从出庭模式来看，在旧刑诉法之下，简易程序公诉案件审判中，人民检察院不需要派人员出席，而在新刑诉法之下，简易程序适用的范围有了较大扩展，部分案件检察院已经检察清楚，可以直接而适用简易程序。新刑法下人民检察院派员出席，可以使控诉更加完善，能够使被告人的合法权益得到了保障，使司法审判更加公正。

（二）简易程序中公诉权存在的问题

1. 法院对适用简易程序建议采纳率不高

刑事审判法官不仅需要准备大量的上会案件材料，而且信访接待任务量大，造成许多可以适用简易程序审理的案件无法得到及时地审理。对于民事部分未达成调解协议的轻微刑事案件，法院面临调解任务，在 20 天内结案存在很大困难，即使采用调解结案，也会因超过 20 天，而无法适用简易程序。

2. 被告人的辩护权保护不到位

由于我国法治建设起步较晚，民众的法治意识比较薄弱，因此在刑事案件中的刑事辩护率较低。而我国刑事简易程序对于被告人的辩护权没有作特别规定，律师的程序参与权也未得到足够的重视。这在一定程度上为司法审判的欠合理性留有漏洞。虽然我国民众的法治素养已有较大程度的提升，但是在许多专业领域，普通的被告人仍然不能准确把握和了解法律。这导致适用简易程序审理的刑事案件极易陷入控辩双方力量抗衡不均的现象，进而影响司法审判活动的公正性。

从统计数据来看，适用简易程序率仅为 51. 93%。[②] 有一些案件虽符合新

---

① 史丽英：《新刑诉法下公诉案件适用简易程序工作机制研究——以新旧刑诉法比对为视角》，载《辽宁公安司法管理干部学院学报》2016 年第 4 期，第 87-88 页。

② 贾志强、闵春雷：《我国刑事简易程序的实践困境及其出路》，载《理论学刊》2015 年第 3 期，第 120 页。

法规定的简易程序适用条件，但是检察机关作为诉讼程序的中间环节，没有发挥好协调作用，没有向法院提出适用简易程序建议，导致案件适用简易程序办理不畅。从目前司法实践来看，公、检、法三机关对于适用简易程序办理案件还没有达成统一认识，还没有形成良好的工作机制。通过调研发现，公安机关集中移送案件确实存在很多障碍，检察机关也没有积极促成案件集中审查，到法院审理环节也是凑巧集中开庭，公、检、法三机关并没有形成工作合力。

（三）简易程序中公诉权的完善路径

1. 提高适用简易程序审理案件采纳率

根据司法实践，法院不采纳适用简易程序建议的主要原因在于案件质量不高。检察机关在发挥诉讼监督职能时，具有居中的有利地位，一定要居中协调各方，把好案件质量，做好庭前审查工作。首先，要主动引导侦查。检察机关侦监和公诉部门针对类案证据中的常见问题，应当定期梳理汇总，定期向侦查机关反馈，引导侦查机关规范取证；对个案需要补充的相关资料，及时与公安法制部门联系，列明或告知补充的材料及理由，注重沟通，达成共识，督促公安机关取得补查的实效。其次，要注重法制宣传及法庭教育，促使犯罪嫌疑人、被告人认罪，充分讯问犯罪嫌疑人，核实案件定罪量刑的事实，对可能适用简易程序审理的案件，征求犯罪嫌疑人对适用简易程序的意见。[①] 对不懂法律的犯罪嫌疑人，要告知法律规定，让犯罪嫌疑人在知晓、理解法律规定的基础上，决定是否自愿认罪，是否同意选择简易程序，确保其认罪的真实性和自愿性。再次，加大案件调解力度，为法院适用简易程序审理案件争取时间。最后，明确量刑优惠幅度比例。笔者认为，对被告人认罪并同意适用简易程序审理的公诉案件，在最高量刑优惠幅度的基础上，可以进一步提高量刑优惠幅度，针对不同的个案，可以考虑适当减轻处罚。

2. 加强对犯罪嫌疑人的权利保护

简易程序的适用条件之一是犯罪嫌疑人承认自己所犯罪行，对指控的犯罪事实没有异议。犯罪嫌疑人一旦认罪，会对其产生一定程度的不利影响，因此要加强对犯罪嫌疑人权利的保护。

首先，要做好对犯罪嫌疑人的法律释明工作，充分保障犯罪嫌疑人的知情权，尊重其对简易程序选择的自愿性。犯罪嫌疑人对自己享有的权利应有充分的认知，应知晓被指控的犯罪事实、罪名以及适用简易程序的后果等，只有犯罪嫌疑人在知晓自己权利的前提下，才有可能做出认罪的真实意思表示。公诉人办理适用简易程序的案件时，应及时告知犯罪嫌疑人被指控的罪名和犯罪事

---

① 左卫民：《认罪认罚何以从宽：误区与正解——反思效率优先的改革主张》，载《法学研究》2017 年第 3 期，第 160-175 页。

实，本案可以适用简易程序，简易程序的适用条件与限制性条件，让犯罪嫌疑人做到心中有数，清楚明白自己同意适用简易程序后，享有哪些权利，同时哪些权利会受到限制，以保障犯罪嫌疑人享有充分自主选择的权利。

其次，犯罪嫌疑人享有获得律师帮助的权利。简易程序的适用并不排除辩护律师的参与，即使是以提高效率为目的，也要保障犯罪嫌疑人获得辩护律师帮助的权利。[①] 在适用简易程序时，检察机关应当告知犯罪嫌疑人其有权委托辩护人，在没有委托辩护人，也不符合法律援助条件时，应当告知犯罪嫌疑人其有权约见值班律师，值班律师可以为其提供法律咨询、程序选择建议、申请变更强制措施、对案件处理提出意见等法律帮助。检察机关还要为犯罪嫌疑人约见值班律师提供便利。以确保犯罪嫌疑人得到律师的专业指导，充分知悉自己的权利。

3. 完善简易程序转为普通程序的公诉流程

最高人民法院《关于适用〈中华人民共和国刑事诉讼法〉的解释》第298条规定了适用简易程序案件应当转为普通程序审理的五种情形。当出现了五种情形之一的，公诉人可以依据《刑事诉讼法》第204条第2款："检察人员发现提起公诉的案件需要补充侦查，提出建议的"之规定，向法院申请延期审理，对案件按照普通程序进行审查起诉。绝对不能在简易程序案件在全案办案资料原封不动的情况下，只是将审判程序从简易程序变为了普通程序，这样换汤不换药，既无法充分保护犯罪嫌疑人的诉讼权利，也与立法者设计简易程序转普通程序的立法初衷不符。

对于简易程序转为普通程序的案件，在之前简易程序中已经确认无误的事实问题，在之后的普通程序审理中是否可以做相应的简化？对于这个问题，我们认为还是应当依照普通程序进行审理，不应简化。原因如下：（1）每个案件的最终结果是由案件中每个事实关键所串联起来的一个逻辑关系，既然出现了被告人在简易程序中做出了翻供行为，或者被告人的行为可能不构成犯罪等情况，使程序转为普通程序审理，那么即便是在简易程序这个逻辑链条中已经证明过的事实问题，不一定在普通程序这个逻辑链条中还是相同，既然有变更的可能性，那么就有重新对事实进行认定的必要。（2）立法者之所以规定了简易程序转化普通程序，是为了在出现事实不清，被告人翻供等情况下通过普通程序仔细认真地查清案件事实，还被告人一个清白。正如前一条所说的，既然事实认定在不同的前提条件和逻辑链条下会有所变化，那么基于立法者的初衷，就更应该进行全面的认定，而不应当在普通程序中进行简化。（3）最高

① 李奋飞：《论控辩关系的三种样态》，载《中外法学》2018年第3期，第726-743页。

检《人民检察院刑事诉讼规定（试行）》第470条规定：“适用简易程序审理的公诉案件，公诉人发现不宜适用简易程序审理的，应当建议法庭按照第一审普通程序重新审理。”在此需要重点强调的是法律用语是“重新审理”而非“继续审理”。重新审理的意义就在于对所有的案件事实进行重新认定，所有的程序按照一审程序重新走一遍，可视为之前的简易程序不存在，从而对案件进行完全的重新审理。只有这样，才能更好地保护被告人的诉讼权利。

四、缺席审判程序中的公诉权

2018年10月，全国人大常委会通过《关于修改〈中华人民共和国刑事诉讼法〉的决定》，该法在第五编特别程序中增加缺席审判程序一章。《刑事诉讼法》关于缺席审判程序的规定标志在我国刑事诉讼中正式确立了缺席审判制度，这一制度的确立具有重要的理论价值和重大的现实意义。

缺席审判程序又称“缺席程序”，是指法院在被告人不在案、不出庭的情况下，对案件进行审理和裁判的程序。《联合国反腐败公约》（以下简称《公约》）是2005年12月14日正式生效的国际公约。2003年12月10日，时任中国外交部副部长张业遂代表中国政府在《公约》上签字。2005年10月27日，第十届全国人大常委会第十八次会议表决通过了关于批准加入《公约》的决定。加入这一公约有利于我国开展国际合作，遣返外逃的腐败犯罪人员，追缴被非法转移国外的资产，有利于我国建立健全教育、制度、监督并重的腐败预防与惩治体系。因此，2018年修订的《刑事诉讼法》第291条规定：“对于贪污贿赂犯罪案件，以及需要及时进行审判，经最高人民检察院核准的严重危害国家安全犯罪、恐怖活动犯罪案件，犯罪嫌疑人、被告人在境外，监察机关、公安机关移送起诉，人民检察院认为犯罪事实已经查清，证据确实、充分，依法应当追究刑事责任的，可以向人民法院提起公诉。人民法院进行审查后，对于起诉书中有明确的指控犯罪事实，符合缺席审判程序适用条件的，应当决定开庭审判。”

（一）缺席审判程序适用的案件范围

我国《刑事诉讼法》规定的缺席审判范围符合司法的实际状况和需要。这一程序适用的范围包括：（1）犯罪嫌疑人、被告人逃往境外的贪污贿赂犯罪案件，以及需要及时进行审判，经最高人民检察院核准的严重危害国家安全犯罪、恐怖活动犯罪案件；（2）被告人患有严重疾病无法出庭，中止审理超过6个月，被告人仍无法出庭，被告人及其法定代理人、近亲属申请或者同意恢复审理的案件；（3）人民法院应当裁定终止审理，但有证据证明被告人无罪，人民法院经缺席审理确认无罪的案件；（4）人民法院按照审判监督程序重新审判的案件，被告人死亡的案件。

其中第一类案件的适用条件是：其一，犯罪嫌疑人、被告人在境外，即我国公、检、法机关确切知道犯罪嫌疑人、被告人逃往境外，能确定其所处的国家或者地区。如果被告人下落不明，不管是否在境外，不能适用缺席审判。其二，监察机关、公安机关和国家安全机关向检察机关移送审查起诉，人民检察院认为犯罪事实已经查清，证据确实、充分，依法应当追究刑事责任的，向人民法院提起公诉。其三，人民法院认为符合开庭审判条件，即人民法院进行审查后，对于起诉书中有明确的指控犯罪事实，符合缺席审判程序适用条件的，应当决定开庭审判。法院作为司法机关，代表国家行使的是司法权，司法权具有不告不理的特性，即如果没有控告人的控告，法院的审判是不能启动的。缺席审判也不例外，必须由人民检察院代表国家向人民法院提起了公诉，法院经形式审查认为符合开庭条件的，才能开庭审理，检察机关派员出席法庭，代表国家行使检察权。其他三类案件也是如此，虽然被告人不到庭，但检察机关仍然需要派员出席法庭，指控犯罪、监督庭审，行使检察权。

（二）缺席审判程序中公诉权的内容

1. 检察机关的审慎审查职责

对于被告人在案的案件，《刑事诉讼法》第 173 条规定："人民检察院审查案件，应当讯问犯罪嫌疑人。"而 2018 年《刑事诉讼法》增设的缺席审判制度，由于犯罪嫌疑人在审查起诉阶段通常并不在案，人民检察院无法讯问犯罪嫌疑人，也就是在犯罪嫌疑人零口供的前提下，如何正确审查案件，如何客观全面衡量案件是否符合"犯罪事实清楚，证据确实、充分"的条件，为检察机关履行职权提出了新的挑战和要求。

对缺席的被追诉人进行审查起诉更应当慎重，以实现惩罚犯罪和保障人权的有机统一。具体而言，第一，在被追诉人缺席的情况下，检察机关审查起诉不仅要审查是否符合起诉的标准，也要依据《刑事诉讼法》第 291 条第 1 款的规定审查是否符合缺席审判的条件。第二，在审查起诉的标准方面，不能因为被追诉人缺席便降低案件的审查起诉标准。缺席审判只是在诉讼程序上与普通的诉讼程序有所区别，但并不影响案件的实体标准。对于被告人不在席的案件，检察机关也应当确保案件事实清楚，证据确实、充分，只有符合该条件时检察机关才可以提起公诉。检察机关审查起诉时，如果案件事实不清、证据不足，可以退回补充侦查或者调查，也可以依法自行侦查。如果根据现有的证据不能证明不在席的被追诉人有罪或者经过两次补充侦查，案件事实仍旧不清，证据不足的，则应当作不起诉处理。第三，检察机关在进行证据审查时，应当注意审查证据的合法性、真实性，审查证据之间能否相互印证，形成完整的证据链条。对于非法取得的证据，要依法予以排除，对于不客观、不真实的证据，也不能作为审查起诉的依据。第四，检察机关应当注意客观中立审查义务。检察机关在审查起诉时，既应当注意被追诉人有罪、罪重的证据，也要注意被追诉人无罪、罪轻、减轻、免除刑罚的证据，不能因为被追诉人不在席便忽视这些对被追诉人有利的证据。第五，检察机关审查起诉时，对于被追诉人不在席的，如果其聘有辩护律师，也应当依照《刑事诉讼法》第 173 条的规定听取辩护人的意见。

2. 检察机关的客观义务

第一，检察官负有出示、提示有利于犯罪嫌疑人、被告人证据的义务。按照《刑事诉讼法》第 52 条的规定："审判人员、检察人员、侦查人员必须依照法定程序，收集能够证实犯罪嫌疑人、被告人有罪或者无罪、犯罪情节轻重的各种证据。"《人民检察院刑事诉讼规则（试行）》第 61 条规定："人民检察院提起公诉，应当遵循客观公正原则，对被告人有罪、罪重、罪轻的证据都应当向人民法院提出。"与这一要求相一致的是，在缺席审理程序中，检察官也负有出示、提示有利于被追诉人证据的义务。当被追诉人没有聘请辩护人或者其辩护人没有展示检察官所掌握的有利于被告人的证据时，检察官应当在法庭上出示该证据，[①] 同时，检察官应当提醒法庭注意该有利于被追诉人的证据。

第二，当案件不具备适用缺席审判程序的条件时，检察官应当建议法庭转换程序。我国刑事诉讼法对缺席审判程序的适用条件进行了严格规范，如果案件不具备适用缺席审判程序的条件，特别是随着案件的发展适用缺席审判程序的条件消失时，检察官应当及时提出异议。按照缺席判决、裁定发生效力与否的时间节点来划分，罪犯到案分为两种情况：第一，缺席审判的庭审过程中，罪犯到案的情形；第二，缺席审判的判决、裁定已经发生效力后，罪犯到案的情形。第一种情况，参照《刑事诉讼法》第 214 条和第 222 条规定，人民检察院在提起公诉的时候，可以建议人民法院适用简易程序、速裁程序。对于缺席审判案件审理过程中，被告人自动投案或者被抓获的，人民法院应当重新审理。此外，检察机关发现被告人在缺席审判审理过程中到案，可以建议人民法院重新审理。第二种情况，《刑事诉讼法》第 295 条第 2 款规定："罪犯在判决、裁定发生法律效力后到案的，人民法院应当将罪犯交付执行刑罚……罪犯对判决、裁定提出异议的，人民法院应当重新审理。"此外，法律赋予缺席审判被告人提出异议即发生程序倒流的效果的权利，只要罪犯对判决、裁定提出异议，人民法院就应当重新审理。此处立法规定，有利于引渡谈判或双边引渡条约的签订，有利于我国向他国请求执行刑事司法的协助。

---

① 陈雷著：《国际追逃追赃与违法所得特别没收程序》，中国方正出版社 2018 年版，第 4 页。

对于因为被告人提出异议而重新审理的案件，检察机关的角色定位应当是公诉机关，即以公诉方的身份参与庭审、举证、质证；还是应当以法律监督机关的身份，可以建议人民法院重新审判？笔者认为，这种情况下检察机关应当只是作为公诉方参与因为罪犯异议而重新审判的案件的庭审。因为，在第一次的缺席审判程序中，程序的各个环节是符合程序正义标准的，检察机关已经做到在“案件事实清楚，证据确实、充分”的基础上提起公诉。针对罪犯异议引起的重新审理，检察机关按照《刑事诉讼法》第 2 章第 1 节的要求，即普通公诉案件的一审程序参与法庭审判即可。

3. 检察机关的法律监督职能

人民检察院作为国家法律监督机关，其主要职责就是监督国家法律的正确实施。人民检察院享有多项监督职能，在缺席审判程序起诉过程中，检察机关也负有法律监督的职责。

第一，对庭审的监督。《人民检察院刑事诉讼规则（试行）》第 394 条规定：“人民检察院在审判活动监督中，如果发现人民法院或者审判人员审理案件违反法律规定的诉讼程序，应当向人民法院提出纠正意见。出席法庭的检察人员发现法庭审判违反法律规定的诉讼程序，应当在休庭后及时向本院检察长报告。人民检察院对违反程序的庭审活动提出纠正意见，应当由人民检察院在庭审后提出。”这一规定也适用于检察机关对缺席审判活动的监督。

第二，接受控告和举报。《刑事诉讼法》第 117 条规定，对于司法机关及其工作人员的违法行为，当事人和辩护人、诉讼代理人、利害关系人可以向所在机关申诉、控告，可以向同级人民检察院申诉，人民检察院对申诉、控告应当及时进行审查，情况属实的，可以向有关机关提出纠正意见。[①] 在缺席审判程序中，符合《刑事诉讼法》第 117 条规定的情形时，对于当事人和辩护人、诉讼代理人、利害关系人的申诉请求，检察机关也应当承担起救济的职责。

第三，提出抗诉。《刑事诉讼法》第 294 条第 2 款规定：“人民检察院认为人民法院的判决确有错误的，应当向上级人民法院提出抗诉。”在缺席审判的过程中，若检察机关发现人民法院判决有错，通过抗诉可以起到救济和挽救的作用。

第二节　检察机关附带民事诉讼的起诉权

附带民事诉讼，是指法院在审判被告人犯罪行为的同时，根据被害人或检

---

① 王敏远：《刑事缺席审判制度探讨》，载《法学杂志》2018 年第 8 期，第 43-49 页。

察机关的提起，附带解决被告人犯罪行为给被害人所造成损害的民事赔偿的诉讼活动。附带民事诉讼依附于刑事诉讼，是为减少司法成本，提高诉讼效率，附带解决被告人民事赔偿责任的一种制度设计。《刑事诉讼法》第 101 条明确规定：“被害人由于被告人的犯罪行为而遭受物质损失的，在刑事诉讼过程中，有权提起附带民事诉讼。被害人死亡或者丧失行为能力的，被害人的法定代理人、近亲属有权提起附带民事诉讼。如果是国家财产、集体财产遭受损失的，人民检察院在提起公诉的时候，可以提起附带民事诉讼。”由此可见，检察机关也是附带民事诉讼提起的主体之一。

一、检察机关享有附带民事诉讼起诉权的必要性

（一）由检察机关自身的属性决定的

检察机关作为国家法律监督机关，其权力行为不具有实质处分的性质，处于一种超然的地位，在国家利益和社会利益受到损害后，能够忠实地维护国家利益和社会利益。从我国现行法律规定来看，维护国家利益和公共利益是检察制度的目的所在。因此，法律有必要赋予检察机关对违反民事法律规范的行为人向人民法院提起民事诉讼的权力，这样有利于维护被害人的经济利益。刑事犯罪往往给被害人造成经济损失，有的还是严重的经济损失，附带民事诉讼制度的设立，可以使被害人通过附带民事诉讼程序，得到物质损害的赔偿。同时有利于打击和制裁犯罪活动。附带民事诉讼制度，从根本上否定了“打了不罚，罚了不打”的陈旧观念，它意味着给他人造成物质损害的犯罪分子不仅要承担刑事责任，而且要承担民事赔偿责任，这对于打击和制裁犯罪活动，教育和改造犯罪分子具有重要意义。

（二）维护国家利益和社会公共利益的需要

改革开放以来，由于利益主体多元化、复杂化，不少利益主体不择手段地追求利益最大化，无视国家利益和社会公共利益，使其遭受侵害，这就必然要求赋予检察机关有权对民事经济案件提起诉讼。[①] 一般情况下，国有财产、集体财产均有管理人，由其对国有财产、集体财产进行管理，并要履行一定的保值、升值的义务。当国有财产、集体财产受到侵害时，财产管理人有义务向侵权人主张权利，要求赔偿，以实现国有财产、集体财产的保值。但有些时候，国有财产、集体财产的管理人因为各种原因，未向侵权人主张损害赔偿责任，致使国有财产、集体财产的流失，损害了国家利益和集体利益。这种情况下，

---

① 王晓东：《国际追逃追赃视野下的我国刑事缺席审判制度》，载《法律适用》2016 年第 23 期，第 8 页。

就需要一个机关或者一个组织站出来，代表国家、代表集体，向侵权人主张损害赔偿责任。这个机关非检察机关莫属。检察机关是国家机关之一，属于司法机关，其负有打击犯罪、保障法律适用的义务；同时具有保护国家利益、集体利益的职责。而且检察机关是唯一的国家公诉机关，其有权对所有的公共犯罪向法院提起公诉，追究犯罪嫌疑人的刑事责任，在此过程中，赋予其提起附带民事诉讼的权力，既是其权力使然，也能够节省司法资源，有利于尽快追回国有财产、集体财产的损失。

二、检察机关附带民事诉讼起诉权的成立条件

（一）提起的前提是刑事诉讼正在进行

附带民事诉讼是由刑事诉讼所追究的犯罪行为引起的，是在追究被告人刑事责任的同时，附带追究其应承担的民事赔偿责任。因此，附带民事诉讼必须以刑事诉讼的成立为前提，如果刑事诉讼不成立，附带民事诉讼就失去了存在的基础，被害人就应当提起独立的民事诉讼，而不能提起附带民事诉讼。此外，如果刑事诉讼程序尚未启动，或者刑事诉讼程序已经结束，被害人也只能提起独立的民事诉讼，而不能提起附带民事诉讼。

（二）有明确的被告人

附带民事诉讼被告人，是指对犯罪行为造成的物质损失负有赔偿责任的人。附带民事诉讼被告人通常是刑事诉讼的被告人（包括公民、法人和其他组织），但在有些特殊情况下，应当赔偿物质损失的附带民事诉讼被告人，可能不是承担刑事责任的被告人。根据《刑事诉讼法》和有关司法解释的规定，附带民事诉讼中负有赔偿责任的人包括：

1. 未成年刑事被告人的监护人。未成年人的监护人是其父母。父母死亡或者没有监护能力的，由下列人员中有监护能力的人担任监护人：（1）祖父母、外祖父母；（2）兄、姐；（3）关系密切的其他亲属、朋友愿意承担监护职责的，经未成年人父母所在单位或者未成年人住所地的居民委员会、村民委员会同意后，也可以做监护人。对担任监护人有争议的，由未成年人父母所在单位或者未成年人住所地的居民委员会、村民委员会在近亲属中指定。对指定不服提起诉讼的，由人民法院裁决。

2. 未被追究刑事责任的其他共同致害人。这种情形主要是指共同犯罪案件中，有的被告人被交付人民法院审判，有的被告人被公安机关作出劳动教养处理或行政拘留处分，有的被告人被人民检察院作出不起诉决定，这种情况下，未被交付法院审判的同案人都可以列为附带民事诉讼被告人。因为数人共同造成他人物质损失的行为是一个不可分割的整体行为，造成物质损失结果的

原因是共同的加害行为，各个加害人都应对物质损害承担民事赔偿责任。

3. 已被执行死刑的罪犯的遗产继承人和共同犯罪案件中案件审结前已死亡的被告人的遗产继承人。这两种情况对被害人的经济赔偿应当看作是已经死亡的刑事被告人生前所负的债务，属于遗产的清偿范围。

4. 其他对刑事被告人的犯罪行为依法应当承担民事赔偿责任的单位和个人。这里的单位应作广义的理解，既可以是法人组织，也可以是非法人单位。附带民事诉讼的成年被告人应当承担赔偿责任的，如果其亲属自愿代为承担，应当准许。

附带民事诉讼中的"物质损失"，是指被害人的人身、财产因遭受犯罪行为的侵害所遭受的损失。若被害人的损失不是刑事被告人所造成的，只能另外提起单独的民事诉讼，而不是提起附带民事诉讼。

（三）被害人的物质损失是因被告人的犯罪行为引起的

这里的犯罪行为是指被告人在刑事诉讼过程中被指控的犯罪行为，而不要求是人民法院以生效裁判确定构成犯罪的行为。只要行为人被公安司法机关进行刑事追诉，因其行为遭受损失的人就可以提起附带民事诉讼。即使被告人的行为最终没有被人民法院以生效裁判确定为实体意义上的犯罪行为，也不影响附带民事诉讼的提起和进行。最高人民法院《解释》第 101 条规定：人民法院认为公定案件被告人的行为不构成犯罪的，对已经提起的附带民事诉讼，经调解不能达成协议的，应当一并作出刑事附带民事判决。

被害人遭受的物质损失与被告人的犯罪行为之间必须存在因果关系。即被害人遭受的物质损失是由被告人的犯罪行为引起的。《最高人民法院关于刑事附带民事诉讼范围问题的规定》第 2 条规定："被害人因犯罪行为遭受的物质损失，是指被害人因犯罪行为已经遭受的实际损失和必然遭受的损失。"据此，犯罪行为造成的物质损失，既包括犯罪行为已经给被害人造成的物质损失，如犯罪分子作案时破坏的门窗、车辆、物品，被害人的医疗费、营养费等，这种损失又称积极损失；又包括被害人将来必然遭受的物质利益的损失，如因伤残减少的劳动收入、今后继续医疗的费用、被毁坏的丰收在望的庄稼等，这种损失又称消极损失。但是被害人应当获得赔偿的损失不包括今后可能得到的或通过努力才能争得的物质利益，如超产奖、发明奖、加班费等。至于在犯罪过程中因被害人自己的过错造成的损失，则不应由被告人承担。此外，因民事上的债权债务关系纠纷而引起的刑事犯罪，不能在刑事诉讼过程中解决，也不能就刑事犯罪之前的债权债务问题提起附带民事诉讼。

（四）受侵犯的国家财产、集体财产的管理人未提起附带民事诉讼

最高人民法院《解释》第 142 条规定，国家财产、集体财产遭受损失，

受损失的单位未提起附带民事诉讼，人民检察院在提起公诉时提起附带民事诉讼的，人民法院应当受理。在附带民事诉讼中，检察机关作为诉讼当事人需要承担相应的义务和责任，而这种义务和责任也是检察机关不能承受之重。笔者认为，在国家财产、集体财产遭受损失时，应当尽量要求受损失的单位提起附带民事诉讼。如果受损失的单位不主动提出诉讼，检察机关的民行部门应以检察建议或者督促起诉的方式，要求其提起附带民事诉讼，避免国家或集体的财产损失。对拒不提起附带民事诉讼的相关责任人，可以启动渎职行为调查。只有在受损失单位仍然不及时提起附带民事诉讼或者具备其他特殊情形时，检察机关方可提起附带民事诉讼。

（五）属于受诉人民法院的管辖范围

附带民事诉讼必须属于人民法院依法所应受理的附带民事诉讼案件的范围，即必须是归人民法院主管的案件，如果案件是归人民法院外的其他机关主管的，人民法院就不能对此案行使审判权，检察机关便不能就此案向法院提起附带民事诉讼。而且提起附带民事诉讼的案件范围限于受犯罪侵害而遭受的物质损失，不包括犯罪行为处置的财产损失，也不包括精神损失。受理附带民事诉讼的人民法院应符合我国《刑事诉讼法》规定的立案管辖和级别管辖的规定。

三、检察机关附带民事诉讼起诉权存在的问题

（一）检察实务操作上的原因

法律和司法解释的相关规定具有较强的原则性，可操作性难以把握，造成提起附带民事诉讼的实际操作困难。具体表现在以下几个方面：

首先，在提起范围上，法律规定检察院提起附带民事诉讼的案件是国家财产、集体财产遭受犯罪侵害的案件。但随着我国市场经济体制改革的深入，在对国家财产和集体财产的界定上出现了许多新的情况。如对国家控股企业财产遭受犯罪侵害的案件，检察院应对哪些财产提起附带民事诉讼就值得研究。

其次，检察机关必须是在管理人不提起附带民事诉讼的前提下，才能以自己的名义提起，法律对国家财产和集体财产在何种损害程度上才能提起附带民事诉讼，由谁来提出执行申请等问题都没有明确，检察机关如何获知国家财产、集体财产的管理人不提起附带民事诉讼的情况，应该怎么发挥监督职能，《刑事诉讼法》也未作出规定，造成检察机关启动刑事附带民事诉讼程序具有随意性，甚至怠于行使民事公诉权。若受损失单位没有明确表示是否进行刑事附带民事诉讼，检察机关根据法律规定依法提起刑事附带民事诉讼后，在法院一审判决作出前，受损害单位又提起刑事附带民事诉讼的，应当如何处理。现

有的法律规定过于原则化，有的甚至相互矛盾，不仅不足以应对当前复杂的司法实践的需要，甚至对司法实践起到了制约的反作用。

再次，在提起附带民事诉讼中，如何处理受损单位与检察机关之间的关系。提起附带民事诉讼属私权的范畴，无论是作为市场经济主体的公司、企业，还是履行一定职责、从事一定工作的机关、事业单位和团体，都有其独立的主体地位，能够成为民事法律关系的主体。这些主体普遍认为提起附带民事诉讼的权利应由他们自己行使，检察机关不是国家财产、集体财产的管理人，作为附带民事诉讼原告人如何知道国家财产、集体财产的损失额，如何确定向法院主张的财产损失范围，同时检察机关是在受损单位没有提起刑事附带民事诉讼的情况下代为提起的附带民事诉讼，那么追回的损失由谁处理，如何处理，实践中都存在争议。

最后，在国家、集体财产受损案件的附带民事诉讼中，由于涉案金额一般都比较大，且刑事案件被告人住址各异、范围较大，法院往往采取委托执行的方式交由外地法院执行，难以对被告人执行，从而出现“法律白条”的现象，对此应如何解决，相关法律和司法解释都没有明确规定，这也在一定程度上影响了此项工作的开展。

（二）思想认识方面的误区

刑事司法实践中受到“重刑轻民”观念的束缚。长期以来，我国司法实践中存在“重刑轻民”思想，检察机关把工作重心放在打击刑事犯罪、追究犯罪分子的刑事责任上，对刑事附带民事诉讼的重视不够。并且对于自由裁量权的认识存在误区。《刑事诉讼法》第99条第2款规定，检察机关“可以”提起刑事附带民事诉讼，而非“必须”。立法上的松动，使办案人不能够准确把握提起刑事附带民事诉讼的自由裁量权。

（三）公安机关和法院对检察机关的配合不够密切

提起刑事附带民事诉讼虽然是检察院工作的一部分，但这项工作的完成则需要公安机关和法院的共同配合。实践中，由于刑诉法仅规定在国家财产、集体财产遭受损失时检察机关可以提起附带民事诉讼，对于公安机关、法院对国家财产、集体财产的保护义务规定不明，在实践中公、法两机关往往认为提起附带民事诉讼是检察机关一家的事，从而不够配合和支持，也使得检察机关提起附带民事诉讼的工作举步维艰。

四、检察机关附带民事诉讼起诉权的完善建议

（一）完善检察机关提起刑事附带民事诉讼的条件

明确检察机关提起刑事附带民事诉讼的条件。首先，应规定损失的数额标

准。即犯罪行为对国家、集体财产造成的损失达到多少的数额标准，检察机关才有提起刑事附带民事诉讼的必要。其次，国有财产、集体财产受到损失的，检察机关向法院提起公诉时，应同时向国家财产、集体财产管理人发出检察建议书，建议其向法院提起附带民事诉讼的建议，并限定提起的时间。如果在限定时间内，管理人不提起附带民事诉讼，检察机关可以自己的名义提起。需要明确遭受损失的国家、集体财产的负责单位提起刑事附带民事诉讼的期限和放弃提起刑事附带民事诉讼意思的表示方式。检察机关以自己的名义向法院提起附带民事诉讼，国家财产、集体财产管理人有协助的义务，须提供证据、计算损失，提交检察机关。如此，就可以很好地处理受损单位与检察机关之间的关系，做到既不侵犯受损单位的自主权，又能很好地保护公共财产的所有权。

（二）纠正检察人员思想上的误区

首先，应注意打击犯罪与保护国家、集体财产并重。具体工作中采取“两手抓”的策略，绝不可偏废其一。其次，通过各种渠道组织办案人员学习法学理论知识，公诉部门和民行部门要加强相互交流，分享工作心得。可尝试施行主管检察长问责制，同时可以建立相应的奖励制度，以激励办案人员提起刑事附带民事诉讼的积极性。最后，加强内部外部配合。为了确保检察机关提起刑事附带民事诉讼工作的顺利进行，检察机关除了应加强本单位内部民行、公诉部门的配合机制外，也应加强与公安机关和法院的联系。目前检察机关所受理的绝大多数案件系由公安机关侦查终结的，因此检察机关在开展提起附带民事诉讼的实践工作时，应该在与公安机关协调沟通方面加强联系，在收集附带民事诉讼相关的证据材料方面与公安机关积极地协调配合，必要时，针对某些特殊性案件可以提前介入案件侦查工作，以确保后期提起附带民事诉讼工作得以顺利开展。

（三）加强检察监督

刑事附带民事诉讼调解的良性运行还需要健全有效的监督机制，不仅需要在法院内部形成有效的监督机构或者人员，也需要社会监督功能的正常发挥，更需要检察机关的法律监督。民事赔偿影响刑事责任承担的内容，实际上是刑事诉讼中有权机关运用自由裁量权的过程。检察机关作为法律监督机关，理当对此进行监督，以保障公权力的合法公正行使。[①] 而检察机关本身又具有国家公诉职能，其介入审判机关主导的刑事附带民事诉讼调解，可以有效制衡双方当事人之间以及审判机关与当事人之间的“钱刑交换”，避免“以刑压调”

---

① 李勇等：《“以钱买刑”恣意的防范——以强化该类案件的检察监督为视角》，载《中国司法》2011年第11期，第78-80页。

“以钱买刑”“赔钱放人”情况的发生，因此有必要大力完善检察机关介入刑事附带民事诉讼调解的工作机制，以保障刑事附带民事诉讼调解的合法运行。首先，拓宽监督方式，建立与民行、职务犯罪侦查部门的联动机制，形成整体合力。其次，由于附带民事诉讼原告人没有独立的二审程序启动权，为此在审查附带民事诉讼当事人的抗诉请求时，除了考虑案件事实、证据和法律适用外，应着重考虑诉讼权利的救济。在抗诉条件和抗诉必要性上，应有所放宽，例如判决因遗漏犯罪事实而量刑偏轻、造成较大损失未予赔偿而量刑偏轻等，即判决裁定的错误程度不需要达到量刑畸轻畸重，只要是量刑明显不当即可。注重对案件中酌定从重情节的考虑，特别是被告人的主观恶性和社会危害性、附带民事诉讼原告人对赔偿的态度，对于有可能改判的案件，从宽严相济的刑事政策角度，支持附带民事诉讼当事人的抗诉申请。

（四）完善刑事附带民事诉讼案件执行保障制度

首先，建立被告人财产状况调查和附卷移送制度。从目前执行的刑事附带民事诉讼案件来看，被执行人的财产状况，直到进入执行程序后经申请人提供和执行法官的调查才清楚。由于附带民事诉讼要受刑事案件的影响，从刑事案件立案侦查到提起附带民事诉讼再到执行经历的时间很长，少则半年，多则几年甚至十几年。如果到执行阶段再着手调查被执行人的财产状况，被执行人及其家属可能早已把可供执行的财产或转移或隐匿或变卖。应该充分发挥刑事附带民事诉讼模式的优势，有效借助侦查机关的力量，从刑事案件侦查立案开始，就由办案人员对可能被提起附带民事诉讼的犯罪嫌疑人的财产状况进行登记调查，开具个人财产清单，不准许其本人或家属无合法理由地处置财产，并随卷将调查登记情况移送后继机关，以便后继机关进一步了解、查清财产状况，从而为日后执行赔偿打牢基础。

其次，完善财产保全制度。财产保全制度，对于有效控制被告人的财产，保证生效裁判的顺利执行起到了积极的作用。但目前由于这方面的规定不具体，操作性差，导致许多案件的原告人想到向法院申请财产保全时，被执行人早已将被执行财产转移或隐藏起来，致使附带民事诉讼原告人的想法落空。因此，有必要通过立法进一步明确和完善刑事附带民事诉讼过程中的财产保全制度。应建立由人民法院采取财产保全措施为主导，公安机关、人民检察院积极配合的运行机制。在侦查和起诉阶段，被害人一方有权向公安机关、人民检察院提出附带民事赔偿请求，还可提出保全申请，由公安机关或人民检察院将被害人财产保全申请直接交给人民法院。法院经审查认为符合条件后，可根据民事诉讼法的相关规定，迅速采取保全措施。

最后，正确适用先予执行制度。法官在审理案件过程中应提高认识，采取多种措施向原告人告知权利。将执行赔偿的时间提前，有效保护被害人的合法权益。在法院审判前采取措施。被告人因对量刑存有顾虑，多数会积极主动赔偿，以求得被害人对自己犯罪行为的谅解，从而达到对其从轻处罚的目的。

第三节　检察机关的不起诉权

一、不起诉概述

不起诉，是指人民检察院对公安机关侦查终结、监察机关调查终结和检察机关自行侦查终结移送审查起诉的案件进行审查后，认为犯罪嫌疑人的行为不符合起诉条件或者没有必要起诉的，依法作出不将案件交付人民法院审判的决定。作为公诉制度中具有举足轻重作用的不起诉制度，具有将案件进行有效分流，使某些案件强制退出诉讼程序，以及情节轻微或者不需要进入审判程序的案件可以退出诉讼程序的功能，可以起到节约司法资源、保障犯罪嫌疑人合法权利的作用。所以，检察机关的不起诉，是对案件进入法院审理前的筛选和过滤。

（一）不起诉的意义

不起诉制度虽然仅是刑事诉讼中起诉阶段的一个制度，却深刻体现了刑事诉讼基本的价值和意义，不起诉制度至少体现了以下几方面的意义：

1. 有利于保护当事人的合法权益

在现代刑事诉讼中，当事人的合法权益越发受到各方的关注与重视。对不应被追究责任以及可以不追究刑事责任的犯罪嫌疑人来说，国家有义务使其尽早摆脱讼累。在提起公诉阶段，人民检察院通过对侦查终结的案件的审查，对不应追究犯罪嫌疑人刑事责任的案件或者不需要追究或无法追究犯罪嫌疑人刑事责任的案件，及时地做出不起诉的决定，可以防止过去久侦不决、久押不放的发生，从而及早地解除犯罪嫌疑人被追究的状态，[①] 恢复其人身自由。这是对于犯罪嫌疑人人权保障的体现。同时，对于不起诉的案件，法律给予被害人多种救济权利，以保证其权益不受侵害。即赋予其可以向检察院申诉或不经检察院直接向法院提起诉讼的权利，在制度上对被害人的权益进行了保护，使得被害人在程序的任何阶段都能感受到法律的公平公正。因此，不起诉有利于保护当事人的合法权益，保障无罪的人不受刑事追究，体现了刑事诉讼法保障人权的宗旨。

---

① 陈卫东著：《刑事庭前程序研究》，中国人民大学出版社 2004 年版，第 247-248 页。

2. 符合诉讼经济的原则

不起诉制度给予人民检察院相应的自由裁量权，使其可以依据案件具体情况灵活处理便宜行事。发现犯罪嫌疑人具有不应追究刑事责任的情形或无法追究，或者认定犯罪嫌疑人的罪行轻微，不需要判处刑法或可以免除刑法时，及时地做出不起诉决定，终止诉讼程序，不让案件进入审判阶段，这样可以缩短诉讼时间，使得法院可以集中精力投入到更为重要的案件的审判中去，从而达到诉讼经济的目的，提高司法操作中处理刑事案件的效率，节约大量的人力和物力，减少诉讼成本，节约有限的司法资源，体现诉讼经济的原则。

3. 符合宽严相济的刑事政策

现代刑法已从传统刑法关注的重刑报应功效，注重对不法行为的特殊预防性效用逐渐转化为稍加注意刑罚的教育作用，进而彻底转变成强调重点发挥教育作用的一般预防。经过“二战”后，世界上多数国家都主张实行“非刑事化政策”，以期通过这种政策来使本国刑事法律得到观念与实践上的双重改变。在该政策下，并不是全部犯罪行为都要通过法院的审判处予刑罚，而是可以通过保安处分、社会监督等其他更加缓和的途径来代替处罚。不起诉制度有利于教育、感化和挽救大多数犯罪嫌疑人，打击和孤立极少数犯罪嫌疑人，最大限度地减少社会对立面，促进社会的和谐稳定。

（二）不起诉的种类

《刑事诉讼法》对不起诉的种类规定了五种，即法定不起诉、酌定不起诉、存疑不起诉、针对未成年人犯罪的附条件不起诉和 2018 年《刑事诉讼法》修正案新增设的一类特殊的不起诉。因五种不起诉类型在性质和适用条件上差别较大，故下文笔者将这五类不起诉内容分为三个部分进行论述：普通不起诉、附条件不起诉和特殊的不起诉。

二、普通不起诉

普通不起诉包括法定不起诉、酌定不起诉和存疑不起诉三种。

（一）普通不起诉的种类及适用条件

1. 法定不起诉

法定不起诉又称为绝对不起诉，是指《刑事诉讼法》第 177 条第 1 款规定，犯罪嫌疑人没有犯罪事实，或者根据《刑事诉讼法》第 16 条规定的情形之一，人民检察院应当作出不起诉决定。

即法定不起诉适用于犯罪嫌疑人没有犯罪事实的情况以及以下六种情形：一是情节显著轻微、危害不大，不认为是犯罪的。刑法把情节作为定罪的界限，根据《刑法》第 13 条来理解，如果某行为虽具有一定的社会危害性，但情节显著轻微危害不大的，不能认为是犯罪。既然不是犯罪，而是一般的违法行为，人民检察院当然不能提起诉讼，不能作出起诉决定。二是犯罪已过追诉时效期限的。刑法规定犯罪已过追诉时效期限的不再追诉，主要是因为犯罪分子对社会已无危害，没有必要再追究他的刑事责任。《刑法》第87、88、89条对追诉时效有具体规定。犯罪已过追诉时效不予起诉，这是近代世界刑事诉讼法普遍适用的原则。三是经特赦令免除刑罚的。特赦是全国人大常委会根据中共中央或国务院的建议，经过审议决定，由最高人民法院和高级人民法院执行。凡是由全国人大常委会决定，对特定犯罪人免除刑罚的，公安机关不得立案侦查，检察机关也不得向人民法院提起诉讼。四是依照刑法告诉才处理的犯罪，没有告诉或撤回告诉的。告诉才处理的案件有四种：侮辱诽谤罪、暴力干涉婚姻自由罪、虐待罪和非法侵占罪。这些案件涉及的主要是公民个人的权益，如婚姻、名誉等，实质上是公民个人的私权，是否追究加害者的刑事责任由公民个人自行决定。对于这些案件，如果被害人及其他有告诉权的人不提出告诉，或者提出告诉后又撤回告诉的，人民检察院依法作出不起诉处理。五是犯罪嫌疑人、被告人死亡的。犯罪嫌疑人、被告人死亡的，意味着失去了追究刑事责任的对象，追究其刑事责任已没有任何实际意义，故刑事诉讼活动没必要继续进行下去，因此，人民检察院应当作出不起诉决定，就此终止刑事诉讼。六是其他法律规定免予追究刑事责任的。

2. 酌定不起诉

酌定不起诉又称相对不起诉，指《刑事诉讼法》第177条第2款规定，对于犯罪情节轻微，依照刑法规定不需要判处刑罚或者免除刑罚的，人民检察院可以作出不起诉决定。[①] 从刑事诉讼法规定看，酌定不起诉的适用必须同时具备两个条件：一是犯罪嫌疑人的行为已构成犯罪，应当负刑事责任；二是犯罪行为情节轻微，依照刑法规定不需要判处刑罚或者免除刑罚。

《刑事诉讼法》第177条第2款中规定的“不需要判处刑罚”和“免除刑罚”又是两种不同的情形，针对这两种情形，“不需要判处刑罚”情形需要符合《刑法》第37条的规定：“对于犯罪情节轻微不需要判处刑罚的，可以免予刑事处罚”；而“免除刑罚”的情形，主要包括以下几种：一是犯罪嫌疑人在中国领域外犯罪，依照中国刑法应当负刑事责任，但在外国已经受过刑事处罚的；二是犯罪嫌疑人又聋又哑，或者是盲人的；三是犯罪嫌疑人因正当防卫或紧急避险过当而犯罪的；四是为犯罪准备工具，制造条件的；五是在犯罪过程中自动中止犯罪或者自动有效防止犯罪结果发生，没有造成损害的；六是在

① 朱孝清：《检察机关在认罪认罚从宽制度中的地位和作用》，载《检察日报》2019年5月13日第3版，第12页。

共同犯罪中，起次要或辅助作用的；七是被胁迫参加犯罪的；八是犯罪嫌疑人自首或有重大立功表现或者自首后又有重大立功表现的；九是双方当事人达成和解协议，符合法律的规定不起诉条件的。

3. 证据不足不起诉

证据不足不起诉，是指《刑事诉讼法》第 175 条第 4 款规定，对于二次补充侦查的案件，人民检察院仍然认为证据不足，不符合起诉条件的，应当作出不起诉的决定。依据《最高检规则》规定，具有下列情形之一的，不能确定犯罪嫌疑人构成犯罪或需要追究刑事责任的，属于证据不足，不符合起诉条件，可以做出不起诉决定：一是犯罪构成要件事实缺乏必要的证据予以证明的；二是据以定罪的证据存在疑问，无法查证属实的；三是据以定罪的证据之间、证据与案件事实之间的矛盾不能合理排除的；四是根据证据得出的结论具有其他可能性，不能排除合理怀疑的；五是根据证据认定案件事实不符合逻辑和经验法则，得出的结论明显不符合常理的。《最高检规则》规定，人民检察院基于证据不足决定不起诉的，在发现新的证据，符合起诉条件时，可以提起公诉。

（二）普通不起诉存在的问题

在我国，不起诉制度的适用呈现出较为保守的状态，可诉可不诉的基本起诉，整体上不起诉率并不高。例如，据统计，我国 2013—2015 年间，不起诉率分别为 5.1%、5.4%、5.2%，起诉人数与不起诉人数的比例大约为 20：1。而与其他国家或地区横向比较而言，这一比例则显得非常低。例如，我国台湾地区 2003—2005 年间的不起诉率一直在 30%以上；日本的不起诉率则维持在 40%以上，在 2015 年甚至达到了 50.4%；德国的不起诉率也在 20%以上，是法院判处案件的两倍有余。①

1. 对不起诉权地位和重要性的认识不到位

传统的“重实体、轻程序”“重追诉犯罪、轻保障人权”的诉讼理念一直存在于司法实践活动中。这影响了检察机关对不起诉权的认识，使得办案人员往往将不起诉同放纵犯罪联系在一起，而将起诉同打击犯罪联系起来。与之相应的是，这也影响了检察机关对不起诉权重要性的认识，在实践中产生了重起诉、轻不起诉或者将不起诉作为起诉附庸的认识和做法。例如，“一些检察官始终把追诉作为公诉权的核心内容和重要使命，把酌定不起诉放在提起公诉的从属地位”，长期采用构罪即捕、有罪即诉、以捕定诉的做法。而我国实践中不起诉案件十分少、不起诉率较低，反过来说，实际上就是检察机关的起诉率

① 郭烁：《论酌定不起诉制度的再考查》，载《中国法学》2018 年第 3 期，第 235-238 页。

过高，片面追诉的倾向过于明显，而这与检察机关对不起诉权的认识和重视程度不高有着密切关系。

2. 不起诉权的适用标准模糊

我国刑事诉讼法对于法定不起诉、证据不足不起诉的规定相对较为明确，但对于酌定不起诉的适用条件和标准规定得较为模糊、笼统。《刑事诉讼法》第177条第2款对“犯罪情节轻微，依照刑法规定不需要判处刑罚或者免除刑罚”的适用条件规定得较为笼统、模糊。第一，对于何为“犯罪情节轻微”的标准不明确，主观性较强，在司法实践中往往根据被追诉人的主观恶性、犯罪手段、社会危害性等事实和情节加以判断，这就会导致对于同一案件的处理，不同的人会有不同的判断，在这种情况下，往往会采取可诉可不诉的一般提起公诉这一做法。第二，对于何为“不需要判处刑罚或免除刑罚”的判断标准也不明确，当前，“不需要判处刑罚或者免除刑罚”的标准仅出现在刑法总则规定中，没有具体到罪名的、可操作性强的标准或指引。在业绩考核、办案责任等多方面因素的影响下，在不起诉的适用标准不明确、不统一的情况下，公诉人往往会选择提起公诉，这也影响了不起诉制度的适用率。

3. 不合理的内部考核制度

司法实践中，检察机关内部将不起诉案件严格控制在一定的范围内，并将不起诉率作为一项重要的考核指标，要求不可滥用和随意适用不起诉制度。例如，不起诉案件一直是公诉部门案件质量评查的重点，办案人员担心不起诉影响自己的办案业绩而对不起诉束之高阁，避免自己办理的案件成为案件评查的重点审查对象。长期以来检察机关内部对不起诉持谨慎的防控态度，通过规定超过既定的不起诉率可能承担的不利后果来控制酌定不起诉的适用。将不起诉率与检察官业绩相挂钩，如果超过预设的不起诉率，都将会被扣分，直接影响承办检察官的业绩、晋升、工资福利、评优评先，还会影响检察院的内部考核、上级检察院对下级检察院领导的业绩评定，以及检察院内部领导干部的晋升。相对提起公诉而言，作出酌定不起诉决定的检察官面临着更大的风险，在考核和错案追究制的压力下，检察官更倾向于选择起诉。当前，司法实践中在推进捕诉一体化改革，就不起诉权的适用而言，可能会进一步影响不起诉的合理运用。

（二）普通不起诉的完善

综上可知，酌定不起诉制度在司法实践中适用率不高，如何发挥不起诉制度的效力，提高诉讼效率呢？

1. 应加强不起诉权合理适用的制度建设

首先，明确并扩大适用范围。由于“犯罪情节轻微，依照刑法规定不需要判处刑罚或者免除刑罚”立法规定的模糊性和不明确性，理论界和和实务界对此有着不同的理解，严重制约了酌定不起诉价值的实现。笔者认为对于“犯罪情节轻微”应当理解为对于可能判处三年以下有期徒刑、管制、拘役以及缓刑或者单处附加刑的。检察机关可以根据犯罪事实、犯罪性质、认罪悔罪情况、认罪认罚情况、社会危害性大小、犯罪人的人身危险性大小等情况，决定是否作出酌定不起诉，对于被追诉人认罪认罚的轻微刑事案件，优先适用酌定不起诉。对于三年以下有期徒刑，通说认为这是我国轻罪与重罪的界限，将酌定不起诉适用范围扩大到可能判处三年以下有期徒刑、管制、拘役、缓刑、无罪、免刑或者单处附加刑的案件，从而拓宽酌定不起诉的适用范围。

其次，明确不起诉权的适用条件，针对当前不起诉权特别是酌定不起诉的适用标准不统一问题，亟须在规范层面上加以明确。对此，可供参考的思路有两条：第一，应通过司法解释或者制定不起诉规定的形式，将司法实践中不起诉的具体情形和条件加以类型化，以统一不起诉的标准；[①] 第二，应加强不起诉的案例指导工作，以指导性案例的形式明确不起诉的适用条件，为办案人员适用不起诉制度提供参考。

最后，应明确不起诉决定的程序效力。明确不起诉决定的程序效力对于合理适用不起诉制度具有一定的积极意义。在我国台湾地区，立法上明确规定了不起诉的实体确定力，即不起诉处分已经确定或者缓起诉期满未被撤销者，除非有法定的特殊情形，不得对于同一案件再行起诉。在日本，也有学者主张应当赋予不起诉以实体确定力，而且主张在没有任何理由在取消不起诉决定之后又恶意进行公诉的，构成公诉权的滥用。当前，我国刑事诉讼法并没有明确规定不起诉决定的程序效力，即对不起诉的被追诉人是否还可以再次提起公诉并没有明确。在我国大陆地区，基于司法的实际情况，从避免被追诉人因为同一行为再次受到刑事追究的角度出发，有必要在制度上进行明确，对于发生法律效力的不起诉决定，除非发现新的证据，否则不得对同一犯罪行为再行起诉。

2. 由专人负责不起诉案件的办理

实践中，有的地方检察机关提出，应当将起诉权和不起诉权同等重视，并将不起诉工作交由专门办案人员负责。对此，笔者认为，不失为一种有效的举措。由专门办案人员负责不起诉工作有一定的积极意义。第一，由专门办案人员负责不起诉工作可以为不起诉工作设置专门的工作量统计办法、考核办法和办案责任，避免司法实践中出现重起诉、轻不起诉的做法，这有助于提升不起诉工作的重要性，并提升办案人员适用不起诉的积极性。第二，由专门办案人员负责不起诉工作也可以化解强化不起诉适用和对不起诉权监督制约方面的矛

---

① 张树壮、周宏强、陈龙：《我国酌定不起诉制度的运行考量及改良路径》，载《法治研究》2019 年第 1 期，第 48 页。

盾。在不起诉的适用上，一方面，人们期待不起诉制度的合理适用，以发挥不起诉的应有功能；另一方面，人们又担心不起诉制度的滥用。其中，前者要求应当尽可能地减少不起诉适用上的障碍，包括赋予更大的自主权、减少程序机制设计等；而后者则要求尽可能地加强对不起诉权的监督制约，这种矛盾的可能化解之道便在于将不起诉工作和起诉工作相分离，将不起诉工作交由专门的办案人员负责。当审查起诉的办案人员发现案件可能需要不起诉时，便将案件交由专门负责不起诉案件的办案人员处理。这样，一方面避免了提起公诉的办案人员因为各种顾虑而不适用不起诉的问题，另一方面也可以专门针对不起诉案件设置不同的程序机制以加强对不起诉权的合理规制。

3. 完善不起诉制度立法

第一，进行政策指引，从根本上转变办案人员的思维观念和办案方式。这就要求必须从政策上明确不起诉权的地位和作用，在审查起诉的时候严格掌握起诉的条件，对于可诉可不诉的应坚持不诉。除了在政策上明确合理适用不起诉权之外，还必须在一些考核指标设计上也做出相应调整，从而更好地落实不起诉政策。

第二，简化内部审批控制程序。当前酌定不起诉有严密的科层控制，作出不起诉决定后还面临着复议、复核、申诉、提起自诉的压力，程序更加烦琐复杂，严重制约了承办检察官不起诉的自由裁量权适用。笔者认为，可以通过检察官提出适用的意见，由审查起诉部门领导审核，报请主管副检察长决定。起诉决定程序和酌定不起诉决定程序相同，承办检察官便不会为了自身的简便在可诉可不诉之间更倾向于起诉，鼓励承办检察官提高酌定不起诉的适用。

第三，制定科学的考评机制。应当将适用酌定不起诉率控制在合理范围，对于普通轻微刑事案件，改由限制上限为限制下限，应将考核时的酌定不起诉率相对调升，且不应影响检察官的业绩和政绩以及其他正当利益。在办案责任方面，则应科学设定承担错误不起诉责任的条件和情形，毕竟案件是否有起诉的必要是一个主观性很强的活动，特别是在事实的认定方面更是如此，因此，不能无限制地扩大不起诉方面的办案责任，要尊重办案人员自身的判断，适当设置错误不起诉的办案责任，为办案人员合理适用不起诉松绑。当然酌定不起诉率也要合理设置上限，具体上限的设置应当由检察院根据办理案件的性质、数量、犯罪类型等具体情况确定。根据我国法治发展的状况，酌定不起诉率的上限和下限每年可以作相应调整。

三、附条件不起诉

（一）附条件不起诉的概念及独特价值

附条件不起诉，又称为暂缓起诉，是指检察机关在审查起诉时，对于未成年人涉嫌刑法分则第四章、第五章、第六章规定的侵犯人身权利、民主权利、侵犯财产、妨害社会管理秩序犯罪，可能判处一年以下有期徒刑，符合起诉条件，但有悔罪表现的，人民检察院可以作出附条件不起诉的决定。

附条件不起诉除具有一般的不起诉制度所具有的价值意义外，还具有如下几点独特的价值：

第一，有利于未成年人建立健全的人格。传统的有罪必罚的报应刑理论是一种以暴制暴的刑事惩罚方式，然而，这种方式无疑是不利于犯罪嫌疑人回归社会的。未成年人年龄较小，心智发展尚不成熟，易于受到外界的影响。因此针对未成年犯罪嫌疑人，我国刑事诉讼法规定了“教育、感化、挽救”的方针和“教育为主、惩罚为辅”的原则。通过未成年人的家庭、学校、社区等外部环境来影响未成年犯罪人的身心成长，利用帮教措施使未成年犯罪人真诚悔罪，形成健全的人格，早日回归社会。对未成年人适用附条件不起诉制度，及时对未成年人进行教育改造，使其回归正路，塑造未成年人良好的品格，避免再次犯罪，使未成年人尽快恢复正常生活，有利于未成年犯罪人主动反省自己的罪过，从根本上预防犯罪。检察机关在处理未成年人犯罪案件时，进行深入的调查，结合案件客观事实，依据法律对那些犯罪情节较轻的未成年犯罪人，从缓从轻处理，体现了刑法对未成年犯罪人的感化，鼓励其悔过自新，避免未成年犯罪人产生抵触和对抗社会的意识，引导未成年自觉反思其过。①

第二，彰显恢复性司法理念。附条件不起诉制度的设立，一方面考虑到未成年人的特殊性，另一方面考虑到对被害人相关权益的救济与补偿，从而兼顾公共利益和当事人利益。未成年人附条件不起诉通过附加条件的满足，不仅能促使未成年犯罪人悔过自新，重新做人，② 而且能督促未成年犯罪人自觉对受害人进行赔偿，促使未成年犯罪人和被害人达成和解，并且通过赔偿、道歉的方式弥补被害人的损失，修复被破坏的社会关系，更好地保护双方的权益，附条件不起诉制度的实施，是对恢复性刑事司法理念的鲜明体现，彰显了司法的文明与进步。

第三，贯彻宽严相济的刑事政策。宽严相济的刑事政策，是我国的基本刑事政策。2007 年，最高人民检察院对宽严相济刑事政策的总体思想和指导原则以及检察机关如何贯彻落实宽严相济刑事政策规定了具体的实施意见。未成年人犯罪，既损害了他人权益和社会权益，本身也是被社会不良风气和不良人

---

① 王金倩：《检察机关在附条件不起诉制度中的程序规范》，载《少年司法》2015 年第 6 期，第 56 页。

② 何挺：《附条件不起诉适用对象的争议问题：基于观察发现的理论反思》，载《当代法学》2019 年第 1 期，第 160 页。

影响的受害者，检察机关决定对合适的未成年人最终不起诉，体现了“宽”的一面；对不合适的未成年人坚决不适用以及对违反规定的未成年人依法提起公诉，体现了“严”的一面。此制度正是宽严相济的刑事政策及“教育、感化、挽救”的方针、“教育为主、惩罚为辅”的原则在未成年人刑事诉讼程序中的具体体现和贯彻落实。

(二) 附条件不起诉的适用条件

对于未成年人犯罪附条件不起诉的适用条件，《刑事诉讼法》第282条[①]有明确的规定：

第一，仅适用于未成年犯罪嫌疑人。由刑法关于刑事责任年龄的规定可知，十四周岁以上、十八周岁以下的未成年人需要接受刑法的规制，其中又以十六周岁为分界点，十四至十六周岁的未成年人“犯故意杀人、故意伤害致人重伤或者死亡、强奸、抢劫、贩卖毒品、放火、爆炸、投毒罪的，应当负刑事责任”，十六周岁以上的未成年人对所有类型的犯罪都应当负刑事责任。

第二，罪名条件限制。根据《刑事诉讼法》的规定可知，必须是未成年人涉嫌刑法分则第四章、第五章、第六章规定的侵犯公民人身权利、财产权利或者妨害社会管理秩序的轻微犯罪的犯罪，并且是依法可能被判处一年以下有期徒刑、管制、拘役或单处罚金处罚的犯罪。

第三，罪后主观限制。未成年犯罪嫌疑人具有悔罪表现，取得被害人的谅解。未成年犯罪嫌疑人是否有悔罪表现代表着自身行为的主观恶性大小，代表着其是否真心悔过，愿意积极改造，直接影响检察机关能否做出附条件不起诉的决定。悔罪表现应当由未成年人犯罪嫌疑人通过一些客观行为加以表现，如积极配合如实供述、真诚赔礼道歉、积极赔偿损失、取得被害人谅解等。刑诉法规定适用该制度的前提是赦罪未成年人及其法定代理人同意，如果他们不同意，检察机关不能单方面作出适用决定，这样规定充分维护了赦罪未成年人的权利，给予充分表达意愿的机会，确保了检察机关处分决定的正当性。

第四，程序条件限制。根据《刑事诉讼法》的规定，检察机关作出附条件不起诉是自行决定作出的，但在作出之前仍要听取公安机关、被害人的意见。附条件不起诉不仅影响未成年犯罪嫌疑人，同时也较大地影响到了被害人，被害人报复的欲望不能得到满足；同时，对于为追究犯罪付出艰辛工作的公安机关来说，也是一种否定性的评价，容易打击侦查人员办案的积极性。所以，检察机关在作出正式的附条件不起诉之前，应当征求被害人和公安机关的

---

① 对于未成年人涉嫌刑罚分则第四章、第五章、第六章规定的犯罪，可能判处1年有期徒刑以下刑罚，符合起诉条件，但有悔罪表现的，人民检察院可以作出附条件不起诉的决定。人民检察院在作出附条件不起诉的决定以前，应当听取公安机关、被害人的意见。

意见。在综合考虑各方对案件的意见后，检察机关再最终决定是否作出附条件不起诉，谨慎对待未成年犯罪嫌疑人附条件不起诉的案件。

（三）附条件不起诉存在的问题

1. 适用范围过窄

从《刑事诉讼法》的规定来看，我国未成年人附条件不起诉制度，从三个方面体现出适用范围比较狭窄，表现为：

一方面，适用对象范围过窄。我国的附条件不起诉制度在特别程序一编中被作为一章专章规定，但是将其归属于未成年人刑事案件诉讼程序范畴。不可否认的是，未成年行为人在实行犯罪行为时心智尚未成熟，需要我们对其采取教育、感化的方针策略，但把该项不起诉制度的适用仅限于未成年人，无疑是范围偏窄的。刑诉法规定只有未成年人方可适用附条件不起诉制度，对于一些过失犯罪、部分轻罪的成年犯罪嫌疑人没有纳入到适用范围中。

二是适用罪名范围过窄，刑诉法规定适用范围为那些涉嫌刑法分则第四、五、六章规定的犯罪，即“侵犯公民人身权利、民主权利的犯罪”“侵犯财产罪”和“妨害社会管理秩序罪”这三类罪名，然而与刑法第四、五、六章规定的三类犯罪社会危害程度十分接近甚至危害性更小的犯罪却没有体现出来。[①] 现行规定将附条件不起诉笼统地按照刑法分则章节来划分适用显然束缚了该制度的适用，使得附条件不起诉制度适用范围过于狭窄，阻碍了司法实践的进步。从域外的缓起诉制度来看，德国附条件不起诉立法开始只适用于轻罪，现在适用于重罪以外的任何犯罪。日本暂缓起诉适用于所有犯罪，但是影响适用的比例也只是罪行的程度，社会一直在发展变化，适用罪名也应该随之变化才是。应突破罪名的限制，使其他罪名比如犯罪情节轻微的非暴力犯罪、过失类犯罪等，在符合附条件不起诉制度规定的前提下也可以适用，进而可以教育、感化、挽救更多的未成年人，最大限度地发挥附条件不起诉制度的价值。

三是适用刑罚幅度过窄，将附条件不起诉制度期限限定在可能被判处一年以下，如此一来，该制度的适用空间极小，在实践中也将十分难以推广适用，不利于附条件不起诉制度的充分开展。且悔罪条件随意性较大，目前《刑法》明确规定了自首、坦白、立功这三种悔罪表现形式，其他的悔罪表现形式都是酌定情节，实践中检察机关对悔罪表现自行把握，随意性较大。从各地方出台的相关细则来看，对悔罪表现的认定也是不一样的。如《江苏省人民检察院附条件不起诉工作暂行规定》要求“虽未自首，但能够如实供述主要犯罪事

---

① 杨新娥：《附条件不起诉实证研究报告》，载《国家检察官学院学报》2017 年第 3 期，第 28 页。

实的”也可认为具有悔罪表现；“主动赔偿损失、赔礼道歉，并且取得被害人谅解”，同时符合上述条件才能认定为悔罪。又如江西省南丰县检察院制定的《未成年人涉嫌犯罪案件附条件不起诉实施办法》规定“犯罪后积极配合司法机关办案的”，可认定为具有悔罪表现。

2. 制约、救济机制滞后

根据《刑事诉讼法》的规定，人民检察院在作出附条件不起诉决定前，应当听取公安机关和被害人的意见。但公安机关、被害人的意见并不能左右附条件不起诉的作出。附条件不起诉作出后，被害人如果不服的，可以向上一级人民检察院就该项决定申诉并请求提起公诉；公安机关认为不应当适用附条件不起诉的，可以要求作出不起诉决定的人民检察院申请复议，如果检察院维持原不起诉决定，公安机关认为不当的，还可以向上一级人民检察院提请复核。从时间上可以看出，该救济机制属于事后救济，《刑事诉讼法》本身未重视在检察机关作出附条件不起诉决定前的公安机关和被害人的异议的权利。

3. 考察帮教机制不健全

附条件不起诉决定作出后，即进入帮教与考察的阶段，这是该制度适用的重中之重。检察机关需要通过考察评估被不起诉对象，根据未成年犯罪嫌疑人在既定考验期内的现实表现，来确定是否最终对其正式不起诉。我国刑诉法及相关司法解释明确规定，由人民检察院负责对附条件不起诉未成年人进行监督考察，监护人仅负有协助检察院对未成年人加强管教的义务，此外，检察院在需要时也可会同学校、居委会等帮教机构或组织，对未成年人进行跟踪帮教和定期考察。

第一，无专门帮教机构。目前检察机关内部并未设立专门的考察帮教部门，随着近些年少年犯罪数量的增加，倍增的案件数量已经对原有的公诉资源造成了强烈的冲击，现在又在繁重的公诉任务之外，增加了一项考察帮教的义务。在这种情况下，检察机关很难实际对未成年人进行细致的考察帮教，无法充分地对未成年人进行关注，考察工作的目的难以真正实现。若不能充分对未成人进行监督，则附条件不起诉后果则难以保证。

第二，没有统一的帮教规范。目前，新《刑事诉讼法》和《高检规则》等，仅单纯对考察帮教工作的基本框架有所规定，且过于简略，所涉内容并未包括具体的考察帮教方式，亦未将帮教的形式、内容、考核频率等关键部分予以明确化，缺乏具有普适性、统一性的考察帮教规范加以指导，可能导致考察帮教随意进行，无法充分保障考察帮教任务规范及时、有效开展，更达不到应有的帮教效果。

第三，考察帮教机制手段单一，从《刑事诉讼法》第 283 条可知，考察帮教期间需要遵守的规定均比较笼统，具有单一性，且太原则化，可操作性并不强。以要求的报告活动情况为例，检察机关一般要求被考察人以书面形式汇报近期的学习进展、工作状况、思想动态等现状，尤其注重考察思想动态，以确定帮教效果，虽然这样非常方便快捷，且极具效率，但弊端一是为获好评容易造假，二是仅凭书面汇报的形式并不能全面考察出被帮教对象的真实状况。每一个犯了错的未成年人都有不同的生活经历、家庭背景及犯罪动因，因此，简单地进行模式化考察，千篇一律地用同样的帮教手段并没有做到因人施教，帮教效果亦无法凸显。

4. 监督机制不完善

附条件不起诉制度的设立，很大程度上扩大了检察机关所享有的自由裁量权，使其职权的内涵得到了进一步的延伸。理论和实践均表明，任何一种权力的扩张都可能导致滥用的风险，司法权的扩张同样如此，可能造成司法腐败，最终对国家的法制建设产生不利后果。从这个意义上说，对检察机关权力的监督制约也很重要。我国现行刑事诉讼法所规定的附条件不起诉制度，决策、监督、考察主体均是检察机关，既没有检察机关以外的其他单位有权对此进行监督，也没有在检察机关内部设立专门部门来监督管理。检察官自行决定是否作出附条件不起诉决定，作出何种条件的附条件不起诉决定。这种情况可能存在两种风险，一是检察官根据自己的主观感受、工作经验来对某一案件作出判断，在附条件不起诉制度中“悔罪表现”在法律规定中没有统一的衡量标准，检察官对未成人进行判断时难免有失偏颇，甚至是主观臆断，使得案件结果有失公平；二是存在极大的司法腐败风险，检察官滥用其自由裁量权，或懒散怠工，为了避免加重工作量不对达到标准的案件作出附条件不起诉决定，这样会影响法律的稳定性，不利于维护法律的公平正义。

5. 立法本身的缺陷

附条件不起诉是一种暂缓起诉制度，到底是否起诉还要取决于被不起诉人在考察期间的表现。但是，按照《刑事诉讼法》第180条①的规定：被害人对于附条件不起诉的，可以申诉，也可以向法院提起诉讼。即被害人针对附条件不起诉，向法院提起了自诉，符合条件的，法院应当受理开庭。但被起诉人未经受住考验，又被检察院提起公诉，前后两者冲突的情况下，程序上应该怎么办呢？由此可见，法律对此问题的规定是有缺陷的。

---

① 《刑事诉讼法》第180条规定，对于有被害人的案件，决定不起诉的，人民检察院应当将不起诉决定书送达被害人。被害人如果不服，可以自收到决定书后七日以内向上一级人民检察院申诉，请求提起公诉。人民检察院应当将复查决定告知被害人。对人民检察院维持不起诉决定的，被害人可以向人民法院起诉。被害人也可以不经申诉，直接向人民法院起诉。人民法院受理案件后，人民检察院应当将有关案件材料移送人民法院。

（四）域外附条件不起诉制度的借鉴

立法改变起源于实践的需要，如果原本的法律无法适应高速发展的社会需要时，一项新的制度就会应运而生，附条件不起诉制度就是在社会对未成年人犯罪强烈的呼声中产生的。与其他法律制度一样，附条件不起诉制度在其他国家也有不同的表现形式，尤其是日本、美国和德国的附条件不起诉制度，实施相对较早，在我国开始试点、摸索、逐渐发展的时候，它们的类似制度早就制定出来，并且日趋成熟和完善，研究它们的不同做法，对我国附条件不起诉制度的完善和发展具有很好的借鉴意义。

1. 德国制度辨析

德国是附条件不起诉制度起源的地方，1923 年就已经出现雏形，此时规定仅适用于未成年人，1924 年立法者就制定出了正式的法律条文。随着德国刑事案件犯罪数量猛增，德国不再限制适用对象，任何人都可以适用，仅从犯罪轻微或者严重的程度设置标准。同时德国对被指控人规定的义务，侧重于对社会关系和公共利益进行弥补和修复，承担义务的轻重、时限与自身犯罪行为侵害的社会利益紧密相关，最终目的是让犯罪嫌疑人认识到自己的犯罪行为侵害了被害人的利益，更重要的是侵害了无辜的社会利益和公共利益。德国刑诉法规定适用该制度需征得被告人同意，这与我国规定是一致的，但还规定必须征得审理法院的同意，这是与我国规定最大的不同之处，这种规定对德国检察机关的自由裁量权产生了一定的限制。

2. 日本制度辨析

日本在立法方面，深受德国的影响，也是在 1923 年将该制度第一次写进法律，1948 年制定现行刑诉法的时候，对该制度又作出了详细、具体的规定。近年来，日本又创立了更生保护制度，设置保护观察官专门负责相关的考察事项，还有观察所为嫌疑人提供吃住、学习、就业等方面的培训和教育，有专门的负责人，有固定的场所实施，这样减轻了检察机关的压力，同时为检察机关提供的考察表现材料也更具专业性、规范性和合理性，据不完全统计，日本所有的不起诉案件中，起诉犹豫的案件比例就占到了 90%，制度设置完备、设施齐全功不可没，我国应当吸取借鉴。

3. 美国制度辨析

在美国，只有一部分州对该制度作了法律规定，最初有的美国检察官认为未成年人容易受到外在环境的影响，把未成年人关进监狱，他们在“大染缸”的影响下，增加了出狱后模仿犯罪而再犯的风险，就建议把轻微犯罪且家庭环境较好的未成年犯罪嫌疑人暂时作出不起诉处理。现在适用范围已经扩大到一部分成年人，比如吸食毒品的、营利法人等。相比其他国家而言，美国检察官享有的自由裁量权较大，无需征得法院的同意，被害人也没有相关的救济途径，虽然这对提高诉讼效率有益处，但被害人的诉求无法充分体现，对处理结果的公正性有一定影响，我国在被害人救济方面应该吸取美国的教训。

4. 域外制度的经验启示

我国的附条件不起诉制度起步较晚，相比其他国家的类似制度，还有不少的差距和不足之处，需要借鉴、修改和完善的地方还有很多。从适用对象看，国外的规定更为宽泛，并且适用对象是随着国家、社会、经济的变化而不断改变的，以适应基本国情、制裁犯罪、维护公平正义的需要。德国该制度的适用对象用50年的时间从未成年犯罪嫌疑人扩展到所有的人群，日本从一开始就没有限制适用对象，仅从案件的性质、恶劣程度以及社会反响等方面考虑，美国的适用对象虽有特殊的限制，但美国检察官有更大的自由裁量权，如果法律允许，采取附条件不起诉更有益，也会适用该制度。我国明确限制该制度仅适用于未成年人，最初目的是为了让制度稳妥运行，经过几年时间的司法实践，可以参考扩大适用对象，对于挽救更多的人以及提高诉讼效率将有很大的意义。

从适用罪名上看，德国、日本和美国并没有规定附条件不起诉制度适用的具体罪名，仅仅是规定了轻罪、轻微罪、中等犯罪或者排除了严重危害国家和社会公共利益的犯罪，这就给了检察官更大的自由裁量权，使得很多的犯罪嫌疑人可以适用附条件不起诉制度。而反观我国，将附条件不起诉制度限制在刑法第四、五、六章规定的罪名，这样规定的初衷是为了排除严重危害国家和社会公共利益的犯罪，却也完全排除了其他章节的所有罪名。总之，相比其他国家类似制度，我国设置的标准和条件是相当严格的，这样的规定对于一种新生制度而言，是合情合理的，在带来新机遇的同时也带来了诸多挑战，但随着司法实践的操作运行，一些弊端逐渐呈现，这些弊端在很大程度上阻碍着附条件不起诉制度的广泛运用，并且对于司法进步也带来了很大的阻力，现在社会变革急速，与之相应的立法要求也越来越高，已经到了急需修改、完善的时候。

（四）附条件不起诉的完善路径

1. 适当拓宽附条件不起诉的适用范围

首先，附条件不起诉制度应当扩大适用对象。当下我国附条件不起诉制度的适用对象仅为未成年犯罪嫌疑人，综合国外的附条件不起诉制度可知，这一制度在我国的适用对象范围较小。笔者认为，应当扩大为三类对象：第一，未成年人；第二，年满75岁以上老人；第三，盲人、聋哑人。这三类人群在从保护弱势群体的角度看，更有利于社会的发展，将附条件不起诉制度的适用范围扩大，可以促进司法资源的合理配置。

其次，扩大附条件不起诉制度适用罪名。我国现有对附条件不起诉适用罪名的规定是十分明确的，但仅对刑法分则第四、五、六章罪名适用，实属看似覆盖面尚可而实则适用范围狭窄之规定。笔者认为，适用附条件不起诉的主要依据应当是犯罪性质，而非具体罪名，即无论是触犯刑法分则中的何种罪名，只要符合犯罪情节轻微，主观恶性不大的情况，都有适用附条件不起诉制度的可能性，将适用范围仅仅局限于法律规定的三类罪名，不恰当地限制了该制度的适用。因此，法律条文应当取消适用附条件不起诉的罪名限制，打破现有立法的保守性，适当扩大附条件不起诉的适用范围。

最后，扩大附条件不起诉制度适用的刑罚幅度。未成年人犯罪通常都是可以可以矫正的，因此将刑罚幅度限于一年以下，不利于此制度的充分展开，因此应当考虑将刑罚条件适当放宽，将适用条件适当扩展为“三年有期徒刑以下刑罚的”，这更加符合现行刑法法定刑配置的现状。2017 年最高人民检察院制定的《未成年人刑事检察工作指引》第 181 条规定：“具有下列情形之一的，一般认为具有悔罪表现：（1）犯罪嫌疑人认罪认罚的；（2）向被害人赔礼道歉、积极退赃、尽力减少或者赔偿损失的；（3）取得被害人谅解的；（4）具有自首或者立功表现的；（5）犯罪中止的；（6）其他具有悔罪表现的情形。”该指引将认罪认罚、犯罪中止的情形认定为“悔罪表现”值得肯定，有利于指导司法实践操作。对此，最高人民检察院可以通过发布指导案例的方式，进一步促进附条件不起诉制度适用标准的规范化。

2. 完善被害人的权利救济

从被害人的角度来看，作为案件的一方当事人，其在附条件不起诉的异议纠纷中应当占据主导角色，被害人的意见和立场影响最终的起诉决定。当检察机关根据未成年犯罪人一方的悔过表现而作出附条件不起诉决定时，对被害人的权益产生了直接影响，因此，被害人应当有权决定是否适用附条件不起诉。然而根据我国刑诉法及相关司法解释的规定，检察机关在作出附条件不起诉的决定前，仅需听取公安机关、被害人的意见，最终是否提起公诉仍然由检察机关决定。如果当事人明确表示不同意对未成年犯罪人适用附条件不起诉，检察机关仍然可以不采纳其反对意见而强行适用，被害人就只能进入申诉或起诉的程序寻求救济，公安机关也只能选择提起复议或复核，这样既提高了诉讼成本，又浪费了司法资源。针对该问题，笔者建议完善相关立法，要求检察机关作出附条件不起诉决定以获取被害人的谅解为前提，如此才能实现修复社会关系的目标。然而司法实践中，“有罪必罚”观念已经根深蒂固，被害人作为受害方，不可能轻易就对加害方的行为表示谅解。为此，检察机关应该更加积极主动和耐心地与被害人进行沟通，阐明附条件不起诉制度所蕴含的司法理念，并且根据自己掌握的情况向被害人全面地展示未成年犯罪人的悔改表现，尽可能争取被害人的谅解，使其同意适用附条件不起诉，从而消除异议纠纷，达到预期的办案效果。

3. 完善考察帮教机制

首先，设立专门的帮教机构。这就需要一个专门的机构对未成年人进行考察，进而协调各个方面的工作来整合各部门的资源和力量，协调各部门之间的关系，对帮教考察工作进行整体规划，同时还要负责帮教考察的各项日常工作。帮教机构从中沟通和协调各方面意见，不断丰富帮教机制体系，帮教机构在设立时不仅要考虑嫌疑人的年龄、性格，还必须考虑嫌疑人的悔罪表现等，未成年犯罪人所犯罪行与其履行的义务是相适应的，使他们发自内心的真诚悔过，以获得被害人的宽容谅解，更好地回报社会。

其次，合理地设立考察期限。帮教机构对未成年人进行考察的过程中，设定合理的考察期用来观察嫌疑人的表现，观察其在帮教机构的监督下是否有悔罪表现，是否已经没有人身危险性，是否可以回归社会，[①] 进而对被不起诉人适用附条件不起诉。检察机关设立的考察期限不宜太短，这样将难以起到对未成年犯罪人进行惩戒教育的作用；期限也不宜太长，否则容易造成司法资源的浪费。笔者认为我国可以参考域外附条件不起诉制度中有关考察期限的规定，同时结合我国实际情况和相关规定，如取保候审不能超过十二个月等。出于提高诉讼效率和便于操作的考虑，将考察期限设为六个月以上一年以下更加适合。

最后，设立多样化帮教。统一的帮教方式并不能适用于每一个未成年犯罪嫌疑人，人都是独一无二的，每个陷入犯罪之泽的未成年嫌疑人都拥有不同的社会经历和生活环境，其犯罪的动机和原因也各不相同，需要予以矫正的方向和程度当然也不同。因此，帮教机构应综合考虑，“因人施教”，区别对待，这便需要帮教手段具有多样性，应根据具体案件、被帮教者的实际情况，制定出一个有针对性的方案，以实现帮教的灵活性和有效性。

4. 完善对附条件不起诉的监督制约机制

附条件不起诉制度赋予了检察机关以自由裁量权，自由裁量权的行使是一把双刃剑，一方面有利于提高司法效率，另一方面存在着权力滥用、司法腐败的隐患。因此，附条件不起诉制度的运行需要完善的监督制约机制和严格的内部监督。办案人员在对刑事案件审查结束后，拟作出附条件不起诉的决定时，应当将该案件的相关证据材料层报部门会议、检察委员会集体讨论研究，经检察委员会或检察长决定，才可以作出附条件不起诉的决定，以保证这一决定的严肃性和公正性。在经过检察委员会或检察长决定之后，应将拟作出附条件不起诉决定案件的相关证据材料、结论依据等报送上一级检察机关备案、审核，

---

① 程晓璐：《适用附条件不起诉需要明确和细化的五个问题》，载《预防青少年犯罪研究》2012 年第 6 期，第 12 页。

接受上级部门的监督和指正。[①] 上一级检察机关在审核案件时，如发现其中存在问题，应当要求拟作出决定的检察机关作出解释说明。在认定案件不应当适用附条件不起诉时，应当通知拟作出决定的检察机关及时纠正。在通过上一级检察机关审核之后，方能正式作出并宣布附条件不起诉的决定。

检察机关作为审查附条件不起诉的主体，具有唯一性，那么外部制约机制的设立则必不可少。首先，公安机关是刑事侦查机关，仅像法律规定的那般发表意见给检察机关听听未免不足，应赋予其一定的监督权。其次，案件的加害人与受害人均属于客观事件的当事人，因而应给予他们对附条件不起诉决定实行监督制约的权利。

四、特殊情形的不起诉

（一）特殊情形不起诉的法律规定

《刑事诉讼法》第 182 条规定："犯罪嫌疑人自愿如实供述涉嫌犯罪的事实，有重大立功或者案件涉及国家重大利益的，经最高人民检察院核准，公安机关可以撤销案件，人民检察院可以作出不起诉决定，也可以对涉嫌数罪中的一项或者多项不起诉。根据前款规定不起诉或者撤销案件的，人民检察院、公安机关应当及时对查封、扣押、冻结的财物及其孳息作出处理"。

（二）特殊情形不起诉的适用条件

1. 犯罪嫌疑人自愿如实供述涉嫌犯罪的事实

此为基础和前提条件。但是在理论上应当对"犯罪嫌疑人自愿如实供述"的概念进行严格限制适用，而不能作过于宽泛的解释。笔者认为，犯罪嫌疑人自愿如实供述自己的罪行是其自愿认罪的一种外在行为表现，即犯罪嫌疑人愿意"主动积极""心甘情愿"而非"受强迫"或"被动消极"地供述自己已经实施的犯罪行为及犯罪过程。对此，应该严格适用《中共中央关于全面推进依法治国若干重大问题的决定》第 1 条的规定。这就要求：第一，犯罪嫌疑人对检察机关指控的犯罪事实没有异议。这里的"犯罪事实"并不等同于犯罪的全部事实，只要是对犯罪的主要事实没有异议即可。另外，这里仅仅要求犯罪嫌疑人对指控的犯罪事实没有异议，没有对罪名上作出要求，也即犯罪嫌疑人对犯罪事实无异议而对罪名有争议的，司法部门仍然可以进行认定，不能因为犯罪嫌疑人对刑法罪名的理解不同而不予认定。第二，犯罪嫌疑人同意检察机关的量刑建议。适用认罪认罚从宽程序的，检察机关在审查起诉阶段会

---

① 赵力、赵红星：《未成年人附条件不起诉监督考察机制探索》，载《人民检察》2015 年第 17 期，第 8 页。

结合犯罪嫌疑人的犯罪情节、认罪态度、退赔情况等提出一定的从轻、减轻量刑幅度，并根据《刑法》等相关法律的规定裁量提出针对犯罪嫌疑人的量刑建议，如果犯罪嫌疑人对此表示同意或者仅因对刑法规范的不理解提出了异议但经过司法人员的合理解释最终又表示同意的，仍然可以对其进行认定。第三，犯罪嫌疑人最后要自愿签署具结书。明确犯罪嫌疑人对前两项要求进行书面确认，从而有利于司法机关做好“痕迹管理”，最终启动认罪从宽程序。①

2. 有重大立功或者案件涉及国家重大利益

犯罪嫌疑人必须有重大立功情形或者案件本身涉及国家重大利益。虽然《关于在部分地区开展刑事案件认罪从宽制度试点工作的办法》没有规定犯罪嫌疑人立功的具体情形以及涉及国家重大利益的边界和范畴，但笔者认为，对此范围也不能进行过于宽泛的理解，否则可能会滋生侦查机关滥用权力对权贵阶层“法外开恩”、随意作出不起诉决定的土壤，甚至会产生某些刑罚难以得到实施的严重后果，不利于社会的稳定和法治国家的建设。我国《刑法》第68条规定对于有重大立功表现的，可以减轻或者免除处罚，这是对具有重大立功表现的实体法上的从轻处理。第78条用列举式和概括式的方式又对该情形进行了具体规定，两高司法解释也对“重大立功”的情形在一定程度上进行了释明，但是很多概念用语较为模糊，司法实务部门仍然较难把握。我们说认罪认罚从宽制度已经对犯罪嫌疑人在实体和程序上进行了不同程度的从宽处理，但是在具体适用过程中仍要从严把握，这里所说的“涉及国家重大利益”，主要是指涉及国家主权、安全、外交、国防等方面的重大利益。② 认罪认罚协商使得犯罪嫌疑人、被告人有机会参与到刑事诉讼定罪量刑程序中来，改变了原有被动接受起诉和审判的角色定位，从而有利于实现刑事诉讼程序的客观公正，但是实践中如何认定“重大利益”还需要批准机关从严掌握，《关于在部分地区开展刑事案件认罪从宽制度试点工作的办法》的目的和初衷也是要求针对这类案件必须严格控制，否则将不利于刑罚的顺利实施，难以有效保障国家和社会秩序的稳定。因此，笔者认为，针对“重大立功”的情形，尚有《刑法》或其他法律法规予以解释和补充，但是对于“涉及国家重大利益”的界定，应该通过立法或有关司法解释予以明确，从而为司法实践提供可操作性的指引。

---

① 顾永忠：《关于完善认罪认罚从宽制度的几个理论问题》，载《当代法学》2016年第6期，第64页。

② 孙谦：《刑事案件认罪认罚从宽制度试点工作这九大问题要注意》，载《刑事司法指南》2016年第4期，第55-57页。

3. 经最高人民检察院核准

由最高人民检察院对犯罪嫌疑人是否符合《办法》规定的特殊情形不起诉条件进行审核是《办法》针对此类案件从严掌握的基本要求。但是，这里存在的问题是《办法》并没有对公安机关层报公安部以及公安部提请最高人民检察院批准的时间进行明确规定，笔者认为如果不在规范层面进行严格规定和限制，势必导致实践中各地层报和提请批准的时间不一，最后产生程序拖延的后果，引发实务中的乱象。

（三）特殊情形不起诉存在问题及完善

1. 被不起诉人的权利救济

从条文上来看《办法》并没有像酌定不起诉一样，规定检察机关针对上述案件作出不起诉决定之后，对于公安机关、被害人或者被不起诉人是否有类似于一般案件的救济程序，即赋予公安机关对不起诉案件的复议、复核权；被害人的申诉权和起诉权以及被不起诉人的申诉权。根据《刑事诉讼法》第144~146条规定，其分别对公安机关、被害人以及被不起诉人对于检察机关不起诉案件的救济程序，为相关权利主体提供了一个畅通的权利救济渠道。但是，特殊情形下不起诉并未明确规定被不起诉人的不起诉救济权，在案件正式进入审判阶段之前，应该赋予被不起诉人后悔权，也就是审查起诉阶段被不起诉人享有无条件的后悔权，可以撤回。撤回后，可以根据普通程序对被不起诉人正常审理。如果犯罪嫌疑人是在公权力机关对其进行刑讯逼供或者以其他非法方法强迫其违背真实意愿的情况下认罪，撤回后可以行使自己的不起诉救济权。

2. 细化不起诉之“特殊情形”的适用范围

我国在确定认罪认罚从宽制度下不起诉之“特殊情形”的适用范围上，可以参照世界范围内一些先进国家的立法经验，充分考虑公共利益内涵和外延的具体界定，在现有规定的基础上，对特殊情形的外延进行适当概括式列举，从而使检察机关在适用该条款时有法可依，减少检控人员自由裁量的因素，更加充分地保障犯罪嫌疑人的基本人权。国内一些学者认为“国家和民众的公共利益”主要指以下几个方面：（1）出于国家安全、国防、外交和其他国家政治需要的考虑；（2）出于社会效果和民意趋向的考虑；（3）出于预防犯罪和维护社会治安效果的考虑；（4）符合被害人的意愿和要求。因此，建议未来立法在完善“特殊情形”不起诉的适用时，可以考虑如上四个方面的因素，从而为司法实践中检控机关在认定不起诉的特殊情形时，提供较为明确的指导。

3. 明确报批及批准的时间和程序

由最高人民检察院检委会作出起诉与否的决定，《办法》规定特殊情形不起诉的案件要报最高人民检察院批准，但未对具体操作程序予以明确规定。笔者建议，是否属于“特殊情形”应该由最高人民检察院的检委会集体讨论，检委会在充分听取相关负责人的汇报意见之后作出最终决定，同时将副本备案备查。但是，法律并没有对检控机关报批的时间以及最高人民检察院批准的时间进行明确的规定，如果不在规范层面进行严格规定和限制，势必导致实践中各地提请批准的时间不一，造成诉讼效率上的阻碍，甚至产生适得其反的后果。对此，笔者认为有必要对检察机关提请批准的时间、最高人民检察院批准的时间以及报批行使的方式进行明确的规定，并建立统一的规范模式，有力约束公权力机关严格遵循法定程序。针对提请批准的行使方式可以借鉴全国司法系统普遍适用的网上报请批捕程序，实施不起诉案件的网上层报方式，进而从报批时间和实施方式两个角度助力审前效率的提高。

4. 完善不起诉的监督制约机制

特殊情形不起诉主要是针对涉及立功、重大公共利益等特殊类案件，因此在加强检察机关内部监督制约之外，还有必要设置一定的外部监督制约机制，从而更大程度地实现监督和控权，促进不起诉权的准确行使。首先，实行检委会决定制。案件报批到最高人民检察院后，由检委会对案件的不起诉与否整体把关。其次，赋予被追诉人积极的救济权利。被追诉人反悔后，允许其行使自己的救济权利。最后，实行公开审查制度，允许该情形下的案件利益相关人进入到审查起诉阶段中来，参加本案的不起诉决定程序，以此加大不起诉的制约，防止不起诉权的滥用，从而有利于提高办案质量，促进检察机关的廉政建设。

第四章　检察机关的监督权

检察机关是我国《宪法》中明确规定的专门的法律监督机关。检察机关的法律监督是全方位的，包括对行政执法机关、审判机关和监察机关适用法律的监督。对于行政执法机关、侦查机关、审判机关和监察机关违法适用法律的，检察机关可根据上述机关违法的情况和严重程度，采取纠正意见、检察建议、公益诉讼①和抗诉等方式实施监督。检察机关行使监督权可以最大可能地防止腐败现象的滋生，督促相关机关、人员能够按照法律的规定行使权力，最大限度地实现公平正义，保障法律的统一实施。

第一节　对侦查机关刑事立案、侦查的监督权

何谓侦查监督？理论界存在广义和狭义两种观点。广义的侦查监督是指国家权力机关、行政机关、各团体和人民群众以及公安机关、检察院、法院等多主体对侦查权运行状况的监督。狭义的侦查监督是指司法监督，指检察院对侦查机关的监督。② 此处所谈的是狭义的侦查监督，即检察机关对于侦查机关立案活动、侦查活动的监督。

检察院承担侦查监督的职能是由法律明确授权的，虽然众多法律条文对侦查监督的范围和内容以及侦查监督工作所遵循的程序作了具体规定，但是理论界和实务界对于侦查监督的内容和范围等问题仍认识不一致，如此便出现了不同的侦查监督内容与范围的表述。学界目前对于侦查监督内容与范围的争议主要有以下三种观点：

第一种观点认为，侦查监督仅指检察机关对侦查活动的监督，审查批捕和审查起诉不是侦查监督的内容。③ 侦查监督的本质就是监督侦查活动的合法性，审查批捕和审查起诉是检察机关的职能，不是对侦查活动进行监督。这种观点在《人民检察院刑事诉讼规则（试行）》中也有所体现。该规则用了一

---

① 公益诉讼将在第五章专章进行论述。

② 巩富文著：《中国侦查监督制度研究》，法律出版社 2015 年版，第 19 页。

③ 周国均著：《侦查程序论》，中国政法大学出版社 1994 年版，第 56 页。

整章的篇幅规定了立案监督、侦查活动监督等9种法律监督形式。持此观点的学者认为，侦查监督应当只针对公安机关所开展的侦查活动，不包含审查批捕和审查起诉，审查批捕和审查起诉是对案件适用法律的监督，所以审查批捕和立案监督不属于侦查活动监督的范畴。

第二种观点认为，侦查监督是对公安机关所有的侦查工作进行监督，包含对审查批捕、审查起诉和侦查活动监督。① 此观点从《人民检察院组织法》第5条有关人民检察院职权的规定得出，侦查监督工作主要包含审查批捕、审查起诉、侦查活动监督三项任务。此观点认为立案是一个独立的诉讼阶段，立案监督不属于侦查监督的范畴。因为在立案的时间节点上，侦查活动还没有展开。

第三种观点认为，侦查监督的内容不仅包含审查批捕、审查起诉、侦查活动监督，还应当包含立案监督。立案作为刑事诉讼的独立阶段，标志着侦查程序的开始，立案监督的本质就是对侦查机关立案权准确适用的管控，所以，立案监督应当是侦查监督的内容之一。审查逮捕是检察机关开展侦查监督工作最直接的途径，与立案监督、侦查活动监督既互相联系又互相促进，共同构成中国特色“一体两翼”式的侦查监督模式。

综合以上观点，笔者认为，第一种观点将“侦查监督”和“侦查活动监督”两个概念等同。检察机关对侦查活动进行监督是侦查监督的一个方面，侦查监督是侦查活动监督的上位概念，而侦查活动监督则是侦查监督的下位概念，二者的关系属于从属关系，不能直接将二者等同。第二种观点将刑事诉讼的立案阶段与侦查阶段绝对化的分立，人为地将二者的关系割裂。立案意味着刑事诉讼程序正式启动，侦查机关一经立案，便取得了案件的侦查权。司法实践中，侦查机关为了达到破案率的要求，会出现先侦查后立案的情况。相对于检察机关而言，侦查工作一般是秘密展开的，如果侦查监督不包含立案监督，侦查机关为了规避监督，便会先展开侦查工作，待侦查终结之后再进行立案，如此，便严重地违反了刑事诉讼的程序。第三种观点较为全面地涵盖了侦查监督的全部内容，也与最高人民检察院《加强侦查监督、维护司法公正》报告中对侦查监督的界定相吻合。该报告指出，侦查监督职能由审查批捕、立案监督、侦查活动监督三项职能组成。审查批捕和审查起诉是对案件的事实认定和法律适用进行监督，是对案件的实体性内容进行监督；侦查活动监督是对侦查行为的合法性进行监督，是对案件侦查程序进程的监督。

一、对侦查机关刑事立案的监督

刑事立案监督主要是对侦查机关立案活动的合法性进行监督，立案作为刑

---

① 甄贞主编：《刑事诉讼法学研究综述》，法律出版社2002年版，第258页。

事诉讼的首要环节，更需要在源头处加强监督。立案是案件进入刑事诉讼程序的起点，要更加重视对立案行为的监督问题。

（一）刑事立案监督的内容

实践中，检察机关对公安机关刑事立案的监督可以概括为以下四种情形：

第一，对应立案而不立案行为的监督。主要是指对于有证据证明有犯罪事实，依法应当追究刑事责任的案件，侦查机关本应该立案管辖，但却不予立案的情况。例如，报案人到公安机关报案称其家人被别人非法拘禁，已失去人身自由，要求公安机关立案侦查，但公安机关以本案存在经济纠纷、不属于刑事案件为由，不予立案管辖。检察机关发现该线索后，应当书面要求侦查机关说明不立案的理由，经审查不立案的理由不成立的，应当向侦查机关发出通知立案书，要求其立案侦查。并应当追踪监督其立案情况及侦查情况。

第二，对以行政处罚代替刑事处罚案件的监督。行为人的行为已构成某种犯罪的全部构成要件，应立案追究其刑事责任，但侦查机关却认为其行为只是违反了行政法规。例如，司法实践中，寻衅滋事罪与故意伤害罪容易产生认识上的分歧。行为人的行为虽然致使两被害人造成轻微伤，因未达到轻伤害的标准，不构成故意伤害罪，但已成立寻衅滋事罪。但侦查机关以其不成立故意伤害罪为由，依据《治安管理处罚法》的规定对其进行行政处罚。检察机关发现该线索的，应当向侦查机关发出检察建议书，要求侦查机关将该案件立为刑事案件，开展侦查工作。

第三，对遗漏同案犯或遗漏其他重要罪行的监督。这主要是针对共同犯罪和一人所犯数罪的情况。例如，检察机关对于侦查机关移送审查起诉的案件进行审查时，发现该案系共同犯罪案件，侦查机关只移送审查起诉其中的部分犯罪嫌疑人，对于其他应当追究刑事责任的同案犯未移送审查起诉。或者犯罪嫌疑人犯有应当同时追究刑事责任的数罪，但侦查机关依据牵连犯、想象竞合犯等刑法理论认为构成一罪，而未追究其他犯罪，但实际上是实质的数罪，均应当予以追究。检察机关应当向侦查机关发出要求追加同案犯罪嫌疑人、追加犯罪的通知书，并将同案犯、其他遗漏的犯罪一并移送审查起诉。

第四，对于不应当立案而立案管辖的监督。对于某些犯罪，不管是理论上还是实践中，对于罪与非罪的界限很难区分，造成侦查机关对于本应属于民法调整范围的案件立为刑事案件进行立案管辖。例如，刑法中的诈骗罪和金融诈骗罪与民事欺诈较难区分，对于行为人的欺诈行为到底是应认定为刑法中的诈骗行为还是民法中的民事欺诈行为不好区分时，应当慎重将其立为刑事案件。特别是最高人民检察院和公安部多次发文，严令禁止公安机关以刑事立案的手段插手经济纠纷。检察机关发现相关线索后，应当向公安机关发出检察建议书，建议公安机关撤销案件。

检察机关对立案机关的监督主要体现在以上四种情形，检察机关抓好对于侦查机关的立案监督，一方面，从源头上杜绝侦查机关刑事立案权的滥用，保证无罪的人免受错误的刑事追究；另一方面，使有罪之人受到刑事追究，保障刑事诉讼法的正确实施。

（二）刑事立案监督的现状考察

1. 立法现状

我国 1979 年的《刑事诉讼法》规定了立案制度，但没有对立案监督作出规定，立案这一程序并不受法律监督。由于缺乏监督，公安机关的立案工作不规范，暗箱操作较多，带来一些负面影响。为解决这一问题，1996 年，修订后的《刑事诉讼法》对立案监督进行了增设、修改，将公安机关立案活动置于监督之下。立案监督首次被纳入我国《刑事诉讼法》中。2012 年再次修订《刑事诉讼法》，立案监督得到进一步强化。最高人民检察院按照《刑事诉讼法》新修订的内容，出台了《人民检察院适用刑事诉讼规则（试行）》，为人民检察院对侦查机关立案活动的监督作出了更加明确、细致的规定，使立案监督可以真正落实于司法实践中，促进司法活动更加公平正义。

第一，我国立案监督的监督主体是检察机关。《宪法》中明确规定了检察机关是我国法律监督机关，这也是检察机关行使监督权的来源。《刑事诉讼法》第 87 条规定，公安机关存在应当立案而不立案的行为，检察机关可以对其进行立案监督。根据以上两部法律的规定可知，检察机关拥有刑事立案监督权，是立案监督的主体。

第二，我国立案监督的监督对象是公安机关。由《刑事诉讼法》第 87 条规定的内容可以看出，立案监督的对象是公安机关。我国公安机关的设置较为复杂，除了专门的公安机关之外，在铁路、民航、交通、森林、海关等机构中也设立有公安机关，这些均属于广义的公安机关，均具有一定的刑事立案和管辖权，也都在检察机关的监督之下。

第三，我国立案监督的监督范围包括两个方面：应当立而不立和不应当立而立案管辖。《刑事诉讼法》规定了立案监督范围是应当立案而不立案的案件以及不应当立案而立案管辖的案件，对于前者的监督是强制性的，公安机关对于检察机关要求其立案侦查时，必须作出立案决定，进行刑事侦查；而对于后者，没有前述强制性的规定。《人民检察院刑事诉讼规则（试行）》（以下简称《高检规则》）也进行了相应的规定，其第 553 条规定，当事人或者行政执法机关，向检察机关提出公安机关有不应当立案而立案的行为时，检察机关应当受理并进行审查。对于不应当立案而立案管辖的案件，如公安机关插手经济纠纷，涉案单位或者人员向检察机关提出了控告，这也属于检察机关立案监督的范围。

最高人民检察院和公安部联合制定的《刑事立案监督规定》第 1 条规定，确保依法立案是刑事立案监督的任务，对有案不立和违法立案的情况，检察机关要进行纠正。第 6 条规定，公安机关存在违法立案情形时，如动用刑事手段插手民事纠纷，检察机关经审查掌握了证据，可以在符合规定的情况下，要求公安机关说明立案理由。根据该规定的内容可看出，其将“不应立而立”的情况已列入监督范围，对公安机关也有强制作用，更利于立案监督工作的开展。

第四，我国刑事立案监督程序首先需要由相关部门启动。从目前的启动程序来看，我国刑事立案监督是一种事后监督。《高检规则》第 554 条规定，控告人、申诉人可以向人民检察院控申部门提供有关材料，控告公安机关应当立案而不立案或者不应当立案而立案的违法行为，要求检察机关进行审查，控申部门认为需要公安机关说明理由的，应当启动立案监督程序，将案件移送至专门负责立案监督工作的侦查监督部门办理。目前，我国法律规定的立案监督启动方式有两种，一种是依职权启动，另一种是依申请启动。检察院侦查监督部门或者公诉部门发现侦查部门应当立案而不立案或者不应当立案而立案的情况时，由侦查监督部门启动立案监督程序；控申部门接到当事人控告、申诉后，经审查启动，将案件移送到侦查监督部门办理。无论哪一种启动方式，都是在违法立案或违法不立案发生之后进行的事后监督。

第五，监督权能。《刑事诉讼法》规定，对于应当立案而没有立案的刑事案件，检察机关接到控告、申诉后，可以要求公安机关说明理由，并可因理由不成立直接通知公安机关立案，公安机关必须在 15 日内立案，并通知检察机关。《高检规则》和《刑事立案监督规定》进一步细化了检察机关的监督权能，规定检察机关在行使立案监督权，需要调查时，可以询问办案人员和有关当事人，审查受案、立案登记表册等相关法律文书及案卷材料。检察机关监督公安机关立案后，如果三个月还没有侦查终结，检察机关可以发出《立案监督案件催办函》，并要求公安机关及时作出反馈。对于不应当立案而立案的刑事案件，检察机关也有权力进行监督，并可提出要求公安机关撤案的检察建议。

第六，各部门协作开展立案监督工作。《刑事立案监督规定》第 3 条规定，检察机关与公安机关之间应当信息共享，建立案件信息通报制度，使两机关可以随时了解彼此的案件处理情况，如果有条件，两机关应当尽可能建立案件信息共享平台，随时更新信息。《食品药品行政执法与刑事司法衔接工作办法》第 4 条规定，食品药品监管部门在执法过程中发现涉嫌犯罪的案件，要将案件移送至公安机关，检察机关对该移送的案件依法实施立案监督。第 10 条规定，公安机关对食品药品监管部门移送的案件没有立案，但食品药品监管部门认为应当立案侦查的，可以在3日内向公安机关提请复议，公安机关应当在3日内作出复议决定并书面通知食品药品监管部门。食品药品监管部门如果仍然认为公安机关有问题，可以建议检察机关对公安机关应当立案但不立案的行为进行监督。《环境保护行政执法与刑事司法衔接工作办法》第33条规定，检察机关、公安机关应当与各级环保部门信息共享，做好两法衔接工作。目前多部门联合出台的文件，注重立案监督合作问题，希望以此推动立案监督工作的开展。

2. 司法现状

根据以上立法现状可知，我国法律规定了刑事立案监督制度，其法律体系较为完备，且法律规定不断细化、完善。在司法实践中，立案监督制度运行良好，但也存在一些问题。

一方面，刑事立案监督案件数量增长。笔者根据最高人民检察院的工作报告搜集了近6年与立案监督相关的数据。

从2013年到2019年的最高人民检察院工作报告中可以看出，2013年，对侦查机关不应当立案而立案的，督促撤案25211件，督促侦查机关立案29359件，批准逮捕各类刑事犯罪嫌疑人879817人，提起公诉1324404人，不批捕82089人，不起诉51393人。2014年，对侦查机关不应当立案而立案的，督促撤案17673件，督促侦查机关立案21236件，不批捕85206人，不起诉52218人，批捕879615人，提起公诉1391225人。2015年，对侦查机关不应当立案而立案的，督促撤案10384件，督促侦查机关立案14509件，批捕873148人，提起公诉1390933人，决定不批捕90086人，决定不起诉50787人。2016年，对侦查机关不应当立案而立案的，督促撤案10661件，督促侦查机关立案14650件，不批准逮捕132081人，不起诉26670人，批准逮捕828618人，提起公诉1402463人。2017年，对侦查机关不应当立案而立案的，督促撤案7.7万件，督促侦查机关立案9.8万件，追加逮捕12.4万人，追加起诉14.8万人，不批捕62.5万人，不起诉12.1万人。2018年，对侦查机关有案不立的督促侦查机关立案22215件，对不当立案的督促撤案18385件，批准逮捕1056616人，提起公诉1692846人。①

根据近六年的立案监督数据分析，2013—2015年，检察机关督促侦查机关撤案和立案数量逐年下降，在2016年有小幅上升，但在2017年两项数据都猛增。说明我国检察机关在2017年非常重视立案监督工作，监督撤案数量比往年也多很多，证明我国检察机关同时也比较重视对不应当立案而立案行为的监督。我国各级检察院共计3000多个，2017年以前，平均每个检察院每年办

① 2013年到2019年最高人民检察院工作报告。

理立案监督案件不到 10 件；2017 年，全国立案监督总数较大，平均每个检察院办理 50 多件。可以看出，检察机关对于侦查机关的立案监督，在逐年加强。

另一方面，立案监督取得了一定的成效。

第一，监督对象增加。2013 年，全国检察机关建议自侦部门立案 1135 件，自侦部门立案 1081 件，建议被采纳的比率是 95.2%；建议自侦部门撤销案件 421 件，自侦部门撤销案件 154 件，建议被采纳的比率是 36.6%。①

第二，监督范围扩大。从近六年的立案监督数据来看，检察机关不仅监督侦查机关“应当立案而不立案”的行为，也监督其“不应当立案而立案”的行为，督促其撤案，且督促撤案的案件数量与督促立案的案件数量相差不是很大。例如，2013 年 8 月 19 日，贡井区检察院侦监科得到线索，公安机关移送审查起诉的一件盗窃案，由于未达到法定金额，被本院公诉部门退回。侦监科通过审查发现：2013 年 4 月 20 日 8 时许，受害人郑某华到农行的 ATM 取款，由于接到朋友的电话，便一边打电话一边取款，结果取款后直接离开银行，将银行卡遗留在 ATM 中。行为人何某准备用这台 ATM 取钱时，发现了受害人郑某华未拿走的银行卡，便盗取了卡内的 1200 元现金。侦监科审查后认为，行为人何某利用他人遗忘在 ATM 内的银行卡取钱，不是盗窃行为而是信用卡诈骗行为，法律规定的信用卡诈骗罪的立案追诉标准是 5000 元，而何某仅取走 1200 元，因此不构成刑事犯罪。贡井区检察机关立即向公安分局发出《要求说明立案理由通知书》。公安分局接到通知之后第二天即主动撤销了该案。②根据上述数据和案例可知，在司法活动中，检察机关扩大了立案监督的范围，不仅监督立案主体立案的合法性，也监督立案主体撤案的合法性。

第三，检察机关主动行使监督权。例如，2017 年 3 月初，普安县新店镇境内有人在政府实施防护林内开垦林地，贵州省普安县检察院得知该情况后提前介入，与森林警察大队共同调查案件，发现新店镇细余村个别村民对政府实施防护林内的集体林地进行毁林开荒，严重毁坏防护林地。其中彭某、张某、侯某开垦面积较大，可能达到刑事案件立案标准，普安县检察院遂建议森林警察大队取证立案调查。经鉴定：彭某毁林开荒非法占用林地 29.2 亩；侯某 14.4 亩；张某 14.25 亩；共造成直接经济损失 20000 余元，彭某、张某、侯某非法占用林地面积均已达到非法占用农用地案的刑事立案标准。2017 年 3 月 23 日、4 月 1 日，普安县公安局以涉嫌非法占用农用地罪，分别对彭某、

① 元明、李薇薇：《刑事立案监督实务问题调查分析》，载《人民检察》2014 年第 12 期，第 49-52 页。

② 自贡市贡井区检察院经典案例：http：//www.gjjc.gov.cn/art/index.asp？id=173。

张某、侯某三人立案侦查。[①] 由案例可知，检察机关在获得线索之后提早介入案件，主动发挥立案监督职能，有利于实现打击犯罪的目的。

综上所述我们可以看到，无论是在立法层面还是在司法层面，我国的刑事立案监督都较之前有了长足进步，但是我们在看到进步的同时也要看到刑事立案侦查制度存在的不足。

（三）刑事立案监督存在的问题

1. 监督对象不全面

我国《刑事诉讼法》明确规定，公安机关是检察机关进行立案监督的对象。但拥有刑事立案权的主体远不止公安机关，还包括法院、国家安全部门等。《宪法》修订和《监察法》出台后，监察委也拥有刑事立案权。而目前我国刑事立案监督的对象却只有公安机关，因此，监督对象不全面是我国立案监督制度存在的一个很大问题。

（1）监察委不在监督范围内。

按照《刑事诉讼法》的规定，检察机关有权监督侦查机关、侦查部门的立案活动。根据最高人民检察院出台的《高检规则》第563条的规定可知，立案监督的对象包括检察院办理反贪反渎案件的自侦部门。2018年我国进行了司法体制改革和监察制度改革，2018年3月全国人大修订的《宪法》第127条规定："监察机关办理职务违法和职务犯罪案件，应当与审判机关、检察机关、执法部门互相配合，相互制约。"宪法修正案将监察机关列入国家机构，代替检察机关自侦部门行使职务犯罪调查职能，仅留给检察机关部分诉讼监督侦查职能。因此，除了原有的公安机关、检察机关之外，出现了一个新的拥有刑事立案权的部门——监察委。监察委是一个新生事物，目前我国关于它的法律只有《宪法》和《监察法》，《宪法》是原则性规定，《监察法》也只是对监察委的职能和具体工作作出了相关的规定。对于监察委员会调查公职人员犯罪行为的立案和调查活动由谁来监督，目前立法是个空白。检察机关是否可以将监察委纳入监督的范围值得考量。

（2）法院的立案活动不在监督范围内。

我国《刑事诉讼法》第110条规定，收到案件有关材料的公安机关、检察院、法院，都要迅速进行审查，对达到刑事立案标准的，应当立案。第112条规定，被害人对自诉案件向法院起诉，法院应当依法受理。第204条规定了三种案件为自诉案件。通过刑诉法关于自诉案件的规定可以看出，自诉案件由被害人直接向人民法院起诉，法院行使该类案件的立案权。权力只有在监督之

---

① 贵州省检察院指导案例：http：//www.gz.jcy.gov.cn/yasf。

下才能依法合理行使，因此，法院立案权的行使也应当受到监督。但我国法律对法院立案权的监督却极不完善。根据刑诉法的规定，只有公安机关是立案监督的监督对象，法院并不是。《高检规则》明确规定立案监督对象包括检察机关的自侦部门，但仍然没有规定人民法院是立案监督的监督对象。由此可见，由检察机关对法院进行立案监督还没有任何法律依据，法院成为享有特权的新贵，脱离了被监督者行列。

(3) 其他刑事立案主体不在监督范围内。

除公安机关和监察委之外，还有一些部门也享有刑事立案权。我国《刑事诉讼法》第290条规定，当军队内部发生刑事案件时，由军队保卫部门行使侦查权；监狱侦查部门负责对监狱内发生的刑事案件进行侦查。根据中央军委的规定，[①] 经过有关程序，军事检察院负责保卫部门立案侦查案件的审查批捕或者审查起诉。《中央军委关于军队执行〈中华人民共和国刑事诉讼法〉若干问题的暂行规定》规定了军事检察院的侦查监督权和审查起诉权，但没有规定对军保部门享有立案监督权。国家安全机关是中国政府的反间谍机关和政治保卫机关，有类似公安机关侦查拘留、执行逮捕等职权，立案之后才有侦查，因此，国家安全机关也拥有刑事立案权。但刑诉法没有规定检察机关可以对其立案活动进行监督。《海关法》第4条规定，公安机关在国家海关总署设立专门机构，侦查海关的走私犯罪案件，配备专职缉私警察，负责侦查、拘留、执行逮捕等，相关事宜按照刑诉法的规定办理。海关缉私局可以依法设立分支机构，由有管辖权的检察机关负责各分支机构走私犯罪案件的批捕、起诉。海关总署缉私局是国家在海关总署内部设立的公安机关的分支机构，专门负责侦查走私犯罪案件，该缉私机构与公安机关之间是隶属关系，由公安机关统一领导。因此，法律对"公安机关"作出的相关规定其都适用，它也是刑事立案监督的监督对象。但之所以对其进行单独强调，是因为在司法实践中，检察机关很少对缉私局查办的案件进行立案监督。与普通的公安机关一样，海关缉私局也会存在该立不立或不该立而立的违法情形，但由于其身份比较特殊，下设在海关，因此在进行立案监督时往往会被忽略，无形中形成监督盲区。

2. 立案监督程序不完善

刑事立案监督属于程序法范畴，程序法不同于实体法之处关键在于"程序"。实体法只要有法律规定即可，但程序法则需要法律进一步规定具体如何操作，过于原则性的规定是无法应用于实践的，形同虚设。目前，我国法律对

---

① 中央军委：《中央军委关于军队执行〈中华人民共和国刑事诉讼法〉若干问题的暂行规定》第十二条。

于立案监督程序的规定还不完善。我国《刑事诉讼法》只在第 87 条赋予了检察机关立案监督权，但没有对立案监督的程序作出规定。目前司法中依据的是《高检规则》，《高检规则》对立案监督程序作了具有可操作性的规定。然而，《高检规则》一方面法律位阶低，效力低下；另一方面里面有很多关于检察机关自侦部门的规定，现已不再适用，必然要修改或废止。因此，需要重视刑事诉讼法对立案监督程序没有作出规定的问题。我国刑事立案监督的对象不全面，自然更不存在关于这些监督对象的监督程序。但扩大监督对象之后，就必然要有相配套的监督程序。首先，不同的监督对象具有不同的特点，是一视同仁，规定相同的监督程序，还是因监督对象而异，为不同的监督对象设立不同的监督程序；其次，程序的设置，参考《高检规则》对公安机关的监督程序还是对原自侦部门的监督程序，或者完全设置新的监督程序；最后，设置什么样的程序。这些问题都要进行思考。

3. 立案监督权能受限

虽然我国法律赋予检察机关立案监督权，但该权力是非常有限的。一般认为，检察机关的立案监督权包括对立案活动的知情权、质询权和纠正权。[①] 由前述程序现状可知，目前法律对质询权的规定较为完善，但对知情权和纠正权的规定还存在很多漏洞，需要弥补。

（1）调查权有限。检察机关的立案监督调查权是知情权的重要保障，只有经过调查才能了解案情，而后判断立案主体在进行立案活动时是否存在违法行为，若存在违法行为，则进一步行使质询权和纠正权。检察机关无论要求立案机关说明理由还是判断其理由是否成立，都口说无凭，需要根据调查获得“证据”，用强有力的证据建议立案机关立案或撤案，这样才具有说服力，才可以达到较好的监督效果。我国的刑诉法没有明确规定检察机关在进行立案监督时享有调查权，《高检规则》作为补充对调查权作了规定，但也较原则性，且主要是对公安机关移送的书面材料进行审查。因此，在司法实践中，检察官办理立案监督案件时，大多只是根据公安机关移送的书面材料进行审查，而这些材料又有很大的主观性，必然导致检察机关审查案件时具有片面性，无法全面了解案件实情。

（2）纠正手段乏力。目前，根据我国法律的规定，检察机关对立案机关进行立案监督时只是“要求说明”“建议”“通知”等，如果立案机关没有采纳检察机关的建议，此时应当如何，没有任何法律作出相关规定。由此可见，检察机关的立案监督是没有强制力的，好像是一种劝说，立案机关愿意采纳更

① 刘富奇：《完善调查权运行机制增强刑事立案监督效果》，载《学术论坛》2016 年第 39 期，第 136-139 页。

好，不愿意采纳也无关紧要，这样无法达到监督的目的。

立案监督的目的是贯穿于整个刑事诉讼程序的，并不只是单纯地为了让立案机关立案或撤案，立案作为刑诉程序的第一步，是开始而不是结束。相应的，检测立案监督的效果也不只是看立案机关是否采纳检察机关的建议立案或撤案，后续案件是否真的进入审判程序或结案也是需要监督的，立而不侦、立案后又撤案等情况并不罕见。《高检规则》规定，若公安机关被监督立案后，三个月未侦结，检察机关可以催办。该规定意义重大，可促进立案监督目的的实现，但实际作用却很小，一方面，《高检规则》效力较低，受重视程度不高；另一方面，只规定“可以催办”，意味着“不催办”也完全符合法律规定。检察机关的立案监督权如此没有强制力，使监督效果大打折扣。2017 年 6 月 10 日，汕头市潮阳区检察院接到当事人举报，立案监督一起故意毁坏财物案件，公安机关于 2017 年 12 月 15 日立案侦查，但至今没有结果，案件仍在进一步办理中。[①] 由此案例可知，检察机关对立案监督案件后续的催办也很重要，由于立法的缺失，导致立而不侦、侦而不结等情况屡见不鲜，需要进一步强化跟踪监督的效力。

（四）刑事立案监督的完善

通过以上对我国刑事立案监督制度的分析可知，目前立案监督还存在很多问题，尤其在宪法修改以后，现行法律规定的立案监督制度有诸多不适应之处。为了完善立案监督制度，笔者提出以下建议：

1. 扩充刑事立案监督对象

第一，将监察委纳入监督对象范围。笔者建议将监察委纳入刑事立案监督对象范围基于以下两个原因的考量：一方面，监察委行使权力应当受到监督。根据《宪法》规定，检察机关自侦部门办理的反贪、反渎案件将由监察委负责，检察机关将不再具有此项职能。刑诉法虽然没有规定立案监督的对象包括检察机关的自侦部门，但最高人民检察院出台的《人民检察院刑事刑诉规则》对此作出了规定。根据该规定，检察机关确实对其自侦部门进行了立案监督，并且取得了一定的效果，例如，2013 年，全国检察机关建议自侦部门立案 1135 件，撤销案件 421 件；自侦部门立案 1081 件，撤销案件 154 件；建议被采纳的比率分别是 95.2%和 36.6%。[②] 现监察委代替自侦部门办理职务犯罪案件，拥有立案权，自然应当受到监督。将权力关进笼子便是指权力的行使应当

---

① 广东省人民检察院网：http://www.gd.jcy.gov.cn/xwzx/jccz/201803/t20180314_2161411.shtml。

② 元明、李薇薇：《刑事立案监督实务问题调查分析》，载《人民检察》2014 年第 12 期，第 49-52 页。

受到监督，监察委在办理案件时也不可避免地会出现应当立案而没有立案和不应当立案但立案的情况，如果错误立案，将侵犯人权，制造冤假错案；如果错误不立案，则无法打击犯罪，会危害国家和人民的利益。因此，监察委立案行为的合法性也应当受监督，以保证监察委严格按照法律规定立案或不立案，且程序合法。另一方面，监督监察委合法立案的主体应当是检察机关。有观点认为，国家设立监察委是为了监督各部门，而不是受其他部门监督，对监察委的监督可以由内部解决，上一级监督下一级即可，笔者认为不然。2018 年 3 月刚刚修订《宪法》，《宪法》中增设了监察委，但第 134 条仍然规定，我国的法律监督机关是检察机关。第 136 条规定，任何单位或个人都不能干涉检察机关独立行使检察权。既然法律监督权由检察机关行使，那么监督监察委行使法律权力的监督主体也应当是检察机关，这样才符合宪法的规定。检察机关独立行使检察权，立案监督权属于检察权的组成部分，监察委享有刑事立案权，应当受检察机关监督，保障检察权的行使。且《监察法》规定，监察委的职能是对所有公职人员进行监察，调查职务违法犯罪，反腐败，不享有监督其他机关的职能。因此，应当由刑事立案监督主体——检察机关行使对监察委立案行为进行监督的职能。为此，笔者建议，在《刑事诉讼法》中增加条文规定："人民检察院对监察委立案行为的合法性进行监督。"

第二，将法院纳入监督对象范围。立案监督的对象是拥有刑事立案权的主体，法院拥有自诉案件的立案权，因此，法院的立案行为也应当受监督。有观点认为，首先，自诉案件在刑事诉讼程序上不同于一般侦查机关立案侦查的案件，自诉案件在法院受理后直接进入审判程序，从立案到审判只有一个司法机关参与，且中间没有复杂的其他程序，因此，不应当对法院的立案行为进行监督，否则有干涉审判独立之嫌，破坏二者相互制约的关系；其次，根据法律规定的三类自诉案件，除了告诉才处理的案件外，其他两类案件都是当事人得不到公权力的救济时直接向法院起诉，当法院对这两类自诉案件应当立案但不立案时，如果由检察机关对法院进行立案监督，那么案件会再次回到检察机关手中，相当于检察机关对该案件再次进行内部监督，这种倒流从法理逻辑上来说也是一种悖论。因而，我国刑事立案监督的对象当前还不宜包括法院的刑事立案活动。①

笔者不赞成这种观点，一方面，在当前的司法实践中，法院出于诸多原因对自诉案件进行立案时确实存在很多问题，无论结果上还是程序上都存在该立不立或不该立而立，程序违法等情况，权力不受监督必然会被违法行使，我们

① 杨啸林：《论我国刑事立案监督法律制度完善》，中央民族大学 2016 年硕士论文，第 26 页。

不能因噎废食，对法院进行立案监督只是为了使其更好地行使权力，有限的监督并不会干预审判独立；另一方面，目前，检察机关公诉与立案监督并不在一个部门办理，可以起到监督作用，并且也可以通过提高监督主体级别解决这个问题。笔者建议，修订我国刑诉法，明确规定检察机关作为立案监督主体对法院的刑事立案行为进行监督，如在《刑事诉讼法》中增加条文规定："人民检察院对人民法院立案行为的合法性进行监督。"使法院阳光司法，提高立案透明度，保障被害人权利，提高司法效率。

第三，将其他刑事立案主体纳入监督对象范围。根据刑诉法规定，军队保卫部门、监狱侦查部门都拥有刑事立案权，那么其立案行为就应当受到监督。军事保卫机关、军事法院与军事检察院共同构成军队司法部门。军事检察机关作为检察机关的一部分，对军队中的相关行为进行专门的法律监督。[①] 笔者建议，我国法律应当赋予军事检察机关对军保部门的立案监督权，一方面，军保部门的立案活动受到监督，可以规范其立案行为；另一方面，由军事检察机关行使该项职权较为方便了解案件，可操作性强。为此，笔者建议在《刑事诉讼法》中增加条文规定："军事检察院对军队保卫部门立案行为的合法性进行监督。"根据法律规定，监狱侦查部门对监狱内的犯罪行为进行立案侦查。是否立案要根据立案标准来定，目前，司法部关于《狱内刑事案件立案标准》（以下简称《标准》）的规定是监狱侦查部门主要依据的立案标准，但该《标准》的规定过于原则性，仅将案件分为三类：普通、重大和特别重大。这在实践中很难操作，监狱侦查部门往往难以区分普通和重大、重大与特别重大之间的界限究竟在哪里，为立案带来困难。由于立法不完善，导致立案标准难以把握，因此，是否立案成为难题，应当立案而不立案，或者不应当立案而立案的情况顺应而生。将监狱侦查部门列为立案监督对象，不仅可以规范监狱侦查部门的立案行为，还能够帮助监狱侦查部门解决因立案标准模糊而带来的问题，一举两得。为此，笔者建议，在《刑事诉讼法》中增加条文规定："人民检察院对监狱侦查部门立案行为的合法性进行监督。"

我国国家安全机关是刑事立案主体，其立案行为也应当受到监督。有观点认为：对国家安全机关而言，应该主要依靠内部的行政监督，由上级对下级的立案侦查行为进行监督。我国的监督主体主要是立法机关、司法机关、行政机关和社会。立法机关的监督和社会监督都涉及与案件不相关的大众，对案件公开性要求较高，而国家安全机关的工作往往涉及国家秘密，具有隐蔽性，不适合公开，因此也不适合受这两种监督。司法监督对公开性的要求较小，但立案

---

① 丁伟：《中国军队侦查运行机制演进与完善》，华东政法大学 2014 年硕士论文，第 39 页。

侦查阶段也无法获知国家安全机关的立案侦查情况，如果国家安全机关侦查终结后不起诉，检察机关依旧无法知晓立案侦查情况，司法监督也就无从谈起。因此，目前依靠内部行政监督来规范国家安全机关的立案侦查行为更合适，其他监督都无法开展。① 笔者认为，该观点中提及加强内部监督很有必要，公开性和国家安全工作隐蔽性的关系问题也需要考虑，但并不能因此就认为不应当对国家安全机关进行立案监督。《俄罗斯联邦国家安全法》对俄联邦国家安全机关规定了严格的监督，议会、总统、检察院、法院、公众都可以成为监督主体，对国家安全机关进行监督。俄罗斯的这种监督模式还能存在，说明其并没有泄漏国家秘密和损害国家利益。因此，我国可以借鉴，将国家安全机关纳入立案监督的范围内，由享有立案监督权的检察机关对其进行监督。但要设立一套合理的立案监督制度，充分考虑国家安全机关办理案件的秘密性，使检察机关有限度地进行监督。为此，笔者建议，在《刑事诉讼法》中增加条文规定："人民检察院在确保不泄漏国家秘密的情况下对国家安全部门立案行为的合法性进行监督。"

虽然海关的缉私局隶属于公安机关，我国刑诉法已将其列为立案监督对象，受检察机关监督，但是基于海关缉私局的特殊性，往往成为监督盲区。每年通过海关走私犯罪的案件不胜枚举，因此缉私局接触到的犯罪案件也是很多的，应强化对缉私局的立案监督，以保障国家权益。

2. 扩大刑事立案监督范围

第一，将"不应立案而立案"纳入《刑事诉讼法》的监督范围。根据我国刑诉法的规定，检察机关的立案监督范围是"应当立案而不立案"的情况，意在督促侦查机关积极行使职能，而对不应立案而立案的情况没有作出规定。但从司法实践来看，侦查机关违法立案的情况也时有发生，如插手民事纠纷等。立案机关违法立案会损害当事人的合法权益，为此应当将其违法立案的行为也纳入监督范围，预防错案的发生。如有的观点所述，在后续的逮捕阶段可以过滤掉很多不应立案而立案的案件，但不可否认，还有一些案件没有被过滤掉，这些留下来的案件损害了民众的合法利益，甚至侵犯了人权。并且"迟到的正义为非正义"，即使逮捕或起诉阶段纠正了立案阶段的错误，但从立案到逮捕或起诉这一阶段同样损害当事人的合法权益，靠事后弥补不符合司法追求正义的宗旨。我国法律明确规定了刑事立案标准，只有严格按照立案标准立案，才能保证立案权的正确行使。法律也有不完善之处，需要进一步修订，因此，我们不能固守法律条文，而是既要监督违法消极立案，也要监督违法积极

---

① 李敏：《论对国家安全机关行使职权的监督》，载《法学杂志》2003 年第 4 期，第 22-24 页。

立案，既要打击犯罪，也要保障人权。为弥补这一法律缺失，《高检规则》和《刑事立案监督规定》规定，公安机关不应当立案而立案的行为受检察机关监督。这些规定促进了立案监督制度的完善，但遗憾的是，这些规定的法律位阶比刑诉法低，因此法律效力也比刑诉法低，没有刑诉法的保障，这些规定的内容很难在司法实践中真正落实。为此笔者建议，我国《刑事诉讼法》明确将立案机关不应当立案而立案的行为纳入监督范围，使检察机关对该违法行为的监督有基本法层面的规定可依。

第二，将立案程序合法性纳入监督范围。我国刑诉法规定了刑事立案程序，说明立案是一个过程。但我国法律只规定了对一部分立案结果的监督，没有规定对过程的监督。立案主体在整个立案过程中都会存在违法行为，因此，应该扩大立案监督的范围，由立案监督主体对整个立案过程的全部行为进行监督，更好地维护当事人的合法权益。以公安机关为例，首先，以我国刑事诉讼程序的开始为立案，但在立案之前还有报案、受理等程序，目前，检察机关能接触到的案件都是公安机关受理后的案件。当公安机关受理后，会对这部分案件有两种处理结果：立案或不立案。我国法律已经规定了检察机关监督应当立案而不立案或不应当立案而立案的情形。但必须注意的是，检察机关监督的只是公安机关受理后的案件是否该立不立或不该立而立，与此同时还存在很多案件不被受理的情况，而这些不被受理的案件中有很多应当立案的情形，这就造成了立案监督的死角，使很大一部分案件被排除在监督范围之外。因此法律应该规定扩大立案监督范围，不仅监督侦查机关接到报案后受理的案件，同时也要监督没有受理的案件。其次，公安机关“不破不立”“先破后立”的原则，都是在接到报案后，对于符合立案条件的也不立案，而是等到案件告破之后才立案，将立案程序倒置。公安机关这种倒推立案的行为属于程序违法，但法律没有规定要对其立案程序进行监督，因而无人问津，公安机关的此种做法好像成了理所应当的。法律只规定对“立案”或“不立案”的结果进行监督，检察机关根据法律规定，只监督公安机关立案或不立案结果是否正确就可以，过程无任何监督。

我国法律设立立案监督制度的目的不仅仅是表面上监督立案机关正确立案或不立案，而是要真正打击犯罪，保障人权，以上两种情况的存在，都无法实现该目的。受害人报案但公安机关不受理，或受理了但不立案，偶然破案了再倒推回去立案，这样的行为使受害人的权利在受到侵犯时得不到应有的救济。因此，扩大监督范围，将立案程序也纳入其中，督促立案机关正确立案是希望可以真正实现立案监督的目的。不仅针对公安机关，检察机关对监察委、法院、军保部门、监狱进行立案监督时，也应当审查它们的所有立案行为是否合法，不仅考虑是不是存在应立而不立或不应立而立的现象，还要关注到其他程序性行为的合法性，做到全面监督。对国家安全部门应当例外，国家安全部门立案侦查的案件有极高的保密性，且涉及国家利益，不宜过度公开，因此可以在保证不会泄密的条件下，有限度地对其立案行为的合法性进行监督。

3. 完善刑事立案监督程序

法律只有规定了具有可操作性的程序，立案监督才能真正应用于司法实践，发挥其作用。由于我国立案监督程序还不完善，甚至缺失，因此要通过立法完善立案监督程序。笔者认为，对不同的监督对象要设立大致相同但又有所区别的监督程序，使其更合理，检察机关是否可以采取强制措施则要根据立案机关与监督机关之间的关系而定。

第一，监督公安机关的程序。由于《高检规则》对公安机关的立案监督程序已经作出了较为完备的规定，因此可以直接将高检规则的规定写入《刑事诉讼法》，使检察机关可以依据刑诉法规定的监督程序对公安机关进行立案监督，提高监督的权威性。具体程序为：检察机关自行启动立案监督程序或收到控申部门移送的案件启动立案监督程序后，进行审查，认为需要公安机关说明不立案理由的，经检察长批准，制作《要求说明立/不立案理由通知书》送达公安机关，并要求七日以内回复。公安机关说明理由后，检察机关进行审查，认为理由不能成立的，经检察长或者检察委员会讨论决定，制作《通知立/撤案书》送达公安机关，要求十五日以内立案或撤案，并将决定书送达检察机关。否则检察机关发出《纠正违法通知书》予以纠正，公安机关仍不纠正的，检察机关可以采取强制措施。

第二，监督监察委的程序。笔者认为，对监察委的立案监督，可以参照检察机关对公安机关和自侦部门进行立案监督的程序，但无论哪种都不适合照搬照抄，只能借鉴。前文介绍了立案监督的相关程序，但有其局限性，而新的立法应该更上一层楼。一方面，监察委办理的案件与公安机关办理的案件类型不同，有特殊性；另一方面，监察委是国家监察机关，不同于作为行政机关的公安机关，其办理职务违法和职务犯罪案件，与审判机关、检察机关、执法部门相互配合、相互制约。既然是有区别的两种事物，自然不能用无差别地用一种方式来对待，且法律只规定公安机关收到《通知立案书》后应当立案，没有规定仍不立案的后果，关于监察委的立案监督规定应当弥补这一不足。《高检规则》规定，立案监督建议不被自侦部门采纳时，报请检察长决定。目前，我国负责立案监督工作的部门是检察机关的侦查监督部门，与自侦部门同属一个检察机关，受同一个检察长的领导。但现在，负责立案监督工作的部门与监察委是完全独立的两个部门，因此报请检察长不太合理。因此，笔者建议，当检察机关发现监察委立案存在问题时，应制作《要求说明立案/不立案理由通知书》，并且送达监察委，由监察委做出《立案/不立案理由说明书》，如检察机关认为理由不成立，提出检察建议，监察委要做出反馈，该反馈若没有采纳检察机关的检察建议，检察机关应报请上一级检察机关决定。上一级检察机关如果同意下级检察机关的检察建议，可以向办理案件的监察委发出《通知立案/不立案决定书》，若监察委仍然不采纳，上级检察机关可以协商同级监察委处理。

第三，监督法院的程序。对法院进行立案监督，可以参照检察机关对公安机关进行立案监督时所适用的程序，但需要有所区别。笔者认为检察机关对法院进行立案监督时可以要求法院做出立案或不立案说明，检察机关认为理由不成立的，可以提出检察建议。但如果检察建议没有被采纳，检察机关不能直接要求法院立案或撤案，因为关系到法院审判权独立的问题。检察机关也不需要与上级法院协商，我国上下级法院之间只是指导与被指导的关系。检察机关可以直接与被监督的法院协商，共同讨论决定，不宜采取强制措施。

第四，监督其他立案主体的程序。对军保部门的立案监督程序，可以采用监督公安机关的程序，军保部门的上下级关系及与军事检察机关之间的关系与公安机关雷同，可以直接适用。对监狱侦查部门的立案监督程序可以借鉴监督法院的程序，因为各个监狱之间同法院一样没有隶属关系。检察机关发出《通知立/撤案书》后，监狱侦查部门仍不立案或撤案的，检察机关可以采取强制措施，但监狱的立案侦查活动不存在独立行使不受干预的问题，因此检察机关可以监督。由于国家安全机关办理的案件涉及国家秘密，情况复杂，因而可以不必制定具体的立案监督程序，而让检察机关根据不同的情况灵活应对，有限度地监督。

4. 扩大刑事立案监督权能

第一，完善监督调查权。我国检察机关的立案监督调查权是由《高检规则》规定的，由于该规则法律效力较低，因此，笔者建议，首先，由《刑事诉讼法》明确规定："检察机关享有立案监督调查权。"使检察机关有权力对案件进行调查，甚至强制检察机关行使调查权，确保检察机关可以充分了解案情，避免消极怠工；其次，作出较为具体的规定，使检察机关可以依据法律规定具体操作，以保障立案监督工作的顺利开展。例如，扩充调查方式，检察机关不再只是单纯地审查立案机关移送来的带有极大主观色彩的案卷材料及偶尔询问当事人，还可以通过查询、勘验、辨认、鉴定等多种手段进行调查。在《刑事诉讼法》中规定："人民检察院进行立案监督时可以运用多种方式进行调查，如查询、勘验、辨认、鉴定等。"由于不同的立案主体办理的案件性质不同，因此，对检察机关立案监督调查权的规定也要具有灵活性，使检察机关在对不同的立案主体进行监督时，可以具体问题具体分析，既保证监督职能的实现，也不会发生泄漏国家秘密、干预审判等情况。

第二，强化监督效力。根据我国法律的规定，检察机关立案监督手段没有强制力，当立案机关立案工作违法时，只能寄希望于其自觉采纳检察机关的监督建议，如果立案机关对检察建议置之不理，检察机关也束手无策。为此，必须强化检察机关的监督效力，使监督成为真正意义上的监督，发挥其制约作用，而不只是一种好言相劝。例如，当检察机关认为立案机关的立案或不立案理由不成立时会通知立案机关立案或撤案，但立案机关可能会接受通知内容也可能不接受，如果不接受，则需要由检察机关采取强制措施，如此才能实现监督目的。当然，监督对象不同，检察机关监督手段的强制力也是有区别的，此问题笔者在建议完善立案监督程序时已论述，此处不再赘述。

立案机关被动立案后，立而不侦，侦而不结等问题在司法实践中也屡见不鲜，为此《高检规则》规定检察机关可以对此类案件催办。因为《高检规则》法律效力低，并且只是建议，自然不受重视，所以很多此类案件不了了之。笔者建议，由《刑事诉讼法》规定“催办权”，当立案机关消极侦查时，检察机关有催促其办理的权力。权力有行使的自由也有不行使的自由，因此，检察机关的此项工作不仅应是一种权力，还应是一项义务、职能，必须定期督促立案机关办理案件。《高检规则》规定的期限是三个月，有些案件案情简单，并不需要三个月，如此长的期限会使立案机关消极怠工，因此，可以根据案件的具体情况缩短期限。如由《刑事诉讼法》规定：“人民检察院监督立案机关立案之后，每月向立案机关发一次催办函。”①

二、对侦查机关侦查权的监督

在刑事诉讼中，侦查程序是非常重要的一个阶段，它是后续的审查起诉程序和审判程序的基础性、准备性程序，几乎所有的有罪证据都是产生在这个阶段，可以说，侦查程序关乎整个刑事诉讼程序是否能够顺利进行，也关乎案件的办案质量。所以，侦查机关除了内部监督制约机制发挥作用之外，最重要的是，作为法律监督机关的检察机关，应发挥好监督指引作用，以提高侦查机关的办案质量和办案效率，同时，保障被追究的人的合法权益得到保障。

(一) 对侦查机关侦查权进行监督的必要性

第一，是检察机关履行法律监督职能的需要。一方面，监督侦查机关的侦查活动是检察机关的职责所在。侦查机关处于侦查活动执法办案的第一线，其刑事侦查活动合法、规范与否，直接关系司法的公正性。检察机关切实履行对侦查机关刑事侦查活动的监督职责，有利于实现公平正义、保障人权。另一方

① 毕晓芳：《立案监督实证研究》，西南政法大学2011年博士研究生毕业论文，第15页。

面，侦查机关侦查权的属性也决定了侦查监督的必要性。侦查权具有特殊性质，其自身带有强制属性，如拘传、拘留等强制措施，限制或者剥夺了犯罪嫌疑人的人身自由；搜查、扣押等强制性侦查措施，限制了犯罪嫌疑人财产权的行使。这些侦查权过于强大，也极易侵害相对人的合法权益，因此，应当加强对侦查权的监督与制约，特别是外部监督，才能防止权力不被滥用。另外，侦查机关面临破案考核的压力，案多人少的矛盾，侦查能力的欠缺、侦查手段的落后等都可能使侦查权自我扩张，越过法律的底线。因此，强化检察机关的侦查监督权显得尤为重要。

第二，是适应司法体制改革、诉讼制度改革的需要。党的十八大以来，我国大力推行司法责任制的司法体制改革和“以审判为中心”的诉讼制度改革，对检察机关的检察工作提出了很大的挑战，我国的庭审因此由原来的“卷宗中心主义”向“审判中心主义”转变。法庭之上的检察官，不能再像原来一样通过简单宣读庭前形成的书面证据来指控犯罪，而要做好充分准备，迎接辩方利用非法证据排除规则、不得强迫自证其罪原则等武器向其发出的强有力的对抗。为适应司法责任制和“以审判为中心”的司法体制和诉讼制度改革，检察机关需要转变监督思路和方法，对侦查机关的侦查工作加强监督和引导，以审判机关确立的裁判规则及证据规则要求侦查机关，以确保指控犯罪的证据符合法定的要求，对于以非法方法获取的证据，应坚决地予以排除，以保证出现在法庭之上的证据能够经受得住辩方的考验。

（二）检察机关侦查监督的司法现状考察

1. 对侦查行为的同步监督缺失

根据我国《刑事诉讼法》的规定，检察机关对公安机关侦查行为的监督主要是一种事后监督而非同步监督，这使得违法侦查行为缺乏及时的监督和纠正。检察机关通常通过犯罪嫌疑人及其法定代理人、近亲属的控告、审查逮捕和审查起诉等获知侦查机关的违法侦查线索，这是一种事后监督。虽然《刑事诉讼法》及相关司法解释规定，检察机关可以提前介入公安机关的侦查活动，但也仅限于重大、复杂、疑难案件，而且司法实践中，都是公安机关主动要求检察机关提前介入，引导侦查，检察机关主动介入的情况还比较少见。对于一般案件，检察机关没有提前介入的法律依据，公安机关也不愿意检察机关派员提前介入。所以，当检察机关获知有违法侦查行为发生时，已经是一种事后状态了，可能已经失去了补救的良机，或者补救的代价比较大。特别是到了审查起诉阶段，再发现侦查违法的情况时，检察机关能做的就是列明补查提纲，退回公安机关补充侦查，但因为时过境迁，能否达到检察机关的要求很难确定。

2. 对侦查机关程序性违法行为的监督乏力

检察机关发现侦查机关有违法侦查行为时，可根据违法的轻重程度，选择不同的监督方式，包括口头纠正、书面纠正、检察建议和立案侦查。这四种监督方式中，前三种都是比较柔性的监督方式，虽然法律规定，侦查机关应当把纠正情况反馈检察机关，但并未规定不反馈、不纠正违法的后果。所以，实践当中，经常出现侦查机关对于检察机关提出的监督建议不予理睬的情形。这种情况下，检察机关能做的，就是向其上级主管部门反映，要求上级主管部门责令其下级侦查机关改正。立案侦查属于刚性的监督方式，这种监督方式针对的是严重的程序性违法行为，已达到犯罪的程度，需要立案追究违法办案人员的刑事责任。但是，因为侦查程序的高度封闭性，侦查机关的严重违法侦查行为很难被发现，除非产生了较为严重的侵害后果，才会暴露出来。很多情况下，侦查机关仅作了内部处理，未将其移送检察机关立案侦查，追究刑事责任。

3. 监督信息渠道单一

知情权是监督活动开始的前提和保障，检察机关只有得到信息才能展开监督。检察机关的知情权得到保障有利于检察机关对侦查机关的侦查活动进行同步监督，及时发现、纠正侦查活动中的违法行为。但在实践中，侦查监督线索来源于当事人的申诉、控告、有关部门的移送和检察机关自身发现。检察机关在办理审查逮捕案件时，依靠审阅公安机关报送的案卷材料、讯问犯罪嫌疑人等方式，对公安机关侦查活动的介入、了解情况十分有限，很难掌握公安机关提请逮捕案件之外的案件信息，难以全面获取立撤案不当、以罚代刑、适用强制措施以及强制性侦查措施违法等监督线索，以致影响监督效果，难以全面、及时、有效地进行监督和制约。

4. 制裁性措施不完善

检察机关法律监督权的程序性特点体现在检察职能运行的各个方面，尤其体现在纠正程序性违法行为方面。对于程序性违法行为，检察机关可以通过口头纠正和书面纠正的方式进行监督。按照我国刑事诉讼法的规定，对于人民检察院发出的纠正违法行为通知书，有关部门应当将纠正情况通知人民检察院。这种监督手段的设计体现了监督的单向性和指令性，但由于法律没有规定具体的保障手段，如果遇到监督对象对纠正意见表面上接受而实际上并不接受或者根本不予理睬的情形，检察机关往往束手无策。检察机关缺乏程序性制裁手段及实体性制裁手段，导致其在预防和纠正侦查机关、侦查人员的程序性违法行为方面存在监督失灵现象。

（三）完善对侦查机关侦查权的监督

1. 赋予检察机关介入和引导侦查活动的权限

推进以审判为中心的刑事诉讼制度改革，要求构建新型检警关系，确立检察机关对公安机关侦查活动的指导和引导地位。2016 年 10 月，最高人民法院、最高人民检察院等五部门联合发布的《关于推进以审判为中心的刑事诉讼制度改革的意见》第 7 条规定："进一步明确退回补充侦查的条件，建立人民检察院退回补充侦查引导和说理机制，明确补充侦查方向、标准和要求。"该规定在确认检察机关对刑事侦查的引导地位，构建新型检警关系方面迈出了重要一步，不足之处是将检察引导侦查局限在案件被退回补充侦查阶段。检察机关适时介入和引导侦查活动，意味着其对侦查活动具有同步监督权。

2010 年《最高人民检察院、公安部关于刑事立案监督有关问题的规定（试行）》对该立案而不立案、不该立案而立案情形的检察监督作了明确规定，要求检察机关与公安机关建立刑事案件信息通报制度，定期通报立案情况，具备条件的，还要建立刑事案件信息共享平台。但是该规定并没有在《刑事诉讼法》中予以明确规定。因此笔者认为应该将该规定以司法解释等形式进行明确规定。检察机关介入和引导侦查活动并不是对所有案件都提前介入、引导侦查。检察机关提前介入、引导侦查是有选择性的，只是针对某些案件才会提前介入、引导侦查，对侦查机关的侦查行为进行同步监督。检察机关提起介入、引导侦查的案件包括社会影响较大的案件、检察机关通知公安机关立案的案件、当事人反映侦查人员有违法行为的案件和检察机关认为有必要介入的其他重大案件。对于这四类案件检察机关要提前介入、引导侦查。检察机关提前介入、引导侦查并不意味着以检察机关为主导，仍然是侦查机关是主导机关。因为刑事侦查活动是一项专业性很强的工作，因此还是由专业的侦查机关为主导开展侦查活动。检察机关提前介入只是起引导、辅助的作用。当公安机关立案之后检察机关可以参与公安机关对重大案件的讨论，参与案件的讯问、询问、勘验、检查等环节，对侦查机关收集证据的活动发表意见。在此过程中若检察机关发现侦查机关或者侦查人员的行为是违法的，可以根据严重程度提出口头建议、发出纠正违法通知书等方式来使其改正，若是情节比较严重的可以立案侦查。

2. 加强对侦查机关适用强制措施、强制性侦查措施的监督审查

我国刑事诉讼法虽然规定人民检察院对侦查机关的侦查活动有监督的权力，但是我国侦查机关的侦查权过于强大，对于刑事诉讼法规定的五种强制措施中的四种，以及所有的强制性侦查措施，侦查机关均可自行决定采用，不用向检察机关申请，只有逮捕措施需要经检察机关批准。这与世界各国所建立的司法审查制度相去甚远，给侦查机关、侦查人员滥用强制措施留下了很大的空间。鉴于此，笔者建议，将侦查机关的指定居所监视居住、拘留的决定权和所有强制性侦查措施的决定权交由检察机关行使，即确立侦查阶段的司法审查制度：对于侦查机关采用强制措施和强制性侦查措施的，应当向检察机关申请，经批准后方能采用。以此加强检察机关对于侦查机关侦查措施和强制措施的监督。

3. 完善刑事案件信息共享机制

上述已经提到过检察机关监督案件信息的来源太少，主要是当事人的控告、申诉、其他机关的移送以及检察机关自身发现。虽然设置了一些案件检察机关可以提前介入，可以对侦查活动进行同步监督，但是毕竟检察机关提前介入的只是一小部分案件，还有很多案件检察机关无法实现同步监督，此时就需要确保检察机关案件信息来源渠道的多样性，充分保证检察机关的知情权。虽然相关司法文件要求建立刑事案件信息通报制度，在有条件的地方还应当建立刑事案件信息共享平台，定期相互通报刑事案件的信息，重大案件需要随时通报。但是因为条文的可操作性不强，实践中相当多的地方检察机关与公安机关之间并没有建立案件信息共享机制，使得对刑事案件的侦查监督信息来源有限，难以全面掌握公安机关违法侦查的监督线索，制约了侦查监督职能的发挥。因此笔者认为应该将该文件规定的信息共享予以落实。如可以将信息共享进行具体化。第一，规定 6 个月要互相通报一次刑事案件的信息，重大案件的随时通报，并且通报的时候要把案件的进展情况一并进行说明，主要材料也要复印一并附带着。检察机关在收到后要及时查看，若有问题则应及时提出建议，若没有问题也要出具书面回复。第二，可以将刑事案件信息通报情况作为考核的标准之一，如此一来就会引起足够重视，不会使得该制度被忽视。总之需要不断增强可操作性，推进检察机关与公安机关信息共享机制的建立与完善。

4. 强化检察机关纠正违法侦查行为的处分权

法律监督不同于其他形式监督的一个重要特征是其监督效果的法定性和强制性，即检察监督具有法律效力，有国家强制力作保障。在刑事诉讼监督中，对于侦查机关的违法侦查行为，检察机关应当享有刚性的监督方式，即前文所述的检察机关享有的口头纠正、书面纠正、检察建议等方式应当同时规定侦查机关不予纠正、不予理睬的程序性后果。在刑事监督过程中对于违犯法律程序和严重侵犯公民基本权利的违法侦查行为，检察机关应当具有较大的程序性处分权和实体性处分权，以保证法律监督的效率和权威。

程序性处分又称程序性制裁，是对侦查人员违犯诉讼程序行为的法律惩罚，通过排除非法证据、撤销案件终止诉讼等措施，实现对犯罪嫌疑人合法权利的救济。检察机关在审查逮捕、审查起诉过程中发现以获取证据为目的而实施刑讯逼供、暴力取证、违法扣押、违法搜查等违法侦查行为的，有权对由此获得的证据予以排除，不作为批准逮捕犯罪嫌疑人或者指控犯罪的证据。检察机关对违法侦查行为的程序性处分权主要是一种否定性评价权，这种否定性评价权属于程序性决定权的范畴。检察机关作出不批准逮捕、不起诉、不批准延长侦查羁押期限等决定，不需要经过审判程序的检验。2017 年 6 月，最高人民法院、最高人民检察院等五部门出台的《关于办理刑事案件严格排除非法证据若干问题的规定》对刑事诉讼法中的非法证据排除规则作了细化解释，增强了检察机关对非法侦查行为实施程序性制裁的可操作性，但要求非法取证的手段和方法达到"使犯罪嫌疑人、被告人遭受难以忍受的痛苦"，这一标准过于严格，不利于制裁刑讯逼供行为。排除非法证据作为检察机关进行侦查监督的主要手段，其适用要考量打击犯罪和保护人权的平衡。此外，对于侦查机关违法立案、非法关押犯罪嫌疑人的情形，应当赋予检察机关撤销案件或释放在押人员的决定权，以充实检察机关的程序性处分手段。

实体性处分是对具有违法行为的侦查人员追究责任，宣告违法侦查行为的结果无效的制裁措施。我国《刑事诉讼法》在一定程度上赋予检察机关对违法侦查行为的实体性处分权。该法第 57 条规定，检察机关接到报案、控告、举报或者发现侦查人员以非法方法收集证据的，应当进行调查核实；查证属实的，应当提出纠正意见；构成犯罪的，依法追究刑事责任。追究刑事责任，就是对严重违法人员的实体性处分。但我国刑法及刑事司法解释关于立案标准的规定中，对侦查行为构成刑讯逼供、徇私枉法等职务犯罪的要求很高，以致实践中很少出现对侦查人员追究刑事责任的情形。为加大检察机关对侦查活动的监督力度，应当赋予检察机关对违法侦查人员予以纪律处分的建议权。日本《刑事诉讼法》第 194 条规定，对于不服从检察官指挥的司法警察，检察长可以向公安委员会提出惩戒或者罢免建议。德国、西班牙等国的刑事诉讼法也有类似规定。这些做法值得我国刑事诉讼法借鉴，也与我国《公安机关人民警察纪律条令》的有关规定相衔接。该条令规定警察有违犯规定而立案、撤案、变更强制措施、搜查、扣押等行为的，应当受到记过、记大过、降级、撤职、开除等处分。赋予检察机关对违法侦查人员的惩戒建议权，有利于实现对侦查活动的内外监督的结合，可以更有效地规范侦查权的运行。

三、对侦诉关系的探讨

侦诉关系简单来讲就是指侦查和公诉之间的关系。具体来讲侦诉关系是指具有侦查权的侦查机关和具有公诉权的公诉机关在行使刑事诉讼职能过程中产生的职权职责关系，它不仅涉及侦查权与公诉权的关系，还涉及侦查机关和公诉机关的关系。侦查机关行使侦查权，它是一个国家暴力机关。其天然属性是国家的强制性，天然使命是维护社会秩序。因此，打击犯罪和侦查案件就成了它与生俱来的功能。在我国，侦查机关主要是指公安机关，另外还包括国家安全机构、军事安全机构、监狱和从事特定刑事调查权的海关走私机构。公诉权由公诉机关行使，审查侦查机关移交的案件，起诉符合法定要求的案件，在法院审判公诉案件时出庭支持公诉，我国公诉机关是检察机关。侦查权与审判权通过公诉权而衔接，公诉权是二者的桥梁与纽带，也是追究犯罪和保障人权的中坚力量。

侦查权与公诉权的关系既对立又统一，一方面，二者分工负责，有明确和专门的职权领域。侦查权的职权范围是侦查犯罪行为，收集证据，逮捕犯罪嫌疑人，查清案件事实等，公诉权的职权范围是审查起诉、支持公诉。另一方面，侦查权与公诉权的本质属性是相同的。侦查机关的目的是为公诉机关提起诉讼提供前提，让公诉机关能够对符合要求的案件行使公诉权，两者的最终目标是相同的，即是为了打击犯罪，让被追诉人在法庭上受审。因而，行使侦查权的侦查机关和行使公诉权的检察机关可以被一同视为“大控方”，共同行使追诉权。

（一）侦诉关系的模式及评价

侦诉关系主要存在三种关系：侦诉分离、侦诉合一及混合模式。侦诉分离指的是侦查权和起诉权由不同机关行使，两者不存在领导或者隶属关系。在侦诉分离模式之中，侦查权由侦查机关行使，其负责查获犯罪、抓获犯罪嫌疑人，并由自身决定采取何种强制措施；检察机关负责对刑事案件的审查起诉，但其没有权力命令侦查机关或对侦查活动实施指挥，尽管可以对侦查活动提出意见，但不一定被侦查机关所采纳。侦诉合一的核心是检察机关在刑事诉讼中，有权对公安机关的刑事侦查活动进行指挥。检察官在整个侦查、公诉程序中起主导作用，有权领导监督警察开展侦查工作，侦查职能并非一项完全独立的诉讼职能，其有效性完全依赖于能否保障公诉权的充分实现。混合模式是指在克服侦诉合一模式与侦诉分离模式的基础上创造出的一种侦诉关系模式，即学者所称的检警合作模式。主要代表国家是日本和俄罗斯。以日本为例，检警机关相对独立可以调动侦查机关的积极性，警察机关主要负责侦查，检察机关主要负责起诉的职责划分也能够保障诉讼权益的有效实现；同时检察机关具备一定的侦查权可以加强发挥国家追诉权的主动性和及时性，检察机关指挥警察机关的权力能够提高诉讼效率。这三种侦诉关系模式各有利弊。侦诉分离模式的优点在于：第一，侦诉分离有利于保障刑事案件办理的客观性、公正性，使刑事案件办理达到良好的办案效果。第二，侦诉分离可以使检察机关与辩方处于相对平等的地位，作为刑事诉讼一方当事人行使追诉权，防止在审前由于权力的过于集中而破坏控辩双方的平等对抗，使控辩双方能够集中精力在法庭上说服法官作出公正的判决。第三，侦诉分离有利于激发不同机关的工作热情，调动工作人员的积极性；同时也有利于树立以审判为中心的价值观念。缺点在于：第一，容易使侦诉两机关彼此分隔，产生两机关之间因沟通不足而影响刑事追诉的效率和办案质量。第二，侦诉之间的彼此分隔也容易造成由于信息交流不畅而产生的执法资源浪费。第三，可能会导致检察机关对侦查机关的侦查活动缺乏有效监督。

侦诉合一模式的优点在于：第一，侦查机关是在检察机关的指导、调度之下开展侦查工作，可实现侦诉统一，保证刑事案件的公诉效果。第二，可以使侦诉之间通过优化司法资源配置的方式，形成共同打击犯罪的合力，提高刑事诉讼效率，同时保障犯罪嫌疑人的合法权益。第三，检察机关由于介入时间较早，对刑事案件可进行全面的掌控，在保证案件质量的同时能够加快推进刑事诉讼进程。缺点在于：第一，由于侦查权受制于检察权，难以调动侦查机关侦查犯罪的主动性、积极性。第二，由于侦查机关与检察机关在设置上仍然彼此独立且互不隶属，在司法实践中容易出现侦查机关对检察机关指挥、调度不予理睬的情形，导致检察机关指挥权难以有效地实现。第三，检察机关过早介入案件的侦查过程，先入为主，在审查起诉过程中易丧失其本应有的客观性和中立性。

混合模式也有其优缺点。优点在于：第一，混合模式具有侦诉分离模式的优点，即两个机关相对独立，可以调动侦查机关的积极性，侦查机关主要负责侦查，检察机关主要负责起诉，也能够保障国家公诉的有效实现；第二，混合模式又有侦诉合一模式的优点，即检察机关具有一定的侦查权，可以发挥国家追诉权的主动性和及时性，能够提高诉讼效率，二机关优势互补，更有利于追诉犯罪。缺点在于：第一，两个机关互不隶属，分属不同的系统，检察机关对于侦查机关的干预缺乏必要的专业能力、技术能力和实践经验作基础，可能导致检察机关作出不符合实际的决定与指挥，在某种程度上也会和结合型模式一样影响侦查机关的积极性和主动性。

（二）侦诉合一模式

侦诉合一模式有两类，一类是英美法系国家的检察引导侦查，即准检警一体化模式；另一类是大陆法系国家的检察指挥侦查，即真正的检警一体化模式。

1. 大陆法系国家的检察指挥侦查模式

大陆法系国家的检察指挥侦查模式的典型代表国家是法国和德国。法国的检察官被称为“立席司法官”“站着的法官”，具有侦查权和公诉权两项权力，在侦诉关系中占据主导地位，拥有参与、监督和审查侦查行为的权力，侦诉结合在法国的司法警察和检察机关的关系上表现得尤为突出。根据法国刑事诉讼法规定，检察机关的权力是法律授予的，甚至有着司法警察的一切特权，包括采取拘留手段的权力，对于检察官而言，只要是在自己所在的管辖范围内，他们就有权指挥司法警察进行一切侦查活动。对于司法警察而言，他们的刑事职能除了部分依职权可以主动行使外，大部分的活动必须依检察官的指令行使，包括初步侦查权都要受到检察官的密切监督，对于一些可能涉及他人重大权利的措施甚至会受到检察长的亲自监督。德国刑事诉讼法也将检察机关明确规定为侦查主体，并且在侦查活动中居于主导地位，根据德国刑事诉讼法的规定①，当有犯罪案件发生的时候，检察机关应当对案件事实情况展开侦查，检察机关可以自行侦查，也可以将案件交给侦查机关侦查，侦查机关必须遵守检察机关的命令，服从其指挥，并且须及时地将调查清楚的案件材料、证据情况移交至检察机关。

从法国和德国的规定中我们可以知道，大陆法系国家检察指挥侦查的模式也就是真正的检警一体化模式，主导权在检察机关手中，法律赋予检察机关特别大的权力，侦查权与公诉权全部集中在检察机关手中。公安机关除了行使部分自己的职权之外，大部分的活动都是得到检察官的指令之后才开始对案件进行初步侦查，即使在侦查过程中也受检察机关的严格监督。

2. 英美法系国家的检察引导侦查模式

英美法系国家的检察引导侦查不同于大陆法系国家的检察指挥监督，英美法系国家的侦查权和公诉权独立性比较高，而且检察机关与侦查机关之间是相互合作的关系，不是检察机关起主导作用的关系。下面我们以英国为例来分析英美法系国家的检察引导侦查。

在英国，侦查权和控诉权是相互独立的，拥有法定侦查权的侦查机关和掌握控诉权的检察机关各司其职，彼此间没有领导和被领导的关系。侦查机关负责绝大部分案件的侦查活动，检察机关对政府部门提交起诉的和可能判处极刑的案件进行侦查，另外检察官认为有需要侦查的案件也可以进行自侦。警察侦查案件无须征求检察机关意见，检察机关只是为了控诉而收集证据材料而不能干涉侦查机关的侦查活动，但检察机关认为证据不充分，可以要求侦查机关补充侦查，如果不同意，只能终结诉讼。② 不过在一些侦查困难的重大案件上，为防止警察遇见应该控诉的案件而不予起诉，让罪犯逍遥法外，英国刑事诉讼法要求警察请示负责案件区域的检察官，检察官亦有义务就案件有关情况提出专业意见。而在一般案件中，侦查机关几乎不会主动咨询检察机关的法律意见。检察机关接收侦查机关移送的证据材料，经过认真审查而决定是否继续指控或者变更指控，原则上应该征求侦查机关意见，但无论侦查机关的意见是支

---

① 德国《刑事诉讼法》第 160 条规定："检察机关一旦了解有犯罪嫌疑时，有责任对案件事实情况进行侦查。"第 161 条规定："检察官可以自行侦查，也可交付警察机关侦查，警察机关必须服从检察机关的命令。"第 163 条规定："警察机构应不延误地将案卷材料、证据移交检察院。"

② 王晋、刘生荣主编：《英国刑事审判与检察制度》，中国方正出版社 1999 年版，第 27-35 页。

持抑或反对，检察机关有完全的自主决定权，毕竟其肩负国家追诉的重任。

英国的检察机关可以对侦查机关侦查活动进行监督，但是早期其监督权有名无实，难以落到实处，因为英国侦查制度以侦查机关为主，很多案件的侦查和起诉也是由警察局自行决定。1986 年，英国颁布了《检控犯罪法》，检察机关对侦查机关的案件侦查才真正实现监督，明确检警分离，成立了独立行使刑事起诉权的皇家检察署。皇家检察署负责审查警方的侦查结果，根据结果进行下一步的部署，对符合《英国皇家检察规则》起诉标准的案件采取起诉。英国的检察官还可以行使以下公诉权：侦查机关认为某案件不必起诉而检察官认为应起诉时，检察官可以提起公诉；侦查机关认为应当起诉而检察官认为不必起诉的，则检察官可要求检察长终止起诉；总检察长有从法院撤回起诉的权力，也有终止法院对案件审理的权力。①

通过上述对英国检察机关与侦查机关关系的阐述我们可以发现英国的侦查权和控诉权是相互独立的，原则上各司其职，但是在一些侦查困难的重大案件中，法律就规定警察要请示负责该区域的检察官，检察官要提出专业性的意见。因此在某些重大案件中检察机关与侦查机关还是互相配合的，检察机关可以对一些问题提出自己的建议，无论侦查机关采纳与否。这样的制度设计有其明显优势。第一，检察机关与侦查机关既相互独立又互相配合，在面对重大疑难案件时群策群力，能够提高诉讼效率。检察官在一些重大案件中直接介入侦查活动，有助于侦查与公诉的衔接，侦查机关在检察机关的引导下能准确找准方向，减少不必要的弯路，降低诉讼成本。第二，有利于提高诉讼质量。检察官擅长法律适用，司法警察擅长侦查工作，二者优势互补，在侦查过程中的结合有利于提高侦查工作的合法性，从而可以提高整个诉讼的质量，实现有效的追诉犯罪。但是这样的模式也存在弊端，检察机关提前介入引导侦查，司法警察的积极性必然会受到一定的影响，更有甚者可能会出现侦查机关消极怠工让检察机关自己去侦查的情况。另外检察机关提前介入案件，在重大案件中引导侦查必然会使检察机关先入为主而产生预断，失去中立性，在重大案件中作为侦查主体的检察机关在审查起诉时很难否认自己的侦查结果，因此审查起诉的职能就无法发挥其作用。

（三）我国的侦诉模式

1. 传统的以侦查为中心的诉讼模式

我国的诉讼模式长期以来，是“以侦查为中心”。“以侦查为中心”强调了侦查阶段的重要性，意味着刑事诉讼主要目的在于查获犯罪嫌疑人，追究犯

① 郭伟成著：《外国司法制度概要》，江苏人民出版社 2001 年版，第 172 页。

罪嫌疑人的刑事责任，侦查机关自然在刑事诉讼中起主导作用。由于侦查机关的权力过于强大，导致公诉权和审判权形同虚设，往往成为侦查权的附庸。

“以侦查为中心”的模式存在着明显的弊端。首先，以侦查为中心的模式中赋予侦查机关过大的权力，而在侦查过程中又缺乏检察机关的监督、缺乏相应公诉权的制约，使得侦查机关在侦查过程中滥用权力以达到自己侦查的目的。如此一来就会使法制遭受践踏，公民权益受到侵害，造成大量的冤假错案。近年来全国范围内陆续平反的景德镇乐平方某等人奸杀案以及浙江张氏叔侄案等冤案无疑都凸显了侦查权缺少监督制约带来的危害。

其次，会出现权责不一的情形。司法实践之中，主要侦查机关的公安机关负责人存在由政法委书记兼任的情形，在政法委协调司法工作之时，容易作出有利于侦查机关的决定。那么在此情形之下，检察机关的公诉权无疑受到了一定程度上的压缩，很难发挥应有的作用。而且根据现行法律的规定，对于侦查机关移送审查起诉的案件，由检察机关进行审查决定是否提起公诉。根据《国家赔偿法》的规定，对于提起公诉但被判处无罪的案件，那么由检察机关承担赔偿责任。更进一步而言，对于刑事案件还存在着检察机关的审查逮捕程序，侦查机关一般都会要求对犯罪嫌疑人采取逮捕的刑事强制措施。根据《国家赔偿法》如果一审判处无罪的案件，那么由检察机关的审查逮捕和审查起诉部门承担赔偿责任。那么在事实上，由侦查机关主导的侦查活动，缺少相应公诉权的制约，而在侦查权实施完结之后，公诉权开始其所能审查的是侦查机关根据自身的标准所搜集的证据。公诉权开始实行之后，除特殊情形外，侦查权已经退出。此时，侦查权实施所产生的法律责任转由检察机关来承担。检察机关必须承担大于自身权力的责任，权责不一的情形尤其明显。

最后，“以侦查为中心”的模式中，在侦查阶段就已经对案件“全面”调查，经常出现在侦查阶段就早已决定了犯罪嫌疑人有罪与否并且盖棺定论，这与我国刑事诉讼法规定的“法院是唯一有审判权的司法机关、审判是决定被告人是否构成犯罪和判处刑罚的关键阶段”是不相符合的。侦查和公诉机关在审前阶段形成的案卷材料充斥庭审，成为法院裁判的决定性依据，审判成了法院对侦控结论的“盖章确认”，法院的刑事裁判主体地位名不副实。[①]

2. 以审判为中心的诉讼模式改革

推进以审判为中心的诉讼制度改革，正是基于我国目前的司法现状提出的。因为“以侦查为中心”的诉讼模式存在的诸多弊端使得推进以审判为中心的诉讼改革势在必行。不然越来越多的冤假错案出现，会令整个国家的法制

---

① 卢建平、王晓雪：《以审判为中心视角下检察权的定位与运行》，载《浙江大学学报（人文社会科学版）》2017 年第 3 期，第 156-167 页。

遭受践踏。以审判为中心的诉讼制度改革就是要凸显人民法院在被告人定罪量刑环节上的实质功能，真正发挥人民法院的把关作用，防止庭审流于形式。以审判为中心，是在我国宪法规定的分工负责、互相配合、互相制约的前提下，诉讼的各个阶段都要以法院的庭审和裁决关于事实认定和法律适用的要求和标准进行，以确保案件质量，防止错案的发生。

之前我国的侦诉关系是侦诉分离的模式，侦查机关负责侦查，公诉机关主要负责审查起诉和提起公诉，侦查机关不必对案件的后续诉讼进程负责，检察机关对案件的侦查阶段也不介入，导致侦诉脱节。虽然《刑事诉讼法》要求公、检、法三机关要相互配合，但公检二者的协作远远不够。在“以审判为中心”的诉讼制度下，检察机关的公诉和侦查机关的侦查都要满足审判的需要，二者必须加强协作、提高效率。因此我国的侦诉关系由原来的侦诉分离应转变为侦诉合一的模式，但是我国的侦诉合一指的是检察机关引导侦查而不是检察机关指挥侦查。在以“审判为中心”的模式下为什么要加强检察机关与侦查机关的合作？

一方面，侦查机关擅长侦查和预审，对证据裁判规则和定罪标准把握不全面，在收集、固定和保存证据的过程中容易降低要求，很难做到使证据完全符合起诉、审判的要求。另一方面，侦查机关重视的是案件的侦查和破案，至于案件后续的办理情况以及最终的结果，侦查机关并不重视。侦查机关在侦查过程中，将大部分的精力用于案件的侦破和抓捕犯罪嫌疑人，但对证据的收集、保存和固定重视程度不够，这也是司法实践中几乎所有的案件都被检察机关退回侦查机关补充侦查的原因。因此，要加强检察机关与侦查机关的工作联系，笔者认为可借鉴英美法系国家的检察引导侦查制度，建立侦诉合一模式。

3. 确立检察引导侦查的模式

在检察引导侦查工作模式下，一方面，检察官通过介入侦查，将警察与检察官各自优势有机结合起来，增强侦诉双方合力，切实提高侦查起诉的效率。另一方面，检察官在参与公安机关侦查取证活动过程中又能够对侦查行为的合法性进行有效监督，客观上有助于减少警察违法侦查，防止权力滥用，保障侦查质量。

(1) 检察引导侦查的案件范围。检察引导侦查案件适用范围界定也尤为重要，因为如果划定过于狭窄，案件覆盖面过小，不足以解决司法实践中存在的侦查质量不高、违反程序侦查等诸多问题。如果设定过于宽泛，会增加检察机关与公安机关的讼累，加上侦查人员和检察人员力量有限，容易拖延诉讼，降低效率。理论界和司法实务部门关于检察引导侦查的案件范围主要包括：可能判处十年以上有期徒刑、无期徒刑或者死刑的案件、重大疑难复杂案件、暴力性质犯罪案件以及有重大社会影响的案件等。

(2) 检察引导侦查的时间。对于检察官介入并引导侦查的时间，各地司法实践操作各异。引导侦查取证的时间，一般在侦查监督部门作出批准逮捕决定后在移送公诉部门审查起诉之前。特别重大敏感的案件，可以在审查批捕阶段由侦查监督部门同时介入侦查。证据的时效性比较强，随着时间的拖延，有可能毁损、灭失，犯罪嫌疑人有可能逃匿，证人、被害人有可能死亡或者出境等，这些情况的出现将导致补证困难或无法补证。以上情况决定了检察官应当及时介入引导侦查，防止证据灭失或毁坏。

(3) 检察引导侦查的方式。检察机关应当依据审判环节证据要求，对侦查机关案件证据的收集实施引导，帮助他们明晰侦查方向，提出明确具体的要求，使引导侦查的建议具有可操作性和实用性。检察机关可以采取以下措施参与引导侦查：参与讯问犯罪嫌疑人、询问证人活动；提前审阅有关的案件材料；参与勘验、检验、讨论案件；建议对证据的复核、复验；建议补充证据、补正证据瑕疵、排除非法证据；监督取证活动等。

(四) 检察引导侦查面临的问题及完善措施

1. 检察引导侦查面临的问题

第一，侦查机关、检察机关难以形成真正合力。一方面，证据标准的差距影响侦诉工作衔接。《刑事诉讼法》以及相关司法解释对证据标准的规定是统一的，但公、检、法三机关在证据标准的把握上差别比较大，由于侦查机关不负责审查起诉，不对公诉结果负责，不承担败诉后果，实践中，侦查机关在搜集证据时存在证据标准把握较低，不能达到“案件事实清楚，证据确实、充分”的情况。另一方面，由于检察制约侦查的力度不足，司法实践中，几乎每一个案件检察机关都要退回补充侦查，补充证据。但侦查机关对待检察机关退补的要求普遍持抵制情绪，工作积极性不高，补侦后的证据仍然难以达到公诉人的要求，影响了诉讼效率和案件质量的有效实现。

第二，检察机关介入指导侦查制度未能根治传统侦诉关系的问题。近年来，全国各地检察机关以设立公安机关派驻检察室、加强联席会议、提前参与案件研判等多种方式不同程度地探索和尝试了提前介入指导侦查制度，取得了一定的效果，但制度本身尚需完善，不足以应对司法改革的进程。一是介入案件范围的限制，案件仅限“重大、疑难、复杂”案件。二是启动方式被动，启动方式基本为公安机关的邀请或政法委的指定，检察机关自行启动指导侦查的情况罕有。三是介入指导不够深入，多浮于形式，不能起到实质意义。如在公安机关设立派驻检察室，从目前开展的工作来看，派驻的检察室一般并不介入刑事案件的立案与侦查。

2. 完善措施

第一，建立全方位、多角度的检察指导侦查模式。从一般指导层面来说，是指对于公安机关的综合性侦查活动，由检察机关提供相应的一般指导，以保证公安机关在侦查活动当中实现合法、公正与高效执法，进而在此基础上实现惩罚犯罪与保障人权的双重目的。从具体指导层面来说，是指检察机关针对公安机关对于某一具体案件提供的具体性指导，即通过赋予检察机关亲自参与公安机关负责的某一特定侦查活动，来为公安机关侦查活动的开展提供具体指导意见或建议，从而帮助公安机关在具体侦查活动过程中把握侦查方向与难点，其方式包括预约式指导、现场式指导、审查式指导与跟踪式指导。

第二，分担败诉风险，建立配套的错案责任追究制度。以诉讼结果倒逼错案责任制度建立，发挥司法个体实现诉讼监督的能动性。建议尝试建立错案责任追究终身制，加大无罪案件的惩治力度，将诉讼风险责任分解到每个审前阶段，从机构到领导再到办案个人均明确责任，落实到人，在侦查机关、检察机关建立无罪案件领导责任问责制，倒逼领导发挥领导责任，落实诉讼监督。于办案个人而言，建议建立新型责任追究制度。“在法国，检察长对经授权办案的司法侦查所做的评语，在做任何晋级决定时，均在考虑之列。”① 我国可以借鉴上述措施，结合我国诉讼司法实际，建立以案件对侦查人员、审查起诉人员的客观评价机制。

第三，完善退回补充侦查制度，加强退回补充侦查提纲的说理性。退回补充侦查可以说是检察机关在审查起诉阶段享有的自由裁量权之一。实践中，不乏利用退回补充侦查延长办案期限的情况，在退回补充侦查提纲上，检察官承办人仅罗列待补充事项，不说明补充原因和目的也是常态，导致侦查人员不能准确把握承办检察官的待证事项和取证意图，不利于补充侦查取证工作的进行。2016 年《关于推进以审判为中心的刑事诉讼制度改革的意见》中第 7 条，要求建立人民检察院退回补充侦查引导和说理机制。如此，一方面从形式意义上来说，规范退回补充侦查程序是对承办检察官退回补充侦查行为提出了更高的要求，程序复杂一定程度会避免承办检察官轻易利用退回补充侦查暂缓办案期限的情况发生。另一方面从实质意义上来说，帮助侦查人员明确补充侦查方向、标准和要求，有利于提高补充侦查质量，为检察官在法庭上有力指控犯罪提供基础保障。

---

① 廖东隽：《试论新刑诉法实施后的侦诉关系重构——从“检察引导侦查”到“检察指导侦查”的模式转变》，载《法制与社会》2012 年第 11 期，第 165 页。

四、对捕诉关系的探讨

所谓捕诉关系也就是批捕权与公诉权之间的关系。批捕权和公诉权，都是刑事诉讼审前程序中两项重要的公权力，但这两种权力在价值理念、规范构造及运作机制上是完全不同的。一般认为，批捕权是一种司法审查权，即由一个中立性的裁判者对刑事诉讼中作为强制措施的逮捕的合法性进行审查，性质上属于司法权范畴。而公诉权则是一种刑事追诉权，即由一个法定的专门机关代表国家对涉嫌犯罪的被告人提起刑事追诉，以实现对犯罪人的应有惩罚，维护(并恢复）被犯罪所侵害的权益和秩序。因此，公诉权在性质上属于一种行政权。随着现在国家治理法治化的不断深入，必须切实尊重和保障人权、实现公民权利保障法治化，使人权得到切实保障，产权得到有效保护，“增强全社会尊重和保障人权意识，健全公民权利救济渠道和方式”。① 那么作为国家治理法治化重要组成部分的捕诉关系当然也不能例外。

（一）捕诉关系的模式及评价

捕诉关系的分合问题，在我国并非当前才出现的新问题。从 20 世纪 70 年代末截至目前，我国检察机关内捕诉关系的调整，经历了“合—分—合”的发展过程。捕诉关系有两种模式，一是捕诉合一模式；二是捕诉分离模式。我们首先来阐述捕诉合一模式。

1. 捕诉合一模式

（1）捕诉合一模式的概念。捕诉合一制度，是指在现行法律框架内，由检察机关内部同一职能部门依法承担审查批捕和审查起诉工作并履行相关法律监督职能的办案工作机制。其实质是检察机关内部职权的重新组合，目的是建立起一种由起诉统率侦查，侦查服务于起诉的新型办案机制。

（2）捕诉合一模式的利弊分析。

①捕诉合一的优势。

一是有利于建立全程引导、调控侦查活动的监督体系。实行捕诉合一制度，负责审查起诉人员在受理提请批准逮捕的案件时就进入了侦查监督的角色，开始履行法律监督职责，将所有批捕或未批捕的案件都纳入自己的视线，直至该案件移送审查起诉或做出最终处理。因此，一旦一个刑事案件进入报捕程序，检察机关就能对该案件进行全程的法律监督，并能对发现的问题或可能存在的问题及时做出反应，收到良好的法律监督效果，以最大限度避免监督脱节的问题。

---

① 习近平著：《中共中央关于全面推进依法治国若干重大问题的决定：中共中央关于全面推进依法治国若干重大问题的决定辅导读本》，人民出版社 2014 年版，第 12 页。

二是有利于提高诉讼效率，降低司法成本，改善犯罪嫌疑人、被告人人权状况。在捕诉合一机制下，由于审查起诉与批准逮捕是由同一检察人员承担的，检察人员在审查起诉前就已经对案件心中有数，基本案情在批捕时就已经了解，审查起诉时只是对改变部分事实及侦查意向书中要求的材料有无补充审核即可，因此就避免了再一次的阅卷、审核、拿出处理意见等过程，并减少退回补充侦查。此外，对于那些在报捕时就已经事实清楚、证据确实充分，不需要再侦查的案件，在做出批捕的同时就可以提起公诉。上述举措将大大提高诉讼效率，降低诉讼周期和司法成本，缩短在押犯罪嫌疑人、被告人羁押时间，从而改善侵犯人权的状况。

三是有利于统一定罪标准，方便建立检察引导和调控侦查的刑事犯罪追诉体系。在捕诉分离机制下，由于批捕部门和审查起诉部门在定罪标准方面有时会存在一些不同的观点，批捕部门不批捕的案件，审查起诉部门认为已经构成犯罪，要求追诉；或者批捕部门批捕的案件，审查起诉部门认为尚未构成犯罪，这使得侦查部门有时无所适从，不利于侦查工作的开展。实行捕诉合一制度以后，将会在最大程度上消除这种冲突，有利于建立一个统一的定罪量刑的标准，从而方便侦查机关遵循。有利于建立一个检察引导和调控侦查的刑事犯罪追诉体系。

四是有利于提高公诉案件质量，改善庭审公诉效果，降低公诉风险。如前述，实行捕诉合一制度后，检察机关通过审查卷宗及提讯犯罪嫌疑人就能及时发现侦查过程中存在的问题，然后在做出批准逮捕或者因事实不清、证据不足做出不批准逮捕决定的同时，制作侦查意向书，通过要求侦查人员补充庭审需要的证据材料形式将案件中存在的问题予以解决。这样，就使侦查人员在收集、固定、完善证据时能做到有的放矢，有针对性地取证、最大限度地避免取证不规范及非法取证情形的出现。

五是有利于侦查人员素质的提高。捕诉合一后，检察官介入侦查，侦查人员能够直接受到检察官从公诉角度出发而给予的指导和建议，其证据意识及庭审意识将得到强化，业务素质和办案能力会大幅提高。

②捕诉合一机制的缺点。

首先，弱化内部监督。在现行的捕诉分离机制中侦查监督部门和公诉部门是检察机关两个独立的部门，分别独立地行使批捕权和公诉权，如此一来两个机关之间可以进行互相制约和监督。而实行捕诉合一机制后司法责任制授权检察官行使批捕权和起诉权，而无需检察长批准，这就很容易导致对于某些案件批捕至起诉阶段无法进行有效内部监督，在捕诉合一机制下，批捕权与公诉权合二为一，权力变得更为集中，同时又缺乏有效的内部监督就更容易造成权力的滥用。另外由于两项职能属性的不兼容，会导致两者出发点不一致而打破打击犯罪与保障人权的平衡，更容易倾向于打击犯罪方面，而影响逮捕的司法公正性。

其次，会造成逮捕权的不当使用。逮捕是最严厉的强制措施，其限制了犯罪嫌疑人的人身自由。捕诉合一机制下逮捕权可能会丧失其独立性，使得检察机关一方面对审查逮捕的定位失常，将逮捕完全定位于服务公诉而扩大这一强制措施的适用范围和程度，对可捕可不捕的案件一律批准逮捕，导致逮捕权的泛滥使用，严重侵害到犯罪嫌疑人的人身自由。另一方面又因人为主观因素和内部考评的权衡而以更严苛的起诉标准来代替原有的逮捕标准，从而造成不捕率的不正常上升，导致应当被羁押的罪犯逃脱监管，严重影响之后的刑事诉讼进程。比如侧重公诉职能的办案人员对侦查机关提请逮捕的案件进行审查逮捕时，其为了惩治犯罪，提高刑事诉讼效率，往往会将逮捕作为起诉的附属工具来快速追诉犯罪。这一“诉前先捕”的观念取向直接会导致人权保障在诉前活动中的虚化和弱化，不符合我国目前人权保障的潮流。

再次，一旦检察机关办案人员做出了逮捕决定，为了防止日后的错案追责，又会陷入“捕后必诉”的怪圈，使得出现没有羁押必要性的犯罪嫌疑人遭到羁押，没有起诉必要的犯罪嫌疑人仍然进入司法审判程序的荒诞局面。而由长期从事侦查监督工作的办案人员自捕自诉时，出于职业惯性往往会将犯罪嫌疑人羁押必要性审查放在优先考虑的位置，由于审查逮捕与审查起诉的证据标准存在差异以及出于避免将来发生“捕后诉不出、诉后判不了”的尴尬，会主观带着“先入为主”的意识提高逮捕条件或者直接以起诉的标准来确保批捕案件的高质量，这诚然降低了起诉的风险，但同时必然导致批捕率的人为下降和不捕率的不正常上升。不被批准逮捕的犯罪嫌疑人被取保候审或者被监视居住在看守所之外，有可能实施妨害刑事诉讼的行为，影响到案件的最终审理结果，会导致有罪的人没有受到应有的惩罚，客观上造成司法的不公。

最后，捕诉合一削弱了逮捕程序的独立价值。批准逮捕与公诉是检察机关的重要权力，本质上是两种不同的司法行为，强调捕诉合一则会模糊捕与诉这二者之间的界限，甚至会削弱逮捕程序的独立价值。之所以将审查逮捕的权力分配给检察机关，其目的就在于避免逮捕权的滥用，将提起公诉权与审查逮捕权隔离开来，在这个意义上来说，捕诉分离能够维护和实现逮捕程序的独立价值。如果实行捕诉合一模式，则公诉方同时承担审查逮捕的权力，势必会在一定程度上否定了逮捕程序的独立价值。这在西方法治先进国家的司法实践中也可以得到证明，因此捕诉合一是不利于维护逮捕程序的独立价值的。

2. 捕诉分离模式

（1）捕诉分离的概念。捕诉分离模式是相对于捕诉合一机制而言的，捕诉分离是将批捕部门与公诉部门分离，成为批捕部门和公诉部门两个不同的部门，批捕权与公诉权分别由两个部门行使并分别履行审查逮捕、审查起诉及法律监督等职能的办案模式。

（2）捕诉分离的利弊分析。

①捕诉分离模式的优点。

第一，捕诉分离制度能够进行有效的内部监督。因为逮捕机关与公诉机关是两个相互独立的部门，分别行使各自的权力。因此公诉机关可以对逮捕机关进行有效的内部监督。第二，逮捕和公诉相分离，在检察院内部设立了两道审查案件的防线，更有利于保证案件的办案质量。

②捕诉分离机制的缺点。

现行捕诉分离机制是建国后为适应当时的计划经济体制的需要而发展起来的，其初衷是增加一个环节，加强内部监督制约，通过层层把关的方式，保证案件的质量。随着社会主义市场经济的发展，现行捕诉分离的办案机制暴露出不少缺陷，已不能适应新形势的发展，必须要加以变革。捕诉分离机制的缺陷表现在以下几个方面：

一是法律监督不到位，无法有效实施侦查监督。我国检察机关侦查监督的形式化，法律监督名不副实是多年来公认的突出问题。首先，公安机关随意改变检察机关批准或决定逮捕的情况时有发生。根据《刑事诉讼法》第 73 条的规定，公安机关有权对被逮捕的犯罪嫌疑人、被告人予以释放或变更强制措施，但应当通知原批准的人民检察院。实践中公安机关往往不通知或不及时通知检察机关，从而造成批捕部门对这一环节的监督失控。又因为公安机关往往不将该类案件移送审查起诉，故审查起诉部门也无从监督。其次，对因证据不足检察机关不批准逮捕的刑事案件，公安机关依法对其取保候审后，犯罪嫌疑人脱保失控现象比较严重。尤其是对非本地人犯罪的，非常不好控制，极容易脱管。即使事后有充分的证据能证实其行为已构成犯罪，当审查起诉发现时也为时已晚。再次，对构成犯罪但没有逮捕必要的案件，公安机关不再移送审查起诉。检察机关对此难以监控，对共同犯罪中部分应该追究刑事责任却因种种理由未予追究的或虽然追究后来又做其他处理的，无法有效实施监督。这主要体现在批捕部门和起诉部门对犯罪掌握的标准有差异的时候比较突出。最后，对侦查中取证不规范或违法取证的行为无法有效监督。由于实践中批捕部门审查批捕的任务较重，且期限短，对于一些取证不规范或违法取证的行为不易发现，或发现后也因为审查批捕的性质所限纠正的效果不好。

二是不利于实现诉讼经济，也不利于缩短侦查期限，从而导致犯罪嫌疑人、被告人的羁押期限偏长。捕诉分离机制，将其区分为两个独立的诉讼程序，导致检察机关内部对同一案件重复阅卷、审查、取证、制作法律文书等，造成人力、物力不必要的重复及审限过长，以致出现被告人被羁押在看守所的时间比判刑的刑期还要长的不正常现象。被告人被羁押的期限过长直接导致的一个后果就是使得看守所超负荷收押，连锁反应的后果就是看守所羁押环境恶劣，不利于维护犯罪嫌疑人的合法权益。

三是案件证据质量不高，已严重影响公诉的成功率。批捕固然是对犯罪嫌疑人采取的一种强制措施，但从程序上讲却又是为起诉做准备的，刑诉法对逮捕的条件适当放宽，而起诉的证据标准却提高了。在犯罪嫌疑人被逮捕后至案件移送审查起诉前，相当一部分案件需要补充完善证据材料，但目前检察机关对该阶段的预审工作缺乏应有的制约与监督，加之侦查机关在案件批捕后，收集证据也不如捕前尽职尽责，加之侦查人员证据意识、庭审意识不强，案件侦查质量相对较差，甚至存在侦查漏洞。证据缺陷，导致无法起诉或起诉困难，有的强诉（多因已被逮捕）之后法院也无法下判，只好撤回起诉。

（二）我国的捕诉模式

我国一直在捕诉分离与捕诉合一模式之间难以抉择，捕诉关系也经历了“合—分—合”的不断演变，司法界和实务界对于选择何种捕诉模式的讨论也非常激烈。在司法体制改革大背景下我国目前力推的是捕诉合一的模式。

1. 捕诉合一模式产生的背景

随着社会的不断发展，所有的改革和制度设计也应该顺应时代的发展，与当下的社会形势与司法实践相适应。目前，党的十八届四中全会通过了《中共中央关于全面推进依法治国若干重大问题的决定》，提出“推进以审判为中心的诉讼制度改革，确保侦查、审查起诉的案件事实证据经得起法律的检验”。该项制度改革针对的是以侦查为中心的刑事诉讼构造，强调定罪的事实和证据均要经过法庭的举证、质证、辩论，保证庭审在裁判中的决定性作用，目的在于确立审判在刑事诉讼中的中心地位，推进以审判为中心的诉讼制度改革，需要侦查机关进一步完善调查取证的方式，也要求检察机关必须强化对证据的审查，切实树立证据裁判意识，可以说该制度对侦查以及批捕、起诉工作提出了新要求。然而，在具体的司法实践中，就侦查监督部门与公诉部门而言，基于两个部门在职能需求方面存在的差异，基本上还停留在各自为政的层面上，并由此引发办案质量不高与办案效率较低等各种问题，甚至还出现一些冤假错案等，确实难以应对以审判为中心的诉讼制度改革给检察机关带来的挑战。随着改革的不断深入，各方面制度得到不断完善，且相应的各项条件也在趋于成熟，这就使得以检察机关审查逮捕、审查起诉这两项最重要职权作为突破，加强检察资源整合，积极探索捕诉关系新路径已经迫在眉睫。①

---

① 郭烁：《适应鲜活实践彰显“捕诉合一”价值》，载《检察日报》2018 年 7 月 12 日第 3 版。

2. 实行捕诉合一模式的必要性

第一，“捕诉分离”模式的局限性促使转变为“捕诉分离模式”。

随着社会的不断发展，“捕诉分离”模式所具有的局限性更是日益凸显。在捕诉分离的模式下，一个案件移送至检察院后，批准逮捕与提起公诉的部门不同，就会导致不同部门的检察官对案件进行分阶段的审查，比如批准逮捕部门的检察官审查案件是否符合逮捕条件，提起公诉部门的检察官审查案件是否需要提起公诉，自然也就没有一个检察官能完整地行使刑事检察权。这就导致检察权应具有的完整性未能得以体现，没有一个检察官能对案件整个诉讼流程具有大格局视野，必将会对侦查工作引导不利，影响案件质量。将案件分阶段由不同部门分工负责的初衷是相互配合，相互制约。然而过去的经验告诉我们，司法实践中各个阶段之间往往是配合有余，制约不足。公安机关以其强大的侦查力量和相对较高的政治地位，主导了整个诉讼程序，当公安机关侦查并对事实作出认定后，检法基本上无法改变该事实，这就使得公诉以及庭审仅仅停留在形式层面上，公诉效益更无从体现。

针对上述问题，党的十八届四中全会明确提出要对诉讼制度进行改革，强调要以审判为中心，这意味着我国将着重凸显审判程序所具有的中心地位，同时也意味着审判程序将在诉讼程序中起到决定性作用。因此要改变原有的“捕诉分离”的模式，在“捕诉合一”的模式下检察机关将批捕权与公诉权统一到一个部门，该部门的检察机关在作出批捕决定时要考虑到之后还要提起公诉，为了不打自己脸因此在进行批捕时会考虑到提起公诉的问题，自然会将批捕的条件下意识的提高，这样一来也是对公安机关的一种制约。此外在“捕诉合一”模式中检察机关提前介入侦查，可以对侦查机关的侦查行为形成有效的监督。可以说该诉讼制度改革也与现代刑事诉讼理念要求是吻合的。

第二，“捕诉合一”模式能够大幅提高诉讼效率。

在我国目前司法改革背景下，对司法资源进行合理调整，并在此基础上设置相应的检察机关内部机构是大势所趋，而具体的改革则需要重点考虑以下因素：司法责任制、案件业务量和检察官数。[①] 当前，我国正处于社会转型期，刑事案件高发，一方面是刑事案件数量的不断增长，另一方面则是检察人员没有得到相应增加，这就使得检察官所承担的办案任务非常繁重，该问题目前已迫在眉睫。以 2017 年为例，全国范围内检察机关侦查监督部门受理审查并批准逮捕的犯罪嫌疑人共计为 135 万人，与同期相比共增加了 24.4%，公诉部门，受理移送起诉人数在 200 万人以上，与同期相比共增加了 19.8%。由此可

---

① 龙宗智：《检察机关内部机构及功能设置研究》，载《法学家》2018 年第 1 期，第 141-151 页。

见，检察机关“案多人少”的矛盾问题仍然很突出，这些现象在基层检察院尤为明显。[①]

一线办案人员工作任务非常繁重，然而“捕诉分离”机制却要求检察院的机构多重设置，一个案件先是由公安机关提请检察机关批准逮捕，在七天之内作出是否批准逮捕的决定，之后又移送至起诉部门，要求公诉部门办案人再次对案件进行审查，在目前检察机关办案人员明显不足的情况下，若处理一个案件需要重复开展工作，显然加大了诉讼成本，浪费了本身就较为有限的司法资源。[②] 在推进司法改革过程中需要注重对司法体制基本价值的体现，效率亦是司法体制的基本价值之一。司法只有及时为当事人提供救济，公正地实现才有其意义。[③] 但是由于侦查监督部门与公诉部门分别阅卷、提讯、审查案件，撰写法律文书，就会出现两部门工作重复及部分案件办案期限过长等问题。同时，“捕诉分离”机制在不必要的辗转过程中所出现的审查期限拖延等问题，实际上也是变相延长了犯罪嫌疑人审前的羁押时间，不利于对犯罪嫌疑人人权的保障。

反思我们目前普遍采用的“捕诉分离”办案机制，在诉讼公共资源大量投入的同时，其诉讼效率的价值目标并没有获得产出的最大化，而“捕诉合一”办案机制中的检察官则可以在审查批捕阶段就可以对案件全面了解，在审查起诉阶段就会节省大量的人力、物力和时间，大大节约了诉讼成本，也大幅度提高了诉讼效率，在进行证据审查这方面，需尽量减少检察官重复劳动，这也是有效缓解检察院案多人少矛盾问题的有效方法。[④] 所以“捕诉合一”在司法实践中更符合诉讼经济原则的要求。如 2018 年 6 月，黑龙江省大庆市让胡路区检察院采用“捕诉合一”办案机制后，对李某犯盗窃罪一案提起公诉，该案庭审仅花费了十分钟，且当庭作出判决。该案从报捕开始到作出判决共计用了 13 天，若在过去则需要 30 天左右。[⑤]

第三，“捕诉合一”模式能够提高案件质量。在“捕诉分离”办案机制下，由于负责批捕的检察官不负责起诉工作，所以其对捕后侦查并不十分关心，加之公安机关关注的是逮捕率，案件批准逮捕后，收集证据自然不如捕前

---

① 梁艳华、常建党：《破解基层院“案多人少”矛盾的路径探析》，载《中国检察官》2017 年第 12 期上，第 79 页。

② 汪建成、王一鸣：《检察职能与检察机关内设机构改革》，载《国家检察官学院学报》2015 年第 1 期，第 43-59 页。

③ 江国华、周海源：《司法体制改革评价指标体系的建构》，载《国家检察官学院学报》2015 年第 2 期，第 12-19 页。

④ 简言：《捕诉合一：提供更加优质法治产品》，载《检察日报》2018-06-21。

⑤ 韩兵等：《探索“捕诉合一”模式提升办案质效》，载《检察日报》2018-06-15。

尽心尽力了。所以由于侦查机关对于逮捕之后继续完善证据的内在和外在的动力不足，怠于继续侦查取证，就造成移送起诉时证据情况与提请逮捕时证据情况差别不大。而当案件移送审查起诉后，审查起诉部门认为需要补充侦查时，有些证据就会因为时过境迁而难以补充。所以说，在“捕诉分离”机制中批捕之后到移送审查起诉之前是法律监督的薄弱地带，“捕诉分离”机制弱化了检察机关的法律监督效果，不利于保证案件质量。①

另外，在司法实践中，由于不同阶段案件证据情况不同，或者由于部分法律或司法解释规定的不明确，往往会出现各种分歧问题，经常存在侦查监督部门对案件有一种理解，而公诉部门的看法却可能完全不同的情况。侦查监督和公诉两个部门均属于检察机关内设部门，由于对同一案件存在不同的解读，容易导致侦查机关无所适从，甚至会影响案件的侦查工作。为解决我国检警分离模式下公诉对侦查引导不足这一问题，“捕诉合一”亦具有其值得推广实行的内在合理性。因为“捕诉合一”是由一名检察官对侦查工作进行整体监督。审查案件的重点就是审查证据，而侦查违法主要是与侦查取证密切相关，如果检察官不注重监督侦查工作，非法证据和瑕疵证据就很难被发现，自然也就无法确保起诉案件的质量。②“捕诉合一”要求“谁捕谁诉”，为能使自己批捕的案件顺利起诉，这就使得负责批捕的检察官从批捕开始就会对侦查工作非常关注。基于上述原因，在侦查过程中，检察官就会从起诉的角度对侦查取证工作进行指导，对侦查活动进行全方位的监督，因而取证引导也会更精准，法律监督的效果也会更好、案件质量自然会得到提高。③

（三）捕诉合一模式的完善措施

尽管学者们对捕诉合一的内涵存在不同的看法，但都认为审查批捕部门与审查起诉部门合二为一是“捕诉合一”最基本的形式要素，在此基础上，具体运行模式在理论上有多种可能。近两年捕诉合一改革试点中也确实存在不同的运行模式，不同的运行模式对办案质量与效率有着重要的影响，选择合理的运行模式是捕诉合一改革能否成功的关键。

1. 捕诉合一办案机制的运行模式

根据司法实践中的运行模式可以发现，“捕诉合一”在司法实践中存在两

---

① 丁浩勇：《“捕诉衔接”机制研究》，载《中国检察官》2016 年第 11 期，第 42-44 页。

② 尹吉、王梦：《捕诉合一：符合司法实践需求的时代选择》，载《检察日报》2018-06-27。

③ 邓思清：《捕诉合一是中国司法体制下的合理选择》，载《检察日报》2018-06-06。

种不同的运行模式。

第一种是实质的“捕诉合一”。实质的“捕诉合一”指所有的案件不分类型、不考虑复杂程度，均由一个检察官对案件进行审查批捕和审查起诉，不会出现一个案件的审查批捕与审查起诉由不同检察官处理的情形。吉林省长春市九台区人民检察院在大部制改革基础上进行捕诉整合，将其内设机构精简整合为8个。遵循“谁批捕、谁起诉”原则，打破原有的批准逮捕案件和公诉案件分离办理的格局。使得案件的审查批捕和审查起诉都由同一办案组办理，减少因同一案件由不同部门人员重复阅卷审查造成的重复劳动与资源的浪费，通过捕诉整合来提高整体办案效率。

第二种是有条件的“捕诉合一”。有条件的“捕诉合一”指根据不同的案件类型有所差别，简易案件实行捕诉合一，重大疑难复杂案件实行捕诉分离。湖北省武汉市东西湖区人民检察院在原有的侦查监督科和公诉科的基础上整合成批捕起诉部，将部门内全部人员整合成6个办案组。简易案件的审查批捕和起诉工作由同一组的办案人员办理；复杂案件则进行交叉审查，即由一组对另一组批准逮捕的案件进行审查起诉。

两种模式的区别在于其适用对象的不同。捕诉合一是适用于所有的案件还是仅适用于一些非重大疑难案件。这两种不同的运行模式各有其利弊。

第一种模式严格执行捕诉合一，其优点为最大限度地减少了检察人员的重复性劳动，能够最大限度地发挥捕诉合一提高诉讼效率的价值。但也存在一定的不足之处，较捕诉分离而言，该运行模式跨度过大，一刀切地不分案件类型均由同一检察官对案件进行审查批捕与审查起诉，可能造成检察工作人员在业务上的不适应。对于较为复杂的案件，如果一个检察官从批捕时就出现认识上的错误，那么错误会一直延续到提起公诉，可能会造成重大案件的处理不当，影响司法权威。

第二种模式的优点是弥补了第一种模式的缺点。对于疑难复杂的案件，由不同的检察官分别负责审查批捕与审查起诉，两个检察官在不同阶段对案件把关，避免因一个检察官存在认识上的错误而导致错案的发生，形成内部的监督制约，有利于保障案件的质量。该模式的缺点则是改革不彻底，复杂案件费时耗力。

诉讼效率与案件质量是评判司法公正的基本因素，一个诉讼机制必须既能保证诉讼效率，又能保障案件质量，才能称得上是合格的、可行的诉讼制度。从此意义上来说，第一种模式与第二种模式兼具以上两种价值。实质的捕诉合一有利于公诉引导侦查、侦查监督，保障办案质量，最大限度地避免重复性劳动，提高诉讼效率。有条件的捕诉合一属于“保守派”，更加注重审查批捕阶段与审查起诉阶段的监督，对复杂案件的质量尤为慎重。案件质量较之于案件办理效率更加重要，即结果的准确性更能体现案件办理的公正性。制度改革之初，还会存在部分检察官对新业务的不适应，因部分检察官之前只负责审查批捕，没有进行过审查起诉或者出庭支持公诉的工作；之前只负责审查起诉的检察官可能从来没有处理过审查批捕。立即全部实行捕诉合一，部分检察官可能出现“水土不服”，需要在适应新业务上花费更多时间。这与“捕诉合一”所追求的提高诉讼效率的目标不相一致，并且案件的办理质量也得不到保障。因此，笔者建议在改革之初，可以采用有条件的“捕诉合一”，即简易案件的审查批捕和审查起诉工作由同一个检察官办理，复杂案件则由不同的检察官进行交叉审查，待“捕诉合一”运行机制成熟以后再转为全部实行“捕诉合一”。

2. 捕诉合一运行机制的构建

第一，打破层级审批壁垒。落实司法责任制的前提条件是具有明确的责任主体，只有责任主体明确，才能准确追究责任。同时权责一致又是追责机制合理运行的必然要求，只要有权，就要有责，进而才能追责。根据《刑事诉讼法》第89条的规定，只有检察长才拥有决定是否批准逮捕犯罪嫌疑人的权力。在“捕诉分离”模式下的批准逮捕需要“三级审批”，承办检察官决定后报部门负责人审批，部门负责人审批后再报分管检察长审批，层层审批，权力分散。这不仅不利于诉讼快速进行，也不利于责任主体的确定，无法全面贯彻落实司法责任制。因此，应当打破审查批捕层级的壁垒，建立主任检察官负责制，除审查批捕外，由主任检察官决定案件的其他事项，主任检察官对自己办理的案件独立负责。审查批捕时，主任检察官认为需要逮捕的，由其直接向分管检察长报批，省去中间环节，避免因行政化运行机制导致案件的不合理拖延，不仅能够提高诉讼效率，解决案多人少问题，还能有效减少诉前羁押时间，保障当事人权利。

第二，完善检警沟通机制，优化公诉引导侦查。公诉引导侦查的根本目的在于提高侦查效率与质量，更好地行使公诉权，其关键在于引导的“质”与“效”。要充分实现公诉引导侦查的预期效果，侦查机关与检察机关之间的关系必须更加密切，需要在二者之间建立更加有效的沟通机制，保障“引导能够生根结果”。即侦查机关可以就引导意见与检察机关进行沟通探讨，检察机关也可以对引导意见的执行进行监督。首先，完善侦查机关与检察机关的沟通机制。在检察机关审查批捕后作出继续侦查取证意见书，该意见书是以提起公诉的标准做出，定会与侦查人员的意见产生不一致甚至是冲突，需要侦查机关与检察机关进行及时沟通，才能发现问题所在，精准有效地调查取证；对于疑难复杂案件，检察机关可以派员参与到侦查机关的侦查活动中进行侦查引导或者是以开座谈会的方式对侦查中的疑难问题进行探讨。其次，建立检察机关对继续侦查意见执行情况的监督机制。侦查机关执行继续侦查意见后，需及时向检察机关报告意见的执行情况，便于检察机关及时了解侦查情况，决定是否需要进一步作出引导。因此，检察官与侦查人员应当在各负其责、互相制约的基础上，加强信息沟通和协调配合，切实做好侦查引导工作，提升侦查质量。

第三，科学设置业绩评价指标，确保批捕权正当行使作为加强队伍建设的一项重要内容，业绩评价是提高工作效率、激发队伍活力的关键。随着司法责任制改革深入推进，构建科学的业绩评价体系，设定合理的评价指标，是推动权责统一、保障诉讼公正的关键所在。科学合理的业绩评价机制具有“指挥棒”的功能，有利于引导并激励检察人员的工作积极性，同时也有助于推动检察事业的持续发展。目前，在检察院的业绩评价中存在着“无罪率、撤诉率、错误批捕率”等硬性指标，仍将“零无罪、零撤诉、零错误批捕”作为追求目标。因为这些不符合检察工作规律指标的存在，检察官可能会为了避免“捕后诉不出去”“无罪判决”的出现，在审查批捕时以更严苛的起诉标准来代替法律规定的逮捕标准，从而造成不捕率的不正常上升，导致应当被羁押的罪犯逃脱监管，影响之后刑事诉讼的顺利进行；或者是将逮捕措施实质定位于服务公诉而扩大这一强制措施的适用范围，对可捕可不捕的案件一律批准逮捕，导致逮捕权的滥用，侵害犯罪嫌疑人的人身自由。剔除检察官业绩评价中的不合理指标，不以逮捕、侦查终结作为工作成效的标准，以是否完成指控任务作为检验侦查成效的重要标准，对于检察官正当行使职权具有重大意义。

第四，健全检察机关内部监督机制，强化内部制约。实行“捕诉合一”机制很担心检察官提前介入后监督不到位，那么就要保证检察机关的内部监督，切实监督好检察官。在捕诉合一办案机制下，建立检察官联席会议制度，对于社会影响较大的疑难复杂案件的批准逮捕与起诉应当经检察官联席会议讨论，再报检察长或者检察委员会决定。同时案管部门需及时介入检察案件办理，对明显违法办案的情况予以通报，督促改正。对于一般案件，应当在一审公诉案件办结后启动评查，对案件办理的流程进行全面检查、综合分析，根据机关内设规定对案件办理质量进行评定，形成整体质量评查报告。对于重大、疑难案件，案件管理部门要加强对个案全程跟踪监督，出现违规、违法办案，要明确责任追究的操作程序，还要建立具有权威性和公正性的错案追究机制，以保障办案质量。

3. 实行捕诉合一模式需要澄清的几个问题

（1）是否会造成批捕权的滥用。有人担忧捕诉合一后，主诉检察官权力过大，容易造成批捕权的滥用。笔者认为这种可能性比较小，而且可能出现批捕权滥用的主要原因不在于制度本身而在于人。捕诉合一办案机制不存在根本性的悖论问题，而是由于目前执行该机制的人员配置不到位，能力达不到所造成的。因此可以通过加强机关队伍建设、提高办案人员执法素质的方法来解决批捕权滥用的问题。从侦查监督部门和公诉部门的法律监督性质来看，侦查监督贯穿于捕、诉两个环节。检察机关对于在审查批准逮捕阶段和审查起诉阶段认为证据不足的案件，都可以要求侦查机关补充侦查，以此实现对侦查活动的监督。所以说侦查监督不仅是侦查监督部门的核心工作，也是公诉部门的重要职责，两个部门在保障刑事诉讼程序的方向上是相同的，对于逮捕权行使的目的认识也是统一的，完全存在相互联系，相互配合形成合力办案的机会。2000年《关于公安机关刑侦部门、检察机关批捕部门、起诉部门加强工作联系和配合》的通知，2002年最高人民检察院的工作报告，均指出要构建介入引导侦查，强化侦查监督的工作机制，正式标志着检察机关内部捕诉联动工作机制的落地。从这些年捕诉联动工作机制的实践状况来看，捕诉联动工作机制加强了侦查监督部门与公诉部门内检察官的相互配合，强调相互协调办案。而对于某些重大、疑难案件，比如辖区内的命案、大型团伙盗窃案等，两部门更是积极采取捕前联系、捕中沟通、诉前研究的方式，由检察机关提前全面介入侦查活动，通过捕前、捕中、捕后对侦查活动的引导，充分发挥侦捕诉三方面的合力，正确使用逮捕措施为案件移送起诉做好充足的准备，提高了刑事诉讼效率，并且在一定程度上解决了公诉滞后于批捕导致的对缺失证据无法及时补充所带来的严重弊端，通过提前介入侦查和协调侦捕诉三方面的办案，避免了出现逮捕不当的可能。[①] 捕诉联动工作机制的成功经验，为进一步有条件地适用捕诉合一办案机制提供了强有力的实践基础和理论支持，充分说明了捕诉环节互相配合能够发挥更大的作用，同时也说明了捕诉合一办案机制的适用不会存在捕诉掣肘、相互干扰的担忧。捕诉合一办案机制是有条件地实现客观公正运用逮捕权的目标。而这一条件便是办案人员的素质和能力能够达到在捕诉合一办案机制下居中裁断作出是否批准逮捕决定的客观要求。捕诉合一办案机制下，原先的侦查监督部门和公诉部门的检察人员重新整合，不但要学习掌握审查批准逮捕的标准和要求，而且要应对公诉工作需具备新的技能和技巧，如语言技巧、举证技巧、辩论技巧、庭审技巧等，检察人员的办案任务不再单一化，需要同时加强侦查监督与公诉业务的学习，以便更好地处理逮捕权的使用和公诉权的平衡关系。

此外，还可以通过一些制度来加强对主诉检察官的监督制约。如对批捕后起诉不了的案件，主诉检察官应当说明正当理由，如果没有正当、客观的理由，主诉检察官应承担相应的责任，这种措施就使得主诉检察官在行使批捕权时会非常谨慎。当然也不排除在个别情况下有滥用批捕权的现象，但总的说

---

① 董靓：《检察机关捕诉合一办案机制探析》，江西财经大学2018年硕士学位论文，第15-16页。

来，捕诉合一后，批捕权只能更加慎重地使用，而不会被滥用。

（2）是否弱化了检察机关的内部制约机制。有人认为，实行捕诉合一制度后会因为减少了一道内部把关的程序，从而导致弱化内部制约，降低办案质量。笔者认为捕诉合一办案机制取消了检察机关内部部门之间的相互制约并不当然意味着就没有了内部监督。实际上，业务部门可以通过内设案件质量评查监督小组实时进行案件宏观流程的监控和对案件质量进行定时抽样评查的监督，这就对批捕权与公诉权的行使形成了一定的制约。同时在业务部门内部单独设置一个案件流程监控小组，就是对案件的审查批捕和审查起诉进行实时监督，对于办理案件的重要节点，比如是否决定批准逮捕，是否提起公诉，是否对犯罪嫌疑人变更强制措施等，采取核审否决制，杜绝检察官办理刑事案件时出现逮捕错误或追诉错误的情形。① 一旦发现问题，案件流程监控小组会及时在办案系统内发纠正违法函指出并要求案件承办检察官即时更正回复，防止其因权力集中而肆意滥用，保证承办检察官批捕权与公诉权的行使是受到限制与监督的，保障检察机关的侦查监督职能和公诉职能能够得到正常有效的运行。

内部制约固然重要，但不能光强调内部制约而忽视外部制约，内部制约的削弱可以通过外部制约的强化来代替、弥补。也就是说，实行捕诉合一后，从内部看好像减少了一个环节、削弱了制约，但外部制约能够加强，尤其是在与公安机关的关系上，公安机关对不捕的复议、复核会强化，这样就可以通过外部制约的强化来弥补内部制约弱化的缺陷。实行捕诉合一后，办案质量会提高，因为批捕、起诉由同一名主诉检察官负责，他在批捕时就应当考虑捕后能否起诉、从起诉的角度来考虑捕与不捕，这样对批捕的要求就应当很严格，而且捕诉合一后即使案件能够批捕，但证据还存在一定的瑕疵，主诉检察官可以及时通过向公安机关发出侦查意向书来弥补这些缺陷。在捕诉分离的机制下，负责批捕的检察官不管起诉，因此他对批捕的条件把握不好。而在捕诉合一的机制下，批捕后就要考虑能否起诉，批捕后诉不出去，主诉检察官要承担相应的责任，如此一来，主诉检察官就会严格掌握逮捕条件，以提高办案质量。

（3）是否会造成“凡捕必诉”。实行捕诉合一制度后，起诉率会提高，但是不会造成“凡捕必诉”。因为尽管是按照最低限度的起诉标准来掌握批捕标准，但是在很多情况下，若相关证据调取不来，仍然达不到起诉标准。也就是说，在批捕后至起诉前，这个标准可能会有一些变化。有些情况下虽然批捕了，但是后来客观情况发生变化：公安预审、补充侦查工作不到位等，仍然会出现有些案件虽然批捕了但起诉不了的情形。应当说这是很正常的，是不以人

---

① 董靓：《检察机关捕诉合一办案机制探析》，江西财经大学 2018 年硕士学位论文，第 17 页。

的意志为转移的。

第二节　对监察机关调查权的监督

2018 年《宪法》修正案的通过和《监察法》的颁布实施，标志着我国监察制度步入了一个崭新的阶段，确立了全新的监察制度，对于公职人员的监督和对公职人员职务违法行为、职务犯罪行为的调查权由检察机关移交至监察委员会行使，监察机关享有了对公职人员职务犯罪案件的调查权。《宪法》和《监察法》赋予监察机关三项权力：监督权、调查权和处置权。监察机关作为一个新的由人大产生并向其负责的国家机关，在惩治腐败犯罪方面起着重要的作用。任何权力都应当受到监督，不能游离于监督之外，监察机关作为重要的国家机关之一，不仅要接受人大的监督也要接受检察机关的监督。本节主要讨论检察机关对监察机关职务犯罪调查权的监督。

一、监察机关的调查权

监察委员会的调查权是指对涉嫌职务违法和职务犯罪的公职人员进行调查取证的一项权力。调查权的内容包括调查权的主体、内容和客体。

（一）调查权的主体

根据我国《监察法》的规定，监察机关调查权的主体是监察机关以及监察人员。具体来讲，调查权的主体是各级监察委员会及其组成人员，包括中华人民共和国国家监察委员会以及国家监察委员会的主任、副主任若干人、若干委员。省、自治区、直辖市、自治州、县、自治县、市、市辖区也会设置监察委员会，这些监察委员会及其组成人员也是监察机关调查权的主体。

（二）调查权的内容

监察机关运用调查手段对公民的人身、财产、住宅等进行相应的限制，其目的是为了查明案件的真相。根据《监察法》的规定，调查权的内容包括十二项，可以分为四大类，分别是对人的调查权、对物的调查权以及留置和技术侦查。

1. 对人的调查权

监察机关对人进行调查所采取的手段多种多样。根据不同的违法程度，对象所采取的调查手段是不一样的。《监察法》第 19 条规定对可能发生职务违法的监察对象，监察机关按照管理权限，可以直接或者委托有关机关、人员进行谈话或者要求说明情况。根据该条规定我们可以知道监察机关可以对监察对象采取谈话的手段。该谈话既可以由监察机关自己进行，也可以委托有关机关或人员进行。通过谈话向监察对象了解情况。《监察法》第 20 条第 2 款的规定，对涉嫌贪污贿赂、失职渎职等职务犯罪的被调查人，监察机关可以进行讯问，要求其如实供述涉嫌犯罪的情况。此时适用的调查手段是讯问。相比谈话而言此时对象已经是涉嫌犯罪的被调查人，因此采取的手段要带有强制性。根据《监察法》第 21 条规定，在调查过程中，监察机关可以询问证人等人员。询问证人既可以在监察委内询问，也可以到证人指定的地点询问。《监察法》第 24 条规定监察机关可以对涉嫌职务犯罪的被调查人以及可能隐藏被调查人或者犯罪证据的人的身体、物品、住处和其他有关地方进行搜查。根据该条规定我们可以知道监察机关也可采取搜查的手段来进行调查。搜查时要出示搜查证，并且要有见证人。在搜查女性身体时要由女性工作人员进行。这体现的也是对人权的保障。

2. 对物的调查权

监察机关对物的调查手段也是多种多样的，种类繁多的调查手段有利于更快更清楚地查明案件真相。《监察法》第 23 条规定监察机关调查涉嫌贪污贿赂、失职渎职等严重职务违法或者职务犯罪，根据工作需要，可以依照规定查询、冻结涉案单位和个人的存款、汇款、债券、股票、基金份额等财产。有关单位和个人应当配合。冻结的财产经查明与案件无关的，应当在查明后三日内解除冻结，予以退还。因此监察机关在进行调查过程中可以对涉案财产进行查询和冻结。《监察法》第 25 条规定监察机关在调查过程中，可以调取、查封、扣押用以证明被调查人涉嫌违法犯罪的财物、文件和电子数据等信息。因此监察机关在调查过程中对于被调查人涉案的财物等可以调查、查封和扣押。监察人员采取上述手段时要有书面文件，而且在采取上述手段时要有持有人、保管人和见证人的拍照进行登记，合法保存，若最终查明与案件无关应当在三天内及时完好无损的退回。

《监察法》第 26 条规定监察机关在调查过程中，可以直接或者指派、聘请具有专门知识、资格的人员在调查人员主持下进行勘验检查。勘验检查情况应当制作笔录，由参加勘验检查的人员和见证人签名或者盖章。《监察法》第 27 条规定监察机关在调查过程中，对于案件中的专门性问题，可以指派、聘请有专门知识的人进行鉴定。鉴定人进行鉴定后，应当出具鉴定意见，并且签名。根据这两条我们可以知道监察机关在调查案件过程中除了自身可以采取各种手段外，还可以寻求外界专业人员的帮助。

3. 留置

《监察法》第 22 条规定，被调查人涉嫌贪污贿赂、失职渎职等严重职务违法或者职务犯罪，监察机关已经掌握其部分违法犯罪事实及证据，仍有重要问题需要进一步调查，并有下列情形之一的，经监察机关依法审批，可以将其留置在特定场所：（一）涉及案情重大、复杂的；（二）可能逃跑、自杀的；（三）可能串供或者伪造、隐匿、毁灭证据的；（四）可能有其他妨碍调查行为的。因此监察机关在调查过程中可以对被调查人采取留置措施。留置措施源于党内“两规”措施。2016 年 11 月 7 日，北京、山西、浙江三省市试点方案首次明确监察委员会可采取“留置”措施。2017 年 1 月 8 日，《中国共产党纪律检查机关监督执纪工作规则（试行）》中“两规”已经“消失”。2017 年 3 月 17 日，全国首例监察留置措施产生，时由浙江省杭州市上城区监察委员会依据全国人大的授权，依法对涉嫌贪污的上城区某机关下属事业单位工作人员余建军（非中共党员）采取留置措施。① 有关留置的性质不同的学者持有不同的观点，有学者认为留置属于一种侦查措施。刑事诉讼法学领域的学者一般认为，留置是监察委所享有的唯一可以限制人身自由的措施，强度类似逮捕，所以不能因其称为调查而掩盖其侦查的实质。② 也有学者认为，一方面监察留置未纳入正式的刑事强制措施体系，属于刑事强制措施之外的特殊强制措施；另一方面监察留置在取代“两规”方面取得了一些法治进步，但是在适用场所、适用期限，尤其是审批程序等方面具有鲜明的“政治色彩”，故仍然属于传统的“双规”措施的延续。更确切地说，监察留置同时带有“特殊形式强制措施”与“隔离审查措施”的性质，是一种进行党纪、政务和刑事调查的综合手段。③ 学者们之所以持有不同观点是因为角度不同，但核心都是相似的。笔者认为监察委员会是国家监督专责机关，不是党政机关，也不同于公检法等司法执法机关；监察委行使的调查权并非刑事侦查权，监察法也区别于刑事诉讼法。因此，留置属于一项全新的监察调查措施，既有别于党内措施、行政措施，也有别于司法强制措施，具有独立属性，是党的纪律检查、政务违法调查和职务犯罪侦查的复合体。

4. 技术侦查

“技术侦查”又称“秘密侦查”，两者是同一问题的不同方面，没有实质上的区分，是指在案件侦查过程中侦查主体采取伪装或者隐瞒身份、目的、手段的方法，运用一些科学技术手段，在侦查对象不察觉的情况下，为发现犯罪线索，收集犯罪证据，缉捕犯罪嫌疑人而采取的一种特殊侦查手段，由于在大

---

① 丁谨之、颜新文、李光：《全国首例留置案调查始末》，载《浙江日报》2017-12-29（03）。

② 卞建林：《监察机关办案程序初探》，载《法律科学》2017 年第 6 期，第 52 页。

③ 陈瑞华：《论国家检察权的性质》，载《比较法研究》2019 年第 1 期，第 41-42 页。

多数情况下，技术侦查具有非公开性、秘密性，亦被称为“秘密侦查”。[①] 我国《监察法》第28条规定，监察机关调查涉嫌重大贪污贿赂等职务犯罪，根据需要，经过严格的批准手续，可以采取技术调查措施，按照规定交有关机关执行。因此监察机关有权采取技术侦查措施。

技术侦查措施是特殊的侦查手段，涉及个人隐私问题，因此在适用时要加以规范，不然容易造成权利的扩展和滥用。技术侦查措施的使用要遵循合理怀疑的原则，即监察委员会已有足够证据证明被侦查对象有实施犯罪的可能。在刑事案件中，并无纯粹意义上的客观真实和法律真实，要求已掌握的法律事实达到真实存在的客观情况是不现实的。[②] 监察委员会的合理怀疑不仅要从法律事实层面出发，还要结合案件客观事实，做到客观真实和法律真实相结合。法律事实之证明依赖于侦查机关已掌握的有罪证据，客观事实之证明则依赖于通过信访、问卷渠道等公开渠道获取的实际材料。但是在职务犯罪中，由于侦查难度大、隐蔽性强，很难收集到有罪证据，此时若要对当事人采取侦查措施，就必须从客观真实与法律真实相结合的角度确信当事人有实施犯罪活动的合理怀疑。

另外要采用非公开技术侦查措施。如通过拦截邮件、通话录音、电子监控、秘密拍照等非公开手段获取证据，并且技术侦查措施本身存在一定的扩张性和侵权性，这是区分技术侦查与公开侦查的关键要素。借鉴三机关（国家安全机关、公安机关和检察机关）的侦查经验，技术侦查措施主要适用于两类犯罪：一是性质严重的犯罪；二是组织化、技术化、隐秘化的特殊类型犯罪。[③] 监察委员会若要对以上两类犯罪采取技术侦查措施，必须用尽所有的公开方式侦查，不能由于案情特殊或者难以通过公开侦查手段收集到有罪证据，否则很有可能失败或极具危险性。

最后，技术侦查对象的确定和侦查方式的选择只能与案情有关，不得随意扩大或更换，要严格遵守侦查内容和侦查方式批准制度。为防止多部门整合后的监察委员会权力过大而又不能正确行使，必须对技术侦查申请、批准和执行程序进行严格限制，技术侦查措施只能运用于确定的案件事实，不得用于可通过公开化侦查渠道获取证据的案件中。一旦选定一种或几种侦查措施，就不得在侦查过程中随意更换，以免对当事人的私权造成进一步侵犯。

---

① 何家弘：《秘密侦查立法之我见》，载《法学杂志》2004年第6期，第26-29页。

② 樊崇义著：《诉讼法学研究》，中国检察出版社2002年版，第15页。

③ 兰跃军：《比较法视野中的技术侦查措施》，载《中国刑法杂志》2013年第1期，第63页。

（三）调查权的客体

监察机关是反腐机构，打击职务违法和职务犯罪行为，故原则上所有的公共职务人员均属于监察委的调查对象。具体来说，所有按规定必须在任职的时候向宪法宣誓的公职人员，均属于监察委的调查对象。具体来说调查的对象包括以下八类。

一是中国共产党机关人员：包括党的各级机关公职人员。二是权力机关人员：我国现行宪法明确规定，监察委由各级人大产生，受其监督并对其负责。那么，监察委是否有权监督检察人大中的公职人员呢？根据我国现行监察法之规定，人大及其常委会的公职人员亦属于监察法的监察对象。那么监察法如此之规定是否有违宪法呢？笔者认为并不违背。因此，中央和地方各级人大及其常委会的人员均为监察法之监察对象，也均属于监察委调查的对象，那么人大代表是否属于公职人员，属于监察委调查的对象呢？郑贤君教授认为我国人大代表是兼职而非专职，应视具体情况来判定其是作为人大代表被调查还是作为本职工作人员被调查，倘若是人大代表，则依法享有人身特别保护权，监察委要对其进行调查就必须先报请同级人大常委会批准。① 三是行政机关人员：主要是指国务院及其直属机构公职人员，各级地方政府的公职人员。四是监察委员会人员：监察委能否调查自身的公职人员？笔者认为答案是肯定的，监察委对所有公职人员进行全方位无死角的监察，监察委作为国家机关，其人员作为公职人员，自然也包括在其中，在调查时应注意区分调查人员和被调查人员，这也是自然的。五是法院机关人员、检察院机关人员：监察委对法检两院之监察是否会与审判独立、检察独立相互矛盾甚至发生冲突呢？笔者认为是不矛盾的，没有权力是完全独立不受监督和制约的，我国《宪法》和《刑事诉讼法》也规定，法检两院和公安机关在刑诉过程中各负其责、相互配合、相互制约，以保证准确有效地执行法律。故监察委有权调查法院和检察院公职人员在审判、检察中涉嫌职务违法和职务犯罪的行为，但不得干涉审判活动和检察活动。六是人民政协人员：人民政协的人员分为政协委员和在政协机关工作的工作人员，前者多为兼职，应按本职工作来认定；后者视其职务和具体情况认定是否为公职人员。七是授权组织中从事公务的人员、国有企业管理人员、公办科教文卫体等范围管理人员、基层群众性自治组织中的管理者，这些单位中的人员及其职务行为具有公共管理的特性，因此都属于监察法中的公职人员，是监察委的调查对象。八是其他公职人员，这条属于兜底条款，主要是为了应对可能出现的新的公职人员。

---

① 郑贤君：《试论监察委员会之调查权》，载《中国法律评论》2017 年第 4 期，第 120 页。

监察机关调查权监督公职人员的违法行为和公职人员的犯罪行为。所谓违法行为主要是指被调查者的行为违反法律但尚不构成犯罪，主要是职务方面的行政违法行为。公职人员的犯罪行为是指可能构成贪污贿赂、滥权徇私、玩忽职守、权力寻租、浪费国家资财等犯罪行为。张东方在其撰写的《我国监察体制改革若干问题思考》中认为，监察委的成立以及整个监察体制改革的主要目标就是进行全面彻底的反腐，故其调查的案件范围，可不限于原检察机关侦查范围，即不限于刑法第八章和第九章的罪名，对不属于职务犯罪但同样有损于社会公共利益的犯罪，也应属于监察委的调查范围，例如对非国家工作人员行贿罪，不属于职务犯罪，但同样有损于公职人员的廉洁性，应属于监察委的调查范围。[①] 对此笔者持不同意见，从解释论角度来看，《监察法》规定的监察委的调查对象是公职人员，调查范围不包括非职务犯罪的普通犯罪；从立法论的角度来看，不应一味扩大监察委的调查范围，将非职务犯罪的普通犯罪列入监察委的调查范围，也有损公安机关的侦查权。

二、检察机关监督监察机关调查权的必要性

在国家政治体制和司法体制改革的大背景下，党和国家赋予了监察机关特殊的权力，监察机关对所有行使公权力的公职人员都有监督的权力，可是谁来监督监督者？谁来监督监察机关呢？除监察机关内部监督之外，外部监督亦非常重要。《监察法》规定人大及其常委会有权监督监察机关。但人大及其常委会是立法机关，其主要职责是立法、立法解释，监督职能的发挥没有那么充分。除了人大及其常委会，还有其他机关、团体能够监督监察机关吗？

（一）检察机关有权监督监察机关的调查权

《中华人民共和国宪法》明确规定了检察机关法律监督的地位。这从根本上为检察机关监督监察机关提供了法律依据。既然是《宪法》规定的法律监督机构，那么就有权力对任何机关进行监督，监察机关也不例外。另外检察机关对监察机关进行监督存在天然优势。首先，检察机关一直以来行使监督的权力，更知道如何对监察机关进行有效的监督。检察机关监督的方式以及惩罚措施经过多年的研究和完善可以使该监督更有效地发挥其作用。其次，监察机关对于职务犯罪调查的权力由检察机关行使，检察机关多年调查职务犯罪案件，有着一定的经验，更熟悉每一环节。可以更深入细致地对监察机关职务犯罪调查的行为进行监督。最后，监察机关对职务犯罪案件的调查在很多地方与侦查机关行使侦查权是相似的。而检察机关一直对侦查机关行使侦查权进行监督，

---

① 张东方：《我国监察体制改革若干问题思考》，中国社会科学院研究生院 2017 年硕士学位论文，第 35 页。

因此检察机关对监察机关进行监督时更为得心应手，也能最大化的对监察机关进行监督。《人民检察院组织法》第 2 条规定人民检察院是国家的法律监督机关。该项规定也明确了检察机关的法律监督地位。因此，从《宪法》和《人民检察院组织法》的规定中可以明确知道检察院是我国法定的、专门的法律监督机关。而《监察法》也是法律，因此也需要检察院对其进行监督。此外，监察法也规定对于监察机关移送的案件，人民检察院要根据《刑事诉讼法》的标准进行审查。因此，监察机关对被调查人的调查、处置也要适用刑事诉讼法。因此，检察机关有权对监察机关进行监督。

（二）检察监督的必要性

监察体制改革使得监察委员会拥有了对纪委的违纪调查权、行政机关的违法调查权以及检察院的职务犯罪侦查权，监察委员会调查权集三权于一身，使得其调查权空前强大，若不对其进行监督，则有可能导致调查权遭到一定程度的滥用。

而权力滥用又有可能导致个别腐败现象的发生。调查权是国家为了能够集中统一查处贪腐案件而赋予监察委员会的一项职权，但是由于其具备“行纪检”的特性造成调查权权力集中，国家本来是希望通过赋予监察委员会强大的调查权去有效的查处贪腐案件，惩治腐败，但是可能会使得监察委员会权力过大而使自己陷入腐败中，失去监督和制约的枷锁，则可能增加发生腐败案件的风险。因此有必要对监察机关的调查权加以监督。

首先，检察机关对监察机关的调查权进行监督有利于建立良好的监督环境。我国进行监察体制改革之后，监察机关与行政机关、司法机关属于同一层级的国家机关，因此也确立了监察权在我国的权力体系中具有很高的法律地位，作为监察委员会最重要的权力，调查权集纪委违纪调查权、行政违法调查权以及职务犯罪侦查权于一身，权力不可谓不厚重，若不对其进行监督，“绝对权力导致绝对腐败”的名言可能会成为不可避免的事实。监委会调查对象囊括了一切行使公权力的公职人员，要确保调查权的规范运作，不发生权力滥用的可能，必须加强对调查权行使的监督。那么在现有机制下，应该由谁来对监察委员会的调查权进行监督呢？根据《国家监察法》，人大及其常委会有权对监察委员会进行监督，但是人大及其常委会的监督是一种宏观上的监督，如何使监察委员会的调查权能够受到有效监督，是当前必须解决的问题。党的纪检机关可以对监察委员会的调查权进行监督，但是由于监察委员会与纪委实行合署办公的工作方式，导致党的机关对于监察委员会的监督变成了内部监督，内部监督是否能够起到很大的效力也存在疑问。因此就需要一个强有力的外部监督主体对其进行监督，也就是检察机关。

监察委员会调查权本身的特点也要求建立良好的监督环境。国家监察权，作为一种新型的权力模式，随着我国监察体制改革之后成功登上了国家权力的配置平台上。传统的国家权力结构为人民代表大会制度与“一府两院”，监察委员会的成立打破了原有的国家权力格局，使之形成了人民代表大会制度之下的“一府一委两院”新的权力格局。调查权作为监察委员会最重要的权力，整合了由行政权延伸出来的行政监察权中的违法调查权，检察权延伸出来的职务犯罪侦查权以及纪委的违纪调查权，从而加强了调查权的力量，使这三种权力从原来的机关中剥离出来，形成了集中统一的调查权，丰富了监察委员会调查权的权力内容，但这三种权力在性质上又具有很大的不同，那么监察委员会在行使调查权的过程中可能会遇到内部冲突的问题，从而影响调查权的规范运行。所以应该加强对监察委员会调查权的监督，从监督层面尽量避免调查权所整合的三种权力之间发生冲突，从而保证调查权的规范运行。同时监察体制改革将这三种权力整合到一起，可以保证对监察调查权的监督做到全方位、无死角的监督，也可以降低之前由于多头反腐而造成对调查权进行监督的难度，有助于监督主体能够集中对调查权进行监督，确保监察调查权的运作始终处于法制轨道，规范其运作。

其次，检察机关对监察机关的调查权进行监督有利于规范调查权的行使。监察体制改革之后，监察委员会的调查权集合了行纪检三个机关的调查权，权力达到高度集中。如果不对其进行监督，则可能会造成权力的滥用，将监察委员会的调查权置于全方位、多主体的监督之下，可以防止其由于权力过大而产生调查权滥用的后果。监察委员会的调查权调查范围之广，调查手段之严厉，如果不对其进行监督，可能会削减监察体制的改革成果。监察委员会的调查对象是所有行使公权力的公职人员，对这些公职人员进行监督，实际上也是对这些人的行使职权的行为进行监督，这些人员的权力是国家机关所授予的，那么监察委员会对这些人进行监督时，或多或少会影响其他国家机关的正常运作。若不对监察机关的调查权进行监督，则有可能造成监察机关侵入其他公权力的法定范围，对国家有序的法治系统造成破坏。调查权的行使必须遵守一定的界限，调查权的行使不能对其他国家机关的运行进行干涉，必须严守权力界限，不能超越自己的职权范围，侵犯其他国家机关的核心权力领域。

最后，检察机关对监察机关的调查权进行监督有利于脱离同体监督的困境。对监察委员会的监督，必须将内部监督和外部监督结合起来，不能偏废其一。既要重视内部监督的作用，也要重视外部监督的作用。监察委员会与行政机关、司法机关并列，改变了我国的传统国家机构体系。监察机关与其他国家机关之间是分工合作，相互配合的关系，同时又是相互制约、互相监督的关系，因此其他国家机关对监察委员会形成了以权力制约权力的外部监督模式。重视外部监督的作用，有利于避免监察委员会陷入同体监督的困境，确保监察委员会调查权的行使始终处于法制轨道之中，更合乎宪法和法律的规定。监察体制改革之前，检察院享有对涉嫌职务犯罪案件的侦查权，对于侦查权的行使则是由检察院内部对其进行监督，同体监督使人们始终对监督的效果存有疑虑，同体监督能在多大范围内发挥作用是人们一直以来所质疑的。监察体制改革之后，检察院的职务犯罪侦查权转移到了监察委员会，为监察委员会的调查权所取代，这样检察院所遇到同体监督的困境，监察委员会也不能避免。同体监督使得监察委员会的调查权陷入了一种尴尬的处境，即使监察委员会确实对调查权的行使做到了严格的内部监督，但是人们对于同体监督的效力始终存在不信任感。同时由于内部监督是由监察委员会内部机构或者人员进行监督的，在同一个监察系统内，监督人员与被监督人员彼此之间是十分熟悉的，存在着各种各样的利益牵扯，在这样一个充斥着人情的环境中，内部监督很有可能无法避免官官相护的现象。同时也不能避免极个别监察委员会的领导为了维持监察机关的权威性和公信力，对一些调查权的违法操作行为进行遮掩，企图在外部树立监察机关权威性，这样会导致调查权的违法操作行为得不到应有的制裁，会对调查权的规范运作产生极其不好的影响。因此必须加强对监察委员会调查权的外部监督，如果只依靠同体监督，无法对调查权的运作产生有力的牵制，被监督者就是监督者本身，其监督作用十分有限。只有将内部监督和外部监督并重，才能更好地对监察委员会形成内部和外部相结合的有力监督，确保调查权的规范行使。

三、检察机关对监察机关调查权的监督路径

（一）赋予检察机关介入和引导调查活动的权限

在新的监察体制改革之后，监察机关与检察机关就形成了“调查—公诉”的关系。检察机关对监察机关的监督体现在审查起诉方面，当监察机关将调查收集到的资料移送检察机关时，检察机关对该资料进行审查，符合条件的提起诉讼，不符合条件的要退回补充调查或者自行补充调查，或是依法决定不起诉。但是这样的监督只是一种事后监督，在监察机关在进行调查过程中无法对其进行有效的监督。笔者建议，赋予检察机关介入和引导调查活动的权限。检察机关在审查起诉方面的监督是一种事后监督，除此之外还应当在监察机关进行职务犯罪调查的过程中对其进行监督。可以借鉴检察机关提前介入引导侦查活动的举措，允许检察机关提前介入引导调查活动。就证据标准、事实认定、案件定性及法律适用提出书面意见，促进监察机关规范行使调查权。同时对监察机关工作人员的行为能够进行有效的监督。

（二）设立举报中心、举报专线

这样可以多渠道来获得监察机关的违法情况。举报中心和举报专线设在检

察院，由检察院受理、接访、查处，这也没有体制障碍，因为检察院本身就是专门的法律机关。我国《宪法》第139条和《人民检察院组织法》第1条都规定："人民检察院是国家的法律监督机关。"在检察机关设立监督纪检、监察机关的举报专线、举报中心，这样会对监察机关形成有效的监督，监察机关及其工作人员作为手握权力的监督者就不能肆意而为，真正做到监督监督者。同时也可以让地方检察机关能够独立地开展工作而不受地方政府的牵制，这样就有可能在地方范围内解决腐败问题，而不需要群众向上级直至中央反映，最后由上而下派调查组才有可能解决。

（三）检察机关在监督过程中要严格监督强制措施的适用

根据《监察法》的规定，留置措施的适用与否是由监察机关自行决定的。如此一来如果留置措施的适用是不合法的，但是由于决定权掌握在监察机关手中，不能对其进行合理的监督，则会导致留置措施的滥用，从而严重背离人权保障原则。因此笔者认为留置措施作为一种取代"双规"的强制措施力度是非常大的，涉及人权的保障，必须在开始就要进行监督而非依靠检察机关在审查起诉时才进行事后监督。因此笔者认为可以在留置措施的适用上进行重新设计。留置措施的适用不能由监察机关自己决定，在采取留置措施之前要向检察机关申请，若检察机关认为监察机关采取留置措施是合理的则可以同意其采取留置措施，若不同意则监察机关可以向上一级检察机关申请复议。

（四）强化检察机关纠正违法调查行为的处分权

法律监督具有强制性，因此检察机关的监督具有法律效力，由国家强制力作保障。在对监察机关进行监督的过程中，如果发现监察机关的工作人员有违法行为时，检察机关可以对其进行口头纠正、书面纠正、提出检察建议。同时应当明确若监察机关对检察机关提出的纠正意见不理睬、不纠正的法律后果。例如，检察机关对于监察机关的违法调查行为，有权认定无效，责令其重新调查。对于采用非法手段获得的证据依法予以排除，责令其重新获得相关言词证据。

（五）利用好诉讼监督过程中的侦查权

按照《刑事诉讼法》第19条第2款"人民检察院在对诉讼活动实行法律监督中发现的司法工作人员利用职权实施的非法拘禁、刑讯逼供、非法搜查等侵犯公民权利、损害司法公正的犯罪，可以由人民检察院立案侦查"之规定，检察机关对于公安司法人员在诉讼过程中涉嫌职务犯罪的有权立案侦查，追究其刑事责任。我们认为，监察机关、监察人员的职务犯罪调查行为也属于刑事诉讼的范畴，亦应纳入检察机关的监督之下。故检察机关在提前介入引导调查过程中以及在审查起诉过程中若发现监察机关的工作人员有违法行为时要立即进行审查，若审查确定监察人员确实在调查过程中存在犯罪行为，则检察机关有权对其立案侦查，并提起公诉，追究其刑事责任。

第三节 对审判机关审判权的监督

我国《人民法院组织法》第4条规定：人民法院依照法律规定独立行使审判权，不受行政机关、社会团体和个人的干涉。但是，这并不意味着审判权不受任何外部的监督和制约。依照我国《宪法》《刑事诉讼法》《人民检察院组织法》等相关法律的规定，党委、人大、政协、行政机关、人民团体和公民都有权监督人民法院的审判工作。其中，检察机关对于人民法院的监督属于专门监督。

一、对审判机关审判权实施监督的必要性

（一）司法公正的理念要求

司法公正包括程序公正和实体公正，程序公正是指诉讼活动的过程对所有人都是公平的，符合法律规定的。而实体公正是法院进行符合程序的审理之后得出的判决结果是公正的。法官审判案件的依据是法律、事实和证据，但是由于司法人员在收集、固定、判断和认定证据时既受到时间、空间和技术等客观条件的限制，又受到专业知识、道德品质、个性喜恶等主观条件的限制，因此，在大多数情况下，法律事实与客观事实之间总会存在偏差，这种偏差如果超出了一定的限度，就会偏离司法公正。要保证人民法院正确适用诉讼法和实体法，作出公正裁判，除了需要提高法官收集证据和认识案件事实的能力外，还必须防止法官在认定案件事实上的随意性，因此，对法官所行使的审判权实行监督是十分必要的。

根据近代资产阶级思想家提出的系统的社会契约理论，公民相互让渡其部分自然权利，从而形成国家公共权力。然而，国家权力一旦形成，就露出了其扩张性和腐蚀性的本性。国家权力的天然本性与权力主体自身利益要求的交织，导致它对掌权者诱惑的必然性，国家权力一旦超出一定的权力范围而任意发挥，就会侵犯公民权利，如果不加以有效防范与限制，就会诱发出各种腐败现象。因此，必须对国家权力予以必要的监督。审判权作为国家权力的组成部分，同样具有异化的倾向，具有扩张性和腐蚀性的本性。

（二）审判权作为公权力的侵权本性

审判权作为国家公权力的一种，本身具有公权力的侵权本性。根据社会契约论，国家公权力是公民互相让渡其部分自然权利形成的。但是公权力一旦形

成之后就会显示出其扩张、腐蚀的侵权本性。所谓扩张性，是指公共权力作为一种支配力量，本质上是一种意志的强加，特别是对强制力的垄断，使它具有了强制他人服从自己意志的能力，这种能力决定了它总有无限扩张的倾向和被滥用的危险。“一切有权力的人都容易滥用权力，这是一条万古不易的经验。有权力的人们会使用权力一直到遇有界限的地方才休止。”① 所谓腐蚀性，是指公共权力对权力主体具有的腐蚀作用。公共权力在社会价值的分配过程中起着重要作用，这使它具有了某种交换价值，而公共权力的握有者又有着自身的利益要求。正如阿克顿勋爵所言：“在所有使人类腐化堕落和道德败坏的因素中，权力是出现频率最多和最活跃的。”因此，“权力导致腐败，绝对权力导致绝对腐败。”②

国家权力的天然本性与权力主体自身利益要求的交织，导致它对掌权者诱惑的必然性，国家权力一旦超出一定的权力范围而任意发挥，就会侵犯其他权力，危及公民的权利，如果不加以有效防范与限制，就会诱发各种腐败现象。因此，必须对国家权力予以必要的监督。审判权作为国家权力的组成部分，同样具有异化的倾向，具有扩张性和腐蚀性的本性。虽然“司法部门既无军权，又无财权，不能支配社会的力量与财富，不能采取任何主动的行动”，是“分立的三权中最弱的一个”。③ 但是“如果司法权同立法权合而为一，则将对公民的生命和自由施行专断的权力，因为法官就是立法者。如果司法权同行政权合而为一，法官便将握有压迫者的力量。”④ 可见，审判权也必须接受监督制约。

（三）法官自由裁量权的限权

审判权的运行过程是法官根据已有的证据并通过自己的分析判断得出最终的判决结果。在这一过程中审判过程的逆向性以及法官的差异性和自由裁量权决定了审判过程充满了主观性。

一方面，审判权的运行过程是根据已有证据推定案件事实的过程，具有逆向性，即这是一个由果及因的认识过程，而不是一个由因及果的认识过程。这就决定了审判权的运行过程自始至终都存在着出错的可能性。因为法官的认识能力是有限的，他对案件材料的理解是否全面、准确以及他对案件材料的思维

---

① ［法］孟德斯鸠著：《论法的精神》，张雁深译，商务印书馆 1982 年版，第 154 页。

② ［英］阿克顿著：《自由与权力——阿克顿勋爵论说文集》，侯健译，商务印书馆 2001 年版，第 342 页。

③ ［英］汉密尔顿著：《联邦党人文集》，程逢如译，商务印书馆 1980 年版，第 391 页。

④ ［法］孟德斯鸠著：《论法的精神》，张雁深译，商务印书馆 1982 年版，第 156 页。

加工过程是否科学、适当，都将影响他所达到的理性认识的正确程度。再者由于法官认识空间的封闭性以及认识对象的复杂性都会导致法官在认识的过程中出现错误。

另一方面，审判权的运行过程依赖于法官这一主体，法官个体的差异性充分表现出审判权运行过程的主观性。首先，任何一种法官选任和考核制度都只能对法官的法律知识水平这一较为客观的因素进行考察，而对于法官的道德品质等较为主观的因素则很难进行有效考察。也就是说，品行不佳、性格怪僻的人也可能进入法官队伍。其次，法官的个人偏好、性格特征等因素也影响着审判权的运行。

批判法学的代表人物弗兰克就认为："司法判决是由情绪、直觉、偏见、脾气以及其他个人非理性因素决定的。"① 对一个患有消化不良的法官来说，一顿令人不满意的早餐就可能在制作判决的时候起着决定性作用，使案件产生不同后果。尽管法官是公正的化身，是法律的宣告者和守护神，但法律具有不明确性或不确定性。不同的法官对法律的理解各不相同，甚至同一法官在不同时期对同一法律的理解也会有所不同。审判的本质在于要求法官根据其"良心"和"理性"，依据事实和法律对有关案情作出判断。但法官也是社会人，是多种社会角色的复合体，在审判过程中，法官角色内部发生冲突时，他将权衡利弊，选择收益最大的行为方案。另外，法官为了应对来自各方面的压力，往往综合考虑各种因素来作出裁判，其中的某些因素可能对其司法行为产生变异性影响。② 因此除了法律知识之外，还有很多因素会影响法官的决策。为了避免法条的僵化性和滞后性，法律均会赋予法官一定的自由裁量权，这些裁量权给了法官自由裁判的空间，但是正如上述由于法官的认识的局限性以及专业知识不足、自身性格等原因会导致法官滥用自由裁量权。所以，审判权运行的主动性决定了必须要对审判权进行监督，除了法律本身通过制定适用原则和证据规则外，外部监督也是必不可少的。

二、对刑事审判的监督

我国《刑事诉讼法》第 7 条规定：人民法院、人民检察院和公安机关进行刑事诉讼，应当分工负责，互相配合，互相制约，以保证准确有效地执行法律。《人民检察院刑事诉讼规则（试行）》第 576 条规定：人民检察院依法对人民法院的审判活动是否合法实行监督。根据以上法律规定，检察机关有权监

① 陈兴良著：《刑法的人性基础》，中国方正出版社 1996 年版，第 511 页。

② 秦策：《法官角色冲突的社会学分析》，载《南京师大学报》（社会科学版）1999 年第 2 期，第 35-40 页。

督人民法院的审判活动。如果人民法院的审判活动违反了法律的规定，不管是程序性违法，还是实体性违法，检察机关均有权监督，视情节轻重提出不同的监督意见。监督方式包括：口头或者书面提出纠正意见、提出检察建议①、抗诉。但是，为了不影响法院的正常审判活动，检察机关的监督意见必须在庭后提出，不能当庭提出。具体而言，是由代表检察机关出庭履行公诉职责、检察职责的检察官对法院的审判活动实施监督。

（一）刑事审判监督存在的问题

1. 对庭审活动监督不足

虽然我国法律规定了检察机关可以对审判机关的庭审活动进行监督，但是在实践中对法庭活动提出纠正意见的监督活动较为鲜见。一方面，从公诉人心理角度看，在庭审过程中公诉人一般都将重心放在对刑事犯罪的指控上，并且对法官是否能支持指控颇为关注，而对裁判过程的合法性监督容易忽略。另一方面，刑事审判监督的滞后性也削弱了监督实效。法律规定，检察人员对刑事审判中的程序违法只能采用庭后监督的方式。而对程序违法监督时间的滞后性不仅使公诉人缺乏后续监督的动力，也违背了刑事诉讼的基本规律，降低甚至损害了监督效果。

2. 对上诉案件监督不足

刑事诉讼法修改以后，上诉案件不开庭审理的状况在一定程度上得到改观。有的法院为了贯彻二审案件开庭审理为原则的立法精神，将开庭率列为绩效考核的内容，使上诉案件开庭审理的比例大幅增加。但是，这种做法利弊参半。单纯地为了提高开庭比例而随意开庭的做法无法有效分流案件，仅在数量上获得了开庭案件大幅度增长的表象，却没有完全使确有必要开庭的案件纳入刑事审判监督的范围。而且除法定的需要开庭之外，是否开庭完全由法院一方决定，作为法律监督机关的检察院，却无法对此发表任何意见，只能被动地接受法院是否开庭的安排。对于法院决定不开庭审理的案件，检察机关的监督都是事后的，未能有效地发挥检察机关的监督权。

3. 对自诉案件、附带民事诉讼案件监督不足

刑事审判监督应该贯穿于审判的全过程。但是刑事诉讼法对于监督的规定比较少，缺乏系统性。对于一些部分是否监督以及如何监督没有明确规定。长期以来刑事自诉案件是监督的死角已形成共识。我国检察机关对自诉案件的监督权被明确规定在了《宪法》和《刑事诉讼法》中，但具体的监督途径和监督途径法律均没有进行详细规定。在实践中，自诉案件形成了法院审判、检察

---

① 检察建议将在本章第四节专门论述。

机关不介入、不监督的司法常态，导致在该领域检察机关的审判监督是缺位的。刑事附带民事案件亦是如此。

4. 二审和再审案件抗诉力度不足

针对二审抗诉案件，低抗诉率和上诉案件高改判率的强烈对比更加反衬出刑事审判监督的缺位和不足。在法律更新比较快，尤其是推行审判中心主义的背景下，抗诉率较低的现状更加突出，值得重视的是真正由重大法律适用争议问题而引发的抗诉案件在实践中少之又少，多半是由法官疏忽或者自身素质问题造成的明显法律适用错误而引发的错判抗诉，或者是由于闹访因素或者量刑问题而引发的抗诉。因此，在提起抗诉数量减少的情况下，法院的支持抗诉比例并不高。

（二）刑事审判监督的完善

1. 改变公诉人的思维定式

虽然我国《宪法》中明确规定检察机关是我国的法律监督机关，但是因为检察机关也承担着公诉的职能，所以在刑事审判过程中公诉人身兼两种职能，分别是公诉职能和监督职能。但是整个刑事审判过程中公诉人主要在行使其公诉职能。因此公诉人会有一种重视公诉职能而忽视监督职能的思维定式。要完善对刑事审判的监督，第一步就是要转变公诉人注重公诉职能忽视监督职能的思维定式。让参加刑事审判的公诉人提高对监督职能的重视。

2. 确定不同层次的监督方式

对于刑事审判机关的违法行为不应该采取笼统的处理方式，要根据审判机关违法行为的严重程度来划分不同的监督方式，这样可以有区别的去监督审判机关的违法行为。可以进行如下划分：对于比较轻微的违法行为，应当在庭后及时采取纠正和检察建议的监督方式。同时也应当规定若审判机关对纠正和检察建议不理睬、不纠正时应该如何对审判机关进行处理；对于比较严重的违法行为，应采取抗诉的监督方式。根据审判机关违法行为的严重程度采取区别的监督方式可以更有效的实现监督的效果。

3. 加强对二审需要开庭审理的监督

二审案件有的需要开庭审理，有的则不需要。根据我国《刑事诉讼法》的有关规定，二审应当开庭审理的案件包括以下几类：一是被告人、自诉人及其法定代理人对一审认定的事实证据有异议的，可能影响定罪量刑的。二是被告人被判处死刑的自诉案件。三是人民检察院提起抗诉的案件。对于应当开庭审理但是法院没有开庭审理的案件，人民检察院应当督促法院二审开庭审理。人民检察院可以通过接受当事人的申请或控告的方式来获取线索，当获取线索后要通过发纠正违法通知书以及检察建议的方式督促法院二审开庭审理。

4. 加强对死刑复核案件的监督

我国《刑事诉讼法》第251条第2款规定“在复核死刑案件过程中，最高人民检察院可以向最高人民法院提出意见。最高人民法院应当将死刑复核结果通报最高人民检察院。”① 这样的通报制度是最高人民检察院获得死刑复核案件信息的来源，但是这样的规定过于原则化，不利于检察机关的监督。可以明确规定最高人民法院通报的方式为书面通报或者是将案件的裁判文书送达最高人民检察院，以便最高人民检察院能够准确的获得案件信息。另外可以将通报的时间规定为受理死刑复核案件后3日以内。这样最高人民检察院可以及时了解案件复核情况，以便及时提出建议，真正发挥其监督作用。

5. 完善对自诉案件、附带民事诉讼案件的监督措施

要明确检察机关对自诉案件、附带民事诉讼进行监督的方式和程序。增强检察机关的参与权和知悉权，确保检察机关能够第一时间了解自诉案件和附带民事诉讼案件的启动和进展，并有效开展监督，提出纠正意见。自诉案件和附带民事诉讼案件的审理过程检察机关无法亲历，所以检察机关想要发挥好监督作用就要拓宽线索的来源路径。除了当事人的申诉和控告之外，审判机关在向当事人送达判决书时，同时应当将判决书副本送检察机关备案。检察机关若发现有违法行为可以发出纠正违法建议或者提起抗诉。

三、对民事、行政审判的监督

法院的审判工作包括刑事审判、民事审判和行政审判三类。检察机关除了要对刑事审判进行监督之外，对法院的民事审判和行政审判也要进行监督。检察机关对民事、行政审判的主要监督方式是提起抗诉和提出检察建议。有关检察建议的内容将在本章第四节详细论述，在此不再赘述。

（一）民事、行政审判监督的现状及存在的问题

检察院对民事、行政审判权监督是我国宪法赋予检察机关的一项重要职能，我国法律规定检察院对民事、行政审判权监督是人民检察院对人民法院的民事、行政审判活动依法实行法律监督的制度，其中包括检察机关对民事、行政主体的民事、行政实体活动和民事、行政诉讼活动两方面的监督。我国民事、行政诉讼法规定人民检察院对人民法院已经审理终结、发生法律效力的民事和行政案件有权进行法律监督。对人民检察院提出抗诉的案件，人民法院应当再审。因此检察机关对民事、行政审判机关的监督主要是对人民法院已经审理终结的案件如果发现存在错误的，可以通过提起抗诉、启动再审来纠正错误。

---

① 我国《刑事诉讼法》第251条第2款。

1. “有错必纠”的理念导致检法冲突不断

检察机关将“有错必纠”的理念奉为其工作模式。在实践中检察机关对法院作出的错误裁判和调解书动辄启动再审。然而过度强调“有错必纠”就会忽略程序的内在价值，即程序的公正、稳定性。虽然有些已经生效的判决书、调解书存在错误，但是并不严重也并未损坏国家利益和社会公共利益，当事人也没有异议。如果此时检察院坚持“有错必纠”而提起抗诉，不仅严重影响了民事诉讼程序的稳定，而且也违背了某些民事诉讼特有的性质，如当事人权利的自由处分性，直接侵犯当事人的处分权。“有错必纠”片面追求改判结果并不能佐证抗诉程序的正当性。检察院提起抗诉与法院的裁判是否正确并非具有必然的正相关联系。诚然，即使法院改变了原判，也不能因此认定检察院提起抗诉具有正当性，相反，法院通过再审没有改判，也不意味着检察院的抗诉是不正当的。二者不能成为彼此衡量的标准。就是否改判的法律后果而言，将改判作为抗诉质量的衡量标准，不仅会使民事抗诉工作实绩的取得建立在“法院脸色”的尴尬境地上，而且片面追求改判率会导致民事抗诉工作逐步偏离各方当事人公正性的平衡要求，陷入为了抗诉实绩而意气用事的恶性循环之中。因此过度强调“有错必纠”是不妥当的。

2. 当事人诉权救济自主性被虚置

在民事诉讼中，当事人对于自己诉权的处分主要体现在上诉期限内提起上诉和生效裁判做出后提起再审。就民事再审检察监督来说，检察院启动再审源于当事人向检察院提出再审申请。检察院在审查当事人申诉的案件时，混淆了当事人的申诉理由和诉讼请求，片面强化了申诉理由，先入为主，成为当事人申诉的代理人，忽视了当事人的诉讼请求。当事人诉权处分还体现在当事人申请再审与申请抗诉和再审检察建议中。在实践中，对于当事人的申诉，采取何种启动再审程序的方式，决定权在于检察院，这与当事人程序选择的自主性相违背。诚如当事人对审判人员的违法行为申请法院提出再审检察建议，检察院基于自身法律监督机关的优越性提起再审，这无疑是对当事人诉权选择自主性的剥夺。再者，当事人向检察院申诉后，但是又撤回申请或者期间与对方当事人达成和解，此时法院同意当事人撤回申请，但是检察院不同意撤回抗诉，法院只能依法审理，当事人的程序处分权被剥夺。当检察院依据当事人的申诉请求启动再审后，检察院介入调查取证客观上会导致当事人双方举证的不对等，当事人的诉讼地位难以平衡，从而影响当事人诉权的行使。

3. 抗诉与检察建议的适用衔接不完善

在民事审判中，检察建议是检察机关用来监督审判的一种方式。民事再审检察建议是指检察机关发现同级人民法院已生效的判决、裁定、调解存在依法应当再审的事由时，以书面建议的方式建议人民法院启动再审程序予以纠正的一种诉讼监督方式。2012年新《民事诉讼法》的出台，在实务界广泛使用的再审检察建议上升到法律层面，并同抗诉成为检察机关再审检察监督的重要方式。2013年的《人民检察院民事诉讼监督规则（试行）》（以下简称《监督规则》）中将再审检察建议置于同抗诉相同的地位。但是在面临具体的案件时，再审检察建议能否优先适用、在适用上有无一种顺位关系，规则中并未谈及。同样的在《行政诉讼法》第93条规定了检察机关既可以提起抗诉也可以提出检察建议，而且两者的适用情形是一样的。对于抗诉与检察建议的适用序位也没有加以规定。如此一来抗诉与检察建议的适用就存在一些问题。一是在外在的再审方式启动上，抗诉与检察建议面对案件发生时所具备的同等再审事由，二者在优先适用上，有关法律并无明确的规定。诚然，这种方式的选择自主权如果完全由检察院来决定，则在一定程度上会损害当事人诉权处分的自主性，该法律规定的缺失对于启动再审程序救济来说，无疑会带来诸多不便。二是在内在的工作机制衔接上，抗诉与检察建议在确定既定适用顺位的前提下，如何在工作机制上进行程序的转换和具体流程的安排，《监督规则》以及《行政诉讼法》并未作出相关的规定，这对于检察建议的适用在实质上并不能得到切实的保障和具体工作机制的现实推进。

4. 检察院对民事、行政审判权监督的形式较单一

前面已经阐述了对审判权进行监督的必要性，因此应当对审判权进行严格监督。但是现行的检察院对民事、行政审判权监督是一种事后的监督，这种事后监督只能等到诉讼结束、法院裁判生效后，通过抗诉方式启动人民法院的再审程序或者是检察机关向审判机关提出检察建议来纠正其不适当或者是违法行为来实现。由于这种监督方式是一种事后监督，只有在诉讼程序结束、判决生效之后才能进行，如此一来，人民法院在审理一些案件中发生程序上、实体审理上、适用法律上等错误情况时，不能得到及时有效的纠正，缺乏事中监督，将检察机关对审判机关的监督拖到事后。这样的监督方式不仅不能及时地对审判机关进行监督，而且不能及时纠正审判机关的不当行为或违法行为还会造成司法资源的浪费。启动抗诉之后要重新启动诉讼，重走一遍诉讼程序，这无疑是对司法资源的一种浪费。加之这种事后监督的滞后性又没有相应的法律监督措施和手段的辅助，严重阻碍了检察院对民事、行政审判权监督职权的正常行使，使检察院对民事、行政审判权监督制度形同虚设。而且这种事后监督方式只针对已生效裁判，对未生效的判决和判决前的违法行为该如何监督呢？法律对此没有规定。

（二）民事、行政审判监督的完善路径

1. 加快完善我国检察院对民事、行政审判权监督的立法

到目前为止，我国检察院对民事、行政审判权监督的主要依据是《宪法》

《人民法院组织法》《人民检察院组织法》《民事诉讼法》《行政诉讼法》以及相关司法解释，但是这些规定不具体，操作性不强。对于检察院如何参与民事、行政诉讼，监督的范围、方式、权限，法院有哪些接受监督的义务等都缺乏具体的规定。因此执法者在运用法律过程中难免会有误差。因此，要完善检察院对民事、行政审判权监督制度，必须一方面从完善我国现行的法律入手，对检察院对民事、行政审判权监督的对象、范围、方式、权限、程序加以明确、完善；如检察机关监督在民事与行政审判活动中的法院工作人员以及行政机关工作人员违法干扰法院判断的行为。该项监督是全过程的监督，即从法院立案后一直到执行完毕。对于法院工作人员在工作过程中的不规范行为以及轻微违法行为可以提出检察建议，严重违法行为可以提出抗诉，对于违法干扰法院判断结果的行政机关的行为可以提起行政诉讼。另一方面通过对有关的民事、行政实体法、检察院组织法、法院组织法作出相应的规定，使之与民事、行政诉讼法相配套。如在检察院组织法中可以规定检察机关对民事、行政审判机关进行监督的对象即审判机关及审判人员。

2. 创建新的检察监督方式

在近几年的检察实践中，检察机关创造了一些有效的检察监督方式，这就是：(1) 检察建议。对于审判机关在审判中有需要改进的问题，检察机关可以发出检察建议，建议纠正或者改进。(2) 纠正违法通知。对于审判机关正在进行中的程序问题，或者审判虽然已经终结，但在程序上确实存在问题却不影响实体判决的，检察机关可以通知审判机关予以纠正。(3) 民事、行政抗诉程序中的执行和解。在抗诉案件的审查中，人民检察院针对民事、行政案件可以主持当事人进行执行和解，通过执行和解，纠正法院判决、裁定存在的错误，实现监督的目的。(4) 参与诉讼。对于重要的民事、行政案件，检察机关有权在诉讼开始后参与进来，进行监督，对确有错误的判决裁定，提出抗诉。(5) 对审判人员的贪污受贿、徇私舞弊、枉法裁判行为进行查处，对构成犯罪的，依法追究刑事责任。这样多样化的监督体系可以更好地对审判机关进行监督。(6) 山东省检察院出台的《山东省检察机关检察建议工作实施细则（试行）》第5条“对达不到立案标准的监督事项，可以进行口头纠正或发出检察官告知函通知纠正”的规定。如此一来将大量的监督事项通过口头纠正和发出检察官告知函进行分流。这样既做到了繁简分流又能保证监督效果。对社会影响较大、群众关注度较高、具有典型示范意义的公开送达检察建议。通过公开示证说理和公开送达签收以及第三方强力介入，可以把检察建议的监督力度提升到新高度。

3. 建立检察院、法院案件信息共享机制

对于一些在当地影响比较大的民事、行政案件如集团诉讼案件、诉设区的市政府、省政府的行政案件，法院立案后，应向人民检察院通报案件信息，人民检察院可以派员介入，实施监督。该类案件社会影响比较大，需要法院与检察院通力协作，互相配合。以诉设区的市政府、省政府案件为例，行政案件中政府机关本就处于比较强势的位置，而且政府有相当大的权力可以干涉到法院的判决，为了防止法院在政府机关的干预下作出错误的判决，检察机关提前派员介入案件，对案件进行实时监督。若真出现该种问题可以及时解决，不用再启动再审程序。如此一来，既节约司法资源又能尽早纠正错误。

4. 要重点落实好事后监督

事后监督是重点。我国法律明确规定了抗诉作为检察机关对审判机关进行事后监督的重要手段。若检察机关认为审判机关作出的判决结果有问题或者程序不合法、审判人员存在违法行为时可以对该判决结果提起抗诉，上一级审判机关必须重新启动诉讼程序，组成合议庭重新进行审理。一旦检察机关提起抗诉就会启动再审程序，因此抗诉的效力很大。检察机关要切实履行好责任，对审判机关的审判活动要认真监督。同时也要对检察机关提起抗诉的条件进行限制，避免任意提起抗诉浪费司法资源。检察机关要对查到的线索进行调查，当具有初步证据时才可以提起抗诉。另外也要补充强化事中监督。在立法上明确规定的只有事后的监督措施，但是这样的事后监督具有滞后性，不能及时对审判机关的一些违法活动进行监督。及时纠正违法行为可以节约资源，不必再等最后所有程序结束之后再重新启动程序。因此要补充一些监督措施在事中进行监督。比如在一些涉及国家利益和公益的案件中，由检察机关代为提起诉讼，参与到审判过程中来。畅通检察机关内部各部门之间的线索移送机制。检察机关的公诉部门在参加诉讼过程中发现的审判机关的违法行为及时告知监督部门，及时提出纠正违法意见。此外也要鼓励社会公众积极提供线索，对提供线索经查证属实的公众予以奖励。

5. 适度贯彻“有错必纠”的理念

正如上述，过度强调“有错必纠”必然会导致检法之间的混乱。由于我国法官队伍素质还有待提高，要想达到零错案是不可能的。但是法律除了维护公平正义还要维护社会的稳定。检察机关在对民事、行政审判机关进行监督的时候不能一味地追求公平也要承担其社会责任即维护社会的安定。因此检察机关不能一味地强调“有错必纠”的理念而是应该适度贯彻该理念，在维护公正与维护稳定之间达到一种平衡，两者兼顾。

6. 完善抗诉与检察建议的衔接

目前法律规定的检察建议与抗诉所适应的情形是一样的，而且也没有检察建议与抗诉适用的优先顺序。如此一来便会造成司法资源的浪费，他们要进行大量重复的工作。笔者认为可以出一个司法解释对检察建议与抗诉进行明确规定。首先对检察建议与抗诉的适用情形进行分类。如对于违反法律规定的诉讼程序，可能影响司法公正的或者审判人员有贪污受贿、徇私舞弊、枉法裁判行为的以及不予立案或者驳回起诉有错误的，可以由检察机关先行向审判机关提出检察建议，若提出检察建议后仍然不改正的再提起诉讼。而对于有新证据，足以推翻原判决、裁定的或者原判决、裁定认定事实的主要证据不足、未经质证或者系伪造的等违法较严重的情形时可以直接提起抗诉。根据不当行为的严重程度进行划分适用检察建议还是抗诉，可以对案件进行分流，既提高了效率又节约了司法资源，还可以使检察建议与抗诉之间形成有效的衔接。

第四节 检察机关的检察建议权

监察体制改革之后，之前“一府两院”格局变为“一府一委两院”的格局。该项变革不仅对国家的整体政治架构产生了深远影响，也对法检两大司法系统的职权配置和司法权运行产生重大影响。检察机关在这场变革中看似“割舍”最大：检察机关的职务犯罪侦查部门、职务犯罪预防部门全部转移到了监察委，检察机关不再享有职务犯罪侦查的权力。改革在一定程度上改变了检察机关的政治影响力和司法涵摄力，同时倒逼着检察机关及时适应改革定好自己的职责职权目标。在检察机关升级转型过程中检察建议是不可忽略的重要部分。在新的政治框架下检察机关的法律监督职能不仅不能被削弱反而应当加强和完善，检察建议作为检察机关行使监督权的重要手段之一应该得到充分的发展。

一、检察建议的概念和特征

（一）检察建议的概念

检察建议是指人民检察院为了促进法律的正确实施和社会的和谐稳定，在履行法律监督职责过程中，建议有关单位完善制度，加强内部制约、监督，正确实施法律法规，完善社会管理、服务，预防和减少违法犯罪的一种工作方式。检察建议作为一种综合性检察职权，是检察机关发挥法律监督职能、参与犯罪预防和社会治安综合治理的重要途径和手段。2018 年 12 月 25 日通过的《人民检察院检察建议工作规定》对检察建议作了系统性的规定，明确规定了检察建议的种类以及检察建议的适用范围和运行机制等问题。

（二）检察建议的特征

1. 共有的特征

(1) 适用范围的广泛性。检察建议制度作为社会综合治理的一种手段，其针对的被建议对象众多，包括行政执法机关、公安司法机关、监察机关以及刑罚执行机关，从而显示出其适用范围的广泛性。另外，检察建议除了适用对象广泛，适用过程也非常广泛。检察建议适用于法律监督的全过程。检察机关监督被监督机关执法的全过程，在这一过程中检察机关何时发现被监督者有违法行为随时提出检察建议。此外检察建议所适用的事项也比较广泛，适用于各种事项。

（2）建议种类的多样性。《人民检察院检察建议工作规定》规定了五种检察建议，分别是再审检察建议、纠正违法检察建议、公益诉讼检察建议、社会治理检察建议以及其他检察建议。不同种类的检察建议针对不同的情况：再审检察建议适用于法院作出的生效裁判确有错误需要再审的情形，或者是调解书损害了国家利益、社会公共利益；纠正违法检察建议适用于行政执法、公安司法机关实施了违法行为的情形；出现环保、生态、食品安全等与社会公共利益相关的问题时，负有监督管理职责的行政机关或者其他组织不依法履行职责或者滥用职权时，检察机关可以向其发出检察建议，督促其整改；人民检察院在办理案件过程中发现社会治理存在某些情况时，可向有关部门和单位提出改进工作、完善治理的检察建议。

（3）监督手段的柔和性。检察建议在检察机关众多的法律监督方式之中，属于一种相对柔和的监督方式。检察建议是在充分尊重被建议对象主体地位的前提下发出的，不是利用强制手段对被建议对象的错误行为进行整改，而是充分运用法律和逻辑进行说理，做到入法、入理、入情，法理情有机统一，使被建议单位能够在检察机关的释法说理过程中理解和自觉运用法律，认同检察机关的决定。同时充分保障被建议单位的异议权，允许其在法律规定的范围内提出不同的建议。因此检察建议是一种柔性的监督方式，不具有强制性。

（4）检察建议的主动性。检察建议的主动性是指检察机关在发现行政机关未依法履职或者滥用职权，导致国家利益、社会公共利益受损时，应该依职权向行政机关发出检察建议，督促其依法履职或者责令整改。具体体现在：一方面，人民检察院在履行职责的过程中发现在生态环境和资源保护、食品药品安全、国有财产保护、国有土地出让等领域负有监督管理职责的行政机关违法行使职权或者不作为，致使国家利益受到损害时，向行政机关提出检察建议来督促其依法履职；另一方面，人民检察院在办理行政监督案件时若发现行政机关有违法行为，可能会影响人民法院公正判决的，主动对行政机关发出纠正违法检察建议。另外，检察建议的主动性还体现在检察机关是自己通过各种渠道去主动发现被监督对象的不作为或者滥用职权。

2. 行政检察建议特有的特征

行政检察建议与民事检察建议、刑事检察建议相比，除具有上面的一些共性特征外，还具有如下几个特有的特征：

（1）检察建议的前置性。检察建议是行政公益诉讼的必经的前置程序。《中华人民共和国行政诉讼法》第 25 条规定，人民检察院在履行职责中发现生态环境和资源保护、食品药品安全、国有财产保护、国有土地使用权出让等领域负有监督管理职责的行政机关违法行使职权或者不作为，致使国家利益或者社会公共利益受到侵害时，应当向行政机关提出检察建议，督促其依法履行职责。行政机关不依法履行职责的，人民检察院依法向人民法院提起诉讼。由此可以看出检察建议是人民检察院提起公益诉讼的前置程序，若通过提出检察建议就可以督促行政机关依法履行职责，那么检察院就不需要再提起公益诉讼。

（2）检察建议的独立性。独立性是指检察建议虽然是提起行政公益诉讼的必经程序，但其具有独立的结案功能和监督价值，并不是简单的附随于行政公益诉讼。具体体现在：当被监督的行政机关收到检察建议之后，认真听取了检察机关的建议，对行政机关自身存在的不足进行了整改，对之前的不作为、违法行为进行了改正，依法履行了职责。此时人民检察院的检察建议就达到了监督的效果，不需要再启动后续的行政公益诉讼。由此来看，检察建议有其独立性，能够独立地实现监督的价值。

3. 刑事检察建议特有的特征

（1）处罚与预防并举。该项检察建议的特征针对侦查检察建议。侦查活动已经暴露出违法、不规范的苗头，如果不加以制止，极有可能导致严重的违法甚至是犯罪行为的发生。基于现有的证据，可以建议公安机关就暴露的问题或者有不规范行为的侦查人员进行必要的惩戒，如警告或者作出检查等。当然，处罚不是目的，重要的是针对出现的各种问题，提出较为实际的解决建议，将一切问题解决于萌芽阶段，真正做到防患于未然。

（2）针对的对象特殊。该项检察建议的特征针对侦查机关的检察建议。针对侦查机关的检察建议直接指向侦查人员，此类人员处于执法办案的第一线，其行为会直接影响到证据收集的合法性及采信。此类人员往往具有法定的侦查权，存在秘密性、隐蔽性，一方面涉及办案秘密，一般人难以监督；另一方面日积月累成为一种习性，一旦定型即难以改正。面对如此特殊的对象，在一般力量无法进行监督、纠正的情况下，作为法律监督机关的检察机关的检察建议就具有特殊的意义。

二、检察建议权的运行现状及存在的问题

为了探寻我国检察机关提出检察建议的运行现状，笔者从山东省选取了三个地市的检察机关进行了座谈、调研。在此基础上，发现了检察建议存在的

问题。

(一) 检察建议权的运行现状

检察机关的检察建议作为检察机关行使监督权的有效手段在司法实践中发挥了很大的作用。检察机关对侦查机关、行政机关、司法机关、监察机关以及刑罚执行机关都可以发出检察建议来监督所有机关的工作。检察建议是检察机关在所有手段中采用最多的一种监督措施。《人民检察院检察建议工作规定》出台后对检察建议有了较为系统的规定，检察机关在适用过程中有了明确的依据，因此近年来检察建议的适用率越来越高，在法律监督的过程中积极发挥其作用。检察建议的适用也取得了一些积极的成效。下面以再审检察建议为例进行说明。

1. 促使案件分流，减缓法院压力

检察建议与抗诉制度一起构成了我国民事检察监督机制的双重模式。相对于原来只能通过抗诉进行监督的单一模式来讲，检察建议的适用使那些不适合通过抗诉方式进行再审的情形有了可循之处。对于轻微的或者一般违法情况，检察机关通过发出检察建议的方式就可以解决。这样不会耗费大量的司法资源启动再审，检察院以友好的方式进行沟通、建议更容易让法院接受，法院的抵触情绪也不会那么大。对于重大违法或者严重错误的案件，以抗诉这种强制性手段加以制裁以实现监督的目的。检察建议与抗诉两者相辅相成才能更好地实现检察院对司法机关的监督。另外，根据我国法律规定，抗诉采用“上抗下”模式，基层检察机关没有抗诉权，大量的抗诉类案件会集中在省、设区的市两级法院、检察院，这加剧了案多人少的矛盾。2011 年 3 月，最高人民检察院、最高人民法院联合下发的《关于对民事审判活动与行政诉讼实施法律监督意见》规定“当事人对可以上诉的一审判决、裁定在发生法律效力后向人民检察院提出申诉的，应当说明未提出上诉的理由；没有正当理由的，不予受理”。该条规定将检察机关能够提起抗诉的案件限定在了二审生效裁判上，使得较高层级的承办的案件的数量大幅上升，从而影响了其对下级法院审判业务指导的职能。而再审检察建议是由检察机关向作出生效裁判的同级法院提出的，如果检察建议被采纳，就会使一定比例的再审案件在原审法院进行再审，得到纠正。如此一来，既能使主要刑事审判职能的基层、中级法院发挥其优势，又能使上级法院有更多的时间指导、监督下级法院的审判活动。

2. 使用灵活，提高办案效力

检察机关提起的再审抗诉大多数是针对二审生效裁判提出的。依照刑事、民事和行政三大诉讼法的规定，检察机关提出再审抗诉，符合法定条件的，法院应当再审。法院根据案件的情况，可以作出如下几种处理意见：维持原判；直接改判；撤销原判、发回重审。撤销原判、发回重审的理由包括原审程序严重违法、可能影响案件公正处理的；原审裁判认定事实不清、证据不足的。对于法院经再审后，维持原判或者直接改判的，属于正常的司法资源的支出；但对于被撤销原判、发回重审的案件，实际上启动了两级法院的审理，司法资源的投入是成倍增加的。这种情况下的抗诉就不如检察机关的检察建议更讲究效率和减少司法资源的投入。所以相比抗诉，检察建议更为灵活，提高了办案效力。

3. 柔性监督，促进法检沟通协调

如前所述，检察院提出的再审抗诉符合法定条件的，必然会启动再审程序，这种来自外部的强力的纠错程序是带有强制性的，法院会产生抵触情绪，特别是一旦案件被认定为是冤假错案，原审法官将面临被追责的严重后果，法院对此是极度排斥的。而检察机关向法院出具的再审检察建议是柔性的，由法院自行决定是否启动再审。如果启动了，也是法院自愿的行为，原审法官也能更接受一些。毕竟，自己给自己纠错，影响面相对比较小。故，检察机关使用检察建议解决的再审案件，是法院通过内部纠错机制而开展的，能够有效缓解法检之间的紧张关系。

（二）检察建议权存在的问题

虽然检察建议在司法实践中取得了一定的积极成果，但是其仍然存在一些问题亟待解决。下面笔者将阐述检察建议所存在的一些问题。

1. 线索获取途径不通畅

检察机关对被监督机关发出检察建议的前提是被监督机关存在违法或者不作为的行为。获得被监督机关不作为或违法行为的线索便成了检察机关进行监督的首要前提。从目前我国的规定来看，检察机关获取线索的途径比较有限，大多都是来源于当事人的控告和申诉。对于刑事诉讼中审判机关的监督还好，检察机关可以亲历诉讼，能够及时发现审判机关的违法行为。对侦查机关来讲，检察机关在一些重大案件中提前介入引导侦查可以及时发现侦查机关的违法行为。但是对其他机关来讲，如行政机关、检察机关不会亲历行政诉讼，因此在诉讼中行政机关存在的违法行为可能影响法官公正裁判的并不能直接得知。而且对于行政机关在日常管理工作中存在的不作为或者滥用职权的行为检察机关也不能及时得知，只能依靠当事人的控告或者举报。刑罚执行机关亦是如此，因此检察机关在获得线索方面有极大的被动性。

2. 检察建议刚性不足

前述笔者已经讲过检察建议的特征之一是柔和性，检察机关发现被监督机关在工作过程中存在违法行为和不规范行为时会针对该行为如何进行改进提出自己的建议。既然是建议则被监督机关可接受可不接受，并不会产生强令被监督机关整改的效果。以行政检察建议为例，行政公益诉讼多发的现状表明被监督的行政机关大多对于检察机关发出的检察建议是消极对待的。对行政机关的检察建议是人民检察院发现行政机关有不作为或者违法行为时只能以建议的方式督促其整改，而不能以强制性手段令其整改。加之行政机关后续的整改过程是秘密的，既不会征求检察机关的意见，也不会邀请检察机关参与，导致检察机关无从获知行政机关是否严格按照检察建议进行了整改。这样做的结果，多数情况下行政机关的整改结果并不能达到检察建议的要求，导致检察建议贯彻落实不到位、执行结果与制发目的存在偏差。

3. 调取证据难

检察机关在向被监督的行政机关发出检察建议前，必须对发现的问题或者线索进行调查取证，从而保证监督的准确性。以行政检察建议为例，依照《行政诉讼法》的规定，当前行政公益诉讼主要针对生态环境和资源保护、食品药品安全、英烈名誉保护等领域，各领域的取证方向皆有区别，如国有财产保护、土地出让主要以调查走访、调取书证为主；生态环境和资源保护则以调查取证、监测鉴定为主。取证方向上的差异对个案的取证提出了不同的要求，而且受检察机关介入调查时间相对滞后、被调查对象的消极配合、生态损害程度鉴定难等因素的影响，收集的证据难以达到办案所需要的标准，也致使很多检察建议难以发出，或者质量不高。

4. 有些检察建议针对性不强、质量不高

刑事诉讼法、民诉法等法律修改之后对检察机关的工作人员履行法律监督职责提出了更高的要求。但是由于“案多人少”的问题没有得到根本解决，部分民警对通过检察建议来履行监督职责的积极性不高。一方面一些办案人员在思想上对检察建议缺乏足够的重视，只是为了完成上级布置的任务或者是为了应付考核而制发，因此在制作前不作认真调查研究，也不主动向被提检察建议的机关征询意见，了解执行中可能存在的困难，使检察建议具有切实可操作性。制作时也较轻率，问题把握不准，建议的改进措施不具体，泛泛而谈流于形式。另一方面检察机关的部分工作人员由于实践经验不够丰富，知识更新速度较慢，因此在制作检察建议的时候没有准确把握被监督机关真正存在的问题，没有提出真正有针对性、切实可行的检察建议。质量不高的检察建议会使被监管场所认为难以接受，进而产生怀疑、抵触情绪，质疑检察机关检察建议的权威性，影响整改的积极性，或者勉强回复而心存不满。如此一来就与最初制发检察建议的初衷相悖，浪费司法资源。

5. 被监督机关对检察建议重视程度不够

在 2019 年 2 月 16 日《人民检察院检察建议工作规定》公布之前，我国的其他法律并没有对检察建议作出系统的规定。因为检察建议本身不像抗诉一样具有刚性，检察建议是一项比较柔和的监督方式并且不具有强制性，没有明确规定若被发检察建议的机关如果随意找个理由拒绝检察建议会有什么样的制裁，所以被发检察建议机关的一些工作人员对检察建议并不重视。另外，检察建议本身质量不高也是导致检察建议被重视程度不够的原因之一。检察机关的工作人员由于缺乏专业知识等原因在制发检察建议时泛泛而谈，不能准确地指出法院工作人员存在的问题，不能使其信服。所以被发检察建议机关不会去仔细查看建议的内容，然后根据检察机关提的建议进行整改。实践中会有部分人员在收到检察建议之后不予理睬，到限定回复的日期时以任意理由将建议拒绝，或者即使进行了整改，采取的纠正措施也比较笼统，虚无。不能真正发挥检察建议的作用。

6. 再审检察建议的适用情形不明确，难以做到与再审抗诉有效衔接

该项问题是针对再审检察建议而言，检察机关对法院审理的民事、刑事以及行政案件通过提起检察建议和抗诉的方式进行监督。但是我国《行政诉讼法》与《刑事诉讼法》中并没有对适用检察建议的情形进行规定，只是在《民事诉讼法》第208条中规定了检察机关发现法院审判的案件出现《民事诉讼法》第200条规定的情形时，既可以提起抗诉又可以提出检察建议，未对两者的适用情形作具体区分。《民事诉讼法》第209条规定了当事人申请检察院提出检察建议或抗诉的三种法定情形，当出现这三种情形时当事人对提起抗诉还是检察建议有选择权。这样的规定也没有明确检察建议与抗诉的方式。由上可知，再审检察建议和抗诉之间的关系并不明确，即究竟哪些案件可以出具再审建议，哪些案件可以再审抗诉，二者并未完全区分开来。

7. 对执行检察建议的跟踪落实不够

从实践来看，在检察建议发出后督促情况会因人而异。负责任的刑事执行检察人员会跟踪落实，及时获取反馈及时纠错；责任心一般的就只求回复不求实际效果。缺乏有力的督促机制难以保证监督实效，客观上不仅造成了有限的司法资源的浪费，也使检察建议失去了实际意义。虽然检察建议的回复率较高，但监管场所对于违法问题和违法行为的实际纠正率和回复率相比还是有不小的差距的。由于法律没有赋予检察建议强制性，检察机关花费一定精力提出的检察建议，往往被相关单位束之高阁，虽然有的单位对建议进行了回复，或者制定了整改措施，但是部分流于形式，检察建议达不到预期的效果。

三、检察建议权的完善建议

（一）明确检察建议的适用范围

检察建议和抗诉是检察机关监督司法机关的两种方式。检察建议的适用范围不明确使得检察建议没有切实发挥它的作用。要想切实发挥检察建议的作用需要对检察建议的适用范围进行明确，以便与抗诉进行很好的衔接，共同发挥

监督的作用。可将疑难复杂的、对社会影响重大的案件以及存在严重违法的案件通过抗诉启动再审。例如，有关证据的问题上，涉及证据的问题大多都是出现了严重的程序错误，必须启动再审加以订正，而再审检察建议不具备抗诉的刚性特征，这类情形更适用抗诉。对于事实不清的裁定判决、违反自愿原则或协议内容违反法律的调解书和适用法律错误的裁定判决应优先适用再审检察建议。如果法院拒绝再审，而检察院认为必有必要纠正的，那么便可向上一级法院提请抗诉，这并不是说检察建议是抗诉的前置程序，而是作为检察建议的后续保障程序。这种相辅相成的模式，使检察建议与抗诉刚柔并济，发挥各自的作用，共同发挥检察机关的监督职能。

再审检察建议与抗诉如何进行协调？一方面根据级别，当检察机关认为存在启动再审程序的法定情形时，其可以根据自身的级别以及案件的具体情况，来综合考量选用哪种监督权的行使方式：如果其属于作出生效裁判的法院的上级检察院，则其有权提出抗诉，此时做反面解释，其同样应当有权放弃行使抗诉权而采用更为柔性的检察建议制度；若其与作出生效裁判的法院同级，则可以在提出检察建议或报请上级人民法院提出抗诉之间进行选择。另一方面根据事项划分，理论上大体可以将诉讼中的违法情形分为三种类型：重大违法情形、一般违法情形和轻微违法情形。每一种违法情形又可以细分为实体性违法和程序性违法两种类型。[①] 对于重大的违法或严重错误案件，检察机关只能通过严厉的抗诉方式实现监督目的，不能降格适用再审检察建议。对于一般违法情形的案件，检察机关可以选择适用抗诉或者再审检察建议的方式。对于轻微的违法情形，检察机关只能采用再审检察建议这一缓和的监督方式，不能升格适用抗诉方式。以监督对象的违法性程度划分两者的适用范围，不仅体现了定位二者角色场域的科学性，也为合理设置具体机制和规则提供基础。

（二）畅通线索获取途径

针对检察机关获得线索途径单一的问题，应采取措施畅通、增加检察机关获取线索的途径。第一，检察机关可以和法院建立信息共享机制，对于一些当地影响比较大或者具有普遍意义的行政诉讼案件，法院应当通知检察机关，检察机关既可以通过查阅卷宗了解案情，也可以通过旁听案件的审理，充分、全面地了解案情，掌握行政机关不作为或者违法作为的事实，如此一来，检察机关就可以有针对性的监督行政机关，实现有效监督。第二，充分发挥派驻乡、镇，或者派驻税务等领域的检察室的监督职能。这些派驻检察室在日常监督过程中，对于发现的行政机关不作为或者违法作为的线索，应当及时移交至负有

---

① 汤维建：《论中国民事行政检察监督制度的发展规律》，载《政治与法律》2010 年第 4 期，第 9 页。

监督职责的检察机关的内设部门。第三，社会管理离不开公众的监督，除当事人申诉、控告提供线索之外，检察机关还应大力宣传12309举报电话，鼓励公民积极举报行政机关的违法行为和不作为。控告申诉部门应尽快将举报线索移交至监督部门处理。

（三）强化跟踪督促机制，提升监督刚性

检察建议的发出并非意味着监督的结束。要采取多种措施来保障检察建议发挥作用。第一，检察建议发出后，检察机关应通过询问、走访、不定期会商等多种方式主动与被监督单位联系与沟通，对整改效果进行跟踪，及时了解被监督单位在落实检察建议过程中存在的问题和碰到的困难，以便进一步提供建议和帮助。第二，检察机关定期向政法委汇报检察建议落实情况，推动政法委组织相关部门组成专项执法巡视组，对该地区检察建议工作情况进行执法巡查。第三，检察机关在制发检察建议之后向纪检监察机关移送相关违法犯罪线索，推动检察建议落到实处，发挥实效。第四，被建议单位在限定期间内置之不理或者随意处理的，检察机关可以将检察建议的信息发布在本院网站或者其他公共网站上，加大舆论的压力，督促被建议单位认真对待检察建议，并将有关结果回复至检察机关。例如，检察机关可以结合检务公开和案件信息公开工作规定，以社会公众为对象，搭建检察公告平台，拓展检察建议的影响范围。对行政机关来说若检察建议没有发挥作用，检察机关可以提起行政诉讼。

（四）确立多元化取证方式，固定监督依据

检察建议要有针对性，需要对拟提出检察建议的事项的事实调查清楚，证据要确实充分。这就需要检察机关创新取证方式，由被动地接收材料转为主动调查取证，同时加强经费保障。除调查取证过程中要花费大量的人力、物力和财力。一方面，要采取多元化取证方式，在调查询问、走访考察形式外，可以同时采用视频、测绘勘察等技术方式收集、固定证据。比如，在调查环保局的不作为时，可以对污染的情况通过拍摄视频或照片的方式予以记录。另一方面，要配备执法记录仪、摄像机、专业的检材封存设备等，有专业的检材封存设备，能够保证所调取的证据不被破坏。并将鉴定费用、专家意见出具费用纳入业务保障体系，加强经费保障。

（五）提高检察建议的质量

检察建议要落地落实，首先必须提高质量，注重专业性。制发检察建议不在多，而在精、准、实。把问题指得精准，解决建议于法有据、合情合理，可行性、可操作性强，才能让被建议单位从心底里服气、打心眼里接受。首先，将检察建议的制发作为培训、考核、检验各检察干警业务素质的重要内容。其次，要强化服务大局意识，不能只就案办案，要深入剖析案件反映出的倾向性

问题和管理漏洞，努力做到“办理一案、治理一片”。例如，针对当前涉黑涉恶违法犯罪向新兴金融领域、农村资源富集领域等渗透扩张的趋势，各级检察机关要及时向有关主管部门提出完善制度、强化监管等检察建议，预防和减少新型涉黑涉恶违法犯罪滋生蔓延。再如，针对个别金融监管部门不履行职责，怠于监管或造成国家和公共财产出现重大损失的情况，要积极运用检察建议督促主管部门依法履职，严惩背后的滥用职权、玩忽职守等职务犯罪，释放出强烈的从严信号。再次，要充分运用《规定》中赋予的调查核实权，确保检察建议的专业性、可操作性。要通过实地勘查、调取公安机关侦查卷宗材料等方式，全面收集、完善检察建议涉及的相关证据，确保提出的问题有事实和法律依据，提出的建议有针对性，符合实际；对其中的疑难、复杂和专业性较强的问题，应该主动向相关领域专家咨询或邀请专家进行论证，确保检察建议的质量。最后，要健全机制，促进检察建议自身的规范管理。要结合《规定》，严格遵循检察建议的适用范围，执行审批制度。比如检察建议必须由检察长或者检委会制定，以检察院的名义统一编号发出；在统一业务应用系统中对检察建议实行统一管理、全程留痕、全程监督。

（六）建立约谈及联席会议制度

对于在刑事诉讼中发现侦查机关、侦查人员有违法侦查行为，需要以检察建议的方式进行监督的，检察机关可以约谈涉事侦查人员、侦查机关负责人，了解情况，提出整改意见。采用约谈的方式，既体现了检察机关对于侦查机关的尊重，也使得提出的检察建议有理有据，更有针对性，易于被侦查机关接受。对于侦查机关、侦查人员高发的违法侦查行为，应建立侦查机关和检察机关联席会议制度。联席会议制度是在检察建议发出后，召开由侦查机关负责人、侦查部门负责人与检察机关检察长、侦查监督部门负责人参与的联席会议，就高发的违法情况如何预防以及惩处，公、检可以联合制定相应的规章制度予以规范；并对检察建议发出后公安机关的改进情况以及检察机关的监督落实情况进行交流协商，将检察建议的内容落实到位。

（七）建立检察官告知函制度

检察官告知函制度是全国首创，笔者认为可以借鉴山东省检察院出台的《山东省检察机关检察建议工作实施细则（试行）》第 5 条“对达不到立案标准的监督事项，可以进行口头纠正或发出检察官告知函通知纠正”的规定。如此一来将大量的监督事项通过口头纠正和发出检察官告知函进行分流。这样既做到了繁简分流又能保证监督效果。当检察官在履职过程中发现达不到立案标准的检察建议监督事项时，在收集固定相关证据材料、准确认定相关事实后，拟向被建议单位发出检察官告知函的，应报部门负责人审阅后发出。将相关告知函入卷备查并送案件管理部门备案留存。此外，山东省还创设了公开送达检察建议的制度。对社会影响较大、群众关注度较高、具有典型示范意义的案件公开送达检察建议。公开送达检察建议，检察人员不少于二人（其中检察官不少于一人），被建议单位代表不少于二人。必要时，可以邀请人大代表、政协委员或特约检察员、人民监督员等第三方人员参加。检察建议公开送达应当在检察建议工作室、检察宣告室等检察机关专门场所进行。通过公开示证说理和公开送达签收以及第三方强力介入，把检察建议的监督力提升到了新高度。这种倒逼机制，借助公众监督的力量督促被建议单位整改纠正的同时，对检察机关的工作素能也提出了新的要求。

（八）完善向人大及其常委会的检察建议工作报告制度

人民代表大会及其常务委员会是国家权力机关，是检察机关的产生机关，根据我国《宪法》规定人民检察院由人民代表大会产生，对它负责，受它监督。因此检察机关在履行法律监督权的同时，也需将法律监督情况向人民代表大会及其常务委员会报告。法律监督情况既包括检察机关发出检察建议之后被建议机关采纳并积极改正取得实效的情况，也包括检察机关发出检察建议之后被建议机关不予改正的情况。检察机关向人民代表大会及其常务委员会报告的制度设计存在两个目的。一方面，可以加强人大及其常委会对检察机关履行法律监督权的监督。任何权力都应当受到监督，检察权也不例外。因为检察机关是由人大及其常委会产生的，所以它们对检察机关享有天然的监督权，是对检察权一种强有力的外部监督。另一方面，因为人大及其常委会是国家的权力机关，对国家的司法机关、行政机关等部门都有权进行监督所以检察机关将监督情况向人大及其常委会报告，当被建议机关对检察建议置之不理或者敷衍了事不予落实时，人大及其常委会能够督促被建议机关将检察建议落实到位。

通过对检察建议目前运行过程中存在的问题进行剖析，并针对存在的问题提出相应的改进措施，希望能对我国检察建议的发展有所裨益。

第五章　检察机关的公益诉讼

随着我国经济水平和法治水平的提高，人民群众的权利保障意识逐渐增强，逐渐意识到公共利益与个人利益休戚相关，加强对公共利益的保护成了人民群众的强烈要求。特别是近年来，由于我国经济的快速发展，为追求经济利益而侵害环境、危害食品药品安全、侵吞国有资产等危害公共利益的现象多有发生，严重影响了人民群众的安全感和幸福感。而传统的诉讼制度无法对国家利益和社会利益进行有效的保护，因此检察机关公益诉讼制度的建立势在必行。从最高法和最高人民检察院的司法解释可以看出，公益诉讼制度的功能就是通过公权力保护国家利益和公共利益，维护社会的公平正义。其目的是通过司法治理的方式，为社会群体利益失衡而导致的矛盾冲突提供有效的协调和解决机制，恢复和矫正受损的公共利益，推动公共利益的实现。检察机关提起公益诉讼制度是由国家法律授权的检察机关，为维护公共利益，依法对已经侵犯公共利益或对公共利益可能造成现实危险的行为，向人民法院提起诉讼，通过诉讼手段制止或防止侵权行为，以保障公共利益实现的诉讼制度。检察机关是国家的法律监督机关，是国家公共利益的代表，当社会公共利益遭受侵害时，由检察机关提起公诉予以救济，是世界上多数国家的通行做法。我国在 2017 年 6 月 27 日通过了修正的《民事诉讼法》和《行政诉讼法》，修改后的《民事诉讼法》第 55 条和《行政诉讼法》第 25 条，明确规定了检察机关的公益诉讼职能，检察机关提起公益诉讼制度正式确立。

第一节　民事公益诉讼

我国的民事公益诉讼发展比较晚，有关民事公益诉讼的相关制度一直处在探索阶段。2011 年 10 月，全国人大常委会公布的《中华人民共和国民事诉讼法》修正案的草案中增加了公益诉讼制度。草案规定："对污染环境、侵害众多消费者合法权益等损害社会公共利益的行为，有关机关、社会组织可以向人民法院提起诉讼。"这是我国在法律中首次确认公益诉讼的概念。2012 年 4 月 25 日，全国人大常委会经过审议，将草案修改为：对污染环境、侵害众多消费者合法权益等损害社会公共利益的行为，法律规定的机关和有关社会组织可以向人民法院提起诉讼。2017 年 6 月 27 日通过了新的《民事诉讼法》，在新《民事诉讼法》第 55 条中规定："对污染环境、侵害众多消费者合法权益等损害社会公共利益的行为，法律规定的机关和有关组织可以向人民法院提起诉讼。"第 2 款明确赋予检察机关提起公益诉讼的权力："人民检察院在履行职责中发现破坏生态环境和资源保护、食品药品安全领域侵害众多消费者合法权益等损害社会公共利益的行为，在没有前款规定的机关和组织或者前款规定的机关和组织不提起诉讼的情况下，可以向人民法院提起诉讼。"前款规定的机关或组织提起诉讼的，人民检察院可以支持起诉。

最高人民法院、最高人民检察院于 2018 年 2 月联合发布《关于检察公益诉讼案件适用法律若干问题的解释》（以下简称《解释》），于 3 月 2 日开始施行。2018 年 7 月中央全面深化改革委员会第三次会议审议通过了《关于设立最高人民检察院公益诉讼检察厅的方案》，该方案强调："设立最高人民检察院公益诉讼检察厅，要以强化法律监督、提高办案效果、推进专业化建设为导向，构建配置科学、运行高效的公益诉讼检察机构，为更好地履行检察公益诉讼职责提供组织保障。"① 自此，检察机关提起民事公益诉讼的法律规定得到了进一步完善，但是不可否认，民事公益诉讼仍存在一些问题。

一、民事公益诉讼的概念和特征

（一）民事公益诉讼的概念

要想真正理解民事公益诉讼的概念，首先要对公共利益有明确的认识。学界对于公共利益有不同的认识。有学者认为公共利益应该有两个层次的含义：第一层为社会公共利益，即社会全部或部分成员所享有的利益；第二层是指国家利益。② 还有学者认为，应将公共利益的内容概括为三个层次：一为国家利益，此乃公共利益的核心，如国有资产。二为不特定多数人的利益，此乃公共利益常态化的存在形式，如不特定多数消费者、环境污染受害人的利益、因垄断经营受损者的利益。三为需特殊保护的利益，此乃公共利益的特殊存在形式，是社会均衡、可持续发展必须加以特殊保护的利益，如老年人、儿童、妇女、残疾人的利益。③ 笔者认可第二种观点，认为公益诉讼应当包括国家利益、不特定多数人的利益和需特殊保护的利益三种。

学界对于民事公益诉讼的理论依据存在不同争论。有学者持公益说，认为检察机关提起民事公益诉讼就是为了维护社会公共利益和国家利益。这是资本

---

① 《最高检将新设公益诉讼检察厅》，载《检察日报》2018-07-06。

② 颜运秋著：《公益诉讼法律制度研究》，法律出版社 2008 年版，第 26-27 页。

③ 韩波：《公益诉讼制度的力量组合》，载《当代法学》2013 年第 1 期，第 31 页。

主义国家检察机关提起民事公益诉讼的理论依据。私权神圣但不能否定社会公共利益的存在，绝对的自由必然造成权利的滥用，因此要对私权加以必要的限制。法国1806年制定的《法国民事诉讼法》，从程序上赋予检察机关以主当事人或从当事人身份参与涉及公共利益的民事案件的职权。也有学者持监督权说，认为民事公益诉讼的提起源自检察机关对民事审判活动的监督权，或者认为源自检察机关对民事诉讼活动的监督权。① 还有一部分学者持双重属性说，认为公益说和广义监督说相结合可以作为确立我国检察机关、社会团体或公民个人提起民事公益诉讼制度的理论依据。② 笔者认为上述学者的观点在不同的时期都有其道理，但是在新时期笔者更倾向于双重属性说，是检察机关乃至个人为了社会公共利益提起诉讼，也是对私权进行合理合法的监督。因此在这个理论基础上可以把民事公益诉讼的概念定义为：民事公益诉讼指在民事、经济活动中，公民、社会组织和国家专门机关依法对违反民事、经济法律，侵害国家、社会的公共权益，破坏社会秩序和经济秩序的行为人提起民事诉讼，要求人民法院通过审判的方式来维护国家、社会公共利益的诉讼活动。

（二）民事公益诉讼的特征

民事公益诉讼除了具有民事诉讼的一般特征之外，还有其自身特征。

1. 诉讼目的公益性

私益诉讼主要解决当事人之间的私人纠纷，维护的是个人私益。而民事公益诉讼的目的是为了维护公共利益，保护公共利益不受侵害。民事公益诉讼的目的之一是公益保护，根本目的在于阻止和防止违法行为人进行侵害公共利益的行为，抑或是挽救和弥补已被侵害的公共利益。传统的民事诉讼中，大家关注的是个人利益是否受到保护，提起诉讼也是保护私人的利益；而在民事公益诉讼中，不管案件是否与原告有直接的利害关系，其侧重点是对公共利益的保护。

2. 诉讼主体的广泛性

与私益诉讼相比，民事公益诉讼的原告范围具有广泛性、多元性，即诉讼的启动者不再严格局限于案件直接利害关系人，与案件无直接利害关系的机关和组织都可以作为公益诉讼的原告，起诉违法行为。近年来，我国发生的多起环境公共事件，如紫金矿业污染事件、康菲溢油事件以及三鹿奶粉等危害公共利益的食品安全事件，不断刺痛着公众的神经。人们期盼着能有人或组织站出

---

① ［匈牙利］L. 涅瓦伊著：《匈牙利人民共和国民事诉讼》，刘家辉译，法律出版社1983年版，第13–14页。

② 江伟、段厚省：《论检察机关提起民事诉讼》，载《现代法学》2000年第6期，第17页。

来，基于公益而提起诉讼。《环境保护法》规定，“一切单位和个人有权对污染和破坏环境的单位和个人进行检举和控告”。然而在《民法》中又规定，“民事诉讼的主体必须是利害关系人”。而通常情况下，作为利害关系人的受害者往往处于弱势，既没有能力收集证据，又没有能力支付高昂的诉讼费用。修改后的《民事诉讼法》对民事公益诉讼的大门已经敞开，但是其中涉及公益诉讼的规定仅此一条：“对污染环境、侵害众多消费者合法权益等损害社会公共利益的行为，有关机关、社会团体可以向人民法院提起诉讼”。由此可见，民事公益诉讼中的原告资格相对广泛，包括了社会团体、行政机关和检察机关。由于诉讼的目的在于保护公共利益，因而原告资格突破了传统民事诉讼所要求的“直接利害关系人”之理念，即使是与所诉标的没有直接利害关系，在一定条件下，也具有原告的主体资格。例如，检察院、社会组织等都可以提起公益诉讼来保护公共利益。

3. 判决效力的扩张性

民事公益诉讼涉及的范围广泛，受害者人数众多，法院判决结果具有广泛的约束力，这种约束力不限定于参加诉讼的行为人，而且还涉及未参加诉讼的行为人。权利受害人并不一定直接参加诉讼，而是由特定国家机关或公益组织等代表民事公益受害人进行诉讼，这种代表资格由法律规定，无须征得被害人同意。而法院的裁判不仅对参加诉讼的当事人，而且对社会公众、特定的国家机关、公益组织等均具有约束力。比如在检察机关提起环境公益诉讼的案件中，权利受害人没有直接参与诉讼，是由检察机关代为提起诉讼的，而最终的判决结果不仅约束了检察机关与造成污染的企业，同时也约束了没有参加诉讼的权利受害人和受害者们。

4. 诉讼请求的多元性

民事公益诉讼的请求不限于赔偿损失，还要求实施预防性、禁止性、补救性措施等，比如要求停止排放污水、要求公司或企业制定、修改、变更措施防止损害的发生或者扩散。由此可见，民事公益诉讼的提起，既可以在损害发生后进行，也可以针对未发生但现时潜伏存在的损害。法院的挽救方式和原告的诉讼请求不仅对过去的行为进行追究惩治，又具有防患于未然的功能。比如可以提出消除危险的诉讼请求。消除危险则是指由于环境侵害行为对环境权益构成威胁时，环境资源法律主体，或不特定的权益主体的代表者有权依法请求法院判令侵害方采取有效措施除去危险。此时环境侵害行为虽还未造成环境危害结果，但由于环境侵害具有潜伏性，只要是对有可能发生环境侵害的行为，便可向法院请求消除危险。

二、民事公益诉讼存在的问题

（一）原告的范围狭窄且不明确

《民事诉讼法》第55条规定：对污染环境、侵害众多消费者合法权益等损害社会公共利益的行为，法律规定的机关和有关组织可以向人民法院提起诉讼。同时也规定了检察机关在法律规定的机关和组织不提起诉讼的情况下，可以向人民法院提起诉讼。从该条规定中我们可以看出，对于提起民事公益诉讼的原告仅限于组织和机关，不包括公民个人，原告范围比较狭窄。此外，法条中规定的原告范围也不明确。法条中规定能够提起民事公益诉讼的是法律规定的有关机关和组织。而对于有关机关和有关组织具体指的是什么机关、什么组织，《民事诉讼法》以及《民事诉讼法司法解释》并没有进行明确规定。在《环境保护法》和《消费者权益保护法》中对“有关组织”作出了规定。如《消费者权益保护法》第37条第7项规定消费者协会组织有权就损害消费者合法权益的行为，支持受损害的消费者提起诉讼或者依照本法提起诉讼；《环境保护法》第58条规定对污染环境、破坏生态，损害社会公共利益的行为，符合下列条件的社会组织可以向人民法院提起诉讼：①依法在设区的市级以上人民政府民政部门登记；②专门从事环境保护公益活动连续五年以上且无违法记录。符合前款规定的社会组织向人民法院提起诉讼，人民法院应当依法受理。提起诉讼的社会组织不得通过诉讼谋取经济利益。那么对于除消费者协会之外的其他消费者权益保护组织，如果不具有社会团体法人资格，只是具备组织形式，是否有权作为诉讼主体提起公益诉讼应该进行界定。但是这只是规定了环境污染和消费者受侵害的案件，对于其他公益案件，“有关组织”并没有作出规定。而对于“有关机关”的规定，法律规定了检察机关可以代表国家公益提起公益诉讼。对于其他的机关比如行政机关能否提起民事公益诉讼并没有进行规定。

（二）受案范围不明确

社会经济生活的复杂性决定了公共利益侵害性事件种类繁多性，从西方各国的公益诉讼实践活动来看，消费者权益维护、食品安全、环境污染、证券欺诈、不正当竞争、股东权益、弱势群体保护等都应归于民事公益诉讼的范畴。[①]《民事诉讼法》第55条规定了民事公益诉讼的案件范围为两大类，一是环境污染领域；二是侵害众多消费者合法权益。还有一个“等”字作为兜底

---

① 张艳蕊著：《民事公益诉讼制度研究——兼论民事诉讼机能的扩大》，北京大学出版社2007年版，第46页。

条款。说明民事公益诉讼案件并不仅限于这两类案件，但是在司法实践中等字并没有真正发挥作用，随着社会的高速发展，越来越多的公益案件涌入大众视野，对于法律没有明确的案件是否能够作为公益案件进入诉讼程序中依靠法官的自由裁量以及原告的自由裁量。比如涉及一个弱势群体保护的案件，此时因为法律规定不明确，有权提起公益诉讼的主体会犹豫是否属于公益诉讼的范围？能否对其提起民事公益诉讼？若有权提起公益诉讼的主体认为该类案件不属于民事公益诉讼的范围就不会提起诉讼。此时该案件就没有机会进入诉讼程序，权利受害人的利益就得不到维护。或者有权提起诉讼的主体认为该案件属于民事公益诉讼的范围从而提起了民事公益诉讼，但是法官在审理时认为不属于民事公益诉讼的案件而予以驳回起诉，此时案件仍然无法进入诉讼程序，权利受害人的合法利益还是得不到维护。因此民事公益诉讼受案范围规定不明确就不能很好地指导司法实践，会出现属于公益案件但是进入不了公益诉讼程序或者不属于公益案件而进入公益诉讼程序的情况。

（三）举证责任规定不完善

举证责任的正确分配能够促进实体权益关系的厘清，也是判断“实体利益及风险归属”[①] 的有效手段。举证责任的分配影响案件审理的结果。2015 年民事诉讼法司法解释第 91 条规定了举证证明责任的承担。按照法律要件分类说，主张法律关系存在的当事人对产生该法律关系的基本事实承担举证证明责任；主张法律关系变更、消灭或者权利受到妨害的当事人应当对该法律关系变更、消灭或者权利受到妨害的基本事实承担举证证明责任。因此，除了几种特殊的情形，如高危作业致人损害的侵权诉讼、环境污染损害以及饲养动物致人损害等适用举证责任倒置的原则外，一般的民事诉讼还是适用法律要件分类说进行举证证明责任的分配。但民事公益诉讼有着明显不同于私益诉讼的特点，基于公益诉讼的独特性质，其采取此种模式并不合理。况且在民事公益诉讼的过程中，通常侵害方处于优势地位，其掌握着较多的社会资源，在此种情况下将举证责任悉数归于原告，只能徒增被侵害方维权的难度，对法益救济毫无益处。

结合近年来的立法和司法实践，最高人民法院先后发布关于审理环境、消费民事公益诉讼案件适用法律若干问题的解释，明确对于上述两类案件，原告仅需提供侵害人的行为“已经损害社会公共利益或者具有损害社会公共利益重大风险的初步证明材料”，该规定在一定程度上降低了起诉主体的举证难度。但是我国现行立法并未考虑民事公益诉讼不同于一般民事诉讼的特点，未

① 肖建国著：《民事证据规则与法律适用》，人民法院出版社 2005 年版，第 73 页。

设计相应的公益诉讼程序以及举证责任的分担，此类案件在审判实践中还是按照普通的民事诉讼程序进行，关于民事公益诉讼举证责任的问题，也没有形成一个独立完整的证据体系。

（四）缺乏配套制度保障

民事公益诉讼的顺利进行，必然需要其他保障性程序的辅助，且其较之传统的私益诉讼具有更为复杂的特点，耗时长，成本高，诉讼风险极大。① 西方各国制定了各种保障措施，为公益诉讼的顺利进行保驾护航，通过对公益诉讼的相关费用进行援助，包括律师胜诉可获取酬金，个人或组织可提取部分罚金等手段的应用，提高公益诉讼胜诉后的收益，降低诉讼成本及风险，调动了整个社会参与公益诉讼的积极性。根据我国民事诉讼法的规定，诉讼费是指当事人向人民法院提起诉讼程序应当缴纳的费用，包括案件受理费、申请费、交通费、住宿费、生活费、误工补贴等，并规定诉讼费由败诉的一方承担，如果约定了律师费，那败诉的一方还要支付胜诉方的律师费。但我国对民事公益诉讼中的相关费用如何支出、谁来负担没有明确规定。在司法实践中，提起公益诉讼的原告先得垫付巨额案件受理费才能启动民事公益诉讼，如果原告由于举证不足等原因败诉了，除了原告自己付出巨额律师费和其他费用外，还需要向被告赔偿损失，这样在一定程度上可能导致原告放弃诉讼，从而使公益诉讼形同虚设。特别是在环境公益诉讼中，环境污染案件往往涉及地域广、受害人员众多，所造成的损失难以计算，从而导致诉讼请求赔偿额也非常大。在我国，诉讼费用的收取一律遵循《中华人民共和国诉讼费用交纳办法》，根据其第 13 条第 2 款的规定，凡涉及损害赔偿的案件，均采用同一标准收取，即“根据诉讼请求的金额或者价额”按照比例分段累计交纳。公益诉讼因涉及的范围大、人数广，加之其是对公共利益的侵害，所主张的诉讼数额必然不低，按照上述办法交纳的诉讼费数额巨大，远远超出一般的公民或社会组织的承受限度，即使公众对于维权有着高昂的热情，也只能在现实面前望而却步。

（五）法律责任承担不全面

民事公益诉讼的“民事”性质决定了民事公益诉讼中的法律责任的承担应该是多元化的，除了排除妨碍、消除危险、恢复原状外，还应该包含最为重要的物质赔偿，并且应该以物质赔偿形式为主。民事公益诉讼中的物质赔偿具有如下意义：第一，提高侵权行为人的违法成本，同时使物质赔偿具有宣示意义，使其能够对其他潜在的侵权行为人产生一种警示，起到一定的震慑、惩罚作用；第二，对于环境民事公益诉讼来讲，物质赔偿更多的是为了补偿遭受侵

① 柯阳友著：《民事公益诉讼重要疑难问题研究》，法律出版社 2017 年版，第 231 页。

害的公共环境利益，如可以利用赔偿金来修复环境。司法实践中的典型环境民事公益诉讼案例有浙江嘉兴环境民事公益诉讼案、云南昆明环境民事公益诉讼案、江苏无锡环境民事公益诉讼案，浙江案和江苏案的判决主要以排除妨碍、消除危险和恢复原状为主，并未涉及物质性的赔偿，而云南案则判决被告向昆明市支付“环境公益诉讼救济专项资金”人民币4304520元。从上述案例中我们可以看出侵害者所承担的法律责任大多是以排除妨碍、消除危险以及恢复原状为主，很少涉及物质赔偿。这就体现了侵害者法律责任承担的不全面性。侵害者在承担责任时既要承担排除妨碍、消除危险、恢复原状的法律责任也要承担进行物质赔偿的法律责任。

三、域外民事公益诉讼制度的考察与启示

(一) 英美法系国家民事公益诉讼制度考察

1. 美国民事公益诉讼制度考察

美国是现代民事公益诉讼制度比较发达的国家之一，原告的多元化是美国民事公益诉讼最明显的特征。1890年美国国会通过的《谢尔曼法》，1914年通过的《克莱顿法》，都将民事公益诉讼原告扩大化、多元化，公民个人、社会团体和检察机关均可以作为原告向法院起诉。《美国区法院民事诉讼法规》也规定，别人利益受损时，社会组织和个人也可以用合众国的名义提起民事公益诉讼。美国公益诉讼的原告虽然多元，但也作了必要的限制，即只能是针对“主要的违法行为”，防止滥诉。美国提起公益诉讼的主体具有广泛性：第一，检察官大量参与很多涉及公益的民事诉讼；第二，控告人诉讼是在美国比较流行的一种民事公益诉讼形式；第三，集团诉讼在美国民事公益诉讼体系中占有重要地位。大到检察机关，小到社会的公民个人，均可以就侵害社会公共利益行为提起诉讼。

美国公益诉讼的范围非常广泛，如《反欺骗政府法》《谢尔曼反托拉斯法案》《克莱顿法》《环境保护法》等，均规定政府机关或者个人可以提起民事公益诉讼。美国还专门规定有环境公益诉讼，1970年《清洁空气法》规定了任何人都可以以自己的名义对美国政府、行政机关、公司、企业、各类社会组织及个人按照该法的规定提起民事诉讼。在此之后陆续制定的诸如《清洁水法》《噪声控制法》等环境保护的法律中也都有民事公益诉讼的条款。美国的民事公益诉讼在环境保护、反垄断、消费者权益保护、中小股东权益保护等方面运用十分广泛。

2. 英国民事公益诉讼制度考察

在英国，一般情况下都是检察官代表公众提起公益诉讼，在社会上起表率作用，更能阻止侵害公共利益的不正当行为发生。如果公民个人因维护公共利

益提起民事公益诉讼，法院大部分情况下不予受理，只有当不正当的社会行为直接损害到了个人的切身利益时，个人才有权利向检察长提出申请，在检察长同意并授权的情况下，公民可以检察长的名义提起民事公益诉讼。

在英国，一般只有检察院检察长可以代表公众提起民事公益诉讼，这样更能体现权威性，以维护公共利益，从而防止侵害公共利益的不正当行为发生。但是在特殊条件满足的情况下，公民也可以以个人身份提起诉讼：第一，检察长拒绝提起，但侵害行为已经发生，并且直接损害到了公民的切身利益，此时，公民可以向检察长申请授权，如果得到同意，公民个人就可以以私人身份提起诉讼，当然这种诉讼是为了全体受害者。第二，英国的《污染控制法》规定，任何人对环境污染等公害行为都可以提起民事公益诉讼。可以看出，对于环境污染，公民个人可以提起诉讼，可见英国保护环境的力度很大。第三，如消费者权益保护协会等组织经检察长同意并授权，也可以提起与自己相关领域的民事公益诉讼。第四，英国法还赋予如英国的平等委员会和公平交易局局长等机构及公职人员特别诉权，以便更好地维护社会公共利益。

此外，地方政府机关也可以以自己的名义直接提起民事公益诉讼，当然只能就关系到辖区内社会公共利益的有关诉讼，英国政府也赋予了地方政府和某些公务员特别诉权。地方政府提起的公益诉讼具有如下特点：政府机关可以不经过检察院检察长同意，直接向法院提起民事公益诉讼；地方政府机关提起的民事公益诉讼标的只能是辖区内的社会公共利益；一些特殊部门的负责人在提起民事公益诉讼时也可以直接以自己的名义。

（二）大陆法系国家民事公益诉讼制度考察

1. 德国民事公益诉讼制度考察

德国为大陆法系国家的典型代表，其法律制度的构建具有严谨细致的特征，在民事公益诉讼领域相对于其他国家而言亦较为保守。在德国的法律实践中，群体性纠纷的解决主要是通过团体诉讼的形式来完成的。所谓团体诉讼，其在性质上可归入“诉讼信托”的领域，即由具有公益性质的社会团体代表权利受到侵害的当事人提起诉讼以此来维护不特定的多数人和整个社会的共同利益。

德国通过立法赋予公益性的社会团体以民事权利能力，基于此获得实体权利的社会团体可向法院提起诉讼，以达到停止并惩罚侵害的目的。事实上，并非所有公益性的社会团体都当然的具有作为公益诉讼原告的主体资格，德国法律对于团体以及团体行使权力的范畴有着明确的界定，故而原告方只能由法律规定的特定社会团体充当，即公益诉权只能由团体享有，而不及于该团体的法人或团体内的自然人。德国的公益诉讼模式与美国的集团诉讼明显不同，其实质上并非群体性诉讼，美国集团诉讼模式是由一个或数个享有实体权利的当事人作为原告，人数并不固定，且随着诉讼程序的进行，集团甚至允许前期对自身权利并不知悉或无力单独负担诉讼的个体加入，人数增加的可能性很大；而在德国，原告则是通过立法来明确规定的，只能是享有民事公益诉权的某团体。另外德国法律还规定了诉前程序。德国法律规定，符合条件的消费者权益组织也可以自己名义提起团体诉讼。对有权提起消费团体诉讼的消费者组织从章程宗旨、成立年限、会员人数、资金等方面作了规定。只有符合规定条件的消费者组织才可以依据《停止侵权行为诉讼法》提起民事公益诉讼，要求经营者停止侵权行为，赔偿损失。公益诉讼的目的是禁止经营者今后重复实施损害消费者权益的行为。德国法律还规定，消费者组织在提起公益诉讼前，一般要先向经营者发出警告。若警告成功，德国的消费者团体诉讼模式虽较之美国开放性较差，但也能够快速、有效地处理并解决社会侵害性事件，被各国认为是民事公益诉讼的经典模式。

2. 法国民事公益诉讼制度考察

法国为大陆法系国家民事检察制度的典型代表，其民事公益诉讼活动的开展也以检察机关为依托。法国大革命以后，检察官在民事及民事诉讼活动中有着广泛的参与，检察院已经成为公共利益的代表。

检察机关代表公益诉讼最早出现在1804年的《拿破仑法典》中，其明确规定检察官可以为社会公共利益参与或者提起诉讼，其后颁布的《民事诉讼法典》以及后来法国新的民事诉讼法也对此进行了补充规定。综观法国相关制度，不难发现，检察机关在公益诉讼中占有举足轻重的地位：若检察机关认为对某一群体性侵害事件有介入的必要，便可以参与到诉讼之中；检察机关可以作为案件的主要当事人参加公益诉讼，也可以根据法院或其他相关部门的通报，作为从当事人推动整个公益诉讼的流程；大量涉及人身权利的民事诉讼中也有检察机关的身影。上述可见，法国检察机关参与民事公益诉讼活动普遍存在，具有广泛性；其参与民事诉讼的方式十分多样，检察机关在民事诉讼中的权力在具备程序性保障的同时兼具实体性。

（三）域外民事公益诉讼制度的启示

大陆法系国家和英美法系国家的民事公益诉讼制度虽然不尽相同，但都是基于本国国情制定的，既有强大的理论支撑，也有丰富的实践经验予以验证，有很多值得我们借鉴的地方。

1. 公益诉讼范围广泛

英美法系国家对于公益诉讼的设计秉承一种开放的设计理念，对于公益诉讼的范围规定得也比较广泛。美国作为现代民事公益诉讼的创始国，在民事公益诉讼方面规定的比较完善。美国制定了较多的法律法规来规定民事公益诉讼，有《反欺骗政府法》《谢尔曼反托拉斯法案》《克莱顿法》《环境保护法》

《清洁水法》《噪声控制法》等法律，这些法律中都有关于公益诉讼的规定。目前，美国的民事公益诉讼在环境保护、反垄断、消费者权益保护、中小股东权益保护等方面运用十分广泛。现代社会不断发展，涉及公共利益的领域越来越多，将一些新兴领域的事件纳入公益诉讼范围中来是大势所趋。如此一来，不会再发生因为案件本身属于公益案件，但是由于不在公益诉讼范围内而无法受保护的情况。

2. 提起公益诉讼的主体具有广泛性

英美法系国家对提起公益诉讼的主体规定十分广泛，大到机关、组织，小到公民个人都能够提起民事公益诉讼。原告的多元化是美国民事公益诉讼最明显的特征。根据美国法律规定，能够提起民事公益诉讼的主体大概可以分为以下几类：第一，检察官大量参与很多涉及公益的民事诉讼，检察机关代表国家公益受侵害的主体提起民事公益诉讼。第二，控告人诉讼是在美国比较流行的一种民事公益诉讼形式。第三，集团诉讼在美国民事公益诉讼体系中占有重要地位。英国也规定了公民个人在检察长同意并授权的情况下可以提起民事公益诉讼，地方政府机关也能以自己的名义提起民事公益诉讼。域外国家不拘泥于传统的“诉的利益”理论，也并不严格要求必须与自身有切实利害关系才能提起诉讼，赋予公民个人或者政府机关提起民事公益诉讼的资格，使越来越多的人参与到公益保护中来，大家一起积极维护公共利益。域外国家的这些规定对我国具有重要的启发意义。

3. 设置多种民事公益诉讼配套制度

为了更好地发挥民事公益诉讼的功能和作用，域外国家相应地配置了多种民事公益诉讼配套制度。例如，美国联邦法院及部分州法院都针对民事公益诉讼实行部分诉讼费用的减免，德国则是构建了诉额确定制度，在确定诉讼方无力承担高昂诉讼费用的基础上，对诉讼费用进行适当调整和减免，以降低公民民事公益诉讼风险。[①] 这为公众积极参与民事公益诉讼提供了良好的支撑与保障，充分调动公众参与民事公益诉讼的积极性，维护正常的社会秩序。而我国目前缺乏相应的民事公益诉讼配套制度。一方面，我们积极鼓励倡导扩大提起民事公益诉讼主体的资格，扩大到个人；另一方面，也应该做好公民个人以及有关机关、组织提起民事公益诉讼的相关保障，使他们可以无所顾虑地提起民事公益诉讼。

因此，笔者认为，我国可以借鉴域外国家的诉讼费用减免机制、公益律师制度、法律援助制度等，对民事公益诉讼提供一定的援助和支持，如在合理范

① 杨熙饶：《比较法视域下的民事公益诉讼制度比较》，载《法制与社会》2018 年第 11 期，第 23 页。

围内削减诉讼相关费用或者在诉讼请求中可以加一条“请求败诉的被告承担合理范围内的律师费用”。尽快建立自己的公益律师制度、法律援助制度，为公众参与民事公益诉讼提供专门的法律及律师援助，降低公众参与民事公益诉讼的风险和压力，提升公众的参与积极性。

四、民事公益诉讼的完善措施

（一）明确民事公益诉讼的受案范围

民事公益诉讼是当公共利益受到侵害时所提起的诉讼，因此在把握民事公益诉讼的受案范围时要明确公益诉讼的目的。除了法律明确规定的污染环境、众多消费者合法权益受到侵害的情形之外，也应当将其他损害社会公共利益的案件纳入到民事公益诉讼的范围内，如反垄断、反不正当竞争的案件以及国有资产流失的案件。

反不正当竞争法主要是反对经营者出于竞争的目的，违反市场交易中诚实信用的原则和公认的商业道德，通过不正当的手段攫取他人竞争优势的行为。因此，它首先保护的是受不正当竞争行为损害的善意经营者的利益，以维护公平竞争的市场秩序。从这个意义上说，反不正当竞争法所追求的价值理念是公平竞争。反垄断法则是从维护市场的竞争性出发，目的是保证市场上有足够的竞争者，使交易对手和消费者在市场上有选择商品的权利。根据反垄断法的理论，只有当市场上出现了垄断或者垄断趋势的时候，政府方可干预市场，干预的目的是降低市场集中度，调整市场结构。因此，概括地说，反垄断法所追求的价值理念是自由竞争，目的是保障企业有自由参与市场竞争的权利，提高经济效益和消费者的社会福利。若有人进行不正当竞争、进行垄断的话就会侵害其他经营者的合法权益。

国有资产是在法律上确认为属国家所有，并能为国家提供经济和社会效益的各种资源的总和。国有资产是社会发展的物质基础，侵害国有资产的行为或导致国有资产流失的行为就是损害社会公共利益的行为。从国有资产流失与企业负责人的关系来看，绝大部分国有资产流失都具有合法的流转形式，并且大多与企业负责人的违法违规行为有直接联系，甚至有些企业负责人为了牟取私利而不惜实施损害国家利益的行为。因而这些国有资产的代表人既不会采取措施挽回流失的国家利益，也不会通过司法程序来维护国有资产，或者即便提起了诉讼，也会采取手段掩盖国有资产流失的事实。[①] 因此，如果不将这类纠纷纳入公益诉讼的范畴，则会因为诉讼主体的缺失，导致无法通过诉讼程序维护

① 于志刚、王南南：《论检察机关对国有资产流失案件的民事公诉权》，载《国有企业改革法律报告第 2 卷》，中信出版社 2005 年版，第 106-113 页。

国有资产。

（二）将公民纳入民事公益诉讼的主体范围

2017 年修改的《民事诉讼法》将提起民事公益诉讼的主体限定为法律规定的机关和有关组织。起诉主体只包含了机关和团体，没有明确公民个人能否提起民事公益诉讼，限定范围过窄。应当借鉴美国民事公益诉讼制度，将公民纳入民事公益诉讼的主体范围。对公民个人民事公益诉讼主体的确认，是我国法律保护人权的表现。

纳入提起民事公益诉讼主体范围中的公民指的是近三年来没有犯罪记录的公民。为什么要将主体限制为三年以内没有犯罪记录的公民呢？因为若是公民有犯罪记录则可能该公民的品质会有瑕疵，我们就可以据此推定若赋予该公民公益案件的诉权则该公民可能会利用该权利滥诉，增加法院不必要的工作量，浪费司法资源。若是仅将提起公益诉讼的主体规定为权益受到侵害的公民，则仍然是跳不出传统民事诉讼中原告资格的要求，也不适应公益诉讼的特殊要求。将提起公益诉讼的主体不仅仅局限于权益受到侵害的公民也符合我国现在以及未来保障人权的趋势。只要是近三年来没有犯罪记录的公民均可以以自己的名义提起民事公益诉讼。如此一来，充分保障了公民权利，也加强了对公共利益的保护。公民作为社会中的重要组成单位，从事各行各业，是违法行为最直接的承受者，是社会各类信息的传播者，最具社会洞察力。对公益受到侵害的案件，可以及时提起民事公益诉讼，尽早减少损失，形成全民保护公益的局面。在设计法条的时候要明确规定，凡是站在公共利益的角度，为了维护社会、国家和不特定多数人的利益，近三年来没有犯罪记录的公民都可以向人民法院起诉。公民个人与检察机关、社会团体都是提起民事公益诉讼的合法主体。但是对于公民提起的民事公益诉讼的范围还是要加以适当限制，可以规定公民可以提起污染环境、消费者权益保护等方面的公益案件。这样可以防止法律赋予的公民诉权之后大量的公益案件涌现，出现诉讼爆炸。等以后我国的民事公益诉讼制度完善之后再将公民提起诉讼的范围扩大。同时规定民事公益诉讼案件的管辖法院。公益诉讼由于涉及范围广、影响大，因此一审应当由中级人民法院管辖。在地域管辖上由侵权行为地和被告住所地法院管辖，对于两个法院都有管辖权的，由最先受理的法院管辖。公民个人提起民事公益诉讼的费用由国家专项基金支付，也可以由法院适用减免制度或者请求败诉被告承担部分律师费用。

（三）完善民事公益诉讼的程序

1. 提高一审民事公益诉讼的管辖级别

在级别管辖上，《民事诉讼法》第 18 条规定：“基层人民法院管辖第一审民事案件，但本法另有规定的除外。”第一审民事案件一般都是由基层法院管辖的，只是在本法另有规定时除外。由于民事公益诉讼的涉及范围广、案情复杂、数额大，牵涉面广，且影响重大，因此民事公益诉讼在级别管辖问题上应当适用《民事诉讼法》第18条的另行规定，第一审管辖法院由中级人民法院管辖更适宜；在地域管辖上，先行适用一般地域管辖，由被告住所地人民法院管辖；被告住所地与经常居住地不一致的，由经常居住地人民法院管辖。对法人或者其他组织提起的民事诉讼，由被告住所地人民法院管辖。同一诉讼的几个被告住所地、经常居住地在两个以上人民法院辖区的，各个人民法院都有管辖权。由于民事公益诉讼案件主要是侵权性质，适用《民事诉讼法》第28条的规定，由侵权行为地或被告住所地的人民法院进行管辖。侵权行为地包括侵权行为实施地和侵权结果发生地。相关法院均具有管辖权的，由最先受理的法院进行管辖；两个或两个上法院同时受理的，由上级人民法院从中指定一个法院管辖。

2. 实行举证责任倒置

对于民事公益诉讼举证责任的分配，要按照《最高人民法院关于适用〈中华人民共和国民事诉讼法〉若干问题的解释》第91条的规定，适用法律要件分类说。主张法律关系存在的当事人，应当对产生该法律关系的基本事实承担举证责任；主张法律关系变更、消灭或者权利受到侵害的当事人，应当对该法律关系变更、消灭或者权利受到妨害的事实承担举证责任。在公益诉讼中存在一些情况比如因环境污染问题而引起的公益诉讼，则需要进行举证责任倒置。这是由于公益诉讼的原告不方便提供证据证明环境是被告的生产等污染的，此时就要把举证责任分配给被告，由被告来证明环境污染与其无关。在进行举证责任的分配时要综合考虑各方的举证能力，在规定一般规则的同时也要规定一些特殊规则。

3. 民事公益诉讼的费用由国库专项资金承担

诉讼费用，是指当事人进行民事诉讼依法应当向人民法院交纳和支出的费用，包括案件的受理费、申请费和其他诉讼费用。诉讼费用中案件的受理费，属于当事人应交纳的费用，而诉讼中的其他费用，则属于当事人应支出的费用。一般情况下，诉讼费中的案件受理费由起诉方先行垫付，最后由败诉方承担，而诉讼中的其他费用实行谁支出谁承担的原则。因为检察机关是公益诉讼最适格的主体，所以要重点讨论检察机关提起公益诉讼的费用及诉讼后果。检察机关提起公益诉讼的费用由谁缴纳、败诉后风险由谁承担等问题在学术界引起巨大争议。有学者主张检察机关应当预交诉讼费用，并承担败诉的赔偿责任；有学者认为检察机关是为了维护国家、社会公共利益而介入民事纠纷，没有必要缴纳诉讼费，也不必承担败诉责任。

笔者认为，对于检察机关提起的民事公益诉讼应当不收取案件受理费，与案件相关的鉴定费、勘验费等费用由公益诉讼专项资金支出，检察机关只承担必要的工作费用支出。假如败诉，费用应当由国库承担。理由是：第一，检察机关、审判机关均是国家机关，本身没有经济收入，其经费均由国家财政拨款。检察机关在提起公益诉讼时如果缴纳诉讼费，那也是由国库支付给检察机关，再由检察机关缴纳给审判机关，审判机关再交回国库，对国库而言不过是“左口袋的钱进了右口袋”，没有任何意义。第二，检察机关提起公益诉讼是为了维护国家、社会的公共利益，而非个人利益，无论胜诉还是败诉获得的利益均与自己无关，如果败诉责任由检察机关承担，必然导致权利义务的不对等。考察域外检察机关提起公益诉讼的做法，笔者认为，检察机关提起公益诉讼败诉后责任由国家承担的经验值得借鉴。第三，笔者认为检察机关提起公益诉讼如果胜诉，则可以从获得的赔偿金中抽取部分资金建立公益诉讼专项基金，用公益诉讼专项资金来支付诉讼中的鉴定费、勘验费、律师费等必要费用。

五、检察机关提起的民事公益诉讼

从宏观上分析了民事公益诉讼之后，再对检察机关在民事公益诉讼中的职能和定位进行剖析。因为检察机关是提起民事公益诉讼的一个重要的主体，本部分将专门阐述检察机关提起的民事公益诉讼制度。

（一）检察机关提起民事公益诉讼的意义

1. 检察机关更适合作为维护公共利益的代表

近年来，我国经济发展迅速，竞争日益白热化，造成一些公共利益受到损害的公共事件频发。对该类事件进行分析可以发现行政行为在其中起到关键作用，国家公共利益和社会公共利益的损害很大程度上都源于行政机关的违法行为和不作为。这类事件不仅导致了民众基本利益的损害，也会引起国家经济的损失，更会使党和政府在人民心中的形象受损。在实践中，由于行政机关处于比较强势的地位，而受害者普遍存有取证难、立案难等各种问题。双方无论是在资源方面还是能力方面都有着明显的差距，这是受害者不能保证自己遭受的损害都能通过司法途径获得救济的一个重要因素。在检察机关提起公益诉讼正式试点之前，这种现象比比皆是。如当时的许多案件诉讼程序已经开始，但即便如此，也会有很多案件因为资源能力方面的不平等，及自身原因屈从。因此需要检察机关这种强有力的国家机关代表受害者维护公共利益，为公共利益的维护提供强有力的保障。

2. 检察机关提起公益诉讼更能体现法律监督职能

检察机关是专门的法律监督机关，其目的就是监督我国法律的实施，保持社会良好秩序，维护公共利益不受侵害，让人民享受公平正义，使得社会能够在公平的环境里得到发展。当有个人、组织或团体影响法律规范实施，使社会公共利益遭受不法侵害时，检察机关应当拿起法律武器，履行好国家和法律赋予的监督职能，通过提起诉讼的手段维护国家公共利益及社会公共利益。并且应监督执行者依法执法，在第一时间停止对公共利益的侵害，责令侵害主体及时作出补救，恢复被侵害主体并给予赔偿。

尤其是近年来，由于生产力的迅猛发展和社会经济体系转型扩展到了生活的方方面面，行政权力架构已经不能完全适应不断发展的社会。这些现象导致了行政权力缺乏监管，过度膨胀。我国正处于中国特色社会主义的初级阶段，同时也面临着经济发展过快的问题，就有可能产生法律体系不完善的问题，行政机关在实际工作中的漏洞就很难避免。因为行政权力缺乏监管，且权力较为自由，容易滋生腐败现象。现行的监督方式更多地体现在权力机关本身对内部或者下属机关的监督和制约，还有一部分来自民众自发与媒体报道这类非权力机关进行的监督，但是这些监督方式都存在着容易被权力机关影响的问题，很难保证其监督效力。为了防止此类现象继续存在，防止有侵害国家公共利益与社会公共利益的情况发生，检察机关提起公益诉讼制度应运而生。通过行政权力以外的权力机关行使监督权，用司法的力量捍卫公共权益，是较好的解决方法。①

3. 检察机关更有力量对抗地方保护主义和行业保护主义

与传统诉讼不同，公益诉讼案件中被告人侵害的通常是某地区的公共利益，而不是私人权益。检察机关以外的、不属于国家法定机关的主体提起的公益诉讼不容易得到当地行政机关的配合，并且容易受到当地行政机关的影响。而作为国家设立的法律机关，检察机关属于国家司法机关，有其自身特有的法律地位，上下级之间是领导与被领导的关系，不受地方政府的领导，在对抗和解决地方保护主义与行业保护主义时有更为强大的力量。首先，《宪法》规定了检察机关在行使检察职责时，地位是独立的，其仅服从党的领导，向产生它的人大及其常委会负责。不仅如此，《人民检察院组织法》和《刑事诉讼法》中也有关于检察机关独立地位的规定，其独立地位从法律上得到了保障。其次，我国检察机关本身的工作体制与工作队伍都是独立且高效的，专业化的工作队伍能够更好的针对案情进行分析调查。最后，检察机关能够保证自身的廉洁性，其与当地行政机关和对环境造成损害的企业之间不会有利益关系，可以代表国家提起更加公正高效的诉讼。而且与其他公民个人、组织或社会团体不

① 王欣：《检察机关提起行政公益诉讼制度研究》，首都经济贸易大学 2018 年硕士学位论文，第 22 页。

同，检察机关具有调查取证的强制力，能够在提起公益诉讼前，进行充分的调查取证，任何机关、团体和个人都要配合检察机关的调查取证工作，为后续的公益诉讼打好基础。

4. 检察机关提起公益诉讼更加符合时代发展的要求

当前，我国正在为全面实现建设小康社会这一伟大目标而努力，在此关键时期，社会矛盾凸显，各方面改革工作正面临着前所未有的挑战，检察机关提起公益诉讼也是解决相关矛盾，促进时代发展的新需要。解决社会发展带来的问题，要从理念思想层次开始着手，学习更加符合时代要求的新鲜思想，用新战略处理新问题，运用大局观带领发展方向。① 检察系统在这个关键时期身先士卒，在对自身体系体制进行改革的同时，积极响应国家号召，在国家的指导下建立和完善了检察机关提起公益诉讼制度。作为司法体制改革中极为重要的一个步骤，构建好检察机关提起公益诉讼制度能够深化全面依法治国，针对社会的需要进行满足，让司法改革得到更多人民群众的支持，就是“努力让人民群众在每一个司法案件中都能感受到公平正义”。②

（二）检察机关提起民事公益诉讼的方式

1. 检察机关独立起诉

检察机关独立提起民事公益诉讼，是目前我国公益诉讼实践中最常见的一种形式。当公共利益受到侵害时检察机关作为原告单独提起诉讼，受害人不直接参与诉讼，检察机关原告的资格是法律赋予的而不是利益受害人所授权的。在这种诉讼方式中，检察机关是原告的身份而不是代理人的身份。检察机关享有民事诉讼中原告所享有的权利，但它同时还具有一般民事诉讼原告所不可能具有的特殊权力，即监督权。检察机关提起公益诉讼，体现了对行政机关不作为或者违法行为的监督。正如上述，公共利益的受损大多是由于行政机关的不作为，没有很好的对相关企业等进行有效的管理监督，才会导致损害社会公共利益的事件发生。这种法律赋予的监督权构成了检察机关与其他组织、公民作为主体提起民事公益诉讼的最本质的区别。

2. 检察机关提起附带民事诉讼

我国《刑事诉讼法》规定，由于被告人的犯罪行为使国家财产、集体财产遭受损失的，人民检察院在提起公诉的时候，可以提起附带民事诉讼。由此可见，在刑事诉讼过程中，检察机关有权作为刑事附带民事诉讼原告人参加诉

---

① 范文：《治国理政新理念新思想新战略的内在逻辑》，载《行政管理改革》2017 年第 10 期，第 45 页。

② 习近平著：《在首都各界纪念现行宪法公布施行三十周年大会上的讲话》，中央文献出版社 2014 年版，第 91 页。

讼。但是，检察机关作为附带民事诉讼原告人的身份是一种补充性的，即只有在国家财产、集体财产管理人不提起附带民事诉讼时，检察机关才有权提起。但是，当检察机关提起附带民事诉讼时，国家财产、集体财产管理人要予以配合。例如，被告人郭某因疲劳驾驶发生交通事故，致多人死亡，同时撞坏了高速公路护栏、路面等路产，造成直接经济损失 3 万余元。人民检察院对被告人郭某提起公诉，被害人的亲属提起了刑事附带民事诉讼，但高速公路管理单位未提出要求郭某进行经济赔偿的民事诉讼请求。人民检察院可以向人民法院提起附带民事诉讼，要求被告人郭某、车主及车辆挂靠单位共同赔偿高速公路路产的经济损失。此时高速公路管理单位的管理人要积极提供被撞坏的公路护栏、路面所造成损害的证据，帮助配合检察机关履行举证证明。

3. 检察机关支持起诉

我国《民事诉讼法》第 15 条规定："机关、社会团体、企事业单位对损害国家、集体或者个人民事权益的行为，可以支持受损害的单位或者个人向人民法院起诉"。基于我国民事诉讼法中检察机关的支持起诉原则，那么当社会团体或其他机关提起公益诉讼，检察机关可以运用其优势，向社会团体或其他机关提供支持。如果日后我国公益诉讼主体也向公民个人开放，检察机关也可向其提供帮助，促进公益诉讼的发展。例如，四川省人民检察院于 2004 年在全国率先建立了"公益诉讼人"制度，通过建立检察机关的"公益诉讼人"制度，由检察院以"公益诉讼人"身份支持诉讼。2014 年 12 月 29 日，在江苏省高级人民法院审结的泰州"天价环境公益诉讼案"中，原告泰州市环保联合会胜诉的原因之一，也是泰州市人民检察院和江苏省人民检察院两级检察机关出庭支持起诉。[①]

（三）检察机关提起民事公益诉讼存在的问题

1. 公益诉讼原告的诉讼权利与义务的范围界定不明

人民检察院依照《民事诉讼法》等法律法规的规定，以公益诉讼原告的身份提起民事公益诉讼，享有相应的诉讼权利，履行相应的诉讼义务。检察机关的民事公益诉讼权仍然属于民事诉讼法律的范畴，而我们一般把民事诉讼界定为私人之间的民事纠纷，这里的民事纠纷通常是指平等主体之间私权自治的理论范畴。检察机关作为国家的法律监督机关，一般行使的职能主要包括公诉、侦查和监督三类。现行立法赋予检察机关在民事公益诉讼中的诉权，使其介入民事裁判范围之内，这就与民事纠纷中私权的自治在一定程度上杜绝公权力介入的法律产生一定的背离。检察机关作为"公益诉讼原告"，虽然地位等

① 别涛：《泰州天价环境公益诉讼案的成功探索》，载《中国环境报》2015-01-14。

同于原告，但是其背后代表的仍然是国家公权力机关，这就打破了民事诉讼平等的两造格局，并且在一定程度上很容易导致案件事实难以得到有效充分地证实，民事公益诉讼需要确保的不仅仅是社会公共利益，还要保障公益诉讼中另一方当事人的合法权益。按照《民事诉讼法》的规定，原告可以放弃或者变更诉讼请求，但是检察机关作为公益的代表，并不需要相关的委托手续，那么这个诉讼权利是否应当受到限制并未明确规定，如果不对公益诉讼原告的诉讼权利与义务的范围与内容进行界定，那么就很容易导致检察机关滥用诉权，从而不仅达不到检察机关提起公益诉讼的目的，反而使破坏的公共利益不能及时得到补偿，甚至可能引发其他的案件。

2. 诉前程序的运行不通畅

诉前程序，是指检察机关提起民事公益诉讼之前，应当向有关行政机关或社会组织发出检察建议，督促其履行职责或行使诉讼权利的法定程序。诉前程序是检察机关解决公益受损问题的重要方式。据不完全统计，2015 年 7 月至 2016 年 6 月，在公益诉讼试点地区检察机关办理的 1047 件公益诉讼诉前程序案件中，行政机关采纳检察建议依法履职的就有 814 件。诉前程序取得了很好的效果，但是也存在一些问题。下文以最高人民检察院于 2016 年 8 月公布的 11 起民事公益诉讼案件①为例，分析当前民事公益诉讼诉前程序存在的问题。

从作用发挥来看，11 起民事公益诉讼中仅有 3 件履行了实质性的诉前程序，其他 8 件由于辖区内缺乏适格的社会组织，没有履行诉前程序，制度作用发挥不够。从资源分配的角度看，诉前程序的必要性不强，达不到节约诉讼资源的目的。从司法实践来看，检察机关履行诉前程序时，案件的调查取证工作往往也已经完成了，如果此时检察机关转而支持社会组织起诉，社会组织又要重复诉讼准备工作，无形中也浪费了司法资源；同时，经过检察机关的建议，法律规定的有关组织也没有提起民事公益诉讼，最终由检察机关起诉，等于规定了检察机关在起诉主体中始终处于最后次序，无形中增加了适格主体之间推诿起诉的可能。同时，从各地的社会组织分布情况来看，存在十分不均衡的现象，经济发达地区的社会组织多，经济落后地区的社会组织少。在社会组织多的地区难以完成诉前程序，诉前程序难以穷尽全部的公益组织，难以履职到位；在社会组织少甚至没有的地区则无须完成诉前程序。为穷尽告知全部社会组织的情形，最高人民检察院设置了提起民事公益诉讼的检察机关公告程序，这也与《最高人民法院关于环境民事公益诉讼的司法解释》的法院公告程序存在重叠。而且在实践中，也出现了检察机关履行完诉前程序起诉后、社会组织又向审理法院申请加入民事公益诉讼的案例，最终检察机关撤回起诉，这种

① 案例来源：http：//www. spp. gov. cn/wsfbt/。

情形也与节约诉讼资源的目的相悖。

（四）检察机关提起民事公益诉讼的完善建议

1. 明确界定作为公益诉讼原告的检察机关的权利和义务范围

民事公益诉讼包括环境污染、食品药品安全领域等损害社会公共利益的行为，兜底性条款的规定将公益的范围并未局限于环境污染问题或者是侵害众多消费者权益的行为，而是几乎对所有损害社会公共利益的行为检察机关都可以依据相关法律的规定以诉权主体的资格提起公益诉讼。①

检察机关作为公权力的代表，以“公益诉讼原告”的身份介入民事公益诉讼当中，但是《民事诉讼法》以及相关司法解释未对检察机关享有的权利和义务作出明确的规定。界定权利范围，一方面，可以限制检察机关在民事公益诉讼当中滥用公益诉权，防止公权力对私权利的干扰；另一方面，也是考虑检察院工作的合理配置，避免检察院因为工作量过大而影响其他的工作。笔者认为，人民检察院以公益诉讼原告的身份提起民事公益诉讼，其享有的权利义务，应当参照《民事诉讼法》赋予的普通民事诉讼原告的诉讼权利义务的规定。参照并非完全等同，这是因为作为公权力机关的检察机关，与普通诉讼的原告又存在一定的区别，必须要明确检察机关处分权的界限。检察机关作为公益诉讼原告，之所以不同于普通的原告，是因为检察机关在民事公益诉讼中享有特殊职能。在诉前程序中，检察院可以作为民事公益诉讼的起诉支持者，充分发挥其积极支持、督促社会组织提起公益诉讼的职能，在诉讼结束后又能积极对相关问题的后续解决进行必要的监督。因此，在民事公益诉讼中，检察机关的角色定位应当是：在处分权层面区别于原告身份，同时又较普通的原告更多了一层法律监督的作用。

2. 规范民事公益诉讼赔偿金的管理

关于公益诉讼赔偿金的使用管理，现行立法，包括司法解释均未给出明确规定。民事公益诉讼本身是为民事公益事业做贡献的，但是赔偿金如果不能切实做到专款专用，很容易导致获得赔偿金的主管部门利用自身职务便利，将赔偿金挪作他用，甚至非法据为己有。故设立民事公益诉讼案件专用账户，规范赔偿金的管理势在必行。民事公益诉讼的无主性，导致在获得赔偿金时，无相应的受害主体获得赔偿，检察机关作为公益保护的主体，却并非获得赔偿的主体，赔偿金当然不能划归检察机关，那就需要设立专门机构、设置专用账户管理民事公益诉讼赔偿金，明确赔偿金的使用范围，建立必要的监督机制。在专用账户设立后，对于民事公益赔偿金，在扣除检察机关负担的费用（支付诉

① 江国华、张彬：《检察机关提起民事公益诉讼的现实困境与完善路径》，载《河南财经政法大学学报》2017年第4期，第89页。

讼中的鉴定费、勘验费、律师费等必要费用）后，剩余金额成立专门基金。民事公益诉讼专项基金制度要有效运作，就必须建立比较完备的监督体系。检察机关作为法律监督机关，要对所获得的赔偿金使用情况进行必要的监督，这也是其职责所在。

3. 充分发挥检察机关在诉前程序中的作用

诉前程序是检察机关提起公益诉讼的必经程序。根据《实施办法》之规定，检察机关在提起民事公益诉讼前，应当先向法律规定的机关提出检察建议，督促其履行职责、纠正违法行为或提起公益诉讼，或建议符合条件的组织提起公益诉讼。这是出于节省司法资源、加强检察监督的目的，积极促进行政机关履行职责的角度出发设置的规定。“发现案件线索后，尽可能推动法律授权的机关和组织主张司法救济，如果有关组织提出需要人民检察院支持起诉的，可以依照相关法律规定支持起诉。法律规定的机关和有关组织没有提起民事公益诉讼，或者没有适格主体提起诉讼，社会公共利益仍处于受侵害状态的，人民检察院才提起民事公益诉讼”。[①] 造成民事公益遭受损害很大程度上可以归咎于行政机关的监管不力，更有甚者，出于地方保护主义的考虑，行政机关不作为或者消极作为，特别是在环境保护方面。检察机关作为法律监督机关，可以依据自身职能监督行政机关依法行政。检察机关提起民事公益诉讼必须是最后的救济手段，即只有在法律规定的机关、团体不提起民事公益诉讼时，检察机关才能提起。检察机关在提起民事公益诉讼前，应先向法律规定的机关提出检察建议，督促其履行职责，如“云南省宣威市人民检察院在受理群众控告中发现，珠江源省级自然保护区内 5 家采石场长期开山采石，破坏林木、植被、水土，严重影响生态环境，遂向市森林公安局、环境保护局、林业局、国土资源局、安全生产监督管理局等行政机关发出检察建议，要求依法处理违规开采行为、加强对自然保护区内重点行业和企业的监管。宣威市人民政府认真研究检察机关的意见，作出关停保护区内所有非法采石场的决定，相关行政机关对 5 家非法采石场作出行政处罚并移送公安机关立案侦查，同时加大对保护区内非煤矿山等重点行业监管力度”。[②] 因此要切实落实检察机关履行诉前程序，充分发挥检察机关在诉前程序中的作用，真正做到节约司法资源又能解决案件。当检察机关已经完成诉前程序自己单独提起公益诉讼后，若此时其他组织再想以原告身份加入进来，笔者认为可以将其列为共同原告而不应该

---

① 刘辉、姜昕：《检察机关提起民事公益诉讼试点情况实证研究》，载《国家检察官学院学报》2017 年第 2 期，第 63 页。

② 王治国、戴佳：《试点地区检察机关已办理公益诉讼诉前程序案件 1668 件》，载 http//www. spp. gov. cn/zdgz/201611/20161105_ 171751. Shtm。

让检察机关退出，这样一来不会再重新开始诉讼程序也不会浪费司法资源。

第二节　行政公益诉讼

在推进依法治国和司法改革的进程中，实务部门和理论界对于检察机关作为法律监督机关的定位、公益保护路径等问题有了更为明确、深刻的认知。在立法层面，2012 年修订的《民事诉讼法》首次规定了民事公益诉讼。对比而言，在同一年曾有修改《行政诉讼法》设立行政公益诉讼制度的动议，但因种种阻力与分歧，这一建议最终未获得立法机关的支持。[①] 以十八届四中全会提出“探索建立检察机关提起公益诉讼制度”为标志，行政公益诉讼开始了“先试点后立法”的试点立法进程。一年后，《人民检察院提起公益诉讼试点方案》（以下简称《试点方案》）获得通过，正式开始了行政公益诉讼的试点实践。随着两年试点工作的推进，行政公益诉讼在我国诉讼领域的探索也步入一个全新的阶段。2017 年修订的《行政诉讼法》正式建立了检察机关提起行政公益诉讼制度，行政公益诉讼随即在全国展开。2018 年，《人民检察院组织法》也进行了相应的修改，最高人民法院、最高人民检察院出台的《关于检察公益诉讼案件适用法律若干问题的解释》（以下简称《公益诉讼解释》）等法律解释规范的出台，使我国行政公益诉讼制度在立法层面和司法实践中不断推进。

一、行政公益诉讼的概念和性质

（一）行政公益诉讼的概念

学界对行政公益诉讼的概念存在不同的界定。有学者认为行政公益诉讼是指由于行政主体的不作为或者是违法作为导致公益受到侵害或者有侵害之虞时，为了公益的需要，即使起诉人可能与案件事实不存在利害关系，但是法律仍然规定其可以向法院提起行政诉讼的一种制度。[②] 部分学者认为行政公益诉讼是指公民为了维护公共利益，对于和自己的权利或利益不存在直接利害关系的内容，因行政机关及其内部的工作人员违背法律的相关规定而提起的诉讼。[③] 还有学者认为行政公益诉讼是指：当公民、法人或者其他组织发现由于

① 谢鹏程：《如何认识检察机关在公益诉讼中的定位》，载《人民检察日报》2016 年 12 月 11 日，第 3 版。

② 叶明蓉：《我国行政公益诉讼的障碍分析及现实选择》，载《律师世界》2003 年第 12 期，第 36 页。

③ 马怀德主编：《行政诉讼原理》，法律出版社 2003 年版，第 151 页。

行政主体的具体行政行为导致公益受到侵犯，依照法律的规定以自己的名义将其起诉到法院，法院以此为依据，在双方参与的情况下，对该案件进行的受理、审查、判决的司法活动。[①] 通过对比可以看出，学者对行政公益诉讼的定义在表达方式和内容方面存在差别，但主要都是围绕诉讼主体、诉讼客体以及诉讼的目的等方面展开的。笔者认为可以将行政公益诉讼定义为：行政公益诉讼是公民、检察机关、社会组织发现行政机关的行为导致公共利益受到侵害，为了维护公共利益，以自己的名义向法院提起的诉讼。

（二）行政公益诉讼的特征

1. 起诉人是与被诉行为无直接利害关系的人

我国之前的《行政诉讼法》规定，提起行政诉讼的主体必须是认为自己权益受到行政行为侵犯的公民、法人和其他组织，而与行政行为没有直接利害关系的人不能提起。这一方面，是为了防止无利益相关主体滥用诉讼权，浪费司法资源；另一方面，受权力主体与诉讼主体一致性观念影响较深。传统当事人适格理论导致了大多数热心于公益事业的公民、社会团体、国家机关无法直接通过诉讼程序来保护国家和社会公共利益，以至于大量因缺乏起诉主体而损害国家和社会公共利益的行政行为成为“诉讼盲区”。而行政公益诉讼则不同，行政公益诉讼因为其公益的性质，所以不再局限于当事人适格的限制，原则上，任何个人和组织都有权提起要求维护法治与公益或要求履行公共职责的诉讼，但是目前我国《行政诉讼法》只规定了检察机关是提起行政公益诉讼的唯一合法主体。

2. 诉讼对象是行政机关或其他公共性机构实际侵害公共利益或公共秩序的公权力行为，包括作为或不作为

检察机关提起公益诉讼也体现了检察机关对行政机关的法律监督。行政机关享有国家公权力，在行政管理过程中，可能会基于地方利益保护或者其他原因，甚至可能会因为基于权力寻租等滥用职权或者消极不作为，侵害了公共利益，破坏了公共秩序。因此行政公益诉讼的对象就是行政机关实际侵害公共利益或公共秩序的公权力行为，通过行政公益诉讼，要求其依法实施行政行为或者纠正违法的行政行为。

3. 提起行政公益诉讼的目的是为了维护公共利益

公共利益包括国家利益和社会利益两大方面，行政公益诉讼不是为了保护某个人或者某个小集体的私人利益，而是涉及所有的社会成员。《人民检察院提起公益诉讼试点工作实施办法》规定了行政公益诉讼的案件范围为生态环

---

① 宗鸣：《行政公益诉讼初探》，苏州大学2006年硕士学位论文，第5页。

境和资源保护、国有资产保护等案件，这些案件都是涉及公共利益的案件，体现了行政公益诉讼的公益性。这是行政公益诉讼与其他行政诉讼存在本质区别的地方。

4. 行政公益诉讼的功能具有明显的预防性质

其他诉讼一般都是要求要有实际损害结果才能提起诉讼，实际损害结果是提起诉讼的基础。但是因为行政公益诉讼所涉及的国家利益以及社会公共利益范围比较广，关系到社会的方方面面，具有范围广、影响大的特点。因此，对于行政公益诉讼的起诉条件相对于其他诉讼而言要求略低。在行政公益诉讼中对公共利益的侵害不需要现实发生，只要能合理地判断出其具有侵害的可能性即可提出诉讼。公共利益一旦遭到侵害，后果往往很难弥补，基于此，行政公益诉讼具有在损害结果发生前，就可以以法律手段将损害可能性予以排除的功能。

二、我国行政公益诉讼的现状

（一）立法现状

1. 赋予检察机关行政公益诉讼原告的主体资格

2015 年 12 月 16 日，最高人民检察院第十二届检察委员会第四十五次会议通过了《人民检察院提起公益诉讼试点工作实施办法》。自 2015 年 12 月 24 日公布之日起，在北京、内蒙古、吉林、江苏、安徽、福建、山东、湖北、广东、贵州、云南、陕西、甘肃等省、自治区、直辖市实施。两年试点结束之后，2017 年修改的《行政诉讼法》第 25 条增加了第 4 款规定："人民检察院在履行职责中发现生态环境和资源保护、食品药品安全、国有财产保护、国有土地使用权出让等领域负有监督管理职责的行政机关违法行使职权或者不作为，致使国家利益或者社会公共利益受到侵害的，应当向行政机关提出检察建议，督促其依法履行职责。行政机关不依法履行职责的，人民检察院依法向人民法院提起诉讼。"由此可见，我国在立法层面赋予了检察机关提起公益诉讼的资格，同时也是在立法层面明确了检察机关是提起行政公益诉讼的唯一合法主体。

2. 规定了案件来源与行政公益诉讼的受案范围

《行政诉讼法》第 25 条第 4 款以及《最高人民法院、最高人民检察院关于检察公益诉讼案件适用法律若干问题的解释》（以下简称《两高解释》）规定，"人民检察院履行职责中发现"是检察机关提起行政公益诉讼的案件来源。检察机关的履职活动包括检察机关对法院行政审判和行政诉讼的监督以及日常工作中对行政机关及其公职人员履职行为的检察监督。检察机关在上述履行职责过程中发现行政机关在生态环境和资源保护、食品药品安全、国有财产保护、国有土地使用权出让等领域违法行使职权或者不作为时，有权出具检察建议；如果行政机关在规定时间内未依法履职或者重新作出合法行政行为时，检察机关可提起行政公益诉讼。对于行政公益诉讼的受案范围，采取了“列举+概括”的立法模式，明确规定的受案范围有四个，还有一个“等”字进行了概括性规定。

3. 向行政机关提出检察建议是行政公益诉讼必经的诉前程序

检察机关对行政机关违法行使职权或者不作为，致使国家利益或者社会公共利益受到侵害的，应当向行政机关提出检察建议，督促其依法履行职责。此处“应当”的意思是指检察机关向行政机关发出检察建议是提起行政公益诉讼的必经程序，其目的是为了督促行政机关依法履行相应的职责。只有当行政机关收到检察建议后仍然不纠正其违法行为或者不履行其职责时，检察机关才能向人民法院提起行政公益诉讼，否则人民法院不予受理。诉前程序的设置，一是给行政机关改正的机会，二是充分发挥检察监督督促执法、过滤案件、节约司法资源的作用。就试点期间的情况来看，检察机关通过诉前程序督促行政机关实现自我纠错的案件比率均超过了半数，最高的统计数据达到了77.75%；[①] 而截至试点结束，虽然这一数据稍有回落，约为67.25%，但仍占到近七成的比重。

检察建议在我国的检察实践中长期存在，其也被视为检察机关全面履行法律监督职能的重要手段。[②] 但“建议”在本质上是柔性的，具有协商的功能，建议内容的实现取决于被监督机关的自觉配合。由于检察建议缺少强制力，因此实践中检察建议未受到充分的重视，其监督的力度比较有限。试点工作则将检察建议与提起诉讼两者结合起来，对于不按照检察建议的要求进行整改的，行政机关后续将面临诉讼的风险。这样的安排实现了自我纠错与外部监督有效结合，充分尊重了行政机关的自主权，检察机关也保持了适度的克制。检察建议装上公益诉讼的“子弹”之后，也实现了其功能的最大化。行政机关无论是在对待检察建议的态度、采取的措施，还是维护公益的成效上都发生了显著的变化。这也正是试点期间大量案件得以通过诉前程序化解的重要原因。这是检察机关相较于社会组织、个人所具有的无可比拟的优势。

4. 检察机关享有诉前法定的调查权

行政公益诉讼并未改变传统行政诉讼中“举证责任倒置”的规定，行政机关仍然需要对其行为的合法性承担举证责任，检察机关则需要对符合起诉条

---

① 刘子阳：《检察公益诉讼试点全面破冰》，载《法制日报》2016-08-17。

② 姜伟、杨隽：《检察建议法制化的历史、现实和比较》，载《政治与法律》2010年第10期，第98页。

件的承担证明责任。除此之外，检察机关还需要承担证明行政机关的违法行为或不作为导致公益受到损害，以及已经履行诉前程序行政机关仍不依法履行职责或者纠正违法行为的责任。为了配合检察机关在公益诉讼中承担的举证责任，试点期间最高人民检察院赋予了检察机关“法定”的调查权。在调查取证过程中除了不得采用限制人身自由以及查封、扣押、冻结财产等强制性措施外，检察机关可以调阅、复制行政执法卷宗材料，询问行政机关相关人员以及行政相对人、利害关系人、证人，咨询专业人员、相关部门或者行业协会等对专业问题的意见，委托鉴定、评估、审级，勘验物证、现场等多种必要的调查方式来收集证据。从这些手段来看，正是因为检察机关对行政行为的违法性、行为的危害后果、公益受损享有较大的调查权，才使得行政公益诉讼具有可操作性。

（二）司法现状

1. 多数案件在诉前程序中得到了解决

作为行政公益诉讼的前置程序，诉前程序的主要内容包括：公民、法人和其他组织将行政机关因滥用职权或者消极不作为而危害国家利益或社会公共利益的案件，向检察机关提出举报和控告。检察机关根据线索展开调查并立案。通过诉前程序，检察机关对行政权的监督可以提前到诉前并督促行政机关履责，节约司法资源、减少诉讼成本。在提起行政公益诉讼前，检察院先对实施行政行为的行政主体提出检察建议，行政主体在接到检察建议后仍不更正行政行为的，检察机关再提起诉讼。到 2017 年中旬，试点中的检察机关在办理案件中涉及诉前程序的案件 7900 余件，行政机关的回复期限不到一个月的有 900 余件，检察机关发出建议和督促后，行政机关纠正了行政行为的共有 5000 余件，占总数的 80%左右，只通过诉前程序就能达到检察院的检察效果的案件占 76%，绝大部分案件在诉前程序就得到了解决。[①] 诉前程序充分发挥了行政机关纠正违法行为的主动性，节约了司法资源。

2. 检察机关承担了较重的举证责任

对实践中行政公益诉讼案件进行统计和分析，可以发现：检察机关在行政公益诉讼案件中承担了较重的举证责任。分析根本原因，其目的是通过行政公益诉讼，督促行政机关承担应当履行的法律责任，更好地履职。行政公益诉讼，不仅在一定程度上发挥了检察机关的监督作用，同时也反映了检察机关在该诉讼中的特殊地位，即除了是原告的身份之外，还是法律监督者的身份。针对行政机关滥用职权或者消极不作为的问题，作为原告的检察机关有义务进行

① 王炜：《检察机关提起公益诉讼的理论和实践》，载《青少年与法治》2018 年第 1 期，第 62 页。

举证，证实行政机关作为或者不作为的违法性。以全国首例行政附带民事公益诉讼案件——吉林省白山市人民检察院提起的白山市江源区中医院违法排放医疗污水污染环境案为例。在该案中，白山市检察院已经履行了诉前程序，向白山市卫计局发出检察建议，要求卫计局履行职责，责令中医院整改污水净化系统。但是白山市卫计局未执行检察机关的检察建议，因此检察机关提起诉讼。在诉讼过程中，作为原告的检察机关要提供证据证明卫计局没有履行监督职责而且在江源区中医院未提交环评合格报告的情况下，江源区卫生和计划生育局对区中医院的《医疗机构执业许可证》校验为合格。检察机关负有证明行政机关行为不合法的证明责任，如果检察机关不能拿出充分的证据，那么将可能由于证据不足而导致审判不利，这正是检察机关在公益诉讼请求过程中面临的尴尬境地。

3. 诉讼请求主要是履行之诉和确认之诉

在行政公益诉讼中，行政行为所导致的国家利益或社会利益受损，可能源于行政机关的滥用职权，也可能是玩忽职守、消极不作为。在试点工作中，九成被起诉的行政行为是由于行政机关的不作为。检察机关面对行政机关因消极不作为侵害了公共利益时，向人民法院提起诉讼，要求行政机关依法作为，被称为履行之诉。但是，由于这种诉讼并没有国家强制力的保证，因此，在面对行政机关不作为时，检察机关虽然及时提出履行之诉，但是行政机关仍然有可能继续不作为。另外，还有一部分案件是由于行政机关的违法行为所导致的。例如上述，吉林省白山市人民检察院提起的白山市江源区中医院违法排放医疗污水污染环境案就是江源区卫生和计划生育局在中医院未提交环评合格报告的情况下就校验区中医院的《医疗机构执业许可证》为合格，从而导致了后续中医院违法排放医疗污水污染环境的后果。针对卫计局的违法行为，检察机关提起公益诉讼时其诉讼请求是确认卫计局之前校验区中医院《医疗机构执业许可证》为合格的行为是违法行为，是一种确认之诉。

三、我国行政公益诉讼存在的问题

《行政诉讼法》的修订，确立了检察机关在法定情况下可以提起行政公益诉讼，标志着检察机关正式成为行政公益诉讼的法定主体。各地、各级检察机关在根据《行政诉讼法》及相关司法解释进行行政公益诉讼时，遇到了一些问题，也反映出立法本身存在的问题。

（一）立法层面存在的问题

1. 检察机关在行政公益诉讼中的角色定位缺失

对于检察机关作为行政公益诉讼提起主体的角色定位，以及其在公益诉讼模式中的主体资格等问题存在较大的争议。2017 年修订的《行政诉讼法》第

25 条增加的第 4 款是对“公益诉讼”的原则性规定，仅明确规定了检察机关能够提起行政公益诉讼，但对检察机关提起行政公益诉讼的资格定位未明确，也未规定有关组织和个人等能否提起行政公益诉讼。随后最高人民法院出台的《关于适用〈中华人民共和国行政诉讼法〉的解释》亦未对此作出说明。《检察机关提起公益诉讼试点方案》第 4 条、《关于检察公益诉讼案件适用法律若干问题的解释》第 42 条虽然确定了人民检察院是以公益起诉人身份提起公益诉讼，但是“公益起诉人”这一界定仍然模糊，在实践操作中，审判机关对公益诉讼人身份的认识不清晰，学术界也未就此达成一致意见。有学者认为可以将检察机关定位为行政诉讼原告的例外情况，即特殊的原告。① 还有学者认为检察机关在公益诉讼中具备“原告人”和“诉讼代理人”双重身份。② 检察机关在行政公益诉讼中的定位不明确就会直接导致检察机关在公益诉讼案件中所拥有的权利和履行的义务不明确，使得诉讼很难正常进行下去。

2. 行政公益诉讼的受案范围不明确

关于行政公益诉讼的受案范围，新修订的《行政诉讼法》第 25 条第 4 款和《公益诉讼解释》第 21 条中均对此进行了列举，即生态环境和资源保护、国有资产保护、国有土地使用权出让和食品药品安全等领域。此外，关于受案范围的表述还有一个“等”字作为兜底条款，意为除了所列举的几个领域还可以扩展到其他领域。但是当下检察机关已经处置的案件绝大多数为食品药品安全和生态环境保护，其他领域几乎没有涉及。截至 2017 年中旬，行政公益诉讼涉及国土资源的案件有一千八百余件，涉及环境保护的一千五百余件，涉及林业管理的一千四百余件，涉及水利水务的五百余件，涉及防空的三百余件，涉及房屋和城市乡村建设的二百六十余件，涉及农业管理的二百二十余件，涉及财政的一百九十余件，仅这八类部门就占了行政公益诉讼案件的百分之七十。③ 立法上受案范围的界定有局限性，在诉讼实践中“等”字也并未发挥很大的现实作用。过窄的行政公益诉讼案件范围导致行政公益诉讼的功能受到限制，以至于不能充分体现检察机关的监督功效。

3. 诉前程序运行不协调

《试点方案》以及《公益诉讼解释》都对诉前程序作了规定，诉前程序在

---

① 肖建国：《检察机关提起民事公益诉讼应注意两个问题》，载《人民检察》2015 年第 4 期，第 68 页。

② 樊崇义、白秀峰：《关于检察机关提起公益诉讼的几点思考》，载《法学杂志》2017 年第 5 期，第 57 页。

③ 赵信会、祝文莉：《未成年人权益的检察保护——以检察机关提起国家监护诉讼为例》，载《中国青年社会科学》2017 年第 1 期，第 38 页。

行政公益诉讼中发挥了较大的作用，但是在实践中，“诉前检察建议+正式提起诉讼”的模式产生的预期效果仍然存在一些问题。诉前程序的不完善主要体现在以下几个方面：第一，对同一事项向行政机关提出检察建议的次数不明确。《行政诉讼法》规定，检察机关提起行政公益诉讼的法定必经程序是诉讼前向相关的行政机关提出检察建议，但是没有具体规定能够提出几次检察建议。在司法实践中，有的行政违法行为是在检察机关多次提出检察建议后才得到纠正。第二，检察建议的内容质量不高。检察机关在对行政机关提出检察建议时要注重提高检察建议的质量。目前检察建议的质量不够。一些检察建议没有针对性，没有对需要改进的问题提出准确的改进措施，都是泛泛而谈，而且一些检察建议大都雷同。这样低质量的检察建议不能使行政机关信服，从而虚心接受进行整改，反而会使得其对检察机关的检察建议置若罔闻，检察建议发挥不了应有的作用。诉前程序成为检察机关维护公益越来越重要的工具，但是诉前程序的不完善严重影响了检察机关对行政机关进行监督的效果。

4. 举证责任规定不完善

我国检察机关提起行政公益诉讼先后由《公益诉讼试点方案》《公益诉讼试点实施办法》《关于深入开展公益诉讼试点工作有关问题的意见》《关于支持检察机关依法开展公益诉讼工作的通知》《公益诉讼解释》等司法解释、文件进行了规定。但是在《公益诉讼试点方案》并没有对行政公益诉讼举证责任分配的问题进行具体的规定，《人民检察院提起公益诉讼试点工作实施办法》第45条规定了检察机关的举证责任，主要包括检察机关提起行政公益诉讼起诉符合法定条件、诉前程序的履行情况和一项兜底的条款。《关于深入开展公益诉讼试点工作有关问题的意见》中没有“举证责任”的表述，但第17条对提交的材料进行了规定，在该意见中指出检察机关需要提交公益诉讼起诉书、国家和社会公共利益受到侵害的初步证明材料以及检察机关履行诉前程序的相关情况。在《公益诉讼试点实施办法》以及《关于支持检察机关依法开展公益诉讼工作的通知》中也对此三项内容进行了确认，仅由原来的符合起诉条件改为提交行政公益诉讼起诉状。此外，根据《公益诉讼试点实施办法》以及《人民法院立案通知》中对于行政公益诉讼立案的规定提及了检察机关可以不提交组织机构代码、法定代表人身份和检察院指派人员参加活动的授权委托书，但需要出具办理立案登记的介绍信、工作人员的工作证件和身份证。在《检察公益诉讼解释》中同样没有用到“举证责任”的表述，但对检察机关应当提交的材料进行了规定，与《公益诉讼试点办法》表述基本相同，但多出“被告违法行使职权或者不作为”的表述。

对于检察机关在行政公益诉讼中是否需要承担举证责任，以及承担什么样的举证责任，理论界存在不同的观点。有学者认为在行政公益诉讼中就应当由行政机关承担举证责任，其中也包含了不作为类的案件。总体上举证责任应当由被告来负担。检察机关也有相应的举证权力或者说是一种义务。① 该观点将行政公益诉讼纳入传统行政诉讼中。《行政诉讼法》第 34 条原则性地规定了行政诉讼案件“举证责任倒置”的举证责任制度，规定行政机关依然要对具体行政行为的合法性承担举证责任，提起主体对具体行政行为的违法不承担举证责任。还有学者认为在举证责任倒置的前提下，行政公益诉讼中检察机关承担的是证明责任中的推进责任。而被告需要对具体行政行为的合法性进行举证。② 在上述的论述中已经指出检察机关在对《人民检察院实施办法》明确规定的内容进行证明之外还应当对行政行为的合法性提出一定的证据给予证明。在上面已经阐述过在实践中检察机关承担了过重的责任：既要对行政机关违法行使职权且经督促履职不能的行为承担举证责任，还要对事过境迁的案件进行鉴定。这些立法规定以及司法实践使检察机关陷于一个艰难的境地，因为过重的举证责任会使检察机关面临较高的败诉风险，而且与其他行政诉讼相比提高了检察机关提起行政公益诉讼的要求。

（二）司法层面存在的问题

1. 案件信息来源渠道不明确

《行政诉讼法》《公益诉讼解释》均规定，人民检察院对于履行职责中发现行政机关违法行使职权或者不作为，可以提起行政公益诉讼。如何理解“履行职责中发现”，即检察机关提起行政公益诉讼的案件信息来源如何获得呢？我国《人民检察院提起公益诉讼试点工作实施办法》第 28 条中对“履行职责”作出了界定，即检察院履行职责主要包括职务犯罪侦查、诉讼监督等，但是该办法已经于 2017 年 7 月 1 日废止。而 2018 年新出台的《公益诉讼解释》却未对以上问题作出回应，因此，案件信息来源渠道比较模糊。学界从宏观上对案件信息的发现路径作了简单的分类描述，包括群众举报、有关机关提交和检察机关自行发现。但在司法实践中，存在案件线索发现难、转化难的问题，这实际上限制了检察机关提起公益诉讼的空间。因此，在“履行职责”的基础上，为推动检察机关提起公益诉讼的制度发展，畅通公益诉讼案件线索的收集转化渠道，应当对检察机关提起行政公益诉讼案件的信息来源渠道予以明确。此外，监察制度改革后，人民检察院的职务犯罪侦查职能大为弱化。在这一背景下，“履行职责”这一法律概念应被重新定义（这亦可能是《公益诉

① 孙长柱、齐迹、郭朋：《检察机关提起行政公益诉讼基本原则与实践问题》，载《中国检察官》2018 年第 1 期，第 75 页。

② 李劲：《环境行政公益诉讼证明责任问题研究》，载《渤海大学学报（哲学社会科学版）》2018 年第 2 期，第 44 页。

讼解释》未回应的一个原因)。因此，如何实现检察院与监察委在交叉领域上的案件信息沟通和线索移送，也是今后案件信息来源机制改革需要深入研究的课题。

2. 调查取证权缺乏有效保障

一方面，调查取证权缺乏有效救济措施。《人民检察院提起公益诉讼试点工作实施办法》第 6 条赋予检察机关调阅、复制行政执法卷宗材料、询问违法行为人等七种调查核实的权力，同时还规定相关单位和个人应当配合，但是对于不予配合的情形，并未提供救济性措施，调查权缺乏有效保障。实践也证明，在矛盾较为突出的公益诉讼中，相关单位和个人很难做到将不利于自身的证据积极提交给检察机关。如在行政公益诉讼案件中涉及较多的污染环境领域，隐蔽性较强，调查本身就存在很大难度，检察人员在调查过程中，明显感觉某个工厂在排放污水或废气，但却连工厂大门都进不去，更别说收集相关证据了，实践中往往只能联合行政主管机关，借助其主管地位的威慑力才能收集到有价值的证据，但是因为收集证据的目的是要对行政主管机关提起诉讼，该行政机关“吸取教训”后在下次的工作中以种种理由不予配合，检察机关的工作也将陷入被动。

另一方面，申请保全的救济措施不符合实际工作情况。《行政公益诉讼解释》第 6 条虽然增加了人民检察院可以依照《行政诉讼法》的规定申请人民法院采取证据保全措施的内容，增加了一条救济途径，但却不符合现阶段工作的实际情况：第一，现阶段检察机关内部办理行政公益诉讼案件，采取的是立案审批制，试点地区以外的前五件案件提起诉讼需要层层报备到最高人民检察院，即如果要立一件行政公益诉讼案件，需要在立案或者提出诉前检察建议前就全面收集行政机关违法或不作为、国家或社会公共利益受到侵害等证据，如果不能收集到有效证据，则不能立案、履行诉前程序，更不能贸然提起诉讼。现行《行政诉讼法》也未规定诉前证据保全，故现阶段寄希望于申请人民法院保全证据是不符合实际工作情况的。第二，即便在检察机关自己调取证据未果后向人民法院申请证据保全，在这一来一往，文书制作、送达期间，已经察觉的涉案行政机关有充足时间转移或者完善相关证据，使检察机关很难固定相关证据材料。综上所述，当实践中检察机关调查取证，遇到相关单位或个人不予配合或借故拖延的情形时，现行规范性法律文件和司法解释均未提供切实有效的救济措施，调查取证权缺乏有效保障。

3. 配套机制不健全

第一，缺乏鉴定方面的配套机制。专业鉴定机构的数量和质量急需解决。与普通鉴定不同，公益诉讼案件往往针对的是具有复杂性和长期性的生态环境问题，对专业鉴定机构的需求更为突出，但是目前我国从事环境公益损害的专业鉴定机构极为缺少。加上环保部《环境损害鉴定评估推荐机构名录》推荐的两批39家环境损害鉴定评估推荐机构，能够从事环境损害评估鉴定的鉴定机构和科研机构，在全国的数量也不会超过100家，远远不能满足当前司法实践的需要。以宁夏为例，针对贺兰山国家级自然保护区生态破坏修复的鉴定评估，宁夏境内只有宁夏绿森源森林资源司法鉴定中心一家可以做，且该鉴定中心与相关行政机关存在千丝万缕的关系，导致鉴定意见多次反复，严重影响了检察机关案件办理效率。第二，鉴定、评估等费用的承担缺乏配套机制。《实施办法》第33条规定检察机关办理行政公益诉讼案件可以采取委托鉴定、评估、审计的调查措施。但是在实践中，由于公益诉讼的特殊性，鉴定费用高、鉴定难度大的问题长期存在，[①] 专业领域咨询费也是一笔较大开支，这些费用的支出都是在发出诉前检察建议或者提起行政公益诉讼之前需要支付的，由谁承担、是否先行垫付，没有明确的定论。且即便公益诉讼胜诉，这些费用是否由怠于履行职责的行政机关承担，也没有明确规定。

4. 检察机关专业化能力不强

检察机关专业化建设已成为当下制约检察工作发展的主要桎梏。最高人民检察院检察长张军在湖北、云南、山东等多地调研时均提到检察机关要组建专业化队伍，提高专业化能力，并为此推动了包括“捕诉合一”在内的多项检察制度改革。行政公益诉讼制度的成效关键靠人，虽然检察人员对法律知识的掌握和理解远超一般人，但行政公益诉讼是一项全新的工作，不同于传统的检察业务，检察人员必须学习行政法规及相关专业知识，比如办理生态环境案件就需要掌握数量繁多且相关化学名词非常拗口的有毒有害物质。在办理案件的过程中，经常要进行环境分析、物质检测、元素实验等，这对于检察机关来说是一项艰巨的任务。

四、我国行政公益诉讼制度的完善路径

我国确立了检察机关提起公益诉讼制度，虽然取得了不错的成绩，但同时也存在一些不足和问题，笔者提出几点完善建议，以期对我国行政公益诉讼制度的发展有所裨益。

（一）明确检察机关在行政公益诉讼中的角色定位

全国人大常委会在对《行政诉讼法》的修改决定中，并没有对行政公益诉讼中起诉主体的身份进行明确规定。在最高人民法院和最高人民检察院的实施办法中，对于检察机关的身份地位只规定了在行政公益诉讼中以公益诉讼人

① 李良：《关于完善江苏环境公益诉讼制度的建议》，载《污染防治技术》2015年第4期，第24页。

提起，但是对于“公益诉讼人”的具体含义是什么，却没有规定。上文提到有观点认为检察机关在提起行政公益诉讼中应该作为原告。但是在我国，一般行政诉讼与行政公益公诉存在本质上的不同，检察机关应该比一般行政诉讼中的原告承担更多的客观义务，如果直接将检察机关定位为原告势必会引发一些问题。一般来说，提起诉讼的原告方都是直接利益相关人，在行政公益诉讼中，检察机关作为司法机关并没有受到行政行为的直接侵害，所以，如果将检察机关定位为原告实属不妥。

检察机关在行政公益诉讼中的起诉地位决定了检察机关在行政公益诉讼中的程序设置，具体包括检察机关是否要给提起诉讼的检察人员开具授权书、在对行政机关进行起诉时能否用传票，检察机关认为行政公益诉讼的判决不符合法律规定时，是要“上诉”还是“抗诉”等程序问题。在我国传统的法律观念里，检察机关具有双重角色，既可以是刑事诉讼中的公诉人，也可以是法律监督机关，保证国家法律的统一和正确实施。但是在刑事诉讼中，检察机关的公诉人地位只是具有特殊身份的国家机关，并不是案件的原告，无法与原告拥有相同的权利，承担相同的义务。也有观点认为，行政公益诉讼中检察机关的地位应当与刑事诉讼中不一样，因为面对的被告是行政机关，所以为了达到控辩平衡的效果，应当赋予检察机关原告的地位，使其“当事人化”。但这个说法和检察人员不可以“既当裁判者又当运动员”的诉讼规律相矛盾。

因此，在笔者看来，检察机关在行政公益诉讼中的地位应该确定为法律监督者，原因如下：一是对“公共利益”的界定目前来说依然很模糊，而检察机关作为法律监督者在实施法律监督行为时可以让“公共利益”的范畴更加明晰，因为检察机关是在法律规定的范畴内行使监督权的；二是由于诉权和监督权具有天然上的联系，检察机关正是有了监督权才有了诉权，所以诉权和监督权可以相辅相成，更好地保护社会公益，监督行政行为。与此相关的是，对于一审判决，检察机关应该是上诉，而不是抗诉。检察官向法庭出庭并不需要授权书，他可以用传票传唤检察官出庭。

（二）通过司法解释明确行政公益诉讼的受案范围

在上述谈到检察机关受案范围的问题时提到法律规定中列举了四大领域再加一个兜底性条款，笔者认为这样的范围界定不明确，因为没有对兜底性条款进行规定就会导致在司法实践中不能明确是否属于行政公益诉讼的受案范围。笔者建议可以通过司法解释将行政公益诉讼的范围进行明确，即只要有证据表明行政主体实施的行政行为是违法的，适格原告都可以提起诉讼，但有法律明确规定有例外情形的除外。行政公益诉讼受案范围具体应该包括：第一，国家利益或社会公共利益受损的案件。就是由于行政机关作出的行政行为直接导致了社会公益受损的案件，如检察机关对污染环境的行为置之不理，导致环境利益的受损；还有行政机关中由于个人违法行为侵害国家利益或社会公共利益，如对工程的招标、审批暗箱操作、徇私枉法等。第二，引起社会公害的行政案件。即行政机关实施的行政行为侵害了不特定的社会多数人的利益的案件。比如企业对环境造成污染侵害了不特定人的利益，造成多数人的人身、财产受损，而有关行政机关不作为或作出错误的行政行为。第三，损害弱势群体利益的案件。之所以将弱势群体的利益划分到国家利益或社会公共利益的范畴中，是因为弱势群体代表了一定的社会阶层，这部分人的利益受损不利于社会的稳定。另外，当弱势群体的合法权益受到行政行为的侵害时，仅仅依靠自己的力量无法与拥有强大行政权的行政主体平等对话：有的人因为自身原因没有能力提起诉讼；有的人迫于行政权的压力不敢提起诉讼。从而使应该提起的诉讼一拖再拖、不了了之。这个时候就需要检察机关站出来，对这类案件行使检察权提起行政公益诉讼。

（三）完善诉前程序运行机制

第一，明确诉前程序与提起诉讼的辩证关系。首先，诉前程序设置的立法精神在于以诉前程序为手段，最大程度实现公益保护的目的，即通过诉前程序充分发挥行政机关纠正行政违法行为的主动性。其次，诉讼是最直接的监督与救济手段，程序法的立法精神就在于通过国家审判权的权威性来实现诉讼的目的。最后，实际诉讼活动的进行能够对社会产生警示作用，摆脱检察机关在传统检察建议实际操作中一直存在的尴尬境地，即行政机关仅存在书面答复而落实不到位，检察建议没有权威性和强制力的境地。因此，诉前程序与提起诉讼是对立统一的辩证关系。

第二，提高“双轨”程序运行效率。首先，要充分发挥诉前程序的功能。一方面，要提高检察建议的质量，做好诉前督促阶段的审查起诉等工作，规范诉前检察建议的内容，灵活把握检察建议作用，为行政机关主动履职留下更多的作为空间。另一方面，要提高诉前程序的参与性和公开透明度，探索建立诉前程序的听证制度，以督促行政机关主动纠错、履职回复，提升社会对诉前程序决定的认同度。其次，要用好诉讼这一监督方式。坚持审慎谦抑的原则，节约司法成本。同时要注意发挥典型案例的指导作用，对重大疑难和新型的案件加大督促指导力度。还要主动融入大数据、新媒体时代，通过大数据分析、网络直播、新闻报道、案例发布等方式，发挥警示教育作用。再次，要处理好“双轨”程序的规范衔接。一方面，要合理运用“双轨”程序，提高诉讼效率和节约司法成本，以发挥两大程序各自的最大诉讼价值；另一方面，也要细化“双轨”程序的操作规范，严格规制诉讼实践中提前结案的无序性。最后，在诉讼的质量问题方面，可探索建立公益诉讼不起诉或撤诉的检察机关内部审查机制和责任追究机制，以保证行政公益诉讼案件的质量。

（四）建立多元的案件信息来源机制

第一，明确界定“怠于履行职责”。“怠于履行法定职责”的具体内涵，可界定为：一是行政机关没有积极作为，没有穷尽法律手段从根本上维护公共环境利益，而只是履行了部分行政职责，或只是采取了不起实质性作用的措施。例如，在湖北省十堰市郧阳区人民检察院诉郧阳区林业局不履行法定职责一案中，[①] 郧阳区林业局尽管对金某国等行政相对人作出了行政处罚决定，责令其停止违法行为，履行了部分职责，但未依法履行后续监督、管理职责，也未申请人民法院强制执行，于法律手段有所未尽，导致社会公共利益没有脱离受侵害状态，因而可认定郧阳区林业局“怠于履行法定职责”。二是检察机关向行政机关发出检察建议后，行政机关没有采取相应的行政行为，导致行政相对人的违法行为未在法定的期间内停止，不能使生态环境的破坏程度降至最低。

第二，对线索来源“在履行职责中发现”作扩大解释。作扩大解释有利于检察机关积极拓展案源。作为唯一的起诉主体，检察机关如果不积极履职，公共利益将得不到有效维护，故制度设计上应该朝有利于发挥检察机关主观能动性上发展，取消不必要的限制，检察机关内部应抛弃被动等待的观念，通过检察活动、网络舆情、新闻媒体等渠道，充分利用“两法衔接”平台，积极主动发掘行政公益诉讼的线索。同时需要仔细摸查辖区内各方面的情况，关注辖区内热点问题，提高触觉灵敏度，对可疑的案件线索进行排查；加强与国土、环保、林业、市场监督管理局等部门的协调配合，通过各种方式努力挖掘公益诉讼线索，拓展案源，积极作为，全面开展公益诉讼工作。

第三，现有法律对行政公益诉讼案件来源的规定比较狭窄，应当扩大行政公益诉讼案件的线索来源。目前我国立法中对于行政公益诉讼案件线索的来源仅规定为检察机关在履行职责过程中发现的。这样的来源获取途径太过单一，也打击了社会公众积极参与社会管理的积极性。要采取奖励措施鼓励社会公众积极向检察机关的控申部门和举报中心进行举报，充分利用网上的举报信箱。同时检察机关要重视网上的信箱举报，要针对举报的事件进行调查并将调查结果予以及时回复。同时为了防止所提供线索的不准确性，检察机关可以充分运用法律赋予的调查权，对所获得的线索进行调查核实，若线索是真实的，则依法对有关机关提起行政公益诉讼，并且对提供线索的公民或组织进行奖励。如此一来调动社会公众积极参与社会管理的积极性，也把对行政机关的监督落到实处，毕竟人民的力量是伟大的。

---

① 参见湖北省十堰市郧阳区人民法院（2016）鄂0321行初6号行政判决书。

第四，畅通检察机关内部各部门线索移送机制。法律规定了案件线索来源可以从侦查监督、审查起诉中发现，但实践中检察机关各部门职责不同、分工不同，现阶段还未形成一套高效的公益诉讼线索移送机制，且承办人自身的能力及精力有限，不可能将办案过程中协助其他部门挖掘线索作为一种工作的常态。同时，在刑事案件中发现的线索往往具有滞后性，移送时已发生了严重的公益受损情形，治理修复极为困难。因此要畅通检察机关内部各部门的线索移送途径。可以将各部门线索移送的情况以及线索移送后案件受理情况作为业绩考核标准之一，这样可以激励检察机关内部各部门线索移送的积极性。

（五）明确举证责任的分配

举证责任的分配是任何诉讼都必须面对的问题。我国法律没有对行政公益诉讼的举证责任是否适用行政诉讼举证责任倒置的规定进行明确规定，如此一来便导致了诉讼中责任无法确定的问题。笔者认为，应当对行政公益诉讼的举证责任进行明确规定。行政公益诉讼作为行政诉讼法的一项具体制度，仍然要放在行政诉讼这个大框架下研究。第一，检察机关取证能力有限。检察机关因为有强大的人力、财力予以保障，其取证能力是优于一般行政相对人，但也要看到，检察机关在调取证据时还要面临行政机关对证据的隐藏、造假等行为，法律授予检察机关的调查手段有限且未明确规定法律后果，导致取证手段刚性不足，如在银行调取证据被拒绝的情形时有发生，说明检察机关取证难度仍然较大。第二，检察机关无力承担高昂的鉴定费用。鉴定费用高是检察机关不得不面对的一个客观现实。以污染环境为例，土壤、水质中污染物成分、含量等需要鉴定机构出具鉴定意见。“尤其是比例最高的生态环境与资源保护领域案件，鉴定费用非常昂贵，动辄几十万，上百万也不罕见。”① 检察机关举证能力的提高并不意味着举证责任的加重。对检察机关的举证要求仍然要坚持“举证责任倒置”的基本规则，同时要坚持《两高解释》要求检察机关的举证要点，对行政机关不当履职、造成公益损害以及经督促后行政机关仍不履行等列明的基本事实予以举证，“举证所要证明的事实包括行政机关以作为或不作为方式所为具体行政行为之事实、行政机关行为造成公共利益受损之事实、行政行为合法性之事实以及其他程序性事实。”② 因此在行政公益诉讼举证责任的分配上仍然按照举证责任倒置的原则。

---

① 张啸远、张晴、夏中锋：《行政公益诉讼实证研究》，载《中国检察官》2018 年第 4 期，第 70 页。

② 张硕：《论行政公益诉讼证明标准》，载《哈尔滨工业大学学报（社会科学版）》2018 年第 4 期，第 45 页。

（六）赋予检察机关调查权的强制力

一方面，证据是提起诉讼的前提和基础。现代诉讼制度要求以事实为依据、以法律为准绳，身为法律监督机关的检察机关更要重事实、讲证据。如上文所述，《实施办法》虽然赋予了检察机关调查取证的权力，但对违反配合义务的法律后果并未予以明确，《解释》虽然提供了向人民法院申请保全的救济途径，但不符合现阶段公益诉讼工作的实际情况，最终造成了检察机关取证难的现状。笔者认为可以规定检察机关调查取证时若行政机关不配合，可以以妨碍司法为由对其进行相应的处理，比如罚款。若涉及的调查材料比较重要，可以在庭审过程中作出对行政机关不利的推定。

另一方面，应赋予检察机关查封、扣押、冻结的强制措施和妨碍调查处罚权。当检察机关出示合理手续依法向证据持有人或行政机关调取证据时，如果其不予配合，而该证据又属于证明案件事实的必要证据且有被隐匿、转移的风险，检察机关在履行一定法律手续后，可以采取查封、扣押、冻结的强制措施，确保调查取证的顺利进行。同时应参照《民事诉讼法》第114条关于相关单位拒绝或者妨碍人民法院调查取证时，可以对其主要负责人或者直接责任人员予以罚款的规定，赋予检察机关对妨碍调查取证的罚款权力。至于拘留等限制人身自由的强制措施，考虑行政机关的特殊主体地位，现阶段不宜赋予。当然，检察机关在公益诉讼中应当坚持依法独立行使调查权，严格履行法定程序，同时保持司法的谦抑原则，确保调查权强制措施的合理使用。

（七）建立专家辅助人制度

行政公益诉讼引入专家辅助人制度主要是为了应对鉴定费用居高、鉴定时限特别长的现实难题，也是为了弥补检察机关开展行政公益诉讼专业性不足的劣势。根据2018年8月3日下发的《环境损害司法鉴定名册》，目前全国共有78所鉴定机构，虽然这在一定程度上缓解了司法鉴定机构少的难题，但也只是一个领域而已，鉴定难、鉴定贵、鉴定时间长等难题仍然普遍存在，而专家辅助人制度能够作为有效补充。如徐州市检察院诉徐州市鸿顺造纸有限公司案①，该案系民事公益诉讼，该院因高昂的鉴定费放弃通过鉴定确认损失，而选择从已经建立的公益诉讼专家库中选取三位专家，将专家给定的意见予以综合，并得到法院的支持。② 行政公益诉讼亦可以借鉴该方式。最高人民检察院

---

① （2015）徐环公民初字第6号。

② 房家燕、孙红玲、王建辉：《行政公益诉讼中专家辅助人制度探析》，载《深化依法治国实践背景下的检察权运行——第十四届国家高级检察官论坛论文集》，中国检察出版社2018年版，第490-491页。

近年来多次提出在办理民事行政诉讼监督案件中要充分发挥专家学者等社会力量的作用，帮助检察机关对抗诉案件进行把关，有效提高抗诉案件的质量，提升检察监督的权威力和公信力。最高人民检察院为此下发了《最高人民检察院民事行政诉讼监督案件专家咨询论证工作办法》，着手建立专家库。笔者注意到，检察机关在专家辅助人制度之外还创新了工作方法，吸纳了环境资源保护等领域的专门人才作为特邀检察官助理，在任期内可直接参与检察机关办理公益诉讼案件的全过程。相关资料显示，2018 年 9 月 7 日，“上海市环境科学研究院黄波涛等 8 位来自行政管理、环境资源保护、食品药品安全机构的勘验鉴定专业人才，接受浦东新区检察院聘任，成为上海首批特邀检察官助理。”①

① 林中明、施晨霞：《上海浦东聘任特邀检察官助理》，载《检察日报》2018-09-07。

第六章　特别程序中的申请权

刑事特别程序是有别于审判程序的刑事程序，它是在特别情况下以简便易行的非正式审判途径处理刑事案件的程序，能够提高诉讼效率，而且也便于实现司法公正。《刑事诉讼法》在第五编以专章的形式规定了五种特别程序，即未成年人刑事案件诉讼程序，当事人和解的公诉案件诉讼程序，缺席审判程序，犯罪嫌疑人、被告人逃匿、死亡案件违法所得的没收程序以及依法不负刑事责任的精神病人的强制医疗程序。

在上述五种特别程序中，检察机关对犯罪嫌疑人、被告人逃匿、死亡案件违法所得的没收程序和依法不负刑事责任的精神病人的强制医疗程序具有申请权，即在符合法律及司法解释规定的情形下，检察机关有权向人民法院提起没收违法所得或强制医疗的申请，以实现对违法所得没收或对具有一定社会危害性的精神病人管控的目的。

虽然《刑事诉讼法》及相关司法解释对检察机关在特别程序中的申请权规定得较为完善，但是在特别程序适用主体、客体、对象认定等方面仍存在诸多问题，影响了检察机关在特别程序中申请权的行使，更违背了《刑事诉讼法》设立特别程序的立法本意。因此，对检察机关在特别程序中的申请权开展研究并完善，既具有理论价值，又具有现实意义。下文将对检察机关在没收违法所得或强制医疗程序中的申请权进行研究，以促进其完善。

第一节　违法所得没收程序中的申请权

随着科技发展和全球一体化，日益便利的生活条件和技术条件为犯罪分子逃匿与隐匿犯罪违法所得提供了便利。针对已经死亡的犯罪嫌疑人、被告人无法追究其具体的刑事责任，但应对其因犯罪行为所产生的违法所得进行相关处理。

在我国早期的司法实践中，出现了大量因为犯罪嫌疑人不能到案而不得不终止刑事诉讼的情况。按照 2012 年以前的《刑事诉讼法》的规定，没收犯罪有关财产必须依附于对被告人定罪量刑的基础上，如果犯罪嫌疑人、被告人逃匿或死亡，则法院无法对其进行定罪量刑，也就无法挽回因被告人，特别是贪污腐败官员犯罪外逃而导致的严重资产流失，对我国处理贪污腐败等职务犯罪的工作造成沉重打击。虽然相关司法解释针对犯罪嫌疑人、被告人死亡的情形进行了没收其已经冻结的存款、汇款的规定，但在具体制度和司法实践中却缺乏明确的犯罪嫌疑人、被告人违法所得没收的法庭审理程序，如何对犯罪的违法所得进行合理有效的追缴成为一个社会问题。

为应对这一日益突出的问题，我国《刑事诉讼法》在借鉴国外追缴犯罪收益，结合自身的基本情况，于2000年12月12日签署了《联合国反腐败公约》并于2003年通过全国人大常委会的批准。2012年《刑事诉讼法》修改后，新增了“犯罪嫌疑人、被告人逃匿、死亡案件违法所得的没收程序”这一特别程序，以专章的形式对其进行了规定。违法所得没收程序作为一种制度上的创新，在一定程度上弥补了2012年前针对被告人缺席既无法审判又无法处置违法所得财产的缺陷。在《刑事诉讼法》修订后，最高人民检察院修订了《人民检察院刑事诉讼规则（试行）》（以下简称《高检规则》），在第523~538条中规定了检察院在面对违法所得没收程序所需做的工作。2017年1月5日，两高联合发布《关于适用犯罪嫌疑人、被告人逃匿、死亡案件违法所得没收程序若干问题的规定》（以下简称《规定》），就违法所得没收程序适用的罪名范围、概念认定、证明标准及具体操作规范作了明确规定。《规定》从追逃追赃的实际出发，针对新情况、新问题，突破传统诉讼理念，进行了一系列全新的制度改革。法院通过审理有效地对违法所得进行没收，彰显了违法所得没收程序的独立价值，丰富了刑事诉讼理论构架，完善了我国刑事立法体系，独立解决违法所得的归属问题，使刑事诉讼体系全方位地发挥应有的价值。一方面，打击犯罪，有效追缴赃物，挽回损失，实现无人应在犯罪中获利的法律精神；另一方面，对可能犯罪者产生司法威慑，使其不敢犯不能犯。①

《高检规则》和《规定》明确规定了检察院在违法所得没收程序中的地位及作用，赋予了检察机关在违法所得没收程序中的申请权。但在司法实践中，由于相关规定对适用违法所得没收程序中的一系列认定问题尚未明确，且在一定程度上影响了人民检察院的申请权，下文主要通过对检察院在对犯罪嫌疑人、被告人申请违法所得没收时面临的罪名范围认定、概念认定、证明标准以及具体操作规范等方面的问题，从理论和实践入手来完善检察机关在违法所得没收程序中的申请权。

---

① 甄贞、杨静：《缺席审判程序解读、适用预期及完善建议》，载《法学杂志》2019年第4期，第115页。

一、违法所得没收程序适用罪名范围的认定

《刑事诉讼法》第298条规定了违法所得没收程序，《最高人民法院关于适用〈中华人民共和国刑事诉讼法〉的解释》（以下简称《高法解释》）第507条、《高检规则》第523条以及《公安机关办理刑事案件程序规定》（以下简称《公安部规定》）第328条都对违法所得没收程序的案件适用范围作出了规定，概言之，违法所得没收程序主要在贪污贿赂犯罪、恐怖活动犯罪等重大犯罪案件中适用。此处所指的贪污贿赂犯罪案件与恐怖活动犯罪案件只是一个概括性的表述，并不仅仅指贪污罪与恐怖活动犯罪。[①]

适用违法所得没收程序的贪污贿赂犯罪案件主要是指《刑法》分则第八章中贪污贿赂罪的罪名，《规定》第1条前两款对“贪污贿赂犯罪”进行了解释，主要包括：贪污、挪用公款、巨额财产来源不明、隐瞒境外存款、私分国有资产、私分罚没财物犯罪、受贿、单位受贿、利用影响力受贿、行贿、对有影响力的人行贿、对单位行贿、介绍贿赂、单位行贿犯罪案件等。

关于恐怖活动犯罪，我国《刑法》并没有单独规定这一罪名，《刑事诉讼法》第298条所提到的恐怖活动犯罪主要是指《刑法》分则第二章“危害公共安全罪”中第120条的相关罪名，《规定》第1条第3款对“恐怖活动犯罪”进行了解释，主要包括：组织、领导、参加恐怖组织，帮助恐怖活动，准备实施恐怖活动，宣扬恐怖主义、极端主义、煽动实施恐怖活动，利用极端主义破坏法律实施，强制穿戴宣扬恐怖主义、极端主义的服饰、标志，非法持有宣扬恐怖主义、极端主义物品罪等罪名。

（一）对“等”字的界定

针对贪污贿赂犯罪和恐怖主义犯罪外的“等”犯罪，在两高《规定》颁布前，理论界和实务界对违法所得没收程序适用罪名中的“等”的理解一直存在争议。对“等”字持限制性解释观点的学者认为，《刑事诉讼法》第298条规定的“等”应当作等内解释，违法所得没收程序仅适用于贪污贿赂、恐怖活动犯罪，其他犯罪不能适用违法所得没收程序，这是符合罪刑法定要求的；而反对对“等”进行限制性解释的学者认为，从当前犯罪形势和打击犯罪的需要出发，《刑事诉讼法》第298条规定的“等”应当作等外解释，当前危害国家安全、黑社会性质的组织、毒品犯罪以及洗钱、走私犯罪、金融诈骗、电信诈骗等犯罪态势十分猖獗，犯罪所得往往特别巨大，有必要将此类犯

① 朱纪彤：《违法所得没收特别程序的证明标准研究》，载《太原城市职业技术学院学报》2019年第1期，第205页。

罪纳入违法所得没收适用的罪名范围。[①]

笔者更认同将“等”进行等外解释。《刑事诉讼法》增设违法所得没收特别程序是基于追回外逃、死亡犯罪嫌疑人犯罪资产的需要，其立法本意是通过违法所得没收特别程序对犯罪分子进行威慑，充分发挥违法所得没收程序在反腐败斗争和打击跨境犯罪中的功能，使其不敢犯罪，因此对“等”应进行扩大解释。同时，基于实践的需要和国际公约的考虑，更需要对“等”进行适度扩大的解释。在贪污贿赂犯罪、恐怖活动犯罪的基础上，扩大违法所得没收程序可以适用的罪名范围，将危害国家安全、走私、洗钱、金融诈骗、黑社会性质的组织、毒品犯罪、电信诈骗、网络诈骗犯罪等犯罪活动均纳入该程序可以适用的范围，这也顺应国际间犯罪打击的趋势。

（二）对“重大犯罪”的界定

《刑事诉讼过程》对违法所得没收程序的案件适用范围进行规定时，在“等”后面加了“重大”这一修饰词，对于“重大”应当作何理解，法律并没有进一步规定。[②]《高法解释》第 508 条规定了重大犯罪的情形，即犯罪嫌疑人、被告人可能被判处无期徒刑以上刑罚的，案件在本省、自治区、直辖市或者全国范围内具有重大影响的，其他重大犯罪案件。在本解释中对“重大犯罪”作出了解释，但同时也是给出了模糊的兜底性规定。两高《规定》中第 2 条对“重大”进行了规定，认为只要在省、自治区、直辖市或者全国范围内具有较大影响，犯罪嫌疑人、被告人逃匿境外的，应当认定为《刑事诉讼法》第 298 条规定的“重大”。

在理论界关于“重大犯罪”的界定存在不同的观点，有的学者认为“重大犯罪”包括所有的贪污贿赂犯罪案件、恐怖活动犯罪案件，有部分学者认为“重大犯罪”是指贪污贿赂犯罪案件、恐怖活动犯罪案件中的重大案件，[③]还有部分学者认为“重大犯罪”指的是违法所得没收程序以贪污贿赂犯罪案件、恐怖活动犯罪案件为代表的重大犯罪案件，其他案件只要达到重大犯罪的程度，只要符合《高法解释》第 508 条规定的情形的，均可适用违法所得没收程序。

综合《刑事诉讼法》以及出台的各个司法解释对“重大犯罪”来分析，

---

① 张吉喜：《违法所得没收程序适用中的相关问题研究》，载《现代法学》2019 年第 1 期，第 136 页。

② 李鑫源：《违法所得没收程序与刑法第 64 条关系分析》，载《黑龙江省政法管理干部学院学报》2018 年第 4 期，第 46 页。

③ 刘晓虎、张宇：《审理期间被告人死亡案件违法所得没收程序适用问题研究》，载《法律适用》2018 年第 9 期，第 100 页。

笔者认为，第三种对“重大犯罪”的理解更为合理。按照两高《规定》第 1 条关于罪名范围的规定，已经将与贪污贿赂犯罪和恐怖组织犯罪相关的犯罪均纳入违法所得没收程序适用的范围，第 2 条又对“重大”一词进行解释，将“在省、自治区、直辖市或者全国范围内具有较大影响，或者犯罪嫌疑人、被告人逃匿境外的”解释为“重大”，这是对“等”的兜底性解释，只要符合第 2 条的规定，产生违法所得的犯罪案件，为了打击犯罪的目的，都应当适用违法所得没收程序，这是符合立法本意和客观需求的。①

二、犯罪违法所得及其他涉案财产的认定

根据《刑事诉讼法》第 298 条的规定，违法所得没收程序中追缴、没收的对象为刑法规定应当追缴的违法所得及其他涉案财产。最高人民检察院在司法解释中对刑事涉案财产的范围进行了说明，《人民检察院刑事诉讼规则（试行）》第 523 条第 3 款规定：“犯罪嫌疑人实施犯罪行为所取得的财物及其孳息以及犯罪嫌疑人非法持有的违禁品、供犯罪所用的本人财物，应当认定为前两款规定的违法所得及其他涉案财产。”据此，违法所得没收程序中刑事涉案财产的范围主要包括以下内容：一是犯罪分子的违法所得；二是犯罪分子非法持有的违禁品；三是供犯罪所用的本人财物。②

（一）“违法所得”的界定

违法所得是违法所得没收程序中关键的一词，对“违法所得”作何理解关乎与犯罪相关的财产能否被检察院申请没收这一问题。《联合国打击跨国有组织犯罪公约》和《联合国反腐败公约》规定了“犯罪所得”的含义，犯罪所得是指直接或间接地通过犯罪而产生或获得的任何财产。对“违法所得”的理解，有学者认为，违法所得包括因犯罪而得到的物品和作为犯罪行为报酬的财物；还有的学者认为，违法所得是指犯罪所得之物、犯罪所得报酬以及犯罪行为产生的物品。

两高《规定》采纳了后者的观点，即对“违法所得”进行全面的解释，《规定》第 6 条规定“违法所得”是指通过实施犯罪直接或者间接产生、获得的任何财产，违法所得已经部分或者全部转变、转化为其他财产的，转变、转化后的财产，来自违法所得转变、转化后的财产收益，或者来自已经与违法所得相混合财产中违法所得相应部分的收益，即通过实施犯罪而产生的直接或间

---

① 陈小平：《违法所得没收程序实证分析》，载《山西省政法管理干部学院学报》2018 年第 2 期，第 99 页。

② 刘晓虎、张宇：《审理期间被告人死亡案件违法所得没收程序适用问题研究》，载《法律适用》2018 年第 5 期，第 96 页。

接财产以及产生的孳息，均应视为《刑事诉讼法》第 298 条规定的“违法所得”。[①]

笔者也认同两高《规定》的观点，应对“违法所得”进行全面解释，犯罪前中后整个过程因犯罪所产生的收益均应该视为“违法所得”。仅将因犯罪而得到的物品和作为犯罪行为报酬的财物认定为“违法所得”，将犯罪所得产生的孳息排除在“违法所得”之外，容易对司法实践造成困扰，特别是在犯罪分子以股权、债券等为犯罪所得或将犯罪所得转化为货币又投入金融市场，因股权、债券增长而产生的财产收益的情形下，只有对“违法所得”进行全面解释，包含犯罪所得产生的孳息，才能实现对所有犯罪所得的没收，最终实现《刑事诉讼法》专门设立犯罪嫌疑人、被告人逃匿、死亡案件违法所得的没收程序的目的。

（二）“其他涉案财产”的界定

在明确了“违法所得”的含义之后，还应当正确地理解“其他涉案财产”的含义。《高法解释》第 509 条规定，违法所得及其他涉案财产是指实施犯罪行为所取得的财物及其孳息，以及被告人非法持有的违禁品、供犯罪所用的本人财物，即“其他涉案财产”是指与案件相关的被告人非法持有的违禁品、供犯罪所用的本人财物等财产。

关于供犯罪所用的本人财物，有学者认为，供犯罪所用的本人财物即“犯罪工具”。还有学者认为，“供犯罪所用的本人财物”包括犯罪工具与构成犯罪行为之物。[②] 笔者赞同后一种观点。因为在特定犯罪中，“供犯罪所用的本人财物”是属于犯罪行为构成要件的必备条件，如在可以适用违法所得没收程序的贿赂犯罪中，行贿人以金钱形式向国家工作人员实施贿赂行为，没有金钱往来就无法满足国家工作人员非法收受他人财物的犯罪构成。因此，“供犯罪所用的本人财物”就成为犯罪工具与构成犯罪行为之物。

虽然《高法解释》中仅提及了供犯罪所用的本人财物，但笔者认为，此处“其他涉案财产”除了“供犯罪所用的本人财物”外，还应扩及案外“第三人的财物”，即“利害关系人的财物”。此处所谓的“第三人”或“利害关系人”，指的是与犯罪有关联，但未正式参与的第三人。犯罪嫌疑人进行犯罪时不一定完全利用本人财物，很多是涉及第三人的财物，借他人财物进行犯罪，如利用他人车辆等工具运输或利用房屋等载体作为场所或隐匿。对涉及犯罪但并非本人财物的认定我国没有明确的立法规定，笔者主张，应当对违法所

---

① 刘晓虎：《违法所得概念的界定和司法认定》，载《人民法院报》2018-07-04。

② 吴光升、南漪：《违法所得没收程序证明问题研究》，载《中国刑事法杂志》2018 年第 2 期，第 75 页。

得没收程序中其他涉案财产的界定进行区分：如果犯罪嫌疑人、被告人利用案外第三人的财产实施犯罪，第三人知悉犯罪嫌疑人、被告人的行为没有拒绝的，所使用的物品应当以“其他涉案财产”论，给第三人造成的损失由被告人赔偿；如果犯罪嫌疑人、被告人是在第三人不知情的情况下利用属于该第三人的物品犯罪的，就不能没收属于第三人的财产。但是，如果该第三人所有的财产属于违禁品的，也应当予以没收，因此而产生的损失不予赔偿。①

综上，在对违法所得及其他涉案财产进行认定时，检察机关要站在全面、细致、客观的角度去认定与案件有关的财产，对在犯罪过程中及最终产生的孳息均认定为违法所得，并对犯罪嫌疑人本人及其他财物进行详细认定，在发挥程序的惩戒作用的同时保障第三人的合法权益不受侵害。

三、没收违法所得的申请程序

在明确没收违法所得程序所适用的罪名范围及违法所得财产认定范围后，再对人民检察院行使没收违法所得申请权的程序进行明确，对没收违法所得申请的提出及复核的程序进行研究，最终实现对检察院申请权的完善。

（一）违法所得申请的提出

《刑事诉讼法》第298条规定，依照刑法规定应当追缴其违法所得及其他涉案财产的，人民检察院可以向人民法院提出没收违法所得的申请。如果公安机关认为应当追缴违法所得的案件，应当写出没收违法所得意见书，移送人民检察院。根据《刑事诉讼法》《公安部规定》和《高检规则》的规定，违法所得没收申请的提出有两种方式：一种是由公安机关根据《刑事诉讼法》的规定，提出没收违法所得意见书移交人民检察院，经人民检察院相关部门审核后提出没收违法所得申请书；另一种是公安机关未提出，由人民检察院根据案件性质直接提出。

由公安机关先行提出没收违法所得意见书，而后由人民检察院公诉部门审核后提出没收违法所得申请是目前违法所得没收申请中常出现的情形。根据《公安部规定》第288条的规定，公安机关依照刑法规定应当追缴其违法所得及其他涉案财产的案件，应当提起没收违法所得意见书。公安机关在提出没收违法所得意见书时，应明确犯罪嫌疑人的基本情况、犯罪事实和相关的证据材料，犯罪嫌疑人逃匿、被通缉或者死亡的情况，犯罪嫌疑人的违法所得及其他涉案财产的种类、数量、所在地、查封、扣押、冻结的情况等没收违法所得意

① 万志鹏：《论犯罪所得之没收》，载《法商研究》2018年第3期，第126页。

见书必有的内容。[①]

公安机关将没收违法所得意见书移交给同级检察院后，根据《高检解释》第 528 条规定，人民检察院要对公安机关的没收违法所得意见书进行审查，应当对案件的管辖情况，案件是否符合刑事诉讼法相关规定，犯罪嫌疑人的身份状况、涉案犯罪情况，犯罪嫌疑人隐匿、被通缉或者死亡的情况，违法所得及其他涉案财产情况，与犯罪事实和违法所得相关的证据材料移送情况，证据的确实充分情况以及相关利害关系人的情况进行严格审查。

人民检察院自收到公安机关移送的没收违法所得意见书三十日内应当作出是否提出没收违法所得的申请。审查时间经检察长批准，可以延长十五日。在人民检察院对公安机关移送的意见书进行审查后，如果认为符合刑事诉讼法规定的应适用违法所得没收程序情形的，人民检察院应根据案件情况作出没收违法所得申请书并移送有管辖权的法院审理；经审查人民检察院认为不符合《刑事诉讼法》第 280 条第 1 款规定条件的，应当作出不提出没收违法所得申请的决定，并向公安机关书面说明理由；认为需要补充证据的，应当书面要求公安机关补充证据，必要时也可以自行调查。在审查公安机关移送的没收违法所得意见书的过程中，在逃的犯罪嫌疑人、被告人自动投案或者被抓获的，人民检察院应当终止审查，并将案卷退回公安机关处理。

按照《高检规则》第 533 条的规定，针对人民检察院直接受理立案侦查的案件，犯罪嫌疑人逃匿或者犯罪嫌疑人死亡而撤销案件，符合刑事诉讼法第 280 条第 1 款规定条件的，应当由人民检察院直接提起没收违法所得的申请，人民检察院的侦查部门应将案件移送给本院的公诉部门，由公诉部门对案件进行调查并启动违法所得没收程序。侦查部门在进行调查时，应当查明犯罪嫌疑人涉嫌的犯罪事实，犯罪嫌疑人逃匿、被通缉或者死亡的情况，以及犯罪嫌疑人的违法所得及其他涉案财产的情况，并可以对违法所得及其他涉案财产依法进行查封、扣押、冻结。

人民检察院对公安部门提出没收违法所得意见书及本院侦查部门提出没收违法所得申请后，需要撰写没收违法所得申请书，包括犯罪嫌疑人、被告人的基本情况，案由及案件来源，犯罪嫌疑人、被告人的犯罪事实，犯罪嫌疑人、被告人逃匿、被通缉或者死亡的情况，犯罪嫌疑人、被告人的违法所得及其他涉案财产的情况，犯罪嫌疑人、被告人近亲属和其他利害关系人等情况以及提出没收违法所得申请的理由和法律依据等内容。

由公诉部门具体负责员额检察官完成没收违法所得申请书后，交检察院检

① 钱文杰：《我国刑事司法中的缺席审判——基于刑事诉讼特别没收程序的观察与思考》，载《河北法学》2018 年第 4 期，第 141 页。

察长签批，后由公诉部门移送人民法院审查是否需要进行违法所得的没收程序。

（二）案件的移送程序

向人民检察院公诉部门提起没收违法所得的请求主要由公安机关提起没收违法所得意见书和由检察院侦查部门进行没收违法所得案件的移送。根据《刑事诉讼法》第 299 条的规定，违法所得没收程序应当由犯罪地或者犯罪嫌疑人、被告人居住地的中级人民法院组成合议庭进行审理，对违法所得没收程序具有管辖权的是与中级人民法院同级的人民检察院。

无论案件是由公安机关还是人民检察院侦查部门侦办的案件出现《刑事诉讼法》第 298 条规定的情形需要提起没收违法所得申请的，如果案件是由县级人民检察院侦办的，则应该将所涉案卷材料经同级人民检察院检察长批准后移送上级人民检察院侦查部门，再由上级人民检察院侦办部门就案件情况决定是否将案件移送本院公诉部门进行没收违法所得申请。如果案件本身就由市级人民检察院侦办的，那么由本案的侦查部门将案件材料移送至本院公诉部门，由公诉部门提起没收违法所得申请，经过检察长批准后移送同级人民法院。①

（三）案件的审理程序

《刑事诉讼法》第 535 条明确规定，对人民法院开庭审理的没收违法所得案件，人民检察院应当派员出席庭审并承担举证责任。

1. 检察机关在违法所得没收程序中的举证责任

第一，证明犯罪嫌疑人、被告人构成贪污贿赂犯罪、恐怖活动犯罪的有关证据。没收犯罪嫌疑人、被告人的违法所得以及其他涉案财产，必须经过法定程序确认犯罪嫌疑人涉嫌构成贪污贿赂、恐怖活动等重大犯罪，这是侦查机关提出没收违法所得意见书的基础，又是检察机关提出没收违法所得申请的理由，也是审判机关启动没收程序的前提。这样，检察机关在提出申请的同时，就应当提供犯罪嫌疑人、被告人涉嫌有关犯罪的证据材料。检察机关在申请中应当对犯罪事实进行全面客观表述，并且从中体现出违法所得财产与犯罪活动有关。有关犯罪事实部分的证据具体包括：案件相关的书证、物证；财产损失、违法所得的价值鉴定等鉴定意见；犯罪现场的现场勘查笔录及照片；视频资料；证人证言；被害人陈述；共同犯罪中同案犯的供述；犯罪嫌疑人、被告人死亡或逃匿前的供述等。通过以上证据能够证明犯罪嫌疑人、被告人实施了相关重大犯罪案件。

---

① 赵建波：《违法所得没收程序在我国的适用、问题与前景》，载《河北法学》2015 年第 9 期，第 191 页。

第二，证明犯罪嫌疑人、被告人逃匿并且通缉一年以上不能到案或者已经死亡的有关证据。检察机关应当提供能够证明犯罪嫌疑人、被告人死亡的证据，或者犯罪嫌疑人、被告人在立案后逃匿至提出申请之日起已经达到一年的证据。没收申请中应当在“当事人基本情况”部分写明犯罪嫌疑人、被告人死亡或逃匿的相关情况。具体证据包括：犯罪嫌疑人、被告人的身份证明，如户籍证明、护照、任职文件等；死亡证明；立案决定书、刑事拘留决定书、批准逮捕（决定）书、通缉令等有关法律文书。

第三，证明属于应当没收的违法所得及其他涉案财产的证据。根据依法认定的案件事实，对每一起犯罪事实中属于违法所得的财产或者其他涉案财产提出证据，证明该财产系犯罪嫌疑人、被告人实施贪污贿赂、恐怖活动等犯罪行为而获取的违法所得，应当予以追缴、上缴国库或者退还给财物的合法所有者。申请中应当写明没收的违法所得财产的种类、数量和地点，并且提供充分的证据证明这部分财产的来源或者用途违法。证据具体包括：犯罪嫌疑人、被告人通过犯罪行为不当取得该财产或者为作案而使用的财产的相关证据；证明该财产合法归属的有关证据；有关财产的金额、使用、转让等情况的证据。这一部分证据不仅能够证明被没收的财产确系犯罪嫌疑人、被告人通过实施重大犯罪行为而不法取得并非法占有、使用、处置，同时还足以对抗利害关系人及其诉讼代理人的权利主张。

2. 违法所得没收程序审理中的举证责任分配

（1）检察机关在不开庭审理中承担举证责任

检察机关在向有管辖权的法院提出没收违法所得申请后，经过六个月的公告，如果没有利害关系人提出参加庭审的申请，犯罪嫌疑人、被告人仍然没有到案，受理案件的法院可以不开庭审理。在这种情况下，检察机关无须派员参加，但是应当向法院提交完整的证据材料，承担全部举证责任。应当对犯罪嫌疑人、被告人实施了犯罪行为，并且通过该犯罪行为有违法所得，该违法所得财产已经被司法机关依法控制、违法所得财产的范围等负有举证责任。根据《解释》规定，具体应提供以下证据：犯罪嫌疑人、被告人主体身份证明和逃匿达到一年或死亡证明；犯罪嫌疑人、被告人涉嫌相关重大犯罪的证据材料；查封、扣押、冻结违法财产和涉案财产清单以及财产的种类、数量、地点等证据材料。法院认为证据不足的可以要求检察机关补充送交，检察机关应当按照法院要求及时送交相关证据。

（2）开庭审理中的举证责任分配

在没收违法所得申请公告期间，有利害关系人要求参加诉讼的，法院需要开庭审理。检察机关在开庭审理中的举证责任与不开庭审理的举证责任基本一致。除前述内容外，还需提供利害关系人提出的被申请没收财产的合法所有权的证据材料。利害关系人及其诉讼代理人须提供其取得被申请没收的财产的方式和手段是善意的、合法的证据材料，即可对抗检察机关的没收申请。法院经审查认为该证据材料客观真实，检察机关也无法证明证据材料的非法性或虚假性，就应当依法裁定驳回没收申请，解除措施，将财产退还给合法所有人。具体来说，就是当事人不知且无特别义务应知该财产系不法财产，并且通过一般市场等价交换原则的方式合理获得。这主要是指违法所得的财产已经被犯罪嫌疑人、被告人转让，而利害关系人是该财产的受让人的情况。

3. 检察机关参加违法所得没收程序

有关违法所得没收程序的庭审程序的设计主要包括以下内容：

一是庭审的座次位置。开庭审理时，法官和检察人员分别在审判席和检察员位置上就座，利害关系人及其诉讼代理人可以坐在辩护人席位。这是因为，利害关系人是对诉讼标的物的权利主张者，与申请没收违法所得财产的检察机关正好是相对方，双方处于平等地位。这一关系类似于民事诉讼的原被告双方。

二是庭审调查程序。庭审准备工作结束后，由检察机关依次出具没收违法所得意见书、没收违法所得申请书以及相关证据材料。利害关系人及诉讼代理人可以发表意见、出示有关证据、进行质证。利害关系人对被没收的财产可以提出合法善意取得所有权的相关证据，借此对抗检察机关的没收申请。

三是有关法庭辩论。检察人员与利害关系人及诉讼代理人开展辩论的范围主要包括：被没收财产的来源和用途是否合法；利害关系人提出的合法善意取得相关财产所有权的证据是否客观真实；被申请没收财产的所有权究竟应归属利害关系人，还是应当依法予以没收追缴。或者可以对被申请没收财产进一步细致地划分，对哪些部分应当依法予以没收追缴，哪些部分应当退还被害人，哪些部分应当归还利害关系人等展开辩论。

（四）案件的监督程序

对人民法院开庭审理的没收违法所得的案件，人民检察院应派检察官参加庭审并在庭审中承担举证责任，这仅是检察机关出庭的一个目的，另一个目的是对违法所得没收案件的监督。对案件的监督主要包括三方面，即审判前监督、审判中监督和审判后监督。

1. 审判前监督

公安机关向人民检察院移交违法所得没收意见书是违法所得没收程序启动的一种方式，但实践中存在公安机关应启动违法所得没收程序而不启动的情形，就需要人民检察机关对审判前监督。《高检规则》第530条规定，人民检察院发现公安机关应当启动违法所得没收程序而不启动的，可以要求公安机关在七日以内书面说明不启动的理由，如果理由不成立的，检察机关应当通知公安机关启动程序。检察机关认为公安机关对可能适用违法所得没收程序的调查活动中有违法情形的，应当向公安机关提出纠正意见。

2. 审判中监督

《刑事诉讼法》第 536 条规定，人民检察院发现人民法院或者审判人员审理没收违法所得案件违反法律规定的诉讼程序，应当向人民法院提出纠正意见。在违法所得案件审理过程中，出庭的检察官发现参审的审判人员不符合相关规定或审判程序不符合刑事诉讼法程序的，可以按照《高检规则》第 394 条的规定，在休庭后及时向本院检察长报告，如果人民检察院发现案件的审理确实存在不符合刑事诉讼法程序的情形，可以在庭审后对违反程序的庭审活动提出纠正意见。

具体来说，出庭参加审判的公诉人员在庭审过程中，发现审判机关或审判人员存在不符合法律规定时，可以主动向审判长提出休庭的请求，在休庭后将具体情况向检察长汇报。在庭审结束后，出庭参加诉讼的公诉人员要将审判机关可能存在违反法律法规程序的情形形成书面纠正意见，列明经检察机关确定后在案件的审理中确实存在不符合刑事诉讼法程序的问题及解决办法，交由检察长签批，在庭审结束之后，由人民检察院向人民法院提出书面纠正意见。

3. 审判后监督

检察机关针对违法所得没收程序的审判后监督主要包括二审抗诉和再审抗诉。

二审抗诉，即在人民法院未开庭审理的没收违法所得案件或虽经开庭审理但庭审后人民检察院认为同级人民法院按照违法所得没收程序所作的一审裁定确有错误的，检察机关按照《刑事诉讼法》规定，于五日内向上一级人民法院提出的抗诉。

再审抗诉，即对于未经二审抗诉或二审终审的没收违法所得的案件，如果最高人民检察院、省级人民检察院认为下级人民法院按照违法所得没收程序所作的已经发生法律效力的裁定确有错误的，向同级人民法院提出的抗诉。

检察机关对违法所得没收案件的审判后监督主要适用情形包括以下几点：

（1）没收基础不存在。在违法所得没收案件中，已经死亡或隐匿的犯罪嫌疑人被改判后不构成犯罪或其所构成的犯罪并非《刑事诉讼法》规定的“重大犯罪”，在此基础上，由于犯罪嫌疑人不属于没收违法所得程序适用对象，因此检察机关对已经产生效力的一审、二审提出抗诉。

（2）违法所得认定错误。违法所得没收程序的核心是对违法所得及其他涉案财产的认定，如果人民法院作出违法所得没收财产裁定时，将其他第三人的财产归于违法所得、对违法所得所采取的措施不当或未将所有应没收的财产都纳入违法所得范围，检察机关可以对已经产生效力的一审、二审提出抗诉。

（3）没收程序存在违反法律法规的情况。如果法院在审理没收违法所得案件时，审判人员与案件存在利益关系或在处理违法所得案件中收受不当利益，影响案件公正审判，或未按程序进行公示通知利害关系人、未按规定对违法所得采取措施等违反刑事诉讼法及相关司法解释程序的问题，检察机关可以对已经产生效力的一审、二审提出抗诉。

第二节　强制医疗程序中的申请权

随着我国社会节奏的加快，人们承受多方袭来的生存压力，因此各种精神疾病指数也在顺着经济发展的藤蔓不断攀升。不管是轻微抑郁造成的家庭困境，还是严重精神障碍进而引发的社会暴力事件，都严重威胁着和谐社会的发展。

为了预防精神病患者严重侵权现象的发生，我国刑法和刑事诉讼法将刑事强制医疗制度都作了相应的规定。根据我国刑法规定，精神病人在不能辨认或者不能控制自己行为的时候造成危害结果，经法定程序鉴定确认的不负刑事责任，应当责令其家属或者监护人严加看管和治疗，在必要的时候由政府强制医疗。

2012 年《刑事诉讼法》修改后，在特别程序一章规定了依法不负刑事责任的精神病人的强制医疗程序，对因不能辨认和控制自己行为而实施了危害行为，产生危害结果，并且具有继续危害社会可能性的精神病人，必要情况下可以接受强制医疗。刑事强制医疗制度是通过法院的决定，合法地通过限制人身自由的形式对精神病患者进行治疗，以达到消除其危害社会的可能，最终达到维护社会治安，保障当事人人身权利的目的。该制度的设立，在保护精神病人的人身权、维护我国社会治安、推进精神病人健康回归社会等方面具有历史性的意义。

为了适应时代的发展，规范我国的刑事强制医疗措施，《高法解释》《高检规则》以及《公安部规定》对依法不负刑事责任的精神病人的强制医疗程序进行了规定，对该制度进行了很多细节层面的完善。尽管该制度已经确立，但因为刑法、刑事诉讼法以及相关司法解释仅是笼统地对其进行规定，缺乏对细节的规定，随着司法实践的逐渐复杂化，刑事强制医疗制度从法律的边缘走向了法律的擦边球，问题接踵而来。①

根据《刑事诉讼法》第 303 条和《高检规则》第 539 条的相关规定，人

---

① 王君炜：《强制医疗诉讼庭审实质化问题研究》，载《金陵法律评论》2017 年第 2 期，第 158 页。

民检察院作为强制医疗程序的启动机关，对于实施暴力行为，危害公共安全或者严重危害公民人身安全，已经达到犯罪程度，经法定程序鉴定依法不负刑事责任的精神病人，有继续危害社会可能的，应当向人民法院提出强制医疗的申请。但是在检察院行使强制医疗程序申请权的司法实践中，面临着刑事强制医疗程序与行政强制医疗程序划分不清、对被申请人所涉暴力犯罪认定犯罪不明、被申请人为不负刑事责任精神病人认定不清以及对被申请人是否具有继续危害社会可能性认定不明等问题，需要进行法律及司法解释的完善，促进检察院更好地行使其对强制医疗程序的申请权。

一、刑事强制医疗程序与行政强制医疗程序的关系

刑事强制医疗，是指2012年3月通过的《刑事诉讼法》规定的“依法不负刑事责任的精神病人的强制医疗程序”。而行政强制医疗，一般是指行政机关在进行行政管理活动时，出于保障公共安全和维护社会秩序的目的，对扰乱社会治安、家属无力看管的精神病人或无人看管的流浪精神病人在特定场所强行进行医疗的行政强制措施。2012年12月通过的《精神卫生法》对行政强制医疗的规定是针对严重精神障碍者，当已经发生伤害自身行为或者有伤害自身危险的、已经发生危害他人安全或者有危害他人安全行为时，强制入院治疗的程序。根据送治主体的不同，行政强制住院治疗又可细分为保护性强制医疗和救助性强制医疗。保护性强制医疗是指已被鉴定确认患有严重精神障碍的患者，具有危害自身或他人的行为而必须进行住院治疗时，经其监护人同意办理住院治疗或在其他紧急情况下经由公安机关协助医疗机构对患者进行住院治疗的制度。而救助性强制医疗主要由民政等有关部门对查找不到近亲属的流浪乞讨疑似精神障碍患者救助入院治疗的方式。

两类针对精神病人的强制医疗程序在鉴定制度、处理程序以及救济程序等方面都作了较为严格的规定，两者之间应当产生互补作用。但在实践中，两者之间仍存在诸多易混淆之处，对人民检察院在案件处理过程中进行刑事强制医疗程序或行政强制医疗程序的选择造成困难，对两者之间的关系进行研究，通过两者之间的协调，实现对易混淆点的明确，对人民检察院行使刑事强制医疗程序申请权具有重大意义。

（一）刑事强制医疗程序与行政强制医疗程序的共同点

我们从上述两者的定义不难看出两者之间的共同点：

第一，两者所适用对象均为精神病人，此处所指的精神病人必须是通过医疗机构或司法鉴定机构鉴定为精神病的人，不能以症状类似精神病或因某些原因将不具备精神病症状的正常人归于强制医疗程序的适用对象，否则将危害其基本人权。

第二，两者均关注精神病人的人身危害性，无论是刑事强制医疗程序还是行政强制医疗，其目的均是为避免具有一定人身危害性的精神病人进一步造成社会危害，精神病人本身的人身危害性是采取强制医疗程序的必然条件。

第三，两者均对精神病人采取了限制人身自由的强制性措施。无论是刑事强制医疗程序还是行政强制医疗程序，其本质都是对具有一定人身危害性的精神病人采取约束的行为，区别仅是一个是刑事程序，一个是行政强制措施。

（二）刑事强制医疗程序与行政强制医疗程序的区别

虽然两者均是对具有一定人身危害性的精神病人采取强制医疗措施的程序，但两者之间存在诸多不同，将两者进行区分，有利于检察机关正确行使刑事强制医疗程序中的申请权，切实避免精神病人的进一步社会危害性。两者之间的不同主要体现在以下几方面：

1. 制度性质不同

刑事强制医疗具有司法性质。具体而言，从决定主体来说，是由人民法院进行审判；从审判组织来看，是通过合议庭进行审判；从启动程序来说，由人民检察院或者直接由人民法院启动；从证据搜集来看，由作为一般侦查机关的公安机关侦查；从审判中的组合来看，有人民法院、人民检察院和律师三方组合等。行政强制医疗则具有明显的行政性质，其是具有行政强制性质的措施，《精神卫生法》第 6 条规定“精神卫生工作实行政府组织领导、部门各负其责、家庭和单位尽力尽责和全社会共同参与的综合管理机制”，第 8 条规定“国务院卫生行政部门主管全国的精神卫生工作，县级以上地方人民政府行政部门主管本行政区域的精神卫生工作”。通过上述分析，我们知道行政强制医疗一般的决定主体是医疗机构，而医疗机构是服从卫生行政部门检查监督的，所以行政强制医疗具有明显的行政性质。

2. 适用的程序基础不同

刑事强制医疗程序具有司法性质，其必须在犯罪行为实施后才可以启动，即其程序的启动是以刑事诉讼程序为基础的，其必须遵守一般的刑事诉讼原则，刑事强制医疗程序注重点在公正上，其要保证诉讼每个环节的当事人权利对等；而行政强制医疗措施则注重行政活动的效率价值，强调对犯罪行为的发生进行事前预防，行政强制医疗程序是由于精神病人实施的危害行为未达到犯罪程度，不能对其采取刑事强制医疗程序，而又因其实施了违法行为，具有人身危险性，而对其采取行政强制措施，其执行机关一般为行政部门，其作出行政强制医疗措施的决定所坚持的一般为行政原则，其行为是管理行为，精神病人完全处于被动的行政相对人的地位。

3. 适用对象不同

《刑事诉讼法》的适用对象是有严重犯罪行为的不负刑事责任的精神病

人，具体而言，《刑事诉讼法》第302条规定："实施暴力行为，危害公共安全或者严重危害公民人身安全，经法定程序鉴定依法不负刑事责任的精神病人，有继续危害社会可能的，可以予以强制医疗。"与刑事强制医疗不同，根据《精神卫生法》第30条第2款规定："诊断结论、病情评估表明，就诊者为严重精神障碍患者并有下列情形之一的，应当对其实施住院治疗：已经发生伤害自身的行为，或者有伤害自身的危险的；已经发生危害他人安全的行为，或者有危害他人安全的危险的。"从两者具体的规定中不难看出，行政强制医疗程序的适用条件是行为人具有精神障碍，且行为人实行了损害自身、他人或社会的危险行为，即只要行为人具有人身危害性，就可对其采取行政强制医疗程序，而无论其行为是否达到犯罪的程度；而刑事强制医疗程序所适用的对象需要具备几类条件，即行为人的行为危害了自身、他人或社会的安全，该行为已达到犯罪的程度，且具有继续危害可能性，同时行为人经过司法鉴定为依法不负刑事责任。综上，行政医疗强制措施和刑事强制医疗程序在适用对象上存在诸多不同，行政强制医疗程序适用对象较广，只要具有人身危害性的精神病人均可以被采用行政强制医疗，而刑事强制医疗措施适用对象范围窄，条件较为苛刻，只有达到犯罪程度才可适用。

4. 决定主体不同

根据《最高人民法院关于适用〈刑事诉讼法〉的解释法》第525条规定："人民检察院申请对依法不负刑事责任的精神病人强制医疗的案件，由被申请人实施暴力行为所在地的基层人民法院管辖；由被申请人居住地的人民法院审判更为适宜的，可以由被申请人居住地的基层人民法院管辖。"所以，刑事强制医疗案件的决定主体是人民法院，虽然一般是交由行政机关进行执行，但是行政机关的执行受到司法机关的制约；而《精神卫生法》规定的行政强制医疗的决定主体则是行政机关，只要经过医疗机构认定为精神病的，在监护人同意的情况下，行政机关可以对其进行强制医疗，无须受司法机关的监督。

5. 救济措施不同

被刑事强制医疗的行为人的救济措施主要有法院审理过程中的法律援助权利及对刑事强制医疗决定不服复议的权利。而《精神卫生法》赋予被行政强制医疗人向侵犯自身合法权益的行政机关、医疗机构或单位和个人起诉的权利。两者的救济途径存在差别，刑事强制医疗程序注重于事中救济，被认定为需要被刑事强制医疗的人很难采取事后救济保障自身权利；而行政强制医疗程序更注重于事后救济，缺少事中的救济手段，被强制医疗的行为人很难实现对自己救济，对强制医疗程序提出异议。

二、强制医疗程序适用对象的范围界定

根据刑法及刑事诉讼法的规定，我国强制医疗程序的适用对象仅限于无刑事责任能力的精神病患者。但在司法实践中实施犯罪行为的精神病人可归纳为以下四种情况：一是在患精神疾患时实施犯罪行为的人，即无刑事责任能力人；二是在实施犯罪行为以后出现精神失常的人，即无受审行为能力的人；三是患有精神疾患但是具有刑事责任能力的人，即限制刑事责任能力的人；四是在服刑期间出现精神失常的人。[①]

第一种情形实际上就是刑事诉讼法及刑法规定的强制医疗程序对象，但对第二、三、四种情形下的精神病人是否适用强制医疗程序无明确的规定，在学界和实务界也存在较大争议。有些学者认为，根据制定依法不负刑事责任的精神病人的强制医疗程序的立法本意，其不仅是为了预防精神病人再犯罪，同时也是对刑罚处罚的再保留，将强制医疗程序适用于第二、三、四种情形，是符合立法本意的，这三种情况不仅仅具有预防精神病人再犯，还具有暂停刑事审判、保留进一步予以刑事审判、执行刑事处罚的权利和可能的目的，[②] 因此，应将第二、三、四类情形下的精神病人均适用于刑事强制医疗。还有部分学者认为仅能将第一类情形下的精神病人适用于刑事强制医疗程序，第三类情形下精神病人需要承担刑事责任而不适用强制医疗程序，第二、四类情形下的精神病人仅适用于行政强制医疗程序。综合上文的分析，笔者更认同第二种观点，即在常见的四类情形中，仅有无刑事责任能力的人适用于刑事强制医疗程序，其他情形均不适用于该程序。

在第二种情形下，行为人在实施犯罪行为以后出现精神失常的状况，其失去受审行为能力。刑事诉讼的目的是“惩罚犯罪，保障人权”，在当事人受审能力、诉讼行为能力受阻的情形下，很难在诉讼过程中理解和行使自己的诉讼权利，此时较为合理的方式是中止正在进行的诉讼程序，依法对犯罪嫌疑人、被告人适用强制医疗程序，待其恢复健康并具有受审能力后，继续进行对案件的审判。[③] 但此时需要适用的强制医疗程序并非刑事强制医疗程序，而应属于行政强制医疗程序的范畴，因为在此种情形下，行为人所实施的犯罪行为虽然

---

① 元轶：《法官心证与精神病鉴定及强制医疗关系论》，载《政法论坛》2016 年第 6 期，第 101 页。

② 胡嘉金、刘志军：《解除强制医疗程序实务探析》，载《法律适用》2018 年第 13 期，第 86 页。

③ 李娜玲：《刑事强制医疗程序中精神病人之司法判定》，载《法学杂志》2016 年第 8 期，第 118 页。

达到犯罪的程度，但是行为人在实施犯罪行为时并不属于精神病人的范畴，在行为后出现精神失常的状况，此时所适用的强制医疗措施的目的是遏制其进一步危害性，使其在治疗后重新获得受审能力、诉讼行为能力，因此，对其适用刑事强制医疗程序缺少必要条件，对其实行行政强制医疗程序是合理和必要的。

第三种情形是为了解决犯罪嫌疑人或被告人有刑事责任能力，但暂时不具备进行刑事诉讼条件的情形。这时犯罪嫌疑人或被告人患有精神疾患，但却属于我国刑法第 18 条第 3 款规定的“尚未完全丧失辨认或控制自己行为能力的人”，是依法“应当负刑事责任，但是可以从轻或者减轻处罚”的。此种情形下的行为人具有刑事责任能力，不符合刑事强制医疗的条件，不适用于强制医疗程序。

第四种情形则是为了解决刑罚执行过程中犯罪人罹患精神疾病的情形。在此种情形下，监所服刑人员同样享有基本的医疗权，在其罹患精神疾病时，理应对其进行治疗。这样，不仅可以帮助其恢复健康，还可以有效避免其在监所内实施暴力行为。对服刑期间的精神病患者，应当适用强制医疗程序，将其送往专门的精神病院进行治疗，待其治疗完毕后继续对其实施羁押措施。此时对精神病患适用的强制医疗措施并非刑事而是行政强制医疗，其因精神失常而带有一定的人身危害性且具有一定的社会危害性，但是其在实施犯罪行为的时候并非无刑事责任能力人，其不符合适用刑事强制医疗程序的条件，但为了解决刑罚过程中犯罪人患精神病的情况，应对其采取行政强制医疗措施，确保对其本人人权的进一步保护。

综上，笔者认为，将适用刑事强制医疗程序的适用对象范围扩大至以上四类是不具有合理性的，亦容易造成司法实践中对行政强制医疗程序和刑事强制医疗程序的混淆，更不利于发挥强制医疗程序的实质作用，因此，适用刑事强制医疗程序的对象应仅限于无刑事责任能力的精神病患者。

三、对行为人暴力行为的认定

对于精神病人实施的危害公共安全或严重危害公民人身安全的行为，并不是都需要进行刑事强制医疗，只有行为达到“暴力”程度才能符合适用条件。

相对于一般的危害行为，“暴力行为”的危险性更强，更有可能对公共安全或公民人身安全造成损害，对公共安全和公民人身安全相关法律造成的损害结果也可能更为严重。因此，刑事强制医疗只针对达到“暴力”程度的行为进行限制。如此，可以降低暴力倾向最为严重的精神病人发生再次危害社会的可能性。然而对于应如何界定“暴力”，学界和刑事司法实务界尚存在认识上的差异。归纳起来，目前有以下三种比较具有代表性的观点：第一类观点认为，“暴力的实质在于因攻击行为所导致的物理损伤或因现实的物质性损害威胁从而使人处于不能防卫或者不敢防卫的情况”。[①] 第二类观点认为，“是指非法使用暴力或者是以暴力相威胁，侵犯他人人身权利或者财产权利的极端攻击性行为”。[②] 第三类观点认为，“是指运用暴力手段或者以暴力相威胁，给他人造成危害后果或者损害危险的攻击性行为”。[③]

上述三种对暴力行为界定的观点都存在不足：第一类观点将暴力行为仅限定为攻击性的行为，对“暴力”的解释过于限制，排除了某些非攻击性的行为也存在社会危害性的可能，例如在火车安全线外轻推的行为，这种推的行为可能没有征兆，也无法进行充分的防备，具有不可测的危险性。第二类观点将暴力的对象包括了财产权益，按照现行的法律规定，如果精神病人的行为危害的仅仅是财产方面的权益，没有危害公共安全或者严重危害公民人身安全，则不符合刑事强制医疗的条件。第三类观点仅仅考虑了暴力行为对人造成的危险后果，没有考虑到对公共安全可能造成的危险。刑事强制医疗程序的立法初衷之一就是防卫社会，而危害公共安全的行为往往不要求造成现实危害后果。[④]

行为人的行为是否应界定为刑法所规定的“暴力”行为，不应考虑其攻击性，仅需考虑其行为的社会危害性，行为人的行为是否达到对公共安全或公民人身安全造成损害的程度是认定行为人行为是否属于“暴力”的重要依据，精神病人危害的是不特定多数人的生命、健康和重大公私财产及公共生产、生活安全，并造成了相应的危险或侵害结果，强调的是涉罪精神病人暴力行为侵犯对象和危害后果的无法预料性、难以控制性，以及广泛性，此处所指的暴力行为必须要达到犯罪的程度，这是强制医疗的核心问题。证明有犯罪事实发生，犯罪行为是行为人所为，犯罪行为与现实危害结果之间有因果关系且达到事实清楚，证据确实、充分，证据要达到排除合理怀疑的证明标准。与一般刑事案件不同的是，这里不需要对行为人的主观故意进行证明，也不需要对其刑事责任的大小和从重、减轻处罚的情节进行证明。若无法证明行为人的犯罪行为，或者证明行为人的行为不构成犯罪，则不能对其进行强制医疗，应当责令精神病人家属或者监护人对精神病人严加看管和医疗。

---

① 张守良、鞠佳佳：《刑事诉讼中强制医疗程序的法律监督》，载《人民检察》2012年第4期，第15页。

② 宋占生等著：《中国公安大百科全书》，吉林人民出版社2000年版，第1901页。

③ 王牧主编：《新犯罪学》，北京高等教育出版社2005年版，第257页。

④ 刘小红、李晓兵：《强制医疗执行监督问题研究——以广东省检察机关的司法实践为例》，载《人民检察》2017年第22期，第4页。

四、对行为人社会危害性的认定

刑事强制医疗的根本目的是为了医疗，最终还是要让恢复健康的精神病人回归社会，“强制的目的是为了消除或隔离被追诉人的人身危险性”。[①] 强制医疗程序实施的必要性条件是被申请人有继续危害社会的可能，那对精神病人实施强制医疗程序最为关键的是对其危害社会可能性的判断。刑事强制医疗程序不针对所有的精神病人，也不覆盖所有不负刑事责任的精神病人，因为有条件的家属可以自行监管和看护。“暴力行为”的限制，目的在于防止无犯罪行为的人“被精神病”，而“不负刑事责任能力”的限制，其目的在于防止“借精神病”脱罪，这体现了立法的审慎。“继续”是对未来可能发生状况的推测，充满着偶然性和不确定性。如果不确定具体标准，这种判断可能会带来权力的滥用。[②]

对精神病人有继续危害社会的可能的判断要从是否存在对精神病人监护不力或缺失的情形、精神病人平时品行、疾病所可能造成的侵害法益、精神病人犯罪性质等方面综合进行考量，最终建立起严格的判断标准，确立继续危害社会可能性的评估机制。具体来说应当在立法中设立这样的一种程序，由专门机关根据一定的标准，如行为人行为时的一般状况、被害人所受侵害或危险、行为人故意或过失的程度、犯罪的动机以及行为人的性格、行为人个人、家庭或者社会关系等，对当事人的这一可能性进行专业的分析和判断，其成员可以包括侦查人员、检察人员、精神科医生、心理医生、社区人员以及当事人的辩护人和诉讼代理人等，以确保评判的准确性。如果是性质恶劣的故意伤害、杀人的话，说明其人身危险性更强，如果精神病人造成的伤情比较严重或致死、手段恶劣、公开行凶，有必要进行刑事强制医疗，否则容易产生比较坏的社会影响，也会降低民众的安全感。如果家属无力监护，也有必要动用公权力进行强制医疗，这在某种意义上也是对家属的保护，防止其被精神病人所伤。[③] 归根到底，都是为了降低精神病人的危险性。反之，如果造成的伤情相对较轻、手段非激烈、不针对特定公众等，则可以考虑不予刑事强制医疗，同时也要考虑到精神病人危害公共安全的可能性，如果容易造成群众性的恐慌，则有必要对

---

① 宋远升：《精神病强制医疗中的法律父爱主义》，载《政法论丛》2016 年第 2 期，第 15-16 页。

② 徐世亮：《依法不负刑事责任的精神病人强制医疗程序若干问题研究》，载《法律适用》2016 年第 12 期，第 44 页。

③ 陈绍辉：《论强制医疗程序中危险性要件的判定》，载《河北法学》2016 年第 7 期，第 75 页。

其进行强制医疗。

要明确“继续危害社会的可能性”中的“危害”应该是一种现实的紧迫的危害，如果精神病人对社会的公共安全和他人的人身财产安全造成的危害只是一种潜在的或者是抽象的危险，还没有转化成现实的危害，则没有必要对该精神病人进行强制医疗。[①]

五、强制医疗的申请程序

在对刑事强制医疗程序与行政强制医疗程序的区别，被申请人所涉暴力犯罪范围认定、被申请人为不负刑事责任精神病人认定以及对被申请人继续的社会危害人认定等方面进行明确，再对检察院提出强制医疗程序申请的程序进行研究，从强制医疗程序申请的提出、复核以及检察院出庭等方面对检察院在强制医疗程序中的申请权进行完善。

（一）强制医疗申请的提出

强制医疗程序的申请，应当由被申请人实施暴力行为所在地的基层人民检察院提出，若被申请人居住地的人民检察院提出更为适宜的，可以由被申请人居住地的基层人民检察院提出。如上文中对违法所得没收程序申请的提出一样，强制医疗程序申请的提出也分为两种，即公安机关向检察院移送强制医疗意见书和人民检察院公诉部门直接提出强制医疗申请。

由公安机关先行提出强制医疗意见书，而后由人民检察院公诉部门审核后提出强制医疗的申请是目前强制医疗申请中常出现的情形。根据《公安部规定》第331条的规定，对经法定程序鉴定依法不负刑事责任的精神病人，有继续危害社会可能，符合强制医疗条件的，公安机关应当在七日以内写出强制医疗意见书，经县级以上公安机关负责人批准，连同相关证据材料和鉴定意见一并移送同级人民检察院。

对公安机关移送人民检察院审查的强制医疗意见书，由公诉部门进行审核。人民检察院公诉部门应对案件所属的管辖、涉案精神病人的身份状况、涉案精神病人实施危害公共安全或者严重危害公民人身安全的暴力行为的事实、公安机关对涉案精神病人进行鉴定的程序是否合法，涉案精神病人是否依法不负刑事责任、涉案精神病人是否有继续危害社会的可能、证据材料是否随案移送、证据是否确实、充分、公安机关采取的临时保护性约束措施是否适当等方面进行严格的审查。

---

① 元轶：《强制医疗程序整体构造成因论》，载《证据科学》2017年第3期，第75页。

对于公安机关移送的强制医疗意见书，人民检察院应当在接到公安机关移送的强制医疗意见书后三十日以内作出是否提出强制医疗申请的决定。对不符合《刑事诉讼法》第 284 条规定条件的，应当作出不提出强制医疗申请的决定，并向公安机关书面说明理由，需补充证据的，应当书面要求公安机关补充证据，必要时人民检察院也可以自行调查。如果人民检察院发现公安机关应当启动强制医疗程序而不启动的，可以要求公安机关在七日以内书面说明不启动的理由，理由不成立的，应通知公安机关启动程序。

人民检察院对公安机关移送的强制医疗意见所涉案的情况进行审查时，若发现鉴定的程序违反法律或者采取临时保护性约束措施不当的，应当向公安机关提出纠正意见，刑事执行检察部门如果发现公安机关对涉案精神病人采取临时保护性约束措施时有体罚、虐待等违法情形的，应提出纠正意见。

经人民检察院公诉部门审查后，认为公安机关提出的强制医疗程序意见书符合刑法及刑事诉讼法的相关规定，人民检察院公诉部门应当制作强制医疗申请书。如果案件是在人民检察院审查起诉中发现犯罪嫌疑人经鉴定系依法不负刑事责任的精神病人的，人民检察院应当作出不起诉决定，如果人民检察院认为符合《刑事诉讼法》第 284 条规定的，人民检察院公诉部门应当制作强制医疗申请书，向人民法院提出强制医疗的申请。强制医疗申请书的主要内容包括涉案精神病人的基本情况、涉案精神病人的法定代理人的基本情况、案由及案件来源、涉案精神病人实施危害公共安全或者严重危害公民人身安全的暴力行为的事实、涉案精神病人不负刑事责任的依据，包括有关鉴定意见和其他证据材料、涉案精神病人继续危害社会的可能、提出强制医疗申请的理由和法律依据等方面。

除了由公安机关提交刑事强制医疗程序意见书和人民检察院直接进行刑事强制医疗程序申请两种方式外，还有法院依照法定程序对被告人进行行政强制医疗。在一审中，人民法院发现被告人可能符合强制医疗条件的，应当依照法定程序对被告人进行法医精神病鉴定。经鉴定，被告人属于依法不负刑事责任的精神病人的，应当适用强制医疗程序，对案件进行审理。

（二）案件的审理程序

按照《人民检察院强制医疗决定程序监督工作规定》第 9 条的规定，人民法院对强制医疗案件开庭审理的，人民检察院应当派员出席法庭并承担举证责任。

1. 检察机关的举证责任

对行为人适用刑事强制医疗程序的必要条件主要有以下几点，即行为人的行为危害了自身、他人或社会的安全，该行为已达到犯罪的程度，且具有继续危害可能性，同时行为人经过司法鉴定为依法不负刑事责任。检察机关在派员出庭刑事强制医疗程序时，应对以上四点条件承担主要举证责任。

(1) 检察机关承担行为人为依法不负刑事责任人的证明责任

对行为人适用刑事强制医疗程序的首要前提是证明其为依法不负刑事责任人，因此，为证明行为人应适用刑事强制医疗程序，检察机关需要在庭审中承担行为人为依法不负刑事责任人的责任，而检察机关承担证明的方式就是对行为人的精神状况进行司法鉴定，通过司法鉴定结论证明行为人属于无刑事责任能力人。在庭审中，控辩双方会对该司法鉴定结论的真实性展开激烈的对抗，检察机关需要证明该司法鉴定结论的形式符合法定形式，其鉴定过程不存在瑕疵，其鉴定方式符合鉴定习惯等情况。

(2) 检察机关承担行为人行为达到犯罪程度的证明责任

在刑事强制医疗程序的庭审中，检察机关还需承担证明行为人具有人身危害性且行为人的行为达到犯罪程度的证明责任。虽然刑事强制医疗程序的行为人无须进行定罪量刑，但是辩方会对检察机关所提交的证据进行相应反驳为证明行为人的行为并不构成犯罪而不适用于刑事强制医疗，检察机关须在庭审中向法庭展示行为人的行为具有一定的人身危害性，其行为属于暴力行为，对自身、他人或者社会已经造成了伤害，并且这种行为达到犯罪的程度，仅因为自身精神状况属于无刑事责任能力人而免于刑事责任。检察机关需要将案件做到事实清楚、证据确实充分的程度，以避免因行为人不够罪而无法适用于刑事强制医疗程序。

(3) 检察机关承担行为人具有继续危害可能性的证明责任

检察机关还需对行为人的继续危害性加以证明，如果行为人没有社会危害性，则对其进行强制医疗程序则失去意义。这种继续危害性并非一种现实的危害，而是可能性。检察机关要对行为人日常的精神状况、行为人行为时的一般状况、被害人所受侵害或危险、行为人故意或过失的程度、犯罪的动机以及行为人的性格、行为人个人、家庭或者社会关系、行为人监护人的监护能力承担证明责任，通过对行为人的社会调查等情况间接展示行为人的继续危害性，凸显对行为人适用刑事强制医疗程序的必要性。

2. 开庭审理程序

开庭审理刑事强制医疗程序案件，需要由公诉人和被告人的法定代理人、诉讼代理人发表意见，经审判长许可，公诉人和被告人的法定代理人、诉讼代理人可以进行辩论。而对于由人民法院启动的刑事强制医疗程序的案件，应当先由合议庭组成人员宣读对被告人的法医精神病鉴定意见，说明被告人可能符合强制医疗的条件，然后再按照一般的刑事强制医疗程序进行法庭审理。

对经法庭审理后的案件，人民法院审理后，若被告人符合强制医疗条件的，应当判决宣告被告人不负刑事责任，同时作出对被告人强制医疗的决定；

若被告人属于依法不负刑事责任的精神病人，但不符合强制医疗条件的，应当判决宣告被告人无罪或者不负刑事责任；被告人已经造成危害结果的，应当同时责令其家属或者监护人严加看管和医疗；若被告人具有完全或者部分刑事责任能力，依法应当追究刑事责任的，应当依照普通程序继续审理。

（三）案件的监督程序

对人民法院开庭审理的刑事强制医疗的案件，人民检察院应派检察官参加庭审并在庭审中承担举证责任，这仅是检察机关出庭的一个目的，另一个目的是对违法所得没收案件的监督。对案件的监督主要包括三方面，即审判前监督、审判中监督和审判后监督。

1. 审判前监督

公安机关向人民检察院移交刑事强制医疗程序意见书是刑事强制医疗程序启动的一种方式，但实践中存在公安机关应启动刑事强制医疗程序而不启动的情形存在，就需要人民检察机关对审判前监督。《高检规则》第 545 条规定人民检察院发现公安机关应当启动强制医疗程序而不启动的，可以要求公安机关在七日以内书面说明不启动的理由，如果理由不成立的，检察机关应当通知公安机关启动程序。

公安机关对可能适用强制医疗程序的涉案精神病人进行鉴定或临时性保护性约束措施时，如果出现程序违法或采取措施不当的，检察机关监所检察部门应当按照《高检规则》的规定对公安机关提出纠正意见，对应采取措施而不采取的，监所检察部门应当建议公安机关采取临时保护性约束措施；如果公安机关采取措施不当的，监所检察部门应当提出纠正意见。

2. 审判中监督

《刑事诉讼法》第 307 条赋予了人民检察院对强制医疗的决定和执行实行监督的权力。《刑事诉讼法》第 550 条规定，人民检察院发现人民法院或者审判人员审理强制医疗案件时违反法律规定的诉讼程序，应当向人民法院提出纠正意见。在审理刑事强制医疗案件中，出庭的检察官发现参审的审判人员不符合相关规定或审判程序不符合刑事诉讼法程序的，可以按照《高检规则》第 394 条的规定，在休庭后及时向本院检察长报告，如果人民检察院发现案件的审理确实存在不符合刑事诉讼法程序的情形，可以在庭审后对违反程序的庭审活动提出纠正意见。

具体来说，出庭参加审判的公诉人员在庭审过程中，发现审判机关或审判人员存在不符合法律规定时，可以主动向审判长提出休庭的请求，在休庭后将具体情况向检察长汇报。在庭审结束后，出庭参加诉讼的公诉人员要将审判机关可能存在违反法律法规程序的情形形成书面纠正意见，列明经检察机关确定后在案件的审理中确实存在不符合刑事诉讼法程序的问题及解决办法，交由检察长签批，在庭审结束之后，由人民检察院向人民法院提出书面纠正意见。

3. 审判后监督

人民检察院认为人民法院作出的强制医疗决定或者驳回强制医疗申请的决定不当，应当在收到决定书副本后二十日内向人民法院提出书面纠正意见。在检察机关向人民法院提交书面纠正意见后，需及时与办案人员进行沟通，要求核实书面纠正意见中的情况并出具相关回应意见，如果书面纠正意见中理由确实充分的，检察机关应要求人民法院重新组成合议庭对刑事强制医疗程序进行审理，形成新的强制医疗决定，如果书面纠正意见中问题经核实不存在的，人民法院应向人民检察院予以说明；如果人民法院对检察机关的书面纠正意见未予以回应的，人民检察院可以向上级检察院移送材料，由上级人民检察院向同级人民法院提出抗诉或申请再审。①

检察机关对刑事强制医疗程序的审判后监督主要适用情形包括以下几点：

（1）行为人并非无刑事责任能力人。在刑事强制医疗案件中，行为人的精神鉴定结论是对行为人作出刑事强制医疗程序的基础。如果对行为人的司法鉴定结论存在程序或实体上的瑕疵，或者行为人是为逃避刑事责任而被“精神病”，检察机关对案件进行核查时，发现已经作出强制医疗决定的行为并非无刑事责任能力人，检察机关可以对已经产生效力的决定提出抗诉。

（2）行为人的行为不构成犯罪。刑事强制医疗程序所适用的对象，其行为本来就不是犯罪或其达不到犯罪的程度，那对行为人适用刑事强制医疗程序的前提就丧失了，那对本不构成犯罪的行为人而言，对其进行刑事强制医疗措施侵犯其人权，检察机关可以对已经产生效力的决定提出抗诉。

（3）行为人的行为不具备继续危害性。如果刑事强制医疗程序所适用的行为人在实施犯罪行为后，已经失去了继续危害性，或失去行为能力，或经约束获得正常行为能力，或经监护人的监护可以达到避免其继续危害的可能性，那对其刑事强制医疗措施就失去必要性，检察机关可以对已经产生效力的决定提出抗诉。

---

① 董晓玲、代亚楠：《我国精神病强制医疗之检察监督》，载《河北法学》2015 年第 33 期，第 189 页。

第七章　以审判为中心的诉讼制度改革对公诉权的影响

《中共中央关于全面推进依法治国若干重大问题的决定》（以下简称《决定》）明确提出："推进以审判为中心的诉讼制度改革，确保侦查、审查起诉的案件事实证据经得起法律的检验。"2015 年 2 月 26 日，最高人民法院发布《关于全面深化人民法院改革的意见》，以及修订后的《人民法院第四个五年改革纲要（2014—2018）》，提出"到 2016 年年底，推动建立以审判为中心的诉讼制度"。最高人民检察院《关于深化检察改革的意见》（2013—2017 年工作规划）同样提出，检察机关要适应以审判为中心的诉讼制度改革。

以审判为中心的诉讼制度改革要求刑事审判过程要以审判为中心，切实落实好庭审实质化工作，从庭前会议程序、证据裁判规则、法庭调查程序、法庭辩论规则等方面对目前刑事审判工作提出了新的要求，对现行的侦查、起诉、审判等诉讼程序及刑事诉讼证据规则产生重大影响，也对检察机关的检察权产生冲击。[①]

检察机关的检察权主要包括公诉权和监督权。公诉权是指法律规定具有公诉职能的机关代表国家为追究被告人的刑事责任向审判机关提起诉讼的权力。而监督权是指检察机关依照法定权限和法定程序，对法的创制（即立法活动）和法的实施（即司法与执法活动）的合法性所进行的监察与督促。以审判为中心，顾名思义就是将审判作为刑事审判的中心，要逐渐改变庭审流程化的趋势，实现庭审的实质化。要落实庭审实质化，贯彻好以审判为中心，就势必会对检察机关参加庭审产生影响，进一步对检察机关的公诉权产生巨大冲击。随着庭审实质化的不断深入，庭前会议程序在刑事审判中起到了愈来愈重要的作用，控辩双方在人员的回避、管辖权异议、针对证据提出的质证意见、证人出庭作证的申请以及排非申请等方面在庭前会议程序中进行积极地对抗，检察机关原来需要在正式庭审中要做的工作，已提前至庭前会议程序中，即控辩对抗已经由庭审的对抗提前至庭前会议的对抗。

---

① 张能全：《论以审判为中心的刑事程序改革与刑事司法职权优化配置》，载《现代法学》2017 年第 4 期，第 19 页。

第一节 庭审实质化语境下庭前会议的功能定位

庭前会议是指在正式开庭审理之前，为了保证庭审能够公正高效地进行，由审判人员召集控辩双方参加，就回避、案件争点整理、证据展示、非法证据排除等事项进行讨论的会议。庭前会议作为庭审程序的前置阶段，利用程序的灵活性形式，缩短正式审判的期限，加快普通程序案件审理的进程，消除可能造成审判中断和拖延的因素，从而为庭审实质化扫清程序障碍。[①] 庭前会议制度价值的有效发挥，应首先确立在庭审实质化改革背景下庭前会议的功能定位。庭前会议功能的有效实现，有赖于相关规则制度体系的完善，也有赖于检察职能的正当行使。通过落实庭前会议程序，有利于解决检察权在行使中面临的机制困境与体制难题，优化检察权行使的路径，以助于庭前会议功能的有效实现，推动庭审实质化。[②] 庭审实质化的实现必然要求庭前会议功能的充分发挥，在庭审实质化的背景下，庭前会议的功能应当重新定位。现行法律对于庭前会议议题范围的规定不甚明确，如果对司法解释中“与审判相关的其他问题”条款进行扩张解释，则所有与审判相关的活动都可以纳入庭前会议的议题范围，可能导致庭前会议异化为庭审程序，与庭审程序的功能本末倒置。因此，对于庭前会议的功能价值，不应过于强调其实体价值，而应突出其程序保障价值，集中解决庭审之前的程序问题，以保障庭审程序的高效、集中运转。

一、为正式庭审做好准备

公正是司法的本质要求和终极诉求，司法公正是在审判活动中按照公开、公平、中立的原则，制定和遵循科学、合理的程序，实现对诉讼主体与诉讼参与人权利、义务正确平等的合理分配，使之达到理想的正义结果。庭前会议把起诉程序与审判程序相连接，通过程序之间的相互关联，实现其各个要素之间的制约和平衡，以达到司法公正的目的。如果忽视庭前会议的重要性，必然会导致刑事司法各元素功能混乱、平衡失调、制约失控，妨害司法公正的最终实现。庭前会议对司法公正的保障是通过庭审实质化完成的，因此要正确认识庭前会议在诉讼程序中的准备作用。

从庭前会议与庭审的关系视角分析，庭前会议是庭审的预备程序、基础环

① 向泽选：《控辩对抗的审前模式——兼论检察机关如何因应以审判为中心》，载《政法论坛》2017年第3期，第70页。

② 卢建平、王晓雪：《以审判为中心视角下检察权的定位与运行》，载《浙江大学学报（人文社会科学版）》2017年第3期，第156页。

节，而非审判程序本身，更不是庭审，但是庭前会议对庭审程序有着直接影响，以实现庭审程序公正与效率最大化为价值。并且作为一种庭审前的专门性预备活动，其程序的设置和运作理应与刑事庭审保持内在的协调一致，因此，庭前会议程序的定位应该是从属于庭审并与其保持协调一致的准备性程序。

我国在确立刑事庭前会议程序之前，刑事诉讼中缺少一个用来解决案件涉及的程序性问题以保证法院不间断审理的庭前准备平台，致使在法庭庭审过程中要同时处理程序性事项和实体性问题，不仅增加了司法人员的工作量和庭审时长，而且将庭审的一部分时间和精力花费在解决程序事项上，不免阻碍了庭审发现案件真相功能的实现。而新刑诉法和司法解释规定，刑事庭前会议可以处理的事项包括回避、管辖权异议、证据的调取和处理、是否申请不公开审理或适用简易程序等，在开庭前将这些问题处理完毕能够在很大程度上避免庭审拖沓的现象。

二、防止法官庭前预断

庭前会议制度设计凸显了控辩双方的参与性，是对当事人诉权的积极回应和关照。虽然缺少必要的权利救济措施，但已初步形成诉权和裁判权的制约机制，向程序公正迈进了一大步。庭前会议程序的一个重要功能就是对拟出示或调查的证据材料和证据能力进行判断，在当事人主义对抗制庭审模式下，通过判断让无证据能力的证据不得在庭审中提出，使审判人员自由心证的形成不受非法证据的干扰，保证裁判的中立，从制度上防止案件审理前控辩双方与法官单方面秘密接触，减少了司法腐败的发生。

法官在庭前大量接触控方提供的证据和信息，在通过正式庭审充分听取对方意见之前，容易先入为主，对案件偏听偏信。如果法官在庭前接触尚未被排除的非法证据，那么在正式庭审时可能对案件实体问题的认知产生偏差，这将直接危及“事实整合”的客观真实，并造成“法律整合”后的裁决不公。庭前会议因其所处程序位阶的特殊性，在防止法官庭前预断方面有一定的功能。其中，庭前非法证据的排除，是消解法官庭前预断最为关键的制度保障。①

三、保障迅速审判

效率是继公正之后刑事庭审程序的又一核心价值。刑事诉讼的效率价值要求迅速、无拖延地对案件进行审理并作出判决。整个刑事诉讼活动开展的过程

---

① 宋建伟、蒋鹿夏：《检察权行使与庭前会议的功能实现——基于庭审实质化视角的探讨》，载《中国检察官》2018年第1期，第68页。

是公正与效率两大价值相融合的过程，[①] 刑事诉讼的“公正”与“效率”同等重要，二者都是刑事诉讼所追求的价值目标，在确保“公正”的前提下，通过诉讼程序的设计，保障审判连贯而富有效率地进行，符合正当程序的原则。[②] 庭前会议制度使得在确保“公正”的前提下迅速审判案件成为可能，庭前会议保障迅速审判功能的实现，以其自身其他功能的实现为前提。庭前会议中效率价值主要体现在两个方面：其一，通过庭前会议实现案件处理之繁简分流；其二，通过庭前会议实现刑事庭审之集中化。

（一）程序分流

程序分流是庭前会议最重要的程序功能之一，控、辩双方参与其中，充分交换意见，法官对案件性质进行分析，以判断该案件是否满足适用审判程序的条件。庭前会议的程序分流功能与刑事诉讼程序的“事实整合”与“法律整合”功能是一致的，通过庭前会议的“预审程序”，对不符合要求的诉讼请求予以驳回，让符合要求的诉讼请求进入到审判环节；[③] 通过庭前会议中的“被告人认罪程序”，决定在审判环节是否适用简易程序；通过庭前会议筛选出不能适用简易程序审理的案件，以决定适用普通程序，通过以上三种方式最终实现不同程度的分流。[④]

庭前会议可以作为案件处理繁简分流的程序拐点。通过司法资源的合理配置，调和审判中心模式所要求的庭审实质化与司法实践案多人少现实之间的冲突，推动刑事庭审的合理、高效运行。审判中心模式要求庭前会议诉讼构造应当具备控、辩、审的良性三方组合结构，在此结构中检察机关可以说明起诉罪名、主要证据等案件基本情况，并提出适用程序之建议。被告人在及时获得辩护人法律服务基础上，作出有利于自我的分析判断。法官根据案件事实、证据情况和双方协商结果居中裁决，准确作出适用诉讼程序的判断，防止诉讼程序中断与诉讼资源的无谓消耗。

（二）保障集中审理

在法官主持的庭前会议程序中，控、辩双方明确和固定起诉书所指控的罪状及罪名，法官迅速准确找准控、辩双方的争议焦点，将双方无任何异议或者

---

① 陈卫东著：《程序正义之路》（第二卷），法律出版社 2005 年版，第 184 页。

② 顾培东：《效率：当代法律的一个基本价值目标》，载《中国法学》1992 年第 3 期，第 89 页。

③ 周洪波：《刑事庭审实质化视野中的印证证明》，载《当代法学》2018 年第 4 期，第 34 页。

④ 卞建林、谢澍：《刑事检察制度改革实证研究》，载《中国刑事法杂志》2018 年第 6 期，第 3 页。

多次重复的信息进行有效地归纳和提炼，控、辩、审三方精准归纳出争议焦点，从而提高庭审的效率与质量。同时，庭前会议程序提前解决了诸如回避、管辖权、出庭证人名单等程序性问题，使法院正式开庭审理的案件，能够在不更换审判人员的前提下连续进行，无须中断审理，以保障正式庭审中集中审理案件的实体问题更加顺畅。庭前会议固定展示证据及整理争点，为刑事庭审集中奠定了基础。有学者认为，对案件审理程序应尽可能集中化，并以一次言词辩论即可终结为理想。庭前会议依靠保全、检验和排除等具体程序对证据予以固定，在庭前将非法证据予以排除，使得庭审法官可以集中精力审查有效证据，形成对案件事实的有效心证。庭前会议可以有效避免因争点不明导致的审理秩序混乱，因无休止地重复辩论产生诉讼拖延，因申请调取证据而引起审判中断，从而保障刑事审判的高效运作。

第二节 庭前会议程序对公诉权的影响

庭前会议制度设置的初衷就是为了保障庭审活动的顺利进行，预先解决可能会影响诉讼进程的程序问题，其中关于回避、证据调取与展示以及非法证据排除等问题，对公诉权的行使会造成一定的影响和制约。

一、庭前会议程序对公诉权的制约

（一）应对辩方提出的回避申请

我国的回避制度适用于刑事诉讼专门机关中的工作人员，公诉人员代表人民检察院行使国家公诉权力，必须是不偏不倚与本案无涉，主要包括以下几个方面：第一，公诉人员与本案不能有利益关系，不能是本案的当事人或者当事人的近亲属；第二，基于刑事诉讼身份的唯一性，如果该公诉人此前具有本案的侦查人员、证人、鉴定人、辩护人、诉讼代理人等身份，那么他就不能继续以公诉人的身份出现在本案的后续程序之中；第三，公诉人还必须与案件的当事人及其代理人保持“距离”，不得接受当事人及其委托人的请客送礼，不得违反规定会见当事人及其委托人。

庭前会议解决的是案件的程序问题，最高人民法院关于办理刑事案件庭前会议规程中专门规定了人民法院可以在庭前会议处理公诉人员的回避问题，即如果出席庭前会议的公诉人符合法律规定应当回避的条件，当事人及其法定代理人、诉讼代理人有要求其回避的权力。主持庭前会议的审判人员应该及时对有关的回避申请听取意见。[①] 根据我国法律的规定及权限划分，检察人员的回避由其所属的人民检察院的检察长决定，如果公诉人是检察长的，由检察委员会决定。因此，通过庭前会议发现可能有法定回避情形的，公诉人可以自行申请回避，如果是当事人及其法定代理人、诉讼代理人申请公诉人回避的，审判人员应在庭后向检察院反馈意见，由检察长或者检委会决定该公诉人是否回避。

（二）应对辩方提出的管辖权异议

在庭前会议中，法院不仅要解决控辩双方所提出的审判人员回避问题，还需要解决辩方所提出的管辖权异议问题。《刑事诉讼法》《高检规则》及《高法解释》对管辖权都进行了相关规定，从公安机关立案侦查到检察机关的审查起诉最后到审判机关的案件审理阶段，都要符合相关法律法规的管辖规定，最高人民法院颁布的《人民法院办理刑事案件庭前会议规程（试行）》第11条明确赋予被告人及其辩护人在具有合理理由的情况下对案件的管辖提出异议的权利。

在涉案范围较广或网络犯罪的案件中，辩方往往会在庭前会议中向人民法院提出管辖权异议，以实现拖延诉讼时间、将案件移送到判刑较轻的地区、将案件移送至较低层级法院等利于己方的诉讼目的。这就要求控方在进行庭前会议前对案件进行充分的审查，对多地均有管辖权或具有较大社会影响力的案件，检察机关要提前明确对案件的审查起诉是否符合法律法规规定，对管辖权不明确的案件，可以由有关人民检察院协商确定管辖权，对管辖权有争议的或者情况特殊的案件，提前提请由共同的上级人民检察院指定管辖权。同时，检察机关要做好应对因受理刑事案件的法院或法官被申请回避后无管辖权的问题，提前做好准备，避免出现在面对控方管辖权异议时毫无准备的情况。

（三）应对辩方针对证据提出的质证意见

我国事诉讼法律和相关司法解释中仅规定了以“查阅、摘抄、复制”作为表现的阅卷权，未明确规定证据开示制度。[②] 阅卷权始于审查起诉阶段，阅卷的范围从1996年《刑事诉讼法》规定的“本案的诉讼文书、技术性鉴定材料”扩大到2012年《刑事诉讼法》规定的“本案的案卷材料。”即检察机关准备移交给法院的所有卷宗材料，辩护人均有权查阅，也包括退回补充侦查后

---

① 宋建伟、蒋鹿夏：《检察权行使与庭前会议的功能实现——基于庭审实质化视角的探讨》，载《中国检察官》2018年第1期，第68页。

② 王一俊：《检察机关审查起诉中的证据运用》，载《国家检察官学院学报》2016年第24期，第59页。

侦查机关补充的证据材料。《高法解释》第 47 条规定："辩护律师可以查阅、摘抄、复制案卷材料。"尽管该条并未指出审判阶段律师阅卷的时间，但审判阶段律师阅卷权的行使时间往往在法院受理刑事案件后，庭前会议开始之前，庭前会议结束后，辩护人根据需要，仍可以进行阅卷，法律上并没有规定阅卷的次数，给予辩护人阅卷权是为了辩护权更好地行使。[①] 庭前会议定位于在审判活动之前集中解决可能存在的程序问题和证据问题，从诉讼效率的角度考虑，理性的公诉方应该也会选择在庭前展示证据。在此前提下，庭前会议中辩方对证据的掌握，会达到与控方的信息相对平衡。证据全面的"信息披露"有效平衡了控辩双方的权利，从另一个角度来看，也是对公诉权的一种制约。[②]

庭前会议程序中，辩方会对控方的证据提出证据质证意见，这就给检察机关出席庭前会议的检察官提出了更高的要求。在参加庭前会议前，检察官须能做好充分的庭前准备，仔细核实证据的真实性、关联性及合法性是否存在问题，并将所有证据串联成完整的证据链，对可能由辩方提出质证意见的证据及时做好补强的准备；在庭前会议中，对辩方提出的新证据要及时记录并在庭后及时予以核实，对提出的质证意见，涉及证据取证合法的，控方要及时向人民法院和辩方出示补强的证据材料，涉及关键证据缺失的，要及时进行补正。根据最高人民法院关于办理刑事案件庭前会议规程中提及人民检察院应当在召开庭前会议前将全部证据材料移送人民法院，同时对审判人员可以就辩护方"是否申请调取在侦查、审查起诉期间公安机关、人民检察院收集但未随案移送的证明被告人无罪或者罪轻的证据材料"了解情况，听取意见进行了规定。这就要求公诉人要重视被告人无罪或者罪轻的证据材料的调查，对于确实存有该类证据而没有移送的，应当积极补充移送，对于确未收集此类证据的，应该作出说明和合理解释。

（四）应对辩方提出的证人出庭作证的申请

证人出庭，就是要把证人在庭审中的证言作为认定案件事实的根据，让证人出庭作证，对证人在法庭中的证言进行质证，没有经过法庭质证的证言不可以用来认定案件事实，这在一定程度上就弱化了侦查阶段的证言对案件事实认定的影响。通过证人出庭来进一步实现庭审实质化，让庭审中的证人证言渐渐取代书面证言，一方面有利于查明事情真相、减少冤假错案的发生，另一方面

---

① 熊秋红：《审判中心视野下的律师有效辩护》，载《当代法学》2017 年第 6 期，第 14 页。

② 田圣庭：《以审判为中心视野下的控辩对抗》，载《学习与实践》2018 年第 2 期，第 79 页。

通过实现向证人发问，保障被告人及辩护人的质证权。

在庭前会议程序中，检察机关除了需要应对辩方所提出的回避申请、管辖权异议、排除非法证据外等程序性环节外，还需要应对辩方所提出的证人出庭作证的申请。庭前会议中，辩方会向人民法院提交有利于己方的证人出庭作证的申请，或申请控方关键证人出庭，检察机关要对所移送审查起诉的证人特别是关键证人的出庭做好提前准备，以避免出现因关键证人无法出庭而证据链不够完全的情况；同时，对辩方所申请的证人出庭作证的申请，要谨慎对待，在确保完成所移送材料完整证据链的情况下，做好新证人出庭质证的准备，对可能存在串通、作伪证的情况及时通报人民法院。

（五）充分准备辩方拟提出的排非申请

在庭前会议中需要进行证据展示和调取的另一个原因在于——能够为辩方提出全面的非法证据排除申请提供条件。在刑事诉讼中，公诉方负责举证并且举证要达到"事实清楚，证据确实、充分"的程度，对某一项或者多项指控证据予以排除，会对该刑事指控的进行带来不利影响，制约了公诉权的行使。但这种排除是基于人权保障的需要，使用非法手段获取的言词证据和实物证据是对被告人的二次伤害，与法治国家的理念相悖。①

我国刑事诉讼法中并没有明确规定庭前会议中非法证据排除的相关程序要求，也没有设置排除的标准和排除的效力。最高人民法院关于人民法院办理刑事案件排除非法证据规程中赋予了人民法院对公诉部门移送证据进行合法性审查的权力，对被告人是否提出排除非法证据的申请，公诉部门对证据收集合法性的调查情况、重大案件的驻监检察官是否核查讯问合法性、是否核查同步录音录像等情况进行审查。这就要求公诉部门承担证据收集合法性的举证责任，公诉部门要对证据是否系非法取得进行详尽调查，在庭前会议中，针对辩方提出的排非申请，法庭要记录在案，对于没有争议的证据，则开庭时不再质证。对于在庭前会议阶段法院认为需要补充证据的要及时补充，不能补充的要及时排除，这是对公诉机关行使公诉权的制约，要求公诉机关在移送证据时严格地调查证据收集的合法性，将不符合证据条件的非法证据排除在正式法庭审理之外，不仅是获得公正合法判决的基本前提，也是公诉权客观公正行使的必然要求。

非法证据排除的问题是庭前会议需要讨论、交换和听取意见的重点问题。辩护方基于证据展示所获悉的相关证据材料，可以及时提出非法证据的相关材

① 郭旭：《论庭前会议检察权之行使》，载《铁道警察学院学报》2014 年第 2 期，第 85 页。

料和线索，而出席庭前会议的公诉人应当承担证明该证据系合法取得的责任。[①] 公诉人可以通过出示讯问笔录、羁押记录、出入看守所的健康检查记录、看守所管教人员的谈话记录以及侦查机关对讯问过程合法性的说明，或者通过提供讯问时录音录像资料等多种方式对证据的合法性予以证明。

二、庭前会议程序对公诉权的推动

事物是对立统一的。庭前会议活动的进行，可能对公诉权的行使造成一定的“影响”，这就对公诉人的业务水平和能力提出了更高的要求，但从另一个角度看，它也为公诉人了解辩方证据提供了平台，能够促进公诉权的积极高效行使，实现程序分流，为公诉工作中的不足指明了补救的方向。[②]

（一）了解辩方证据

《高检规则》第 431 条明确规定“在庭前会议中，公诉人可以……了解辩护人收集的证据等情况”，将刑事诉讼法中辩护方的证据展示义务进行了扩充，《刑事诉讼法》第 40 条仅规定了辩护人应当及时告知人民检察院以下三种证据：不在犯罪现场、未达到刑事责任年龄、属于依法不负刑事责任的精神病人。这可以被理解为，在我国现有的辩护人有权阅卷、公诉人应当展示证据的基础上，法律规定了辩护方向公诉人展示案件相关证据的义务。同时，《高检规则》第 431 条第 2 款还规定：“对辩护人收集的证据有异议的，应当提出。”公诉人对辩护人证据的这种异议，尽管与非法证据排除规则并不相同，但是公诉人可以提出辩护人的证据是通过威胁、引诱、强迫等方式获得，甚至是伪证的结果，以削弱或否定该证据的证明力和证据能力，为公诉活动的成功进行提供有利条件。[③]

（二）提高公诉效率

从法官的角度看，有些案件，特别是情节复杂、证据材料比较多的案件，在有限的开庭时间内，法官很难准确把握庭审争议焦点，会通过多次休庭而归纳总结控辩双方争议的焦点问题，造成诉讼的拖延；从辩方的角度看，律师只能在开庭前提出证人出庭或者调取新的证据的申请，待开庭后要接受控方的质证，如果申请被法官采纳，庭审就要中止，待传证人到庭后、调取了新的证据

---

① 程凡卿：《以审判为中心视角下的侦诉与审判关系研究》，载《法学杂志》2018 年第 1 期，第 125 页。

② 项谷、张菁、樊彦敏：《庭前会议制度的实践与完善》，载《人民检察》2015 年第 20 期，第 51 页。

③ 汪海燕：《庭前会议制度若干问题研究——以审判中心为视角》，载《中国政法大学学报》2016 年第 5 期，第 126 页。

后再恢复庭审，在有的情况下，因控方未将全部的证据材料提交给法院，而在庭审时当庭提交，辩方会要求法庭休庭，以核实证据，也会造成诉讼的拖延；从控方的角度看，控方也会遇到类似的问题：辩方虽然在开庭前，甚至更早的时间调取到了对被告人有利的证据，但并未向检察院、法院出示，而是在庭审时突然提出，搞证据“突袭”，这种情况下，控方也会申请休庭，要求庭下核实证据，庭审也拖延了。这种“休庭—开庭—再休庭—再开庭”的情况，使控方因为同一件案子，多次往返于检法之间。有时由于时间间隔长，出于责任，检察官还需不断“复习案情”。这些时间被白白浪费，而非有效地集中在对案件焦点的分析与论证上。①

庭前会议可有效避免上述问题。设置庭前会议程序，在庭前会议程序中，集中解决程序性事宜和相关证据问题，使控辩审三方在开庭前明确争议焦点，梳理证据清单，做到对案件“心中有数”。对于控方来讲，这不仅提高了工作质量，而且提高了工作效率。②

（三）实现程序分流

现阶段我国刑事诉讼存在的主要问题之一是日益增加的犯罪数量和检察官、法官数量的增长不成比例，特别是基层检察院、法院，案多人少的矛盾非常突出，加之我国进行的员额检察官、法官的司法体制改革，更是将案多人少的矛盾推向高潮。根据刑事诉讼法和相关司法解释的要求，凡是人民法院公开审理的公诉案件，检察院必须派员出庭。这种出庭虽然确保了基本的诉讼构造，但也确实增加了公诉人的工作负担。庭前会议在程序设计上应当起到繁简分流的作用，对于符合刑事诉讼法中关于简易程序规定的案件，特别是“事实清楚、证据充分，被告人承认所犯罪行，对指控的犯罪事实没有异议”的案件，检察机关应当在庭前会议中及时提出建议，法院也可以在主持庭前会议时提出。同时，法律也明确规定，简易程序的适用离不开被告人的意见，程序选择权是当事人的重要权利，特别是对于被羁押的犯罪嫌疑人，在一般情况下，其期待尽快得到法院的公正裁判。庭前会议恰好给控、辩、审三方提供了一个就刑事案件程序进行交流和讨论的平台，在案件基数保持不变的情况下，加快刑事案件的程序分流，能够在追求正义的基础上更好地提高诉讼效率。③

---

① 安琪：《刑事庭前会议的再定位——基于A市“庭审实质化”试点的实证研究》，载《四川师范大学学报（社会科学版）》2018年第3期，第48页。

② 陈实：《刑事庭审实质化的维度与机制探讨》，载《中国法学》2018年第1期，第190页。

③ 天津市河东区人民检察院、天津市人民检察院公诉处联合课题组、齐冠军：《检察机关参与庭前会议调研报告》，载《中国检察官》2014年第22期，第15页。

（四）为正式庭审作好应对预案

庭前会议对公诉人的出庭工作起到了督促作用，同时也为公诉人指明了工作方向。在庭前会议中，辩方所提出的问题，显示出辩方的辩护思路。如果辩方在庭前会议中提出对出庭证人的名单存在异议，即表明其在庭审中可能会就该证人证言提出质疑。这种情况下，公诉人可提前做好相应的证人证言的调查核实工作，以免在庭审中遭到辩方的质疑而措手不及。例如，辩方在会上提出公诉人尚未掌握的证人名单，公诉人可在会后了解该证人情况，反省自己工作的不足，甚至补充做好取证工作。对于辩方在会上提出的公诉人尚未掌握的非法证据线索，公诉人应在会后立即进行调查核实，进而查漏补缺，完善自己的工作。[①] 庭前会议要求公诉人必须全面、细致地阅卷，做好卷宗摘录和阅卷笔录，亦应对辩方的质疑。全面、仔细阅卷，既不能出现遗漏，也不能只求效率而不顾质量，只有做到细致入微，才有助于公诉人发现问题、形成意见，从而为后期的庭审答辩明确方向；[②] 公诉人对于涉及案件事实认定、证据“三性”、犯罪构成要件等细节问题，应多加思考，带着问题、疑惑去甄别证据材料，理性地作出审查判断。

第三节　证据裁判规则对公诉权的影响

证据裁判规则要求认定案件事实必须以证据为依据，没有证据不能认定犯罪。证据裁判规则的首要要求，即认定案件事实，只能通过庭审举证、质证和认证后的证据来确定。这也就意味着检察机关在行使公诉权时，要切实做到以证据为认定基础事实的根本，真正落实证据裁判原则，维护公平正义。

一、证据裁判规则的含义

（一）证据裁判规则的含义

从学界研究和域外立法看，有学者认为证据裁判原则是“依据证据认定事实的原则”；有学者定义为“刑事裁判，应凭证据，即采所谓证据裁判主义……”有学者界定证据裁判规则是犯罪事实的认定基础和定罪量刑的依托，其核心要义包括案件事实认定必须以证据为依据，裁判事实依据的证据必须具

① 王立忠：《庭前会议制度之完善》，载《山西省政法管理干部学院学报》2018 年第 2 期，第 45 页。

② 周德松：《以审判为中心与审判监督逻辑关系之解读——以检察公诉工作为视角》，载《山西省政法管理干部学院学报》2017 年第 4 期，第 126 页。

有证据资格和证明力，且达到法定的证据标准和要求。德国《刑事诉讼法典》第244条规定：“为了调查事情真相，法院应当依职权将证据调查延伸到所有对裁判具有意义的事实、证据上。”美国《联邦证据规则》以相关性为基础，规范证据的可采性问题。

从规范性文件看，2007年《关于进一步严格依法办案确保办理死刑案件质量的意见》规定“坚持证据裁判原则，重证据、不轻信口供”，是我国最早涉及“证据裁判规则”的规范性文件。2012年《刑事诉讼法》第48条“证据必须经过查证属实，才能作为定案的依据”；第53条“对一切案件的判处都要重证据”，并未将证据裁判规则的表述写入刑事诉讼法。其司法解释第61条规定：“认定案件事实，必须以证据为根据。”党的十八届四中全会通过的《中共中央关于全面推进依法治国若干重大问题的决定》提出“推进以审判为中心的诉讼制度改革，确保侦查、审查起诉的案件事实证据经得起法律的检验”“全面贯彻证据裁判规则……”其中表述包括严格依法收集、固定、保存、审查、运用证据，严格落实证据法定证明标准，严格落实疑罪从无原则。无论是学界称之为“原则”或是实务界称之为“规则”，证据裁判规则核心要义包括“认定案件事实，必须以证据为根据；定案证据应具证据能力；定案证据应依法审查；定案证据应达法定证明标准。”

随着证据裁判规则在我国逐渐落实，在一定程度上表明我国刑事诉讼制度由侦查中心主义向审判中心主义转变。审判中心主义制度的落实需要以证据为中心，全面贯彻证据裁判规则。制度格局的转变必然会影响刑事证据裁判规则适用的变化。对证据裁判规则适用问题的研究，有助于正确、全面贯彻证据裁判规则，有效防范冤假错案，提高司法公信力，这就要求人民检察院在明确证明对象的基础上，完善证明责任、证据规则和证明标准等制度，建立合理合法的取证制度，严把案件的事实关和证据关。

作为认定事实依据的证据，必须同时具有证据能力和证明力，不但在实质上与案件有关联，而且在形式上也必须符合法律的要求。证据裁判规则要求必须以审判环节审查的证据作为认定案件事实的基础。①

在现代刑事诉讼之下，无罪推定是一项基本原则，在有充分的证据证明犯罪嫌疑人或者被告人有罪之前，其应当处于无罪的状态。而侦查机关在侦查的过程中带有天然的偏向性，如果以侦查机关收集的证据为基础，其后果就是对

---

① 陈光中等：《以审判为中心与检察工作》，载《国家检察官学院学报》2016年第1期，第75页。

犯罪嫌疑人或者被告人有利的证据得不到充分重视。[①] 作为控辩式诉讼一方参与人的公诉方，其在证据收集和判断过程中也容易产生先入为主的倾向。只有以审判阶段审查的证据为基础，才能最大限度地防范冤假错案。因此，只有坚持证据裁判规则，才能更好地落实以审判为中心的诉讼制度改革，促进庭审实质化。

（二）证据裁判规则的种类

审判环节证据裁判规则内容包括：

一是相关性规则。相关性规则要求证据与案件待证事实之间有关联，且能够证明案件的待证事实属性。相关性规则在英美法系国家具有重要地位，被视为证据资格的“黄金规则”。我国刑事诉讼法并未明确表述“相关性规则”术语，但在司法实践中，法官普遍把相关性规则作为审查、判断证据能力的基本规则。司法解释也体现了相关性规则的精神。例如，2012 年《刑事诉讼法》司法解释第 104 条第 2 款、第 203 条、第 214 条。

二是非法证据排除规则。有学者认为，非法证据排除规则是指违反法定程序，以非法手段获取的证据，不具有证据能力，不能为法庭所采纳。2012 年《刑事诉讼法》第 54 条至第 58 条规定了非法证据排除的主体、对象、诉讼阶段、排除程序、证明责任以及证明标准，较为完整地确立了非法证据排除规则。2012 年《刑事诉讼法》司法解释第 4 章设“非法证据排除”专节，第 61 条至第 63 条分别规定了证据裁判、程序法定、质证三个规则。

三是直接言词原则。直接言词原则是指法官审判刑事案件，必须在法庭上亲自听取公诉人、当事人及其他诉讼参与人的口头陈述，案件事实和证据必须由控辩双方当庭口头提出并以当面质证和口头辩论的方式进行调查。直接言词原则包括直接审理原则和言词审理原则，直接审理原则也叫作在场原则，它是指法庭审判时法官、检察官、被告人、辩护人以及其他诉讼参与人必须亲自出席审判，为法官直接采证创造先决条件。言词审理原则，是指法庭审判活动必须以言词陈述的方式进行。2012 年《刑事诉讼法》第 59 条“证人证言必须在法庭上经过公诉人、被害人和被告人、辩护人双方质证并且查实以后，才能作为定案的根据”。

四是意见证据规则。2012 年《刑事诉讼法》司法解释第 75 条第 2 款规定：“证人的猜测性、评论性、推断性的证言，不得作为证据使用，但根据一般生活经验判断符合事实的除外。”虽然《刑事诉讼法》没有明确规定“意见

---

① 吴洪淇：《审判中心主义背景下的证据裁判规则反思》，载《民主与法治》2015 年第 4 期，第 96 页。

证据规则”，但司法解释有利于规范证人证明活动，如实提供感知的案件事实，解决刑事司法实践需求。

五是原始证据优先规则。《关于办理死刑案件审查判断证据若干问题的规定》第 8 条规定：“据以定案的物证应当是原物。”2012 年《刑事诉讼法》司法解释第 70 条、第 71 条分别规定了物证、书证原始证据证明力优先的规则。

六是补强证据规则。补强证据规则一般指对被告人供述的补强，是被告人口供规则的一部分。被告人口供规则包括与证据能力相关的口供自愿规则、口供排除规则，与证明力限制有关的口供印证规则和口供补强规则。审判实践中仅仅依据被告人的口供不足以认定有罪，需要其他证据进一步对被告人的口供补强。2010 年《办理死刑案件证据规定》第 34 条规定，根据被告人供述提取到了隐蔽性很强的物证、书证“且与其他证明犯罪事实发生的证据互相印证，并排除串供、逼供、诱供等可能性的，可以认定有罪”。这一规定标志着口供补强规则在刑事证据法中的正式确立。2012 年《刑事诉讼法》第 53 条和《司法解释》第 83 条规定了被告人供述和辩解的补强规则。

(三) 证据裁判规则的具体要求

证据裁判规则的核心要义有三：裁判的形成必须以证据为依据，没有证据不得认定案件事实；作为认定案件事实基础的证据，必须具有证据资格和证明力；据以作出裁判的证据必须达到相应的标准和要求。证据裁判规则的前述三个核心要义，提出了如下基本要求：首先，如果没有客观存在的证据为依据，仅仅只有主观性猜测或者倾向性臆断，就不得作出事实认定；其次，就案件中举出的各种证据，均应根据法定程序予以调查，以确保用作认定案件事实之依据的证据具有证据资格、证明力，且案件中具有证据资格和证明力的证据，能够达到法定的认定案件事实的证明标准。

证据裁判规则要求作为定案依据的证据必须按照证据规则和法定程序进行审查判断。证据的审查判断贯穿整个诉讼过程，但最重要的是法庭上依法进行的审查判断活动。[①] 任何证据未经当庭出示、辨认、质证等法庭调查程序，不得作为定案的依据。由此可见，对证据的审查判断不能由法官任意开展，而是依照正当程序进行，由裁判者作出最终是否采纳的决定。因为在法庭上，有各诉讼参与人的参加，诉讼权利得到保证的情况下，证据在公开的法庭上出示，并经过控辩双方的充分质证，使司法人员能够更好地判断证据的真伪以及证明力的大小，逐步加深对案件事实的认识，进而使法律事实最大限度与客观事实

① 陈光中、郑曦：《论刑事诉讼中的证据裁判规则——兼谈刑事诉讼法修改中的若干问题》，载《法学》2011 年第 9 期，第 75 页。

相一致。[①]

简言之，证据裁判规则的基本要求体现为“三个严格”：一是严格依法收集、固定、保存、审查、运用证据。二是严格执行法定证明标准，统一证据裁判的标准，二者是相互统一、相辅相成的。三是严格落实疑罪从无原则，即证据不足，则不能认定犯罪事实。

二、证据裁判规则对公诉权的要求和影响

证据裁判规则增加了检察机关对事实调查的压力，证据裁判规则要求各类案卷笔录、书证、物证等证据在庭审聚光灯下充分“曝光”，通过诉讼参与人举证、质证，充分发表意见，最后判断证据的证明力。[②] 说到底，在证据裁判规则的影响下，整个诉讼活动都是围绕证据开展的，法庭审判更是打“证据仗”。在以审判为中心的诉讼制度改革背景下，证据裁判规则将日益精细化、规范化，法庭对证据的审查除了重视证据的客观性、关联性外，更加重视其合法性。由此，审判便有了以证据采信与否为手段制约审前诉讼行为的契机。在刑事诉讼过程中，案件判决的结果往往是以人民检察院所提供的证据材料证据能力为依据的，审判机关通过对公诉机关所提供的各项证据进行质证后最终对案件进行审查。[③]

换言之，证据裁判规则要求人民检察院要严把证据审查关，为主动适应以审判为中心的诉讼制度改革，检察机关在审查逮捕、审查起诉工作中应当严把证据关，发挥好证据和事实的把关过滤功能，要做到审查逮捕环节把没有犯罪事实和证据不足以证明犯罪嫌疑人有犯罪事实的案件过滤掉，审查起诉环节把证据达不到起诉标准的案件分流掉，使其不能进入后续的诉讼环节，即侦查机关的取证行为、检察机关的证据审查活动必须按照审判环节对证据的采信标准严格要求自身，否则其收集、把关的证据将不会被法院采信。[④] 证据裁判规则对检察权的影响主要体现在以下几方面：

---

① 万毅：《论庭审实质化改革与证据规则之完善——以C市法院改革为样本的分析》，载《中国政法大学学报》2016年第5期，第98页。

② 王守安：《以审判为中心的诉讼制度改革带来深刻影响》，载《检察日报》2014-11-10。

③ 谢纲等：《检视与突破：庭审实质化改革中瑕疵证据裁判规则缺失形成的制度漏洞与完善路径——以全国涉及瑕疵证据的94份判决书为样本进行分析》，载《法律适用》2018年第9期，第125页。

④ 苗生明：《新时代改革背景下公诉工作的理念更新与顺势发展》，载《人民检察》2018年第2期，第147页。

（一）对检察机关证据审查模式的影响

证据裁判规则要求审查判断证据时应首先审查证据能力，即确认证据是否有证据资格，解决证据的采纳问题；在此基础上再审查证明力，确认已获准进入诉讼程序的证据是否与案件事实具有相关性，解决证据的可采信问题。由于证据能力和证明力之间极易混淆，在检察环节的证据审查往往向证明力层面倾斜，却忽视了对证据能力的把关，而这种忽视，有可能成为庭审对抗时的软肋，随着以审判为中心的诉讼制度改革的推进，需要纠正检察院这种单一的证据审查模式。①

全面贯彻证据裁判规则，检察院应转变观念，由“书面审查”变为“亲历性审查”，由只重视“在卷证据”转为全面审查“在案证据”。加快实现从“由供到证”到“由证到供”“以证促供”“供证结合”的证据审查模式转变，弱化口供对案件侦查的决定作用，重视客观性证据审查模式。

检察机关在审查逮捕、犯罪侦查和审查起诉等环节应以客观性证据审查为切入点，提高证据审查标准，排除一切合理怀疑。在审查逮捕阶段，客观性证据审查应主要从程序和实体两方面进行审查，确定证据的关联性、客观性和合法性。在审查起诉环节，充分挖掘、发现客观性证据，形成证据组合体系，做好客观性证据审查工作，排除一切合理怀疑，准确定罪量刑。将庭审的直接言词原则前置于检察机关的审查逮捕、审查起诉环节，强调审查案件的“亲历性”，摒弃“坐堂办案”和书面审查的落后做法，坚持每案每人必讯和主要证据检察官亲自复核。同时，扩大证据审查范围，由“在卷证据”扩展到“在案证据”，尤其要重视对犯罪嫌疑人及其辩护人提出的无罪、罪轻意见线索的调查核实，切实达到排除合理怀疑。②

证据裁判的原则及其要求是对案件事实进行认定的重要原则，其对认定证据的客观性、合法性和关联性是必不可少的。在法庭上，与案情有关的任何证据都是必须要当庭提供和出示的。没有出示和经过法庭验证的所有证据都不能作为案件事实认定的依据，对案件事实认定的唯一依据就是证据。现今时期，侦查机关成为了对证据的相关标准进行审查认定的机构，基于以审判为中心模式，庭审倒逼侦查与公诉机关要严格地根据庭审的相关要求对证据判断进行审

---

① 甘肃省张掖市人民检察院课题组：《检察机关构建以证据为核心的刑事指控体系研究》，载《中国检察官》2018 年第 7 期，第 30 页。

② 卫跃宁、宋振策：《论庭审实质化》，载《国家检察官学院学报》2015 年第 6 期，第 158 页。

查。[①] 对此，公诉机关在进行审查起诉的时候必须要合理、公正、公开，审查过程中对“无刑讯逼供等非法取证的情况说明”进行证明。对于公诉部门所退回补充侦查的案件，侦查机关应该按照公诉部门的补查提纲进行全面的补充侦查，防止“带病”案件进入下一个诉讼流程。在对案件进行审查时，公诉机关要严格把关证据的合理化与合法化，确保证据链条的严密性，使犯罪事实得到更好的锁定，对于没有证据来证实的案件坚决不予以认定。

全面贯彻证据裁判规则，要求检察院从仅关注有罪证据的片面审查模式转变为兼顾无罪证据的全面审查模式。注重审查被追诉人有罪、罪重的证据，忽略其无罪、罪轻证据的审查，可能是检察环节证据审查判断工作中存在的主要问题。基于自身肩负的客观公正义务，检察机关理应对有罪与无罪证据一视同仁、并重审查。[②]

（二）对检察机关认定及排除非法证据的影响

排除非法证据规则作为证据裁判规则中一个重要的规则，涉及具体证据采信的问题。我国检察机关作为非法证据排除的主体，检察院在非法证据排除规则的适用中是主动排除者、监督排除者、接受审查者三个角色，这种多样而又复杂的角色定位，使得检察机关在非法证据排除规则的适用中承担着较重大的责任。[③] 因此，检察机关公诉部门在审查起诉程序中，要切实贯彻非法证据排除规则，正确认定非法证据，对于应当排除的非法证据，应坚决地排除掉，以防止其进入审判程序，对法官产生负面影响。

但检察机关在审查起诉环节还面临不少困难和问题：一是调查核实非法证据以及证明合法的手段和途径较少；二是检察机关调查核实非法证据与办案期限的矛盾愈加突出；三是庭审证明效果不佳。[④] 在平衡非法证据排除规则适用与取证、审查证据等之间的关系，司法实践中还存在两个问题：一是进一步明确非法证据与可补正证据的范围；二是清晰界定非法手段与正常侦查方法、谋略的区别，特别是明确欺骗、引诱取得的口供作为非法证据的认定标准。[⑤]

---

① 万毅：《论庭审实质化改革与证据规则之完善——以C市法院改革为样本的分析》，载《中国政法大学学报》2016年第5期，第99页。

② 褚福民：《如何完善刑事证据制度的运行机制——以审判为中心的诉讼制度改革为视角的分析》，载《苏州大学学报（哲学社会科学版）》2016年第2期，第89页。

③ 王一俊：《检察机关审查起诉中的证据运用》，载《国家检察官学院学报》2016年第2期，第98页。

④ 张建升等：《检察机关如何全面贯彻证据裁判规则》，载《人民检察》2015年第2期，第18页。

⑤ 马明亮、张彭皓：《探讨“审判之前的审判”模式——以庭前会议中的非法证据排除为切入点》，载《甘肃政法学院学报》2018年第4期，第4页。

面对上述在非法证据认定与排除中的几类问题，对人民检察院在办理刑事案件中产生很大影响，主要体现在以下几方面：

1. 非法证据的认定

(1) 转变观念，做到司法办案的公正性，不盲目轻信口供，保障公民的基本权益

首先，检察机关办案人员在审查证据时应当树立主动审查、依职权排除非法证据的观念。要真正使检察机关的监督权有效行使，就应当主动发现问题、纠正错误，包括主动对侦查机关的取证手段、取证程序等是否合法进行监督，以此来制约侦查权，使其在法律设定的程序和范围内行使，做到司法办案的公正。若在审查时轻信口供，只追求书面审查，对嫌疑人提出的非法取证线索不记录、不汇报，也不回应，实际上已经是一种渎职的行为，会为后面的司法程序带来很大的漏洞。

其次，要树立追究犯罪与保障公民人权之间价值平衡的理念。追究犯罪与保障公民权利这两种价值目标共存于刑事诉讼活动之中，体现了程序价值。两者之间并不存在必然的对立。在刑事诉讼活动中，侦查人员、检察人员、审判人员应当遵循法定程序收集、审查、核实、认定证据，依法进行刑事诉讼活动，两种价值目标就能实现融合和统一。检察人员在审查起诉时应当始终怀有追究犯罪与保障公民权利两只砝码的公平、均衡地放置，谨慎地校正，不能使任何一方过度倾斜而导致刑事诉讼的理性天平失去平衡。检察人员不能因为案件已进入审查起诉程序而将嫌疑人事先就进行有罪推定。

(2) 检察机关在审查证据时应注重细节，充分运用常识及自由心证来发现非法证据

首先，要明确非法证据的界定范围。非法证据包括在取证中存在主体、程序以及表现形式存在问题的证据，检察机关对证据进行认定时，要坚持客观全面的审查，对取证过程进行客观的分析，对如何对待采取“引诱”“欺骗”等非法方法收集的口供的证据能力的认定，对未遵守程序性保障而收集的口供的采信，对“毒树果实”证据的采信要谨慎，切实提高公诉机关在排除非法证据方面的专业能力。

其次，在审查逮捕和审查起诉的过程中，检察机关办案人员应当充分注意细节。检察机关办案人员在审查证据时，应当以一种如履薄冰的心态，对于每一个证据的来源、实体以及程序都要有细致的审查。不能盲目相信鉴定结论、辨认笔录等证据，要用生活常识和自由心证来度量每个证据的合理性。另外，在审查言词证据时，要审查言词证据取得的时间是否反常，言词证据上的细节是否对应，言词证据的内容是否符合生活常理。对于有需要的，要求侦查机关在对犯罪嫌疑人第一次讯问时做到同步录音录像，防止刑讯逼供行为的发生。

具体而言，在证据合法性调查方面，公诉部门在核查讯问、询问笔录等的基础上，应向侦查机关或其他在场人员了解取证的基本情况，听取辩护律师意见，调取录音录像、体检证明等，特别是公诉人在对犯罪嫌疑人供述进行复核、听取犯罪嫌疑人意见时，可以为证据合法与否的问题设立一个专门的单元，相关笔录单独附卷；在非法证据的认定及排除方面，在对可疑证据进行调查甄别后，公诉部门对仍需补充相关证据、视补正或解释情况而定的，以及相关证据未直接排除而需要重新制作或予以转化的，应及时通知侦查机关；侦查机关若不服查证、排除意见，可以向公诉部门提出复议，对已确认符合法定排除标准且认定排除意见已通过相关审批程序的非法证据，检察机关应坚决地在审查起诉环节予以排除，提升庭审证据合法性证明的效果。充分利用庭前会议解决非法证据排除问题，对辩方在法庭上提出遭到刑讯逼供并提供相关线索或材料的，出庭公诉人要积极利用全程同步录音录像资料、被告人出入看守所的身体检查记录、在场人的证言等证据，妥善应对，必要时可以提请法庭通知侦查人员或者其他人员出庭说明情况。①

2. 非法证据的排除

（1）审查过程的非法证据排除

一般而言，案件从侦查机关移送至审查逮捕、审查起诉部门后，都会给犯罪嫌疑人一个说话的机会，即提审阶段。依据工作流程，批捕、公诉部门应当对侦查机关或自侦部门的侦查活动是否合法依法进行监督，讯问犯罪嫌疑人是否有遭受刑讯逼供的行为。在犯罪嫌疑人提出自己曾经遭受过侦查人员非法取证的行为后，承办人员必须立即认真作出书面记录，查看实际情况，并向领导作出汇报。当然，除此以外，承办人员就该线索积极展开调查，并向相关侦查人员予以核实。对于经查实确无非法证据的，要在审结报告中详细说明，并向上级汇报情况。对于查实确有侦查人员非法取证的，应当立即向上级汇报。对于非法取证作出的证据，若对定罪量刑有影响的，应当退回公安机关补充侦查或者建议公安机关撤回，若是在程序上有瑕疵的，应当建议侦查人员更正，必要时发送《纠正违法通知书》，若侦查人员涉及刑事犯罪的，应当积极行使检察机关的侦查监督权，依法对侦查人员进行法律追究。

（2）在开庭时发现有非法证据如何处理

对于检察机关审查起诉部门没有发现任何非法取证线索的，在开庭时，被告人或者辩护人提出侦查人员有刑讯逼供等非法取证行为的，在没有查实的情况下，公诉人应当立即建议法院延期审理，并就被告人或者辩护人提供的线索

① 汪海燕：《审判中心背景下非法证据排除规则的完善》，载《中国刑事法杂志》2017 年第 4 期，第 87 页。

向领导汇报情况后，积极向侦查人员进行调查核实。

证据裁判规则给公诉机关提出了新要求，公诉机关在行使公诉权时要坚持客观公正原则，既审查证据的真实性，还要审查取证过程的合法性。检察官在审查逮捕、审查起诉工作中要站在客观公正的立场，依法、细致、全面地进行审查，从证据的客观性、关联性、合法性三个方面严格把关。根据需要适时启动非法证据排除程序，对于确定属于非法证据的，应当果断排除，杜绝非法证据进入后续诉讼环节，[①] 切实贯彻好非法证据排除规则。

（三）对检察机关遵循有罪证明标准的影响

自无罪推定原则在我国刑法领域确立后，检察机关对案件进行审查起诉时，要按照证明有罪的标准进行，那就要求检察机关必须坚持“案件事实清楚，证据确实、充分”的定罪标准并加以细化，坚决贯彻疑罪从无，证据不足作无罪处理。

而想做到证据确实充分就必须坚持贯彻排除合理怀疑的原则，这是证据充分的必要条件，《刑事诉讼法》将排除合理怀疑表达为“定罪量刑的事实都有证据证明，据以定案的证据均经法定程序查证属实，综合全案证据，对所认定事实已排除合理怀疑”，其进一步明确了刑事案件的证明标准，为司法机关准确适用这一标准提供了法律依据。就排除合理怀疑而言，主要是以下几点内容：

首先，认定“证据确实、充分”应当建立在定罪量刑的事实都有证据证明、据以定案的证据均经法定程序查证属实这两项要件基础上，再综合全案证据判断能否排除合理怀疑。一般而言，对犯罪事实的全部构成要素都需要证明到“排除合理怀疑”的程度。排除合理怀疑不应孤立适用。合理怀疑应当有合理的根据，那些没有根据的任意猜测、怀疑或推测等不是合理怀疑。这种根据应建立在控方证据的矛盾、不充分或辩方提供的证据基础上，既包含来自一般社会生活经验法则的“合理性”标准，也包含结合案件证据可以合乎事物客观规律推导出的“合理性”标准。

其次，检察机关要建立层次性的证明标准体系，在诉讼不同阶段，不同评价主体对“事实清楚，证据确实、充分”的衡量可能有所不同，在就案件是否移送审查起诉与作出提起公诉决定时，应当对所掌握的有罪证据进行审查，判断是否符合“确实、充分”的一般性要求，能否对犯罪嫌疑人有罪产生内心确信，排除了合理的怀疑。在此基础上，在决定提起公诉时，检察机关还需考虑辩护对事实认定的影响，判断现有证据得到裁判者认可的可能性大小，评

---

① 冯英菊、冉婷婷：《庭审中心主义尚需制度保障》，载《检察日报》2014-01-15。

估定罪的可能性。

最后，检察机关在行使公诉权，对案件证据审查时，要细化证明标准，更好地把握“排除合理怀疑的要求”。公诉机关要不断完善不同类型案件下证据审查方式，明确不同种类证据在不同类型案件中应当重点审查的内容，通过案件的归纳总结，提前预判在办案中可能出现的证据瑕疵问题，排除证据本身可能存在的风险。同时，公诉部门在不断细化办案流程，通过制定办案手册、证据指引等更灵活实用的方式，对所谓证明体系提出具有可操作性的意见，将证据的客观性、关联性和合法性贯通起来，指导检察官判断什么是“证据之间具有内在的联系”“共同指向同一待证事实”等；总结办案经验，提炼对全案事实证据审查认定的过程，形成办案参考规则。①

第四节　庭审实质化对检察权的影响

以审判为中心的诉讼制度改革，要求各项刑事诉讼活动都要围绕审判展开，要切实做到庭审的实质化，这就要求检察机关在行使检察权时，要进一步改革公诉机制，更加深刻地认识法庭调查及辩论程序的变化，严格落实法庭质证规则和辩论规则的要求，切实贯彻好新的司法制度改革的要求。

一、庭审实质化对公诉机制的影响

以审判为中心的诉讼制度改革，要求各项刑事诉讼活动都要围绕审判展开，与其不相适应的司法理念，均需要作出调整和改变，以庭审实质化为要求的诉讼制度改革对检察机关和检察工作影响是全方位的，特别是对公诉机制的影响最为直接。

（一）庭审实质化对公诉理念的影响

公诉理念应该是植根在公诉人员头脑中的，它属于法律范畴的一种惯性思维，适用于法律与司法等的实践操作，这种正确性较高的惯性思维可以减少或者是杜绝冤假错案的发生，进而促进公诉相关工作质量的提高。②

以审判为中心的诉讼制度改革要求检察机关要从保证公正司法、提高司法公信力的高度，从加强人权司法保障、维护社会公平正义的高度，深刻认识推进以审判为中心的诉讼制度改革的重要性和紧迫性，牢固树立正确的司法理

---

① 郭旭：《非法证据排除规则典型案例分析——以J省D市司法实践为样本》，载《法学杂志》2015年第1期，第23页。

② 苗生明：《新时代改革背景下公诉工作的理念更新与顺势发展》，载《人民检察》2018年第2期，第5页。

念，更加注重办事质量，更加注重保障人权，确保侦查、审查起诉的案件事实和证据经得起法院质证的检验，经得起法律的检验。①

作为连接侦查与审判的枢纽，审查起诉本是拦截、修正侦查环节错误的一种程序设计，但一些检察机关有着强烈的犯罪追诉倾向，在一些检察人员中仍然存在“重打击、轻保护”“重配合、轻制约”的陈旧思想，实践中过于注重与公安机关的配合，导致检察官的职责义务履行不到位，对一些案件审查起诉把关不严。在推进以审判为中心的诉讼制度改革过程中，从已披露的一批纠正的冤假错案可以看出，检察机关中有一些公诉人员在办案中还存在重视定罪结果而忽略办案程序、片面定罪理念固化、证据裁判意识不足、庭审趋于走过场等、讯问犯罪嫌疑人走过场、对辩护人的意见不够重视、轻信侦查机关的证据以及侦查结论、对不具备起诉条件的案件坚持起诉等错误观念的问题。在“卷宗主义”“侦查中心主义”的影响下，检察机关一旦通过审查侦查卷宗认定了犯罪嫌疑人的违法行为，审讯时就容易先入为主，忽视其正当的合法权益。虽然《刑事诉讼法》明文规定了无罪推定原则和疑罪从无原则，但在司法实践中该原则难以贯彻实施。由于检察机关公诉人员长期书面审查侦查卷宗，这很容易使其在潜意识里形成过于信赖卷宗材料而缺少正确全面的分析研判的思维。在对案件的相关证据材料进行审查和研判时，就会出现盯住有罪证据，忽视无罪和罪轻证据，先入为主现象特别明显，会使得所提起公诉的各类刑事案件与法定的证据证明标准背道而驰，出现冤假错案。②

以审判为中心的诉讼制度改革要求公检法要以审判为中心，追求实体正义与程序正义的有机统一。以审判为中心的诉讼制度改革要求公诉人员必须摒弃“重犯罪控制、轻人权保障”的陈旧司法理念，牢固树立以人权保障为核心的现代司法理念，摒弃行政化的陈旧司法理念，以保障案件质量为核心重新构建公诉工作机制，推进理念创新，明确审判的核心地位，实现案件审理的实质化，排除非法证据，加强庭审实质化，制定严格统一、规范合理的证据评判标准，对不符合法定的证据予以排除。发挥审查起诉防范冤假错案的屏障作用，必然要求检察机关切实转变诉讼理念，恪守检察官的职责义务，消除“侦查中心主义”的消极影响，确保案件质量经得起庭审的检验。③ 庭审实质化对我

---

① 顾海鸿：《新时代公诉理念的新发展》，载《中国检察官》2018 年第 15 期，第 89 页。

② 汪海燕、于增尊：《预断防范：刑事庭审实质化诉讼层面之思考》，载《中共中央党校学报》2016 年第 1 期，第 125 页。

③ 贺珊珊：《以审判为中心的诉讼制度改革的检察应对》，载《中国检察官》2015 年第 3 期，第 58 页。

国公诉理念的影响主要体现在以下几方面：

1. 从“重实体、轻程序”到坚持“程序与实体并重”的理念

行动是由理念引导的，以审判为中心这一制度改革在一定程度上体现了公诉工作相关人员尊重犯罪嫌疑人以及被告人的人权这一特点。审查起诉时，公诉机关在保障人权的同时也要坚持惩罚犯罪这一理念，使犯罪嫌疑人、被告人各个环节、各个程序中相应的诉讼权利都能够得到充分的保障，对于侵犯他们合法权利的违法行为，应该发挥人民检察机关监督的职能。对犯罪嫌疑人的辩解给予高度重视，对可能存疑或非法取得的证据要及时确定或排除，对于证据存疑的案件应当作不起诉决定，对于被长期羁押的犯罪嫌疑人、被告人要依职权及时进行羁押必要性审查。

坚持程序公正与实体公正并重，牢固树立程序意识，切实改变“重实体、轻程序”的倾向，真正把程序公正作为保证办案质量、实现实体公正的前提和基础。这次刑诉法修改通过完善强制措施、证人鉴定人出庭作证、侦查期间的辩护等，不仅有利于保障当事人权利，也有利于彰显程序价值，实现司法公正。各级检察机关一定要高度重视程序公正对提升执法公信力的重要意义，让正义看得见、不迟到、不失衡、不打折。在每一个执法办案环节都必须符合刑事司法程序规范，通过公正的制度安排，有效化解双方当事人心中的不满、怨气，使得胜败皆尊法，减少涉法涉诉上访，维护社会和谐稳定。

坚持程序公正与实体公正并重，关键是要严格执行修改后刑诉法的新规定，切实防止和克服程序违法现象，依法保障诉讼参与人的合法权利。程序公正有助于落实“尊重和保障人权”的原则，有助于划定权利与权力之间的界限，有助于提高检察机关的执法公信力。各级检察机关要严格贯彻、落实关于拘留、逮捕和指定居所监视居住后通知家属，犯罪嫌疑人在侦查阶段可以委托辩护人，辩护律师在侦查期间可以会见在押的犯罪嫌疑人，自检察机关审查起诉之日起可以阅卷，指定监视居住不得在羁押场所、专门的办案场所执行等各项规定，忠实于立法宗旨，把握立法原意，切实保障诉讼参与人的程序性权利。同时，积极构建对程序违法行为的救济机制，使正义之光普照全部诉讼环节。

坚持程序公正与实体公正并重，特别是要努力完善案件管理机制，充分发挥案件管理机制在执法办案过程中的积极作用。强化程序意识，确保程序公正，要求各级检察机关确保诉讼程序的公开、透明，充分发挥案件管理在案件统一受理、结案审核、办案期限预警、办案程序监控、涉案财物监管和办案质量评查等方面的积极作用。要加强案件管理机制建设，依托信息化平台，实现对执法办案的统一、归口、全程、动态管理，以有效促进规范执法，提高办案质量和效率，强化内部监督制约，为程序公正的实现提供可靠的制度机制

保障。

要坚持秉承程序和实体并重这一理念，因为只有程序的公正性得到了保证，实体的公正性才能实现。充分发挥程序公正独立的价值及其功能，进而实现实体的公正性。

2. 从有罪推定到严格遵循无罪推定原则

无罪推定原则，是对犯罪嫌疑人以及被告人合法权益的有力维护，降低发生冤错案的概率，能够较好地保障犯罪嫌疑人、被告人的人权。但长期以来，我国的司法机关都奉行“有罪推定”的原则，这种先入为主的概念经常致使冤假错案发生，部分案件的审查无法与该原则相适应，导致开庭审理之后出现证据不足而撤回起诉等现象的发生。大量的冤假错案被社会力量所曝光，严重损害了司法机关的公信力。

2012 年《刑事诉讼法》在辩护制度、亲属通知、证据获取等多方面进行了改进，更加充分地体现了对人权的尊重与保障的基本原则，同时也引入了无罪推定的一些相关规定，主要从如下几个方面有着突出的改进。

第一，明文规定控方承担有罪的举证责任。2012 年《刑事诉讼法》第 49 条规定：“公诉案件中被告人有罪的举证责任由人民检察院承担，自诉案件中被告人有罪的举证责任由自诉人承担。”人民检察在对案件进行审查的过程中，可以要求公安机关提供审判必需的各种证据材料，加强控方的举证配合，如果举证的证据不足，犯罪嫌疑人、被告人被指控的罪名就不能成立。控诉机关在对被告人控告的时候必须具有充分的证据，犯罪嫌疑人、被告没有举证的义务，不能因为被告人不能证明自己无罪而推定为有罪。

第二，2012 年《刑事诉讼法》中对于无罪推定原则的规定虽不彻底但确定了“不得强迫自证其罪”原则，较为明确地规定了不得强迫犯罪嫌疑人、被告人证明自己无罪。第 50 条规定：“审判人员、检察人员、侦查人员必须依照法定程序，收集能够证实犯罪嫌疑人、被告人有罪或者无罪、犯罪情节轻重的各种证据。严禁刑讯逼供和以威胁、引诱、欺骗以及其他非法方法收集证据，不得强迫任何人证实自己有罪。必须保证一切与案件有关或者了解案情的公民，有客观地充分地提供证据的条件，除特殊情况外，可以吸收他们协助调查。”

第三，在侦查阶段、审查起诉阶段、审判阶段三大阶段坚持并完善疑罪从无规则。2012 年《刑事诉讼法》将人民检察院原有的证据不足时“可以”不起诉修改为“应当”不起诉，说明我国刑事诉讼法对疑罪从无规则的坚持和完善。通过对疑罪从无规则的贯彻，可以从根本上促进我国现代刑事诉讼制度的进步，使公民的权益得到保障，司法的价值得到体现。

随着以审判为中心的诉讼制度改革的推进，司法机关对无罪推定原则的认识越来越深刻，公诉人员要牢固树立先进的司法理念，坚持疑罪从无的原则，尽可能地杜绝“先入为主”的观念，在对起诉环节进行审查时要处理好疑案，必要时将案件退回并且对其进行补充侦查，根据相关的法律，不应该起诉的案件则不起诉，避免移送到法院的“夹生案”出现。[①]

3. 从庭审流程化到庭审实质化认识的转变

公诉工作上承侦查、下接审判，是诉讼过程中的一个关键环节。在权能构造上，公诉权包括了审查起诉权、不起诉权、提起公诉权、出庭支持公诉权和诉讼监督权等，从这些权能的配置来看，公诉工作的质量与被追诉人的权利休戚相关。具体来说，如果把不符合起诉条件的案件提起公诉，或者把可以适用不起诉的案件提起公诉，就会直接导致被追诉人自由等实体权利被剥夺（尽管可能是暂时剥夺）的后果；如果在庭审中不当行使控诉权，就会造成对被追诉人诉讼权利的侵害；如果在诉讼过程中不认真履行法律监督职责，就会放纵侦查权和审判权对被追诉人权利的侵害。另外，公诉工作的质量还直接决定了国家刑罚权实现的程度。因为公诉工作的粗糙可能导致该提起公诉的案件作不起诉处理，或者提起公诉后因为不能满足有罪判决的条件而导致裁判无罪这些结果都会放纵犯罪，无法实现有效惩罚犯罪的目的。

尽管公诉工作在维护稳定、保障人权、诉讼监督等方面发挥了不可替代的作用，但是从实践情况来看，确实在案件质量上还存在一些不尽如人意的地方。例如，在不起诉问题上，司法实践中检察机关存在人为控制不起诉率的问题，本来提起公诉与否是案件本身的事实和证据因素决定的，如果人为限制不起诉率，就会使得那些不该提起公诉或可以不提起公诉的案件被提起公诉，不但浪费司法资源，而且也侵害了被追诉人的权益。[②]

另外，由于案件质量意识不强，刑事案件提起公诉后，公诉人在出庭支持公诉时不习惯充分行使职权进行立体指控，如指控主要限于出示书面证据材料和对书面证据材料的质证，既不主动申请法庭传唤控方证人到庭印证控方指控，也不善于经常性地申请法庭传唤辩方证人到庭接受质证，从而导致质证的质量不高，直接影响控诉质量。再者，尽管刑事诉讼法要求审查起诉阶段要听取辩护人和被害人委托代理人的意见，但是在审查起诉工作中检察人员与辩护人、被害人委托代理人沟通的程度还不够深入，辩护人和被害人委托代理人的意见对审查起诉工作的影响程度还不高，往往不能避免辩护人在法庭审理过程

---

① 王守安：《以审判为中心的诉讼制度改革对检察工作的影响》，载《人民检察》2014 年第 22 期，第 45 页。

② 李晶：《侦查阶段证据收集和运用的规范化研究》，载《北京警察学院学报》2018 年第 5 期，第 18 页。

中搞证据突击，使控诉陷入被动，在庭审实质化的背景下，这些认识和做法均需要改善。①

“以庭审为中心”这一概念中必不可少的就是树立法庭审理实质化的理念，这也是必须承认的法庭处于核心地位的理念，这就要求人民检察院在公诉中更加注重直接言辞原则与辩论原则，有效地保障被告人的合法权利，从以往的刑事案件审理流于形式转变为实质审查。②

（二）庭审实质化对出庭支持公诉的影响

出庭支持公诉是检察机关参加审判程序的一项重要职能，在以审判为中心的诉讼制度改革背景下，庭审的对抗性将更加激烈，出庭接受质证的证人将逐渐增多，非法证据排除也将常态化，因此，以审判为中心所蕴含的庭审实质化要求检察机关必须充分认识到庭审的必要性，更加主张庭审每一个环节的工作，积极应对庭审实质化带来的挑战。

1. 庭审的对抗性将更加激烈

法庭审判就是给予刑事案件的控辩双方互相质证和辩论的特定场域，法官在听取控辩双方互相质证和辩论的过程中获得对案件事实的认识和判断，以此作为裁判的客观基础。所以对抗性是法庭审判的一个基本特征，在彼此质证和辩论规则基础上的控辩对抗，是裁判公正性的制度保障。

在我国以往的刑事审判过程中，庭审具有较强的形式化色彩，庭审和裁判脱节，庭审虽然在形式上完全遵守刑事诉讼法和审判规则的规定，但是对裁判事实的认定并不具有决定性的影响，法官更多的是通过审阅控诉证据材料来还原案件事实，庭审成了辅助性的过程。这种裁判事实的认知模式对庭审对抗程度及其效果没有太高的要求，所以一般情况下庭审的对抗性并不激烈。③

在以审判为中心的诉讼制度改革背景下，情况就会发生根本转变，庭审实质化所要求的直接言词原则、证据裁判规则和疑罪从无原则等，会导致庭审中控辩之间的激烈对抗，控辩双方都希望在对抗过程中通过不断反驳对方观点来获得法官对己方观点的认同，以获得有利于己的裁判结果。同时，“戏剧化的激烈辩论场面可能会更多地出现在司法实践中，不可控因素增多，公诉人和审

① 李奋飞：《论检察机关的审前主导权》，载《法学评论》2018年第6期，第75页。

② 朱青雲：《大数据背景下公诉案件程序性审查实证研究》，载《贵州警官职业学院学报》2018年第3期，第5页。

③ 向泽选：《控辩对抗的审前模式——兼论检察机关如何因应以审判为中心》，载《中国检察官》2017年第11期，第88页。

判长将很难‘预测’庭审的结果。”① 所以，推进以审判为中心的诉讼制度改革，要求出庭支持公诉的公诉人员必须充分认识并积极应对庭审中对抗程度的这种巨大变化。②

2. 出庭接受质证的证人将逐渐增多

证人（含鉴定人、侦查人员等）出庭作证并接受质证，是法官查明案件真相的重要来源。然而，在我国刑事诉讼实践中，法官在查明案件事实过程中对证人的依赖程度并不高，证人出庭作证的比例相当低。除了前述原因，还在于我国证人保护机制的不完善，证人普遍不愿作证更不愿出庭公开作证并接受质证。2012 年之前，我国刑事诉讼法仅规定证人有作证的义务，但证人保护机制缺失，所以刑事诉讼法也没有把证人出庭作证纳入强制性规则范畴。2012 年修改后的刑事诉讼法增加了对证人保护问题的规定，但是由于证人保护机制仍然缺乏可操作性，证人在没有获得充分安全感的情况下不愿意主动出庭作证并接受质证，因此实践效果并不好。在以审判为中心的诉讼解上改革过程中，控辩双方为了追求对己方有利的裁判结果，会尽一切可能要求证人出庭作证并接受质证，所以证人出庭作证的比例将大大提高，证人保护机制也会逐步完善，公诉人应当对此做好准备。③

3. 对公诉人员证据审查能力的要求增加

在以往传统的以侦查为中心背景下，将口供作为定案件事实的主要依据，是检察机关采信证据的主要方式，主要表现为：以审查言辞证据为中心，只采信与口供相印证的证据，而忽视与口供相矛盾的其他证据，将口供作为决定起诉与否的主要依据，审查起诉的基本方式主要也是审查以讯问笔录为核心的侦查案卷。犯罪嫌疑人、被告人供述和辩解（口供）作为一个证据种类，对于侦破案件、查明案件事实乃至对被告人定罪量刑都起着至关重要的作用，但口供这类证据由于具有主观性强、不稳定的特点，加之侦查机关可能存在刑讯逼供的情形，导致口供的真实性无法保证。通过梳理和分析以往刑事错案产生的原因不难发现，对口供的过度依赖是促成刑事错案的重要因素。尽管司法实践中刑事错案的发生与发展过程不尽相同，但口供中心主义的影子在各个诉讼阶

① 曹向荣、宋春阳：《以审判为中心对公诉工作的影响及应对》，载《中国检察官》2015 年第 7 期，第 75 页。

② 肖波、肖之云：《论以审判为中心的制度下的公诉工作》，载《中国检察官》2015 年第 3 期，第 78 页。

③ 哈腾：《庭审实质化的检察应对》，载《商丘师范学院学报》2018 年第 34 期，第 15 页。

段却随处可见。①

庭审实质化不仅对公诉人的证据审查能力提出了更高的要求，对公诉人的询问、举证、质证、辩论等出庭公诉能力亦带来了新的挑战。公诉人通过审查证据，将非法证据排除在庭审“大门”之外，防止案件“带病起诉”，为之后的出庭公诉打下了坚实的证据基础；而将这些审查后的证据以一种怎样的方式呈现在法官面前，并对此加以分析说理以达到预期的指控效果，则考验着公诉人的能力和智慧。

庭审活动是法官运用自由心证形成内心确信的重要渠道，包括证人、鉴定人出庭作证制度在内的庭审实质化改革的主要目的，就是要增强法官审理案件的直接性和亲历性，而证人出庭必然导致庭审举证、质证方式发生结构性变化，“书面式”的举证、质证方式受到了挑战。如何对出庭证人进行交叉询问就成了摆在公诉人面前现实而重大的问题。交叉询问作为对抗制审判中一种典型的人证调查方式，强调控辩双方对证人进行言辞询问，由提出证人的一方进行主询问，另一方进行反询问，并交替进行，以达到当庭查明证言真伪的效果。这是直接言词证据原则的具体体现，也是庭审实质化的重要表现。

在以往案件多、结案指标压力大的情况下，法官往往不通知证人出庭作证而由公诉人直接宣读证人证言、鉴定意见，这虽然提高了庭审效率，但也使得公诉人缺乏交叉询问的经验，询问能力不足已成为公诉人出庭公诉能力的“短板”。此外，从之前媒体曝光的一些社会关注度高的重大刑事案件中可以发现，程序性辩护越来越受到辩护人的青睐。程序性辩护的特点在于，对公安机关的侦查取证行为以及检察机关的诉讼行为提出质疑，甚至“吹毛求疵”，目的在于转移庭审焦点，将案件的定罪量刑等实体性问题暂时搁置，打乱公诉人的指控思路，以质疑程序合法性来“摧毁”整个刑事证据指控体系基础。面对律师的程序性辩护，部分公诉人并未做好充分的思想准备和知识储备：有的公诉人庭前证据审查不细，导致有瑕疵证据，甚至是非法证据进入法庭，给辩护律师的程序性辩护留下了把柄；有的公诉人程序法学习不够深入，认为庭审只是走过场，举证、质证的“形式化”特征严重，一旦遇到高强度对抗的辩护团队就变得手忙脚乱、不知所措。因此，公诉人加强包括交叉询问技巧在内的庭审实务技能的学习和训练、提升庭审的应变能力已迫在眉睫。②

---

① 欧秀珠：《刑事案件证人出庭作证实证研究》，载《人民检察》2018 年第 2 期，第 12 页。

② 荣晓红：《浅析如何正确认识和全面推进以审判为中心的诉讼制度改革》，载《中国检察官》2017 年第 5 期，第 5 页。

二、法庭调查程序对公诉权的影响

2018年年初，最高人民法院出台了“三项规程”，其中的一项是《人民法院办理刑事案件第一审普通程序法庭调查规程（试行）》（以下简称《法庭调查规程》）。作为落实以审判为中心的刑事诉讼制度改革、推动庭审实质化的重要举措，《法庭调查规程》以修改后的刑事诉讼法和《最高人民法院关于适用〈中华人民共和国刑事诉讼法〉的解释》（以下简称《刑诉法解释》）中关于一审法庭调查程序的规定为基础，总结近年来以审判为中心的刑事诉讼制度改革中出台的诸多相关司法体制改革措施，第一次形成了单独完整的一审法庭调查程序规则体系，对于落实直接言词、证据裁判等原则具有十分重要的作用。①

《法庭调查规程》从一般规定，宣布开庭和讯问、发问程序，出庭作证程序，举证、质证程序以及认证规则五方面对法庭调查程序进行了较为详细的规定，初步构成了刑事法庭调查程序的较为完整的规则体系。② 上述规程明确了法庭调查应当坚持的证据裁判、程序公正、集中审理、诉权保障原则，规定了宣布开庭、权利告知、庭前会议的衔接，对被告人、被害人的讯（发）问和对质等内容，规定了申请证人出庭作证、证人应当出庭情形、控辩双方协助出庭义务、强制出庭及其例外、证人保护、出庭补助、询问顺序、询问规则、证人对质、庭前证言的出示情形等内容，规定了举证质证顺序、法庭引导义务、证据合法性调查、关键性证据的单独调查，以及实物证据、言词证据、技侦证据等的举证、质证要求，证据的庭外核实等问题，同时也规定了认证的基本要求、证据三大排除规则，强调了证据明确问题。

我国现行刑事法庭调查的基本框架由《刑事诉讼法》和《刑诉法解释》相关规定构成。刑事诉讼法关于法庭调查规定了8个条文，确立了开庭、讯（发）问、举证质证及休庭调查、调取新证据等规则，及证人、鉴定人出庭作证制度和程序；《刑诉法解释》关于法庭调查有37个条文。《法庭调查规程》对原有规定进行了归纳，有的还进行了细化，如明确了作证补助的对象等，使之更为系统、具可操作性。同时，针对原有法庭调查程序存在的诸多空白，《法庭调查规程》有针对性地确立了一系列新规则、新制度，这势必会影响检

---

① 刘文峰：《检察人员参与刑事再审法庭调查问题初探——以最高法〈刑事案件第一审普通程序法庭调查规程（试行）〉为参照》，载《人民检察》2018年第17期，第17页。

② 戴长林：《庭前会议、非法证据排除、法庭调查等三项规程的基本思路》，载《证据科学》2018年第5期，第89页。

察机关行使公诉权。

（一）开庭讯问、发问程序对公诉权的影响

1. 讯问程序对公诉权的影响

检方在讯问中应注意以下几点：

一是争取讯问对象的配合，在讯问时，仍要注意积极争取被告人的配合，避免庭审中与被告人产生直接冲突。

二是讯问要制定不同策略，对认罪案件与不认罪案件两种不同类型的案件在进行法庭调查时，检察院在应对不同类型的案件时要制定不同的讯问策略，对当庭认罪的案件，公诉部门要明确犯罪嫌疑人认罪认罚的自愿性和具结书内容的真实性、合法性、量刑事实及其他争议问题，这是认罪认罚从宽制度的根基，也是法院判决“一般应当采纳人民检察院指控的罪名和量刑建议”的必要前提，否则认罪认罚从宽制度就会崩塌，提出的量刑建议也不可能得到法院采纳；对不认罪或认罪后又反悔案件，公诉机关应按照正常案件进行全面调查。[①] 讯问重点放在已被其他客观证据证实、原审被告人难以否认的事实，以及翻供理由中与其他证据相矛盾之处，目标是通过有效讯问巩固原审裁判的定罪事实或者能够认定的事实。认为原审裁判认定事实错误的，讯问应突出供述的变化过程、变化内容及与原案其他证据的矛盾。

三是注意讯问顺序的影响。先讯问与后讯问，其内容、方式均不同。检方应发挥先问优势，围绕检方立场进行比较全面的讯问，并对庭前预测的关键问题进行提前讯问，发挥主导作用并压缩辩方发问空间。同时，检方应根据辩方的发问情况决定讯问内容，对辩方已经问清的问题不要重复讯问，对辩方没有问到或者没有问清的问题，要进行必要的补充讯问，突出检方立场。同时，讯问要注意避开被告人可能反复纠缠的一些非关键内容，以免影响讯问效果。

2. 发问程序对公诉权的影响

检察机关在对证人、鉴定人、侦查人员及有专门知识的人发问的，应注意以下几点要求：

一是注意询问顺序的影响。对于证人、鉴定人、侦查人员的询问，遵循“传者先问”和“次递进行”的原则，由申请方先问，之后是对方询问，最后由审判人员进行补充询问。一轮问不清的，可以数轮询问。检方询问时，应注意询问顺序对询问内容和方式的影响。

二是把握正确的询问方式。检方对己方证人、鉴定人、侦查人员的询问应大致按照主询问的要求，如要进行全面询问，可先让证人等叙述所证内容，再

---

① 施鹏鹏：《三项规程的进步与局限》，载《证据科学》2018 年第 5 期，第 96 页。

采取一问一答方式等，以完整呈现待证事实。检方对辩方申请的证人、鉴定人及有专门知识的人的询问，大致按照反询问的要求，询问内容应主要围绕证言相关性、作证人身份、与案件的关系、是否受到外界干扰、是否有专业资质等进行。

三是根据询问对象调整询问内容。对证人的询问，应主要针对证人与案件的关系、证言内容及来源、证人的感知记忆和表述能力等展开；对鉴定人的询问，重在核实其鉴定人资格、与案件的关系、鉴定依据和材料、鉴定设备和方法、鉴定意见的科学性及其与其他证据的关系等；对侦查人员的询问，应主要围绕侦查人员的身份、与案件的关系、专业培训和工作经历、侦查行为的规范性等内容展开；对有专门知识的人的询问，应主要询问其与案件及当事人的关系、是否受到外界干扰或影响、提出意见的依据和材料、意见的科学性等。

（二）证人出庭作证程序对公诉权的影响

在刑事诉讼法及相关司法解释中，将公诉案件的中被告人有罪的举证责任归于人民检察院，只有检察院对犯罪的证明达到了确实、充分的程度，才能使得法院作出支持其指控的裁判。[①] 证人出庭作证接受质询，是落实庭审质证程序的基础，同时也是开展交叉询问程序的必要条件，因此进一步强化和完善证人出庭作证制度是整个庭审改革不懈的追求。

在《法庭调查规程》中完善了证人作证制度，这是《法庭调查规程》的"重头戏"，主要包括了在不得泄露证人个人隐私的发问规则、证人对质规则、询问证人时出示物证规则，以及对被告人配偶、父母、子女不适用强制出庭的例外规则等方面进行了较为详细的规定，着重构建了刑事案件证人保护制度，对案件有重大影响，应当出庭的被害人、证人建立了强制出庭制度，同时又从隐私询问和配偶、父母、子女不适用强制出庭的例外对证人进行保护。[②] 随着证人保护机制的不断完善，证人出庭率逐渐增加，这对公诉机关公诉活动起到了巨大帮助，特别是在一些涉国家安全犯罪、恐怖组织犯罪、黑社会性质犯罪以及毒品犯罪等方面，证人出庭在一定程度上减少了检察机关对犯罪调查的工作量，更有利于查明事情真相，提高司法效率。

三、法庭质证规则对公诉权的影响

法庭调查是法庭审判的中心环节，而法庭调查中最核心的就是质证。所谓

---

① 沈德咏：《中国刑事证据制度改革发展的路径选择——以〈刑事证据两个规定〉为视角》，载《清华法学》2011 年第 5 期，第 23 页。

② 毛立新：《三项规程对证人出庭制度的完善》，载《证据科学》2018 年第 5 期，第 126 页。

质证，是指控辩一方对另一方或法院依职权收集证据的属性及证明过程进行质疑，从而影响事实认定者对案件事实内心确信的一种证明活动。质证作为诉讼环节中关键事实、争议证据最密集的阶段，是实现以审判为中心的重要方式和保障，没有法庭质证，庭审实质化就不能实现，以审判为中心就不能落到实处。以审判为中心应当以庭审为中心，庭审应当以质证为中心，因为质证是庭审中最主要的活动，是证明的过程，是判决的依据，对发现真相、解决庭审虚化问题至关重要。

刑事庭审质证规则对质证具有重要的指导作用，对质证的立法具有很好的补充作用。当某些质证程序缺乏具体条文规定时，质证规则便能起到一个很好的调节作用。它不仅直接关系到事实裁判者对待证案件事实的认定，还是刑诉控辩双方，特别是辩护方充分、有效行使质证权的保障。当前我国庭审质证规则已经不少，但是散落在诸多法律及司法解释中，在《高法解释》第 213 条中规定了向证人、被告人、被害人、附带民事诉讼当事人、鉴定人、有专门知识的人发问应当遵循的规则，包括发问的内容要当与本案事实有关、不得以诱导方式发问、不得威胁证人、不得损害证人的人格尊严等内容。最高人民检察院颁布的《公诉人出庭举证质证指导意见（试行）》第 29 条规定，质证规则包括公诉人发问的案件事实关联性、对证人等人员发问的方式和顺序，以及对于未成年人的发问等进行了明确的设置。总结而言，质证规则主要包括直接言词规则、交叉质证规则、相关性规则、禁止诱导性提问规则、禁止重复提问规则、平等质证规则、法官中立规则、瑕疵证据排除规则等。

虽然相比于发展迅速的司法实践来说，目前的质证规则仍然不够完整，且多散见于法律和司法解释当中，质证效果差强人意，但随着以审判为中心的诉讼制度改革的不断推进，庭审实质化不断深入质证过程，质证不再流于形式，而是从证据合法性、合理性、客观性等深层次去探知事情真相，对检察权产生了深远的影响。

（一）直接言词规则对公诉权的影响

虽然相对于英美法系的传闻证据规则不同，但直接言词原则与传闻证据规则殊途同归。直接言词原则要求指法官亲自听取双方当事人、证人及其他诉讼参与人的当庭口头陈述和法庭辩论，从而形成案件事实真实性的内心确认，并据以对案件作出裁判。它强调法官必须通过亲自知觉、察言观色来获得对本案待证事实的“直接印象”，不允许依据侦查案卷而作决定；法官只能依据开庭审理时的口头陈述和证言进行事实认定，对侦查案卷记载的内容，原则上不允许作为法院判决的基础。直接言词原则的目的在于使法官的心证建立在其亲历事实与证据调查之上，限制侦查卷宗等书面证据材料的大量使用，切实地保障被告人的质证权和辩护权，保障法官认证的准确性。

直接言词规则的最重要体现就在于证人、被害人、专家辅助人等人出庭直接陈述观点或事实，接受控辩双方的质证。受传统和为贵文化、法院未规定证人强制出庭规则、证人出庭缺乏经济补偿等原因的影响，我国目前证人、专家辅助人、侦查机关和公诉机关的工作人员出庭作证率极低，严重违背了程序正义的要求，影响了案件质量和效果。如果证人证言绝大部分以书面形式出现，控辩双方便无法与证人进行“面对面”地辩论，难以实现有效的质证和对抗。无法直接接触到证人、专家辅助人、侦查机关和公诉机关的工作人员在一定程度上损害了被告人的质证权，也在很大程度上阻滞法官准确认定事实，导致庭审的证明功能大大减弱，案件审理流于形式。

《关于推进以审判为中心的刑事诉讼制度改革的意见》中特别强调了“完善证人、鉴定人出庭制度，保证庭审在查明事实、认定证据、保护诉权、公正裁判中发挥决定性作用”，在《法庭调查规程》中提及了证人强制出庭制度和侦查人员出庭制度，使辩方能够接触到更加客观的证据，通过相互质证能够掌握更多有利于辩方证据，这就增加了公诉机关的办案压力，在行使公诉权时，要对案件事实所依据的证据进行反复审查，对证据收集合理性、客观性、关联性等方面进行审查，尤其在特别重大疑难复杂的案件中，证人、侦查人员出庭是对检察工作的鞭策，需要公诉部门在质证前做好十足准备，将可能存在非法证据可能性的证据排除，更好地让法官了解案情，做好裁判。①

（二）交叉质证规则对公诉权的影响

质证中最为核心的是对言词证据，特别是证人证言的质证，因此一套合理的质证询问制度十分重要。交叉询问是英美法系诉讼中一项重要制度，是对证人质证的最有效办法，也逐渐被我国质证规则所吸收。随着我国对证人出庭作证的重视程度的增加，交叉询问规则在我国刑事诉讼中的地位越来越高，对检察机关的检察权影响也就愈来愈大。

1. 禁止诱导性规则对公诉权的影响

相较于英美法系的诱导性问题规则，我国奉行绝对禁止诱导性询问规则。《刑事诉讼法解释》第 213 条明确规定了“不得以诱导方式提问”。诱导性问题，是指直接或者间接暗示了特定答案的问题，或者假设了某待证事项存在的问题。因为主询问方在询问的时候具有很强的倾向性，在向己方证人询问的时候可能会明示可能的答案，从而对证人造成一种暗示。所以禁止诱导性发问的初衷是禁止主询问方，从而让证人在提供证人证言，回答问题时能够就其亲身感知的事情如实陈述，而不受其他干扰。诱导性询问的目的在于暴露证人、被

---

① 李文军：《法庭质证的内在结构与理论剖析——兼评三项规程的相关规定》，载《北方法学》2018 年第 5 期，第 66 页。

害人、专家辅助人及侦查人员的偏见或偏袒，揭示其不可信性。

公诉部门在行使公诉权时，如果在交叉询问中不能使用诱导性询问的技巧，就会使得证人有更多自由发挥的空间，降低交叉询问的质疑力度，尤其是对认罪又翻供、多次犯罪的顽固罪犯，严格的禁止诱导性询问规则，将加大公诉机关形成完整证据链的难度，加大控辩双方的对抗性。

2. 相关性规则对公诉权的影响

控辩双方就法庭上双方所出示的证据进行质证时，对证据的说明、解释、质疑、辩论等必须针对所要证明的事项及与此有关的事项进行，这是相关性规则的基本要求。这就要求公诉机关在质证中要注意主询问和反询问的相关性问题。

在公诉机关进行主询问时，即控方在质证活动中对己方出庭的认证的提问应与待证明的案件事实有关联；在进行反询问时，即在对方主询问后，控方应针对主询问一方讯问中涉及的事项和争辩证人供述的证明力有关联的事项进行。

（三）瑕疵证据排除规则对公诉权的影响

关乎案件事实的证据需要与案件具有关联性，就要求对检察院通过勘验、检查、搜查等方式收集的证据，必须通过辨认、鉴定等方式与案件事实建立关联，否则不得作为定案依据。如果证据存在瑕疵而不能补正或证据存在非法收集时，非法排除证据规则就会对检察机关的检察权形成影响。

非法证据排除，历来是刑事司法实践中的焦点问题，是学术界倾注了大量心血予以检讨的问题，也是庭审实质化改革成功与否的重要检验标准。总的来说，非法证据排除规则经历了从无到有、从简单到复杂、从不完整到相对完善的发展历程。尤其是《严格排除非法证据规定》《非法证据排除规程》的出台，进一步丰富了非法证据排除规则的内容和增强了非法证据排除的可操作性。但从非法证据排除的实践来看，非法证据排除规则并没有得到真正有效的落实，很多法官、检察官对于非法证据“不知排”“不敢排”“不愿排”的情况仍然比较严重。在以审判为中心的诉讼制度改革背景下，非法证据排除规则多次被重提，其在质证规则中显得愈发重要，对检察机关的检察权影响也越来越深。

随着司法实践中排非现象的不断增多，以前存在些许瑕疵或取得程序并不完全合法的证据很难被法官所采信，并且存在各种瑕疵的证据很容易在质证环节中被提出，这就要求检察机关在审查起诉阶段针对侦查所得的证据就进行前期的排非处理，通过补充侦查或自行侦查的方式将材料补充到证据确实充分的地步，排除掉收集程序存在瑕疵而无法说明补正或直接存在违法行为的证据，将真实的案情展现在法官面前；同时随着非法证据排除规则的不断深入，在质证阶段提出排非成为辩方拖延时间的一项策略，这就需要公诉机关针对关键证据制定不同诉讼策略，争取做到万无一失。

四、法庭辩论规则对公诉权的影响

法庭辩论作为法庭审理的独立过程，是发现案件疑点、解决争议、查明事实的重要环节。法庭辩论是在法庭调查的基础上，控诉方与辩护方就被告人的行为是否构成犯罪、犯罪的性质、罪责轻重、证据是否确实充分，以及如何适用刑罚等问题，进行互相争论和反驳的一种诉讼活动，是刑事审判程序的一个重要环节。通过控辩双方的辩论，将进一步揭示案情，明确如何适用法律，为案件的正确裁判奠定基础。控辩双方意见的发表，关系到控辩双方诉讼参与权的实现，是程序正义的关键要素和客观标准，也影响到法官心证的形成，左右案件审判的实体结果。①

法庭辩论规则主要包括紧扣焦点的辩论规则，即控辩双方展开的辩论应当围绕争议的焦点进行，对于离开争议焦点偏离案件定性量刑的辩论，审判长应当予以制止；禁止强加于人的规则，即控辩双方都有权发表各自与对方相反的意见，并且可以论证自己的观点；禁止人身攻击性言论的规则，即控辩双方在辩论中，难免发生一方因论证举例不当，审判长应当即时予以制止；禁止设问而无答案的规则，即或控辩一方有这种表现，审判长应当予以制止，并明确要求直截了当提出肯定性的意见。最高人民法院与最高人民检察院颁布的《关于推进以审判为中心的刑事诉讼制度改革的意见》明确指出，要完善法庭辩论规则，强化法庭辩论功能，确保控辩意见发表在法庭，确保定罪量刑辩论在法庭。法庭辩论应当围绕定罪、量刑分别进行，对被告人认罪的案件，主要围绕量刑进行。法庭应当充分听取控辩双方意见，依法保障被告人及其辩护人的辩论辩护权，这对促进庭审实质化改革具有重要意义。

法庭辩论规则是对法庭辩论程序的指引，是落实庭审实质化的重要依据。法庭辩论规则作为指导法庭辩论程序进行的重要准则，对检察机关行使其公诉权有重大影响，对公诉人参与庭审提出了新的要求。

（一）公诉人要善于把握控辩双方争议的焦点

控辩双方在庭审中所展开的辩论应当围绕争议的焦点进行。争议焦点是法官对经过法庭调查后双方无法达成一致的内容进行的归纳，对法官归纳的争议焦点，控辩双方的辩论应当围绕其进行，不能超越争议焦点偏离案件进行定性量刑的辩论。

---

① 万毅：《以审判为中心的诉讼制度改革——以 C 市法院庭审实质化改革为样本》，载《江苏行政学院学报》2015 年第 6 期，第 100 页。

在很多案件特别是被告人认罪的案件中，检察机关对案件已有较大把握，对法庭辩论回应并不积极，往往认为其对法院归纳的争议焦点已有确定把握，对案件事实的认定、对证据的审查判断已经确凿无误，在法庭辩论中，无论辩方抛出何种观点，都无法撼动被告人即将被判刑的事实，对辩护人的辩护意见不予答辩或一带而过，公诉人在法庭辩论环节表现出一种相对消极甚至冷淡的态度。因此，在实践中出现了控方不配合，法院无法归纳真正的争议焦点或归纳争议焦点较为模糊，给法庭辩论工作造成了较大困扰，不利于庭审实质化的进展。同时由于检察机关对归纳争议不够重视，与被告人定罪和量刑的辩论意见由辩护人提出后，检察机关缺少应对措施，对案件的判决产生影响。

随着庭审实质化的不断深入，出于提高庭审质量，完善法庭辩论质量的考虑，紧扣焦点越来越受到重视，其对检察院检察权影响越来越大，要求检察院改变以往对被告人认罪认罚案件的不重视，对案件进行法庭辩论时，要围绕证据展开，“以辩为主，以证为辅”，深化对证据的质证。应全面、细致且突出地完成庭审准备工作，提升公诉人员在法庭辩论环节中的语言运用能力以及庭审驾驭能力，把视野扩大、把重心前移，将法庭辩论环节前的准备工作和法庭辩论中的语言表达、技巧运用摆在同等重要的位置。虽然在庭审辩论环节开始之前，公诉人已做了充分准备，拟定了庭审预案，撰写了公诉意见书、答辩提纲，但是庭审的发展态势有时会超出公诉人的预期。比如，在法庭辩论中，辩护人临场发表的辩护意见、辩护理由有可能是公诉人事先未能预测到的一大辩论焦点，此时，公诉人需要迅速反应，及时调整、修正此前的辩论方案，灵活应变，而不能仍然按照之前的准备自说自话、照本宣科。

(二) 公诉人要善于运用量刑规范进行量刑辩论

随着庭审实质化的不断深入，量刑规范化改革，突出了量刑程序的重要性，法庭辩论应当围绕定罪、量刑分别进行。最高人民法院对审理程序也进行了相应的改革，将庭审程序中的定罪程序与量刑程序分开，意味着控辩双方可以分别在定罪程序和量刑程序中就被告人行为的定罪和量刑问题进行辩论。也就是说，辩护人及被告人虽然在定罪程序中作无罪辩护，也不影响在随后的量刑程序中作罪轻辩护。这就要求公诉机关在法庭审理中，除了在庭审程序中要充分论证被告人的行为构成犯罪外，还要在量刑程序中就被告人的量刑进行充分辩论，根据量刑规范提出合理的量刑建议。公诉人在运用量刑规范进行量刑辩论时，要做到以下几点：

1. 学习、掌握最高人民法院及省高级人民法院出台的量刑指导意见

为实现量刑规范化，最高人民法院出台了具体犯罪的量刑指导意见，在最高人民法院的量刑指导意见的基础上，各省高级人民法院出台了与量刑指导意见相匹配的量刑指导细则，共同构建各省份的量刑指导意见，是公诉人制定量

刑建议并进行量刑辩论的准则和依据。

公诉人在对案件制定量刑建议及量刑辩论策略时，要依据不同案件性质的量刑规范，就要求公诉人及时学习、掌握最高人民法院及省高级人民法院出台的量刑指导意见。公诉人不仅要对量刑辩论的基本原则、量刑步骤、量刑规范化改革的基本思路和具体内容了如指掌，掌握量刑的量刑情节调节基准刑的方法、确定宣告刑的方法以及常见量刑情节的适用，并且要对各类具体的犯罪了解不同的量刑辩论细则。通过对最高人民法院及高级人民法院出台的量刑指导意见的学习及掌握，使公诉人在进行辩论时，坚持以事实为根据，以法律为准绳，根据犯罪的事实、犯罪的性质、情节和对于社会的危害程度，决定判处的刑罚，同时在量刑辩论中贯彻宽严相济的刑事政策，做到该宽则宽，当严则严，宽严相济，罚当其罪，确保裁判法律效果和社会效果的统一；要客观、全面把握不同时期不同地区的经济社会发展和治安形势的变化，确保刑法任务的实现。

2. 熟知不同程序下的量刑辩论

（1）普通程序中的量刑辩论。根据我国刑事诉讼法和司法解释的有关规定，适用普通程序审理的案件既包括被告人不认罪或辩护人做无罪辩护的案件，也包括一部分被告人认罪的重大复杂案件。

适用普通程序审理的被告人认罪案件，主要是被告人可能被判处无期徒刑以上刑罚的严重刑事案件，或者被告人系外国人或盲人、聋哑人等案情较为特殊的案件。对于被告人认罪的案件，在法庭调查阶段，虽然双方对于犯罪事实没有争议，但是庭审中仍应查明犯罪事实，之后审判长组织控辩双方对有关的量刑事实进行举证、质证；在法庭辩论阶段在确定被告人对指控的罪名没有异议后，对其进行的辩论应主要围绕量刑进行。公诉机关对认罪认罚被告人所进行的辩论主要侧重于犯罪情节方面，对其所犯罪的具体情节进行界定，对是否具有自首、立功、获得被害人谅解等减轻情节、是否具有累犯等加重情节进行分别收集证据并以此进行辩论，以最大程度实现保障人权与惩治犯罪的统一。

被告人不认罪案件中，就需要先对被告人犯罪事实先进行辩论，如果认定被告人有罪再就被告人的量刑有关事实进行辩论，在相对独立的量刑程序下，公诉机关需要加强对定罪事实和量刑事实的调查取证，同时要配合法院不强行割裂犯罪事实与量刑事实之间的必然联系。公诉机关在行使公诉权时要尊重辩方量刑质证、辩论程序的选择权，尊重做无罪辩护的被告人及其辩护人可以放弃就量刑问题提供证据和发表意见的权利。针对相对独立的量刑程序，对不认罪的被告人，特别是认罪后又翻供的被告人，检察院要充分了解不认罪的原因并及时做好备案，避免照本宣科，要做好定罪及量刑证据准备，不仅侧重于量刑情节的界定，更要对被告人犯罪构成进行反复确定，扎实做好公诉工作。①

（2）简易程序中的量刑辩论。适用简易程序审理的案件，在确定被告人对起诉书指控的犯罪事实和罪名没有异议，自愿认罪且知悉认罪的法律后果，对其辩论主要围绕量刑和其他有争议的问题进行，法官会对与其犯罪有关的事实进行简要核查，然后将庭审中心转移到量刑环节的辩论中，公诉机关要注意被告人各类加重或减轻情节对量刑情节的影响，对简易程序案件审理的被告人，要提前与被告人、辩护人沟通，以防简易程序转变为普通程序，浪费司法资源。

2018年，国家修订了《宪法》和《刑事诉讼法》，出台了新的《监察法》，推行全新的监察制度，将原来隶属于各级政府的监察机关，与隶属于检察机关的反贪、反渎和职务预防部门合并，组建监察委员会，由各级人大及其常委会产生，并向其负责。监察委员会对于所有行使公权力的公职人员的职务违法和职务犯罪行为进行监督和调查，并根据违法的严重程度，给予相应的政务处分，或者追究刑事责任。检察机关的侦查职能发生了较大的变化，仅保留了在诉讼监督过程中，对于司法工作人员的职务犯罪行为有立案侦查的权力，共有14个罪名的犯罪由检察机关立案管辖。除了监察制度改革对检察机关的工作产生影响之外，近几年国家大力推行的司法体制改革、“以审判为中心”的诉讼制度改革、司法责任制和员额检察官制度的推行，都对检察院的检察工作和检察职能产生了影响和冲击。检察机关应当重视和了解“以审判为中心”的诉讼制度的核心内容，比对自身工作中的哪些方面应作出适当的调整和转变，以适应“以审判为中心”的诉讼制度改革的要求。首先，检察机关应明确自身定位。虽然侦查职能发生了变化，但其专门的法律监督者的法律定位并未改变。本书对检察机关享有的职权进行了详细的梳理和说明。其次，检察机关和检察人员要厘清自身的监督职能，在日常法律监督和三大诉讼监督中，充分运用法律赋予的监督职能，对行政机关、公安司法机关的行政管理、侦查、审判和刑罚执行进行有效监督，根据情况运用纠错通知书、检察建议、行政公益诉讼、民事公益诉讼等方式进行监督，对于构成犯罪的，可以立案侦查，追究刑事责任。再次，司法体制改革和“以审判为中心”的司法体制改革对检察机关工作的影响主要体现在对公诉工作的影响上。所以，检察机关应从以下几个方面做好应对。要转变观念，正确认识辩护律师在刑事诉讼中的地位和作用，认识到律师是法律职业共同体的组成部分，律师的辩护和代理对于检察机关履行客观公正的法律义务有较大的帮助作用。检察机关在刑事诉讼中，应充

① 孙长永：《认罪认罚案件量刑从宽若干问题探讨》，载《法律适用》2019年第3期，第8页。

分尊重和保障辩护律师的辩护权，不能将其视为是公诉工作的障碍，更不能将其视为诉讼中的“捣乱者”。检察官要熟练掌握刑事证据的基本理论和常用的证据规则。检察官用于批捕和提起公诉的任何一项证据，均应具备相关性、合法性和客观性三个特征，即一项用于定案的证据应同时具有证据能力和证明力。对于常用的关联性规则、传闻证据规则、意见证据规则、补强证据规则、违法证据排除规则、最佳证据规则等，要熟悉各种证据规则的内涵和例外情况，熟练运用这些规则，提高证据的可采性和证据效力。2012 年修改的《刑事诉讼法》增加了刑事庭前会议制度，将原来在正式庭审中要处理和解决的很多程序性问题放在了庭前会议中来解决。检察机关应了解和重视庭前会议流程，提前做好准备，以应对辩护律师程序性辩护的挑战。司法体制改革的重点之一是解决证人出庭难和提高证人的出庭比例。出庭的证人范围也得到了扩大，除了传统的证人外，侦查员、鉴定人员和专家证人等均可以进入出庭证人范围。证人出庭多数是辩方申请的，目的是通过证人的当庭陈述和对证人的发问，找出其漏洞，或者前后矛盾之处，否定该证人在庭前所做的，或者所出具的对被告人不利的书面证据。这就要求我们的公诉人，要提高和辩护人对抗的能力，掌握一些辩论技巧，提高对证据、证人的质证能力，以应对辩方的对抗和攻击。

参考文献

一、期刊类

1. 朱孝清：《国家监察体制改革后检察制度的巩固与发展》，载《法学研究》2018 年第 4 期。

2. 龙宗智：《检察机关法律监督职能之比较》，载《海峡法学》2018 年第 4 期。

3. 龙宗智：《检察机关内部机构及功能设置研究》，载《法学家》2018 年第 1 期。

4. 陈瑞华：《论检察机关的法律职能》，载《政法论坛》2018 年第 1 期。

5. 张曦：《论检察机关的基本价值取向》，载《陕西行政学院学报》2010 年 2 月第 20 卷第 1 期。

6. 孙谦：《新时代检察机关法律监督的理念、原则与职能》，载《人民检察》2018 年第 21 期。

7. 田夫：《检察院性质新解》，载《法制与社会发展》2018 年第 6 期。

8. 陈瑞华：《论国家监察权的性质》，载《比较法研究》2019 年第 1 期。

9. 巩寒冰：《检察权的双层权能与效力实现》，载《时代法学》2018 年第 6 期。

10. 石少侠：《我国检察机关的法律监督一元论——对检察权权能的法律监督权解析》，载《法制与社会发展》2006 年第 5 期。

11. 陈卫东：《我国检察权的反思与重构——以公诉权为核心的分析》，载《法学研究》2002 年第 2 期。

12. 夏金莱：《论监察体制改革背景下的监察权与检察权》，载《政治与法律》2017 年第 8 期。

13. 韩大元、刘松山：《论我国检察机关的宪法地位》，载《中国人民大学学报》2002 年第 5 期。

14. 魏晓娜：《依法治国环境下检察机关的性质与职权》，载《中国法学》2018 年第 1 期。

15. 欧锦雄：《所有权权能结构理论研究》，载《河北法学》2000 年第

6 期。

16. 方世荣：《论行政立法参与权的权能》，载《中国法学》2014 年第 3 期。

17. 陈光中、肖沛权：《刑事诉讼法修正草案：完善刑事诉讼制度的新成就和新期待》，载《中国刑事法杂志》2018 年第 3 期。

18. 江伟：《检察机关自行补充侦查实务难点》，载《人民检察》2017 年第 24 期。

19. 叶青、程衍：《关于独立监察程序的若干问题思考》，载《法学论坛》2019 年第 1 期。

20. 杨亮、周军：《审判引导侦查实证研究与改进路径》，载《法律适用》2016 年第 8 期。

21. 顾永忠、苑宁宁：《关于控辩平等若干问题的思考》，载《河南社会科学》2012 年第 2 期。

22. 熊秋红：《刑事庭审实质化与审判方式改革》，载《比较法研究》2016 年第 5 期。

23. 汪海燕：《论刑事庭审实质化》，载《中国社会科学》2015 年第 2 期。

24. 张鸿巍：《美国检察机关立案侦查阶段之职权探析》，载《中国刑事法杂志》2012 年 4 期。

25. 陈卫东：《侦检一体化与刑事中判前程序的重构》，载《国家检察官学院学报》，2002 年第 1 期。

26. 龙宗智：《评检皆一体化——兼论我国的检察关系》，载《法学研究》2000 年第 2 期。

27. 万诗雄、熊玉桥：《对重大疑难案件公安机关听取检察机关意见和建议制度的思考——以武汉市硚口区检察院审查批捕环节为调研样本》，载《中国检察官》2016 年第 19 期。

28. 龙宗智：《以“审判为中心”的改革及其限度》，载《中外法学》2015 年第 4 期。

29. 周长军：《公诉权滥用论》，载《法学家》2011 年第 3 期。

30. 胡岩：《公诉权的司法民主制度》，载《法律适用》2016 年第 6 期。

31. 龙宗智：《理性对待检察改革》，载《人民检察》2012 年第 5 期。

32. 鲜铁可、高锋志：《刑事申诉检察视角下强化错案防范的若干思考》，载《刑事申诉检察工作指导》2016 年第 2 辑。

33. 史丽英：《新刑诉法下公诉案件适用简易程序工作机制研究——以新旧刑诉法比对为视角》，载《辽宁公安司法管理干部学院学报》2016 年第 4 期。

34. 贾志强、闵春雷：《我国刑事简易程序的实践困境及其出路》，载《理论学刊》2015 年第 3 期。

35. 左卫民：《认罪认罚何以从宽：误区与正解—反思效率优先的改革主张》，载《法学研究》2017 年第 3 期。

36. 李奋飞：《论控辩关系的三种样态》，载《中外法学》2018 年第 3 期。

37. 王敏远：《刑事缺席审判制度探讨》，载《法学杂志》2018 年第 8 期。

38. 王晓东：《国际追逃追赃视野下的我国刑事缺席审判制度》，载《法律适用》2016 年第 23 期。

39. 李勇等：《"以钱买刑" 恣意的防范——以强化该类案件的检察监督为视角》，载《中国司法》2011 年第 11 期。

40. 朱孝清：《检察机关在认罪认罚从宽制度中的地位和作用》，载《检察日报》2019 年 5 月 13 日第 3 版。

41. 郭烁：《论酌定不起诉制度的再考查》，载《中国法学》2018 年第 3 期。

42. 张树壮、周宏强、陈龙：《我国酌定不起诉制度的运行考量及改良路径》，载《法治研究》2019 年第 1 期。

43. 王金倩：《检察机关在附条件不起诉制度中的程序规范》，载《少年司法》2015 年第 6 期。

44. 何挺：《附条件不起诉适用对象的争议问题：基于观察发现的理论反思》，载《当代法学》2019 年第 1 期。

45. 杨新娥：《附条件不起诉实证研究报告》，载《国家检察官学院学报》2017 年第 3 期。

46. 程晓璐：《适用附条件不起诉需要明确和细化的五个问题》，载《预防青少年犯罪研究》2012 年第 6 期。

47. 赵力、赵红星：《未成年人附条件不起诉监督考察机制探索》，载《人民检察》2015 年第 17 期。

48. 顾永忠：《关于完善认罪认罚从宽制度的几个理论问题》，载《当代法学》2016 年第 6 期。

49. 孙谦：《刑事案件认罪认罚从宽制度试点工作这九大问题要注意》，载《刑事司法指南》2016 年第 4 期。

50. 元明、李薇薇：《刑事立案监督实务问题调查分析》，载《人民检察》2014 年第 12 期。

51. 刘富奇：《完善调查权运行机制增强刑事立案监督效果》，载《学术论坛》2016 年第 39 期。

52. 李敏：《论对国家安全机关行使职权的监督》，载《法学杂志》2003

年第 4 期。

53. 卢建平、王晓雪：《以审判为中心视角下检察权的定位与运行》，载《浙江大学学报（人文社会科学版）》2017 年第 3 期。

54. 廖东隽：《试论新刑诉法实施后的侦诉关系重构——从“检察引导侦查”到“检察指导侦查”的模式转变》，载《法制与社会》2012 年第 11 期。

55. 郭烁：《适应鲜活实践彰显“捕诉合一”价值》，载《检察日报》2018 年 7 月 12 日。

56. 梁艳华、常建党：《破解基层院“案多人少”矛盾的路径探析》，载《中国检察官》2017 年第 12 期。

57. 汪建成、王一鸣：《检察职能与检察机关内设机构改革》，载《国家检察官学院学报》2015 年第 1 期。

58. 江国华、周海源：《司法体制改革评价指标体系的建构》，载《国家检察官学院学报》2015 年第 2 期。

59. 简言：《捕诉合一：提供更加优质法治产品》，载《检察日报》2018 年 6 月 21 日。

60. 韩兵等：《探索“捕诉合一”模式提升办案质效》，载《检察日报》2018 年 6 月 15 日。

61. 丁浩勇：《“捕诉衔接”机制研究》，载《中国检察官》2016 年第 11 期。

62. 尹吉、王梦：《捕诉合一：符合司法实践需求的时代选择》，载《检察日报》2018 年 6 月 27 日。

63. 邓思清：《捕诉合一是中国司法体制下的合理选择》，载《检察日报》2018 年 6 月 6 日。

64. 丁谨之、颜新文、李光：《全国首例留置案调查始末》，载《浙江日报》2017 年 12 月 29 日。

65. 卞建林：《监察机关办案程序初探》，载《法律科学》2017 年第 6 期。

66. 何家弘：《秘密侦查立法之我见》，载《法学杂志》2004 年第 6 期。

67. 兰跃军：《比较法视野中的技术侦查措施》，载《中国刑法杂志》2013 年第 1 期。

68. 郑贤君：《试论监察委员会之调查权》，载《中国法律评论》2017 年第 4 期。

69. 秦策：《法官角色冲突的社会学分析》，载《南京师大学报》（社会科学版）1999 年第 2 期。

70. 汤维建：《论中国民事行政检察监督制度的发展规律》，载《政治与法律》2010 年第 4 期。

71. 《最高检将新设公益诉讼检察厅》，载《检察日报》2018 年 7 月 6 日。

72. 韩波：《公益诉讼制度的力量组合》，载《当代法学》2013 年第 1 期。

73. 江伟、段厚省：《论检察机关提起民事诉讼》，载《现代法学》2000 年第 6 期。

74. 杨熙饶：《比较法视域下的民事公益诉讼制度比较》，载《法制与社会》2018 年第 11 期。

75. 范文：《治国理政新理念新思想新战略的内在逻辑》，载《行政管理改革》2017 年第 10 期。

76. 别涛：《泰州天价环境公益诉讼案的成功探索》，载《中国环境报》2015 年 1 月 14 日。

77. 江国华、张彬：《检察机关提起民事公益诉讼的现实困境与完善路径》，载《河南财经政法大学学报》2017 年第 4 期。

78. 刘辉、姜昕：《检察机关提起民事公益诉讼试点情况实证研究》，载《国家检察官学院学报》2017 年第 2 期。

79. 谢鹏程：《如何认识检察机关在公益诉讼中的定位》，载《人民检察日报》2016 年 12 月 11 日第 3 版。

80. 叶明蓉：《我国行政公益诉讼的障碍分析及现实选择》，载《律师世界》2003 年第 12 期。

81. 刘子阳：《检察公益诉讼试点全面破冰》，载《法制日报》2016 年 8 月 17 日第 003 版。

82. 姜伟、杨隽：《检察建议法制化的历史、现实和比较》，载《政治与法律》2010 年第 10 期。

83. 王炜：《检察机关提起公益诉讼的理论和实践》，载《青少年与法治》2018 年第 1 期。

84. 肖建国：《检察机关提起民事公益诉讼应注意两个问题》，载《人民检察》2015 年第 4 期。

85. 樊崇义、白秀峰：《关于检察机关提起公益诉讼的几点思考》，载《法学杂志》2017 年第 5 期。

86. 赵信会、祝文莉：《未成年人权益的检察保护——以检察机关提起国家监护诉讼为例》，载《中国青年社会科学》2017 年第 1 期。

87. 孙长柱、齐迹、郭朋：《检察机关提起行政公益诉讼基本原则与实践问题》，载《中国检察官》2018 年第 1 期。

88. 李劲：《环境行政公益诉讼证明责任问题研究》，载《渤海大学学报（哲学社会科学版）》2018 年第 2 期。

89. 李良：《关于完善江苏环境公益诉讼制度的建议》，载《污染防治技术》2015 年第 4 期。

90. 张啸远、张晴、夏中锋：《行政公益诉讼实证研究》，载《中国检察官》2018 年第 4 期。

91. 张硕：《论行政公益诉讼证明标准》，载《哈尔滨工业大学学报（社会科学版）》2018 年第 4 期。

92. 林中明、施晨霞：《上海浦东聘任特邀检察官助理》，载《检察日报》2018 年 9 月 7 日。

93. 甄贞、杨静：《缺席审判程序解读、适用预期及完善建议》，载《法学杂志》2019 年第 4 期。

94. 朱纪彤：《违法所得没收特别程序的证明标准研究》，载《太原城市职业技术学院学报》2019 年第 1 期。

95. 张吉喜：《违法所得没收程序适用中的相关问题研究》，载《现代法学》2019 年第 1 期。

96. 李鑫源：《违法所得没收程序与刑法第 64 条关系分析》，载《黑龙江省政法管理干部学院学报》2018 年第 4 期。

97. 陈小平：《违法所得没收程序实证分析》，载《山西省政法管理干部学院学报》2018 年第 2 期。

98. 刘晓虎、张宇：《审理期间被告人死亡案件违法所得没收程序适用问题研究》，载《法律适用》2018 年第 5 期。

99. 吴光升、南漪：《违法所得没收程序证明问题研究》，载《中国刑事法杂志》2018 年第 2 期。

100. 万志鹏：《论犯罪所得之没收》，载《法商研究》2018 年第 3 期。

101. 钱文杰：《我国刑事司法中的缺席审判——基于刑事诉讼特别没收程序的观察与思考》，载《河北法学》2018 年第 4 期。

102. 赵建波：《违法所得没收程序在我国的适用、问题与前景》，载《河北法学》2015 年第 9 期。

103. 王君炜：《强制医疗诉讼庭审实质化问题研究》，载《金陵法律评论》2017 年第 2 期。

104. 陈艳飞：《强制医疗解除程序之检视与完善——以被强制医疗人权利保障为核心的展开》，载《北京政法职业学院学报》2018 年第 3 期。

105. 元轶：《法官心证与精神病鉴定及强制医疗关系论》，载《政法论坛》2016 年第 6 期。

106. 胡嘉金、刘志军：《解除强制医疗程序实务探析》，载《法律适用》2018 年第 13 期。

107. 李娜玲：《刑事强制医疗程序中精神病人之司法判定》，载《法学杂志》2016 年第 8 期。

108. 张守良、鞠佳佳：《刑事诉讼中强制医疗程序的法律监督》，载《人民检察》2012 年第 4 期。

109. 刘小红、李晓兵：《强制医疗执行监督问题研究——以广东省检察机关的司法实践为例》，载《人民检察》2017 年第 22 期。

110. 宋远升：《精神病强制医疗中的法律父爱主义》，载《政法论丛》2016 年第 2 期。

111. 徐世亮：《依法不负刑事责任的精神病人强制医疗程序若干问题研究》，载《法律适用》2016 年第 12 期。

112. 陈绍辉：《论强制医疗程序中危险性要件的判定》，载《河北法学》2016 年第 7 期。

113. 董晓玲、代亚楠：《我国精神病强制医疗之检察监督》，载《河北法学》2015 年第 33 期。

114. 张能全：《论以审判为中心的刑事程序改革与刑事司法职权优化配置》，载《现代法学》2017 年第 4 期。

115. 顾培东：《效率：当代法律的一个基本价值目标》，载《中国法学》1992 年第 3 期。

116. 周洪波：《刑事庭审实质化视野中的印证证明》，载《当代法学》2018 年第 4 期。

117. 卞建林、谢澍：《刑事检察制度改革实证研究》，载《中国刑事法杂志》2018 年第 6 期。

118. 宋建伟，蒋鹿夏：《检察权行使与庭前会议的功能实现——基于庭审实质化视角的探讨》，载《中国检察官》2018 年第 1 期。

119. 熊秋红：《审判中心视野下的律师有效辩护》，载《当代法学》2017 年第 6 期。

120. 田圣庭：《以审判为中心视野下的控辩对抗》，载《学习与实践》2018 年第 2 期。

121. 郭旭：《论庭前会议检察权之行使》，载《铁道警察学院学报》2014 年第 2 期。

122. 程凡卿：《以审判为中心视角下的侦诉与审判关系研究》，载《法学杂志》2018 年第 1 期。

123. 项谷、张菁、樊彦敏：《庭前会议制度的实践与完善》，载《人民检察》2015 年第 20 期。

124. 汪海燕：《庭前会议制度若干问题研究——以审判中心为视角》，载《中国政法大学学报》2016 年第 5 期。

125. 安琪：《刑事庭前会议的再定位——基于 A 市“庭审实质化”试点的实证研究》，载《四川师范大学学报（社会科学版）》2018 年第 3 期。

126. 陈实：《刑事庭审实质化的维度与机制探讨》，载《中国法学》2018 年第 1 期。

127. 天津市河东区人民检察院、天津市人民检察院公诉处联合课题组、齐冠军：《检察机关参与庭前会议调研报告》，载《中国检察官》2014 年第 22 期。

128. 王立忠：《庭前会议制度之完善》，载《山西省政法管理干部学院学报》2018 年第 2 期。

129. 周德松：《以审判为中心与审判监督逻辑关系之解读——以检察公诉工作为视角》，载《山西省政法管理干部学院学报》2017 年第 4 期。

130. 陈光中等：《以审判为中心与检察工作》，载《国家检察官学院学报》2016 年第 1 期。

131. 吴洪淇：《审判中心主义背景下的证据裁判规则反思》，载《民主与法治》2015 年第 4 期。

132. 陈光中、郑曦：《论刑事诉讼中的证据裁判规则———兼谈刑事诉讼法修改中的若干问题》，载《法学》2011 年第 9 期。

133. 万毅：《论庭审实质化改革与证据规则之完善——以 C 市法院改革为样本的分析》，载《中国政法大学学报》2016 年第 5 期。

134. 谢纲等：《检视与突破：庭审实质化改革中瑕疵证据裁判规则缺失形成的制度漏洞与完善路径——以全国涉及瑕疵证据的 94 份判决书为样本进行分析》，载《法律适用》2018 年第 9 期。

135. 甘肃省张掖市人民检察院课题组：《检察机关构建以证据为核心的刑事指控体系研究》，载《中国检察官》2018 年第 7 期。

136. 卫跃宁、宋振策：《论庭审实质化》，载《国家检察官学院学报》2015 年第 6 期。

137. 褚福民：《如何完善刑事证据制度的运行机制？——以审判为中心的诉讼制度改革为视角的分析》，载《苏州大学学报（哲学社会科学版）》2016 年第 2 期。

138. 王一俊：《检察机关审查起诉中的证据运用》，载《国家检察官学院学报》2016 年第 2 期。

139. 张建升等：《检察机关如何全面贯彻证据裁判规则》，载《人民检察》2015 年第 2 期。

140. 马明亮、张彭皓：《探讨“审判之前的审判”模式——以庭前会议中的非法证据排除为切入点》，载《甘肃政法学院学报》2018 年第 4 期。

141. 汪海燕：《审判中心背景下非法证据排除规则的完善》，载《中国刑事法杂志》2017 年第 4 期。

142. 郭旭：《非法证据排除规则典型案例分析——以 J 省 D 市司法实践为样本》，载《法学杂志》2015 年第 1 期。

143. 苗生明：《新时代改革背景下公诉工作的理念更新与顺势发展》，载《人民检察》2018 年第 2 期。

144. 顾海鸿：《新时代公诉理念的新发展》，载《中国检察官》2018 年第 15 期。

145. 汪海燕、于增尊：《预断防范：刑事庭审实质化诉讼层面之思考》，载《中共中央党校学报》2016 年第 1 期。

146. 贺珊珊：《以审判为中心的诉讼制度改革的检察应对》，载《中国检察官》2015 年第 3 期。

147. 王守安：《以审判为中心的诉讼制度改革对检察工作的影响》，载《人民检察》2014 年第 22 期。

148. 李晶：《侦查阶段证据收集和运用的规范化研究》，载《北京警察学院学报》2018 年第 5 期。

149. 李奋飞：《论检察机关的审前主导权》，载《法学评论》2018 年第 6 期。

150. 朱青雲：《大数据背景下公诉案件程序性审查实证研究》，载《贵州警官职业学院学报》2018 年第 3 期。

151. 向泽选：《控辩对抗的审前模式——兼论检察机关如何因应以审判为中心》，载《中国检察官》2017 年第 11 期。

152. 曹向荣、宋春阳：《以审判为中心对公诉工作的影响及应对》，载《中国检察官》2015 年第 7 期。

153. 肖波、肖之云：《论以审判为中心的制度下的公诉工作》，载《中国检察官》2015 年第 3 期。

154. 哈腾：《庭审实质化的检察应对》，载《商丘师范学院学报》2018 年第 34 期。

155. 欧秀珠：《刑事案件证人出庭作证实证研究》，载《人民检察》2018 年第 2 期。

156. 荣晓红：《浅析如何正确认识和全面推进以审判为中心的诉讼制度改革》，载《中国检察官》2017 年第 5 期。

157. 刘文峰：《检察人员参与刑事再审法庭调查问题初探——以最高法〈刑事案件一审普通程序法庭调查规程（试行）〉为参照》，载《人民检察》2018 年第 17 期。

158. 戴长林：《庭前会议、非法证据排除、法庭调查等三项规程的基本思路》，载《证据科学》2018年第5期。

159. 施鹏鹏：《三项规程的进步与局限》，载《证据科学》2018年第5期。

160. 沈德咏：《中国刑事证据制度改革发展的路径选择——以〈刑事证据两个规定〉为视角》，载《清华法学》2011年第5期。

161. 毛立新：《三项规程对证人出庭制度的完善》，载《证据科学》2018年第5期。

162. 李文军：《法庭质证的内在结构与理论剖析——兼评三项规程的相关规定》，载《北方法学》2018年第5期。

163. 孙长永：《认罪认罚案件量刑从宽若干问题探讨》，载《法律适用》2019年第3期。

164. 刘晓虎：《违法所得概念的界定和司法认定》，载《人民法院报》2018年7月4日第6版。

165. 王守安：《以审判为中心的诉讼制度改革带来深刻影响》，载《检察日报》2014年11月10日第3版。

166. 冯英菊、冉婷婷：《庭审中心主义尚需制度保障》，载《检察日报》2014年1月15日第3版。

二、著作类

1. 罗伯特·阿列克西著：《法律论证理论》，舒国滢译，中国法制出版社2002年版。

2. 储槐植、江溯著：《美国刑法》，北京大学出版社2012年版。

3. 陈兴良著：《刑法哲学》，中国政法大学出版社2004年版。

4. 赵秉志等著：《中国刑法的运用与完善》，法律出版社1989年版。

5. 张智辉主编：《检察权优化配置研究》，中国检察出版社2013年版。

6. 邹瑜主编：《法学大词典》，中国政法大学出版社1991年版。

7. 朗胜主编：《中华人民共和国刑事诉讼法修改与适用》，新华出版社2012年版。

8. 刑事诉讼法学编写组编：《刑事诉讼法学》，北京大学出版社2017年版。

9. 巩富文著：《中国侦查监督制度研究》，法律出版社2015年版。

10. 周国均著：《侦查程序论》，中国政法大学出版社1994年版。

11. 甄贞主编：《刑事诉讼法学研究综述》，法律出版社2002年版。

12. 王晋、刘生荣主编：《英国刑事审判与检察制度》，中国方正出版社

1999 年版。
13. 郭伟成著:《外国司法制度概要》,江苏人民出版社 2001 年版。
14. 习近平著:《中共中央关于全面推进依法治国若干重大问题的决定:中共中央关于全面推进依法治国若干重大问题的决定辅导读本》,人民出版社 2014 年版。
15. 樊崇义著:《诉讼法学研究》,中国检察出版社 2002 年版。
16. 房家燕、孙红玲、王建辉:《行政公益诉讼中专家辅助人制度探析》,载《深化依法治国实践背景下的检察权运行——第十四届国家高级检察官论坛论文集》,中国检察出版社 2018 年版。
17. [英] 阿克顿著:《自由与权力——阿克顿勋爵论说文集》,侯健译,商务印书馆 2001 年版。
18. [英] 汉密尔顿著:《联邦党人文集》,程逢如译,商务印书馆 1980 年版。
19. [法] 孟德斯鸠著:《论法的精神》,张雁深译,商务印书馆 1982 年版。
20. 陈兴良著:《刑法的人性基础》,中国方正出版社 1996 年版。
21. 颜运秋著:《公益诉讼法律制度研究》,法律出版社 2008 年版。
22. [匈牙利] L. 涅瓦伊著:《匈牙利人民共和国民事诉讼》,刘家辉译,法律出版社 1983 年版。
23. 张艳蕊著:《民事公益诉讼制度研究——兼论民事诉讼机能的扩大》,北京大学出版社 2007 年版。
24. 肖建国著:《民事证据规则与法律适用》,人民法院出版社 2005 年版。
25. 柯阳友著:《民事公益诉讼重要疑难问题研究》,法律出版社 2017 年版。
26. 习近平著:《在首都各界纪念现行宪法公布施行三十周年大会上的讲话》,中央文献出版社 2014 年版。
27. 马怀德主编:《行政诉讼原理》,法律出版社 2003 年版。
28. 宋占生等著:《中国公安大百科全书》,吉林人民出版社 2000 年版。
29. 王牧主编:《新犯罪学》,北京高等教育出版社 2005 年版。
30. 陈卫东著:《程序正义之路》(第二卷),法律出版社 2005 年版。
31. 沈德咏著:《严格司法与诉讼制度改革》,法律出版社 2017 年版。
32. 于志刚、王南南著:《论检察机关对国有资产流失案件的民事公诉权》,载《国有企业改革法律报告》,中信出版社 2005 年版。
33. 陈雷著:《国际追逃追赃与违法所得特别没收程序》,中国方正出版社 2018 年版。

34. 陈卫东著：《刑事庭前程序研究》，中国人民大学出版社 2004 年版。

三、案例类

1. 自贡市贡井区检察院经典案例：http://www.gjjc.gov.cn/art/index.asp?id=173。

2. 贵州省检察院指导案例：http：//www. gz. jcy. gov. cn/yasf。

3. 广东省人民检察院网：http://www. gd. jcy. gov. cn/xwzx/jccz/201803/t20180314_2161411.shtml。

4. 案例来源于：http：//www. spp. gov. cn/wsfbt/。

5. 王治国、戴佳：《试点地区检察机关已办理公益诉讼诉前程序案件 1668 件》，载 http//www. spp. gov. cn/zdgz/201611/20161105171751. Shtm。

四、硕士论文类

1. 杨啸林：《论我国刑事立案监督法律制度完善》，中央民族大学 2016 年硕士学位论文。

2. 丁伟：《中国军队侦查运行机制演进与完善》，华东政法大学 2014 年硕士学位论文。

3. 毕晓芳：《立案监督实证研究》，西南政法大学 2011 年毕业论文。

4. 董靓：《检察机关捕诉合一办案机制探析》，江西财经大学 2018 年硕士学位论文。

5. 张东方：《我国监察体制改革若干问题思考》，中国社会科学院研究生院 2017 年硕士学位论文。

6. 王欣：《检察机关提起行政公益诉讼制度研究》，首都经济贸易大学 2018 年硕士学位论文。

7. 宗鸣：《行政公益诉讼初探》，苏州大学 2006 年硕士学位论文。

后　记

检察机关是法定的专门的法律监督机关，《宪法》和《人民检察院组织法》均给予了确认。检察机关享有的检察职能包括监督职能、公诉职能和侦查职能，当然，我们也可以把公诉职能和侦查职能纳入监督职能的范围。对于检察机关享有的监督职能和公诉职能，学界没有异议，但对于检察机关是否应当享有侦查职能，学界颇有微词，对其的讨论也是莫衷一是，有支持者、有反对者，反对者的声音似乎要高一些。这种争论在2016年年底得以终结。

2016年11月，中共中央办公厅印发《关于在北京市、山西省、浙江省开展国家监察体制改革试点方案》（以下简称《方案》），部署在三省市设立各级监察委员会，从体制机制、制度建设上先行先试、探索实践，为在全国推开积累经验。《方案》指出，在北京市、山西省、浙江省及所辖县、市、市辖区设立监察委员会，行使监察职权。将试点地区人民政府的监察厅（局）、预防腐败局及人民检察院查处贪污贿赂、失职渎职以及预防职务犯罪等部门的相关职能整合至监察委员会。由此，国家监察制度改革提上日程，检察机关享有的侦查权的去向也初见端倪。2017年11月4日，第十二届全国人民代表大会常务委员会第三十次会议通过《关于在全国各地推开国家监察体制改革试点工作的决定》（以下简称《决定》），《决定》指出，在各省、自治区、直辖市、自治州、县、自治县、市、市辖区设立监察委员会，行使监察职权。将县级以上地方各级人民政府的监察厅（局）、预防腐败局和人民检察院查处贪污贿赂、失职渎职以及预防职务犯罪等部门的相关职能整合至监察委员会。监察委员会由本级人民代表大会产生。监察委员会按照管理权限，对本地区所有行使公权力的公职人员依法实施监察。由此，检察机关的侦查职能转移至监察委员会。随后，2018年3月11日，第十三届全国人民代表大会第一次会议经投票表决，通过了《中华人民共和国宪法修正案》，从宪法上确立了监察委员会的地位。2018年3月20日，第十三届全国人大一次会议表决通过了《中华人民共和国监察法》，确立了监察机关的权力和义务以及调查职务违法和职务犯罪的程序等。至此，新的国家监察制度产生并开始运行，检察机关不再享有对公职人员贪污贿赂犯罪、渎职犯罪的侦查权。《刑事诉讼法》也随之进行了修改，删除了有关检察机关对于贪污、贿赂犯罪和渎职犯罪的侦查程序的内容。

同时，为了保证检察机关在诉讼中的监督职能的有效发挥，为其保留了部分侦查权：人民检察院在对诉讼活动实行法律监督中发现的司法工作人员利用职权实施的非法拘禁、刑讯逼供、非法搜查等侵犯公民权利、损害司法公正的犯罪，可以由人民检察院立案侦查。

检察机关的侦查职能发生变化的同时，其监督职能也在发生变化。修订后的《民事诉讼法》和《行政诉讼法》赋予了检察机关可以提起民事公益诉讼、行政公益诉讼的职能，两大诉讼法和修订后的《人民检察院组织法》强化了检察机关的检察建议职能。加之，近几年的司法体制改革、“以审判为中心”的诉讼制度改革、司法责任制改革以及员额检察官制度的推行对检察机关的职能产生了冲击。至此，学界和检察实务界开始思考并展开了热烈的讨论：检察机关、检察机关检察权的属性和定位是否发生了变化？检察机关的检察权包含哪些权能？检察机关如何应对司法体制改革和诉讼制度改革？等等。

我们组织了研究小组，对以上问题进行了深入系统的思考和研究。成员主要由高校学者和检察院资深检察官组成，包括：李震（山东财经大学法学院副院长、副教授，硕士研究生导师，法学博士）、马建华（济南市天桥区人民检察院检察长、二级高级检察官，法学学士）、李法明（山东财经大学法学院副教授，法学学士）、刘伟（济南市天桥区人民检察院副检察长、三级高级检察官，法律硕士）、林琳（济南市天桥区人民检察院专委、三级高级检察官，法学学士）、梁菲函（山东财经大学法学院 2017 级诉讼法学研究生）、葛春燕（山东财经大学法学院 2017 级诉讼法学研究生）、张超（山东财经大学法学院 2018 级法律硕士研究生）、宋韦韦（济南市天桥区人民检察院一级检察官，法学硕士）、王乐群（济南市天桥区人民检察院助理检察官，法学硕士），从理论和实务两个方面对以上问题展开了研究。经过 1 年的时间，我们完成了本书书稿。在写作过程中，由李震、马建华拟定大纲和写作要求，再由各成员分工撰写，最后由李震统改定稿。

本书的撰写分工如下（以撰写章节顺序为序）：

李法明——引言、第一章；

马建华、梁菲函——第二章；

刘伟、梁菲函——第三章；

李震、王乐群、葛春燕——第四章；

林琳、葛春燕——第五章；

宋韦韦、张超——第六章；

李震、张超——第七章；

李震——后记。

山东财经大学法学院和济南市天桥区人民检察院对本书的编写给予了大力

支持，法学院赵信会院长对本书的写作、出版提供了中肯的指导和有力的帮助！北京大学法学院陈瑞华教授受邀为本书作序，为本书增光添彩！中国人民公安大学出版社重视和支持本书的编写和出版并为本书面世付出了辛勤的劳动，在此一并表示感谢！

我们为本书付出了努力，并尽我们所能减少错误。但因理论水平所限，本书难免存在不足之处，敬请专家、学者批评指正，不吝指教！

李震于山东济南山东财经大学
燕山校区
2019 年 9 月 17 日